都市経済学

高橋孝明 著

有斐閣ブックス

はしがき

　この本は，都市経済学の基礎をわかりやすく解説したものです。
　都市経済学は，都市においてどのように経済活動が営まれ，その結果どういった問題が生じ，それに対処するにはどのような政策が有効かを研究する学問分野です。日本だけでなく，世界中でますます多くの人が都市に居住するようになり，生産や消費の場として都市の重要性はいっそう高まっています。同時に，さまざまな都市問題が新たに生じたり問題の程度が深刻になったりして，その解決が社会の喫緊の課題になっています。このような理由により，都市経済学の果たす役割はますます大きくなってきています。その結果，単に経済学において都市経済学の重要性が高まっただけでなく，経済学を専門にしない学生や研究者，政策立案者，実務家などの間で，都市経済学を学びたいと考える人が増えてきています。そもそも都市という存在はさまざまな側面をもつため，経済学のみならず，都市工学，建築学，地理学，社会学等広い分野の研究対象になっており，それらの分野を専門とする人が，経済学が都市をどのように捉えているか知りたいと思うのは自然なことです。
　本書はこのような状況を背景に，類書とはやや異なった点を目標にして書かれました。目標は四つにまとめることができます。

(1)　これまでに経済学を学んだことがない読者も読み進められること

　経済学を学んだことのない人が都市経済学を学ぼうとすると，通常は大きな困難に遭遇します。それは，都市経済学の理論を理解するには，経済学の基礎理論，とくにミクロ経済学とよばれる理論の知識が不可欠だからです。そのため，はじめにじっくりとミクロ経済学を学び，そのあとで都市経済学を学ぶというのが基本的な順序になります。経済学を専攻する学生ならばそれが効率的でかつ実行可能でしょうが，経済学以外を専攻する学生や社会人がその順序を踏むと，あまりに多大な時間費用がかかります。
　そこで，本書は，ミクロ経済学の基礎的な部分を説明したり，経済学の独特な考え方に注意を促したりすることによって，経済学を学んだことがない読者でも都市経済学の基本的なメッセージが理解できることを目指しました。これらの工

夫は，経済学をすでに学んだことのある読者にも同様に役に立つと思います。ミクロ経済学の基礎的な部分を復習したり，あまり意識することのなかった経済学の考え方の「癖」を認識することで，いっそう理解が深まると思われるからです。

(2) 入門レベルの内容であるにもかかわらず，分析や説明が厳密であること

経済学の入門書には，往々にして，説明をわかりやすくするほど論理が厳密でなくなる傾向が認められます。その結果，説明がわかりやすく直観的であるけれど厳密な論証に欠けるか，議論は厳密だが説明が不親切だったり難しかったりするか，どちらかになってしまうことが多いようです。筆者は，説明のわかりやすさと厳密性は必ずしもトレード・オフ（二律背反）の関係にないと考えます。本書では，説明のわかりやすさを損なわずに，できるだけ議論を厳密に展開しました。

(3) 説明が丁寧であること

(2)で述べたように厳密性を重視すると，どうしても説明が長くなります。そこで，思い切って取り上げるトピックスを絞り込み，一つ一つのトピックスを最大限丁寧に説明することにしました。

(4) 可能な限り，文章による説明，図による説明，数学的説明の三つを行うこと

経済学の命題の多くは，文章と図と数式の三つを用いて説明することができます。文章による説明は論理の筋道を追うために欠かせませんし，図による説明は直観的な理解のために欠かせません。そして，数式による説明は論理の厳密性を保つために欠かせません。したがって，理想的なのはこれら三つの方法のすべてを使うことです。本書では，可能な限りそれを試みました。

このような大胆な目標がどれだけ実現できているかは，読者の判断を待つしかありません。

本書では，理解を確実にするために，以下のような工夫がなされています。まず，重要な結果のうち，紛らわしかったりわかりにくかったりすると思われるものについて，「確認問題」を設けました。図を描いたり数式を解いたりするこ

とで，本文の説明がよりよく理解できると思います。次に，章末には「キーワード」と「練習問題」を付けました。キーワードの意味を正しく理解できているかどうか確かめ，それに沿って本文の内容を確認するようにしてください。練習問題は，易しいものから難しいものまで，特定の命題について考えるものから大きな問題を議論するものまで，さまざまな種類を含むよう，心がけました。また，ところどころに「経済学の Tips」という項を入れました。これは，経済学特有の考え方について若干詳しく説明したものです。最後に，「コラム」として，やや特殊で具体的な逸話を挿入し，本文の説明を補うようにしました。

　なお，本書の構成については，序章の第 4 節（12~13 ページ）を参照してください。

　本書は，これまで多くの方々から受けてきた学恩の賜物です。紙幅の関係ですべての方の名前をあげることができないため，ここでは，慶應義塾大学で卒業論文を指導してくださった神谷傳造先生，同大学で修士論文を指導してくださった高橋潤二郎先生，そしてノースウェスタン大学で博士論文を指導してくださった松山公紀先生の名前だけあげさせていただき，感謝の意を表したいと思います。また，本書には，これまで研究を進める過程で多くの方々からいただいた意見や示唆，およびさまざまな方と行った議論が反映されています。これらの方々にお礼を申し上げます。さらに，本書の内容は，東京大学大学院新領域創成科学研究科，同経済学部および同大学院経済学研究科，同公共政策大学院，慶應義塾大学経済学部，上智大学経済学部における講義のノートがもとになっています。質問や意見をくださったり問題を解いてくださった学生の皆さんに感謝します。なお，一部の図表の作成と校正に際して，東京大学大学院経済学研究科の森岡拓郎君と大瀧逸朗君に協力していただきました。最後になりましたが，有斐閣書籍編集第 2 部の渡部一樹氏にはいろいろとご相談に乗っていただきました。感謝いたします。

　　2012 年 8 月

高橋　孝明

目　次

序　章　都市経済学とは ― 1
1　都市経済学への招待 …………………………………… 1
2　都市経済学の目的と意義，特徴 …………………………… 3
　2.1　都市経済学の目的　3
　2.2　都市経済学の意義　7
　2.3　都市経済学の特徴――空間の果たす役割　8
3　都市経済学の方法 …………………………………… 9
4　本書の構成 …………………………………… 12

第Ⅰ部　都市とは何か

第1章　都市と都市システム ― 16
1　都市の定義 …………………………………… 16
2　都市規模と都市システム …………………………… 25
　2.1　都市規模の決定　26
　2.2　都市規模の違いとランク・サイズルール　28
　2.3　中心地理論と都市の階層構造　31
補論　中心地の階層構造 …………………………… 36

第2章　生産者行動の理論 ― 41
1　生産技術 …………………………………… 41
　1.1　生産関数　42
　1.2　限界生産物と平均生産物　44
　1.3　等量曲線と技術的限界代替率　47
2　利潤最大化問題1――直接的アプローチ …………………… 51
3　利潤最大化問題2――費用最小化によるアプローチ ………… 54
　3.1　費用最小化問題　55
　3.2　費用関数　58

3.3　供給関数　62

第3章　都市が存在する理由 ―――――――――――――――――― 66
　1　都市が存在する必要条件 ……………………………………… 66
　2　空間の不均質性と都市 ………………………………………… 71
　3　規模の経済と都市 ……………………………………………… 76
　　3.1　交易都市　76
　　3.2　ファクトリータウン　78
　4　集積の経済と都市 ……………………………………………… 79
　5　集積の経済の要因 ……………………………………………… 86
　　5.1　シェアリング（共有）　86
　　5.2　マッチング（適合）　89
　　5.3　ラーニング（学習）　90

第II部　都市内構造の理論

第4章　消費者行動の理論 ―――――――――――――――――― 94
　1　選好，順序づけおよび効用関数 ……………………………… 95
　2　無差別曲線 ……………………………………………………… 97
　3　効用最大化 ……………………………………………………… 100
　4　所得の変化 ……………………………………………………… 105
　5　価格の変化 ……………………………………………………… 107
　6　需要曲線 ………………………………………………………… 108
　　補論　価格が変化したときの代替効果と所得効果 …………… 110

第5章　都市内土地利用の理論 I
　　　　● 消費者の選択 ――――――――――――――――――― 115
　1　住宅立地の規則性 ……………………………………………… 115
　2　モデルの仮定 …………………………………………………… 118
　3　消費者の選択 …………………………………………………… 120
　4　付け値地代 ……………………………………………………… 123

  4.1　付け値地代の導出　*124*
  4.2　付け値地代の性質　*127*
 5　立地均衡と市場地代 ……………………………………………… *133*
 補論　数学による付け値地代の性質の導出 ……………………… *137*

第6章　都市内土地利用の理論 II
● 都市の空間構造　　*139*

1　小開放都市と閉鎖都市 …………………………………………… *139*
2　住宅地の空間構造の比較静学分析 ……………………………… *143*
3　モデルの一般化 …………………………………………………… *149*
 3.1　消費者の所得が異なる場合　*149*
 3.2　複数の用途が存在するケース　*153*
4　郊　外　化 ………………………………………………………… *155*
補論 I　閉鎖都市における限界通勤費用の下落 ………………… *162*
補論 II　都市の多核化の理由 ……………………………………… *163*

第 III 部　土地・住宅・交通──市場メカニズムと経済政策

第7章　政策的介入が必要な理由　　*168*

1　総余剰と効率性 …………………………………………………… *169*
 1.1　消費者余剰　*169*
 1.2　生産者余剰　*172*
2　市場均衡の効率性と政策的介入 ………………………………… *175*
 2.1　市場均衡の効率性　*175*
 2.2　政策による効率性の損失　*177*
 2.3　政策的介入が正当化される理由　*180*
3　市場の失敗 ………………………………………………………… *181*
 3.1　不完全競争市場　*181*
 3.2　外　部　性　*183*
 3.3　公　共　財　*187*
 3.4　不完全情報　*189*

補論　不完全競争市場の非効率性 ………………………………………… 190

第8章　土地市場 ——————————————————— 192

1　地代の決定 ………………………………………………………… 194
1.1　市場需要曲線　195
1.2　市場供給曲線　197
1.3　市場均衡　203

2　地価の決定 ………………………………………………………… 206
2.1　短期均衡　208
2.2　長期均衡　208
2.3　短期均衡と長期均衡の関係　213

第9章　土地政策 ——————————————————— 217

1　日本の土地市場の特徴 ………………………………………… 217
2　土地税制 …………………………………………………………… 219
2.1　土地保有税　222
2.2　土地取引税　227

3　土地利用規制 …………………………………………………… 230
3.1　日本の土地利用規制　231
3.2　用途地域制の経済効果　232
3.3　容積率規制の経済効果　236

第10章　住宅市場 ——————————————————— 240

1　住宅の特質 ………………………………………………………… 240
2　住宅の資産価格 ………………………………………………… 241
2.1　賃貸価格の決定　242
2.2　賃貸価格と資産価格の関係　243
2.3　住宅の資産価格の決定　247

3　ヘドニック・モデル …………………………………………… 250
3.1　消費者の行動　250
3.2　企業の行動　254
3.3　属性の変化の効果　258

第11章 住宅政策 — 262

1. 日本の住宅問題 — 262
2. 市場の失敗を解決する住宅政策 — 266
3. 住宅補助政策 — 269
   - 3.1 政府による住宅の供給 269
   - 3.2 補助金政策 275
   - 3.3 家賃規制 279

第12章 都市交通 — 284

1. 交通混雑 — 284
   - 1.1 交通費用 285
   - 1.2 市場均衡と社会的最適 290
   - 1.3 社会的最適を実現するための政策 292
2. ピーク・ロード・プライシング — 298
3. 費用逓減産業としての都市交通事業 — 301

数学補論 — 309

1. 凹関数と凸関数 — 309
2. 全微分 — 311
3. 制約条件なしの最大化問題・最小化問題 — 312
4. 準凹関数と準凸関数 — 313
5. 制約条件付きの最大化問題・最小化問題 — 316
   - 5.1 応用例1 費用最小化問題 318
   - 5.2 応用例2 効用最大化問題 319

文献 — 321

索引 — 327

Column 一覧

- 複数中心の都市か，隣接している複数の都市か　20
- ヨーロッパの都市システムの変化　32
- 輸送路の変化とシカゴの発展　74
- 交易都市としての堺の発展　77
- マッチングによる集積——東京の下町の例　90
- 中心市街地の衰退　158
- さまざまな財に起こるバブル　214
- 銀座の地価　221
- 空中権取引　238
- 地震危険度と家賃　259
- 田園調布の住宅規制　268
- 借地借家法の問題点　281
- 輸送力増強に向けた鉄道会社の努力　297

経済学の Tips 一覧

- 均衡とその安定性　27
- 名目値と実質値　69
- 貯蓄と予算制約　101
- 定数と変数　104
- 需要曲線・供給曲線の図の軸　109
- 機会費用　121
- 個別経済主体の意思決定から集計量へ　142
- 完全競争市場　182
- 裁　定　207

本書のコピー，スキャン，デジタル化等の無断複製は著作権法上での例外を除き禁じられています。本書を代行業者等の第三者に依頼してスキャンやデジタル化することは，たとえ個人や家庭内での利用でも著作権法違反です。

序章

都市経済学とは

1 都市経済学への招待

　ある晴れた日の朝，あなたは大都市の郊外にある自宅から都市の中心部に向かいます。自宅は近年開発された住宅地にあります。それまでは農地だったようですが，ここ数年急速に都市化しているようです。「なぜ急に都市が広がったんだろう。」あなたは小さな疑問を胸に歩き出します。

　似たようなデザインの住宅が並ぶ街並みを抜けると，ふいに空き地が現れました。片隅に申し訳ない程度，何か野菜が植えてあります。「周りを住宅に囲まれたこんな場所に，どうして農地が残っているのだろうか。」あなたはさらに歩を進めます。

　坂を下ると住宅が小さくなりアパートやマンションが多くなります。「坂の上には大きな家が連なっていたのに，坂の下に行っただけで，どうして町並みが変わるのだろう。」疑問が次々に湧いてきます。

　しばらく歩くと小さな商店街に出ます。「駅から遠く，周りに何があるというわけでもないこの場所に，どうして商店がまとまって立地しているのだろう。」商店街には同じような品揃えの洋品店が2軒あります。ここを通るたびにあなたは思います。「相手から離れたところに店を構えればもっと売れそうな気がするけれど，なぜ同じ商店街にいることを選ぶのだろうか。」

　駅に近づくと，一戸建ての家は減り集合住宅が増えてきます。途中に大きな欅(けやき)の木が茂る市営の住宅団地が広がります。考えてみれば不思議です。「なぜ住宅を市が供給するのだろう。民間のアパートやマンションではダメなのかな。」

図序-1　都市の諸相

　さらに駅に近づくと，住宅が少なくなり商店や事務所が多くなってきます。当たり前の光景ですが，考えてみると，なぜそうなるのかよくわかりません。「確かに商店や事務所は，駅に近いところにあるほうが多くの客を集めることができる。経営者は駅の近くで営業しようとするだろう。しかし，住宅も同じこと。だれもができることなら駅に近い住宅に住みたいと思っている。それなのになぜ，商店や事務所だけが駅の近くにあるのかな。」

　ピークは過ぎているものの，電車はまだ混んでいます。見ると反対方向の電車はガラガラです。あなたは，何か非常に無駄なことが起こっている気がします。「この無駄を解消するにはどうすればいいだろう。」

　車窓の景色は見慣れたものです。徐々に高い建物が増えてきて，ターミナル駅の近くになると高層ビルが現れます。「地価が高いから高層ビルを建てないと元がとれないのかな。それとも，高層ビルを建てても元がとれるから，地価が高いのかな。両方正しい気もするし。」

　目的地に着くまで，あなたの小さな疑問は尽きることがありません。

　都市経済学は，こういった疑問に答える枠組みを提供してくれます。本書を読み終わったときには，あなたの小さな疑問の多くが解消しているのではないかと思います。

この章では，都市経済学が何を明らかにしようとする分野なのか，そして，どのような意義や特徴をもつのか，説明します。あわせて，都市経済学で使われる方法について，簡単に述べます。

2　都市経済学の目的と意義，特徴

2.1　都市経済学の目的

都市経済学の定義

都市経済学は，言葉どおり都市を研究対象とする経済学です。したがって，都市経済学とは何かを理解するためには，まず，「経済学」がどのような学問なのかを知る必要があります。

経済学の定義にはいろいろなものがありますが，もっとも頻繁に見られるものは，次のようなものでしょう。

> 経済学は，希少な資源が経済活動の間でどのように**配分**（allocation）され，その結果生じる果実が**経済主体**（economic agent）の間でどのように**分配**（distribution）されるかを研究する学問である。

耳慣れない言葉が並んでいますね。説明しましょう。

まず，「希少な資源」ですが，これは生産活動や消費活動に使用可能なすべての資源のうち，無限の量存在しないものを表します。多くの資源は，生産活動に投入される**生産要素**（factor of production）です。代表的なものに，労働と資本，土地があります（経済学で言う「資本」（capital）とは，工場や機械など，人間によって作られた財で生産活動に投入されるもののことです）。また，資源には直接消費されるものもあります。たとえば，土地を考えましょう。土地は，企業がそこに工場を建てて財を生産するとき，生産要素になります。ところが，土地は家計が借りたり買ったりすることもあります。家計は住宅に居住するために，土地が生み出すサービスを消費するのです。このように，土地は生産要素として生産に使用されるときもあれば，直接消費されることもあります。なお，「無限の量存在しないもの」とは価格が0でないものだと考えてよいでしょう。たとえば空気は

(現在のところ) 無限に存在するので，価格がついていません（将来，大気汚染が進むと，空気も有料になって希少な資源と化すかもしれません）。

次に「経済活動」ですが，これには消費と生産があります。消費する人や組織を「消費者」とよび，生産する人や組織を「生産者」とよびます。これらを合わせて「経済主体」とよびます。現代の資本主義経済では，典型的な消費者は家計で，典型的な生産者は企業です。したがって，しばしば家計は消費者と，企業は生産者と同義語として用いられます。

さて，もっとも重要な二つの言葉が残りました。一つは「配分」です。これは**資源配分**（resource allocation）とも言われます。簡単に言うと，何をどれだけどのように生産し何をどれだけ消費するか，ということです。どのような経済も，日々この問題を解いています。一番簡単なのは独裁者がいる経済です。独裁者の指令によって，何をどれだけどのように生産し何をどれだけ消費するかが決まります。ところが，現在私たちが生きている資本主義経済においては，だれかが指令してこの問題を解いているわけではありません。だれも配分の問題を解こうとしていないのに，自然に配分が決まっています。考えると不思議なことです。経済学の一つの目的は，この資源配分がどのようなメカニズムでなされるかを明らかにすることです。

最後の言葉は「分配」です。これは，**所得分配**（income distribution）とよばれることもあります。生産活動によって生み出された財やサービスの対価が消費者の間でどのように分けられるか，ということです。もう少し詳しく言うと，生産によって付け加えられた価値は，生産要素所有者の間で分けられます。投入された労働を所有している者，投入された資本を所有している者，投入された土地を所有している者，といった人々です。

なお，経済学では，生産されたもののことを，**財**（goods）または**サービス**（service）とよびます。財は有形，サービスは無形です。本書では，とくに必要がない限り，これらをまとめて単に「財」とよぶことにします。

以上を要約しましょう。経済学は，どのような資源配分と所得分配が実現されるかを明らかにする学問です。都市経済学は経済学の一分野ですから，次のように言うことができます。

> **Point** 都市経済学は，都市において，どのような資源配分と所得分配が実現されるかを明らかにする学問分野である。

この表現の中の「都市」が何かについては次の章で説明します。

市場メカニズム

資源配分は経済学におけるもっとも重要な概念の一つなので，もう少しその意味を説明しておくことにします。

多くの場合，経済学は，**市場メカニズム**（market mechanism）に基づいて資源配分がなされる経済を研究の対象とします。それは次のような世界です。

消費者（家計）と企業は，自己の利益を最大にするように利己的に行動します。消費者は「効用」とよばれる満足や喜びのレベルを最大にするよう行動し，企業は利潤を最大にするよう行動します。これら経済主体の行動の結果，それぞれの財の需要と供給が決まります。ここで重要なのは，各経済主体が価格を見て自分の行動を決めるということです。簡単化のために，財が一つだけ存在する状況を考えましょう。

まず，各消費者は市場価格 p に基づいて自分の消費量を決めます。そこで，j 番目の消費者の消費量を市場価格の関数として，$d_j(p)$ と書き表すことにしましょう。これはこの消費者の**需要曲線**（demand curve）とよばれます。経済に n 人の消費者が存在するとき，市場全体の需要量は，$d_1(p) + d_2(p) + \cdots + d_n(p)$ になります。これを市場の需要曲線とよんで $D(p)$ で表すことにしましょう。

一方，各企業は市場価格に基づいて自分の生産量を決めます。i 番目の企業の生産量を市場価格の関数として，$s_i(p)$ と書くことができます。これはこの企業の**供給曲線**（supply curve）です。経済に m の企業が存在するとすると，市場全体の供給量は，$s_1(p) + s_2(p) + \cdots + s_m(p)$ になります。これが市場の供給曲線です。$S(p)$ で表しましょう。

次ページの図 序-2 には，右下がりの市場需要曲線と右上がりの市場供給曲線が描かれています（後に明らかにしますが，通常，市場需要曲線は右下がりで市場供給曲線は右上がりです）。二つの曲線の交点の価格が p^* で表されています。それは，市場の需要量と供給量をちょうど等しくさせるような価格，すなわち $D(p) = S(p)$ を成立させるような価格です。

さて，価格と財の取引量はどのような水準に決まるでしょうか。

まず，価格が p^* よりも高いときを考えましょう。たとえば図の p^0 です。価格が p^0 のときには，供給量が需要量を上回っています。つまり，超過供給になっています。財が売れ残るので，企業は価格を下げて売り切ろうとします。

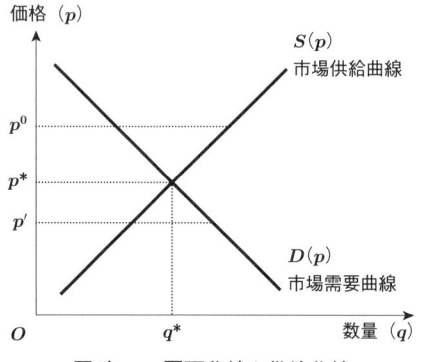

図 序-2 需要曲線と供給曲線

一方,財が売れ残っているのを見て,消費者は企業に価格の引き下げを迫ります。その結果,価格は下落します。次に,価格が p^* よりも低いときを考えましょう。p' のような価格です。このときには超過需要が発生します。財が売り切れて足りなくなっているので企業は価格を上げようとし,消費者はより高い価格を支払ってでも財を購入しようとします。したがって,価格は上昇します。

結局,価格は,p^* よりも高いときには下がり,p^* よりも低いときには上がることになります。したがって,時間が経てばやがて p^* に到達します。価格が p^* に等しいときには需要量と供給量が等しくなるので,それ以上価格が変化することはありません。このように,調整がすべて終わり,もうそれ以上変数が変化しない状態を,**均衡** (equilibrium) とよびます。p^* は**均衡価格**です。また,そのときに取引される量 q^* は**均衡取引量**です。自由な取引の結果,この均衡が実現し,q^* だけの財が生産され消費されることになります。これは一つの資源配分です。市場メカニズムとは,このように,価格の仲立ちのもとで自由に売買がなされ,その結果資源配分がなされるメカニズムです。そのため,**価格メカニズム** (price mechanism) とよばれることもあります。

> **Point** 均衡:調整がすべて終わり,もうそれ以上変数が変化しない状態。
> 市場メカニズム(価格メカニズム):価格の仲立ちのもとで自由に売買がなされ,その結果資源配分がなされるメカニズム。

2.2 都市経済学の意義

次に、都市経済学の意義がどのような点にあるか、考えましょう。何度も繰り返しますが、都市経済学は経済学の一分野です。したがって、都市経済学の意義を考えるときには、経済学の意義を考えればよいことになります。そうすると、ここで問うべきは、資源配分と所得分配を明らかにすることにどのような意義があるか、ということです。少なくとも三つの意義があると考えられます。

(1) 経済現象や経済問題の説明

第一の意義は、さまざまな経済現象や経済問題を説明できるということです。たとえば、都心から郊外に行くにしたがって、市場で決まる地価や地代が徐々に低くなるという現象があります。これはなぜでしょうか。土地サービスに注目して資源配分がどのようになされるかを分析することで、明らかにすることができます（これについては第5章で詳しく説明します）。

(2) 経済問題の解決策の提示とその有効性の検討

第二の意義は、さまざまな経済問題の解決策を提示したり、解決策の有効性を検討することができるということです。たとえば、低所得者層に住宅が行き渡らないことが問題になっているとしましょう。この問題を解決するにはどのような方策が考えられるでしょうか。政府が住宅を供給したり家賃を補助したりする政策が思いつくでしょう。それぞれの政策の問題点は何でしょうか。どの政策が有効でしょうか（これらについては、第11章で考察します）。

(3) 予　測

第三の意義は、将来の変化を予測できるということです。資源配分と所得分配を決定するメカニズムがわかっていれば、前提となっている所与の条件が変わったときに、実現する資源配分と所得分配がどのように変化するか、予測することができます。たとえば、少子化が進んで都市の人口が減少することが予想されているとしましょう。この人口減少という与件の変化に伴って、都市の密度や大きさはどのように変化するでしょうか。第6章第2節で説明する「比較静学」の考え方で、このような予測をすることが可能になります。

> **Point** 都市経済学の意義
> (1) 都市をめぐる経済現象や都市問題を説明すること。
> (2) 都市問題の解決策を提示したり，解決策の有効性を検討すること。
> (3) 都市に関して，将来起こる変化を予測すること。

2.3 都市経済学の特徴——空間の果たす役割

　これまで，都市経済学が経済学の一分野であるということを強調してきました。この節では，都市経済学が通常の経済学とどのような点で異なっているかを説明します。それは，都市経済学においては**空間**（space）が重要な役割を果たすという点です。

　現在主流になっている経済学では，ほとんどの場合，明示的に空間を考慮することがありません。ありとあらゆる経済活動が何らかの地理空間上において営まれているにもかかわらず，経済学はその事実を捨象して理論体系を構築してきました。そこでとられた便法は，異なった場所に存在する財を別の財として扱うということでした。これでは，空間が経済活動にどのような影響を及ぼすか，分析することができません。

　空間を明示的に考えに入れた経済学を，**空間経済学**（spatial economics）とよぶことがあります。これには本書の対象とする都市経済学の多くの部分に加えて，地域経済学や経済地理学などの一部が含まれます。ただ，これらの分野のそれぞれがどのような内容を含むか，学者の間で意見が一致しているわけではありません。また，同じテーマでも，異なった角度から見ると，別の分野で扱われることになる場合があります。このような理由から，それぞれの学問分野の定義に煩わされることはあまり有意義なことではありません。要は，都市経済学もそういった他分野と同じく，空間の果たす役割を重要視するということです。

　ここで，なぜ空間が重要なのか，さらに一歩踏み込んで考えてみましょう。端的に言うと，それは，空間が存在することによって移動に費用がかかるからです。ここで言う「移動」は，財の移動だけでなく，人の移動も含みます。たとえば，第5章と第6章では，都市内の住宅地の空間構造を議論します。そこでは，郊外に広がる住宅地から都市中心部の業務地区まで通勤するのに費用がかかるという事実がカギになります。つまり，人の移動に費用がかかることが原因で都市に空間構造が生じるのです。もう一つ別の例をあげましょう。だれもが知ってい

るように，地価は場所によって異なります。これもまた，移動に費用がかかるからです。そのことを理解するには，財や人などあらゆるものの移動に費用がかからない，非現実的な状況を考えてみればいいでしょう。このときは，どこに住もうが，どこに工場を建てようが，何の違いも生じないことがわかるでしょう。したがって，土地の価値はどこでも同じになります。

以上の説明を，次のように要約することができます。

> **Point** 都市経済学では空間が重要な役割を果たす。それは，空間が存在することによって移動に費用がかかるからである。

3　都市経済学の方法

科学的方法

都市経済学で用いられる方法は，経済学で用いられる方法と基本的に変わりません。それは科学一般で用いられる方法で，**科学的方法** (scienetific method) とよばれます。単純化して言うと，次のような4段階のプロセスから成ります。

(1) 理論モデルを構築する（モデル化）

現実の経済は非常に多くの要素から成り立ち，それらが複雑な形で絡み合っています。したがって，何か特定の現象なり問題なりを理解するには，現実に起こっていることすべてをそのまま考察するのではなく，もっとも重要だと思われる要素だけを取り出して考察することが必要になります[1]。そのために作られるのが**理論モデル**です。理論モデルは，複雑な現実経済を抽象化，単純化して，ありえそうな仮説の体系にしたものです。たとえば，「消費者が予算制約のもとで効用関数を最大化する」というのは一つの仮説で，これが理論モデルになります。理論モデルを構築する作業を**モデル化**とよびます。理論モデルは，現実から本質的な要素を抜き出したものですが，何を抜き出すかは分析の目的によって異なります。したがって，たとえば同じ土地市場を分析するときでも，目的によってま

---

[1] ここで「理解」という言葉を使ったことに気をつけてください。現実を「予測」するときには，現実に起こっていることをできるだけ多くとりいれたほうが精度が高くなり，より良い結果が得られます。これはおもに工学で採用されるアプローチです。

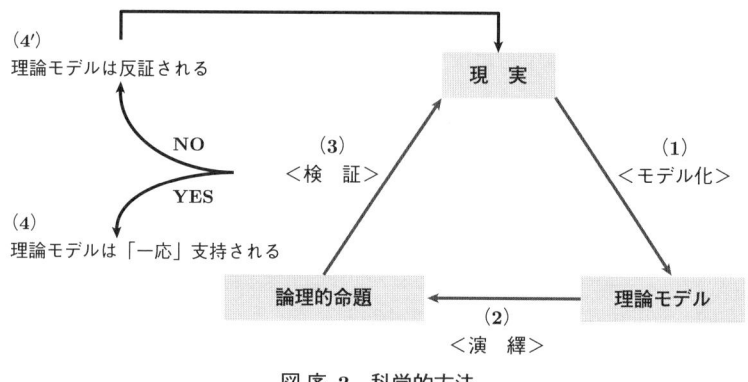

図 序-3 科学的方法

ったく異なった理論モデルが有効になります。

(2) 理論モデルから論理的命題を導く(演繹)

次に、理論モデルを論理的に検討し、そこからいくつかの命題を導き出します。たとえば、消費者が予算制約のもとで効用関数を最大化するという理論モデルから、(ある条件のもとでは)市場の需要曲線が右下がりになるという命題を導きます。これは**演繹** (deduction) のプロセスです。ここで重要になるのは、「論理的に」ということです。経済学ではしばしば数学が用いられますが、それは論証を論理的に行うためです。

(3) 論理的命題を現実と照合する(検証)

次の段階は、演繹によって得られた論理的命題を現実と照らし合わせて、その真偽を調べることです。これは**検証** (verification) とよばれます。

ここで問題になるのは、現実をどのようにとらえるかということです。自然科学では実験室で実験を行います。経済学でも近年、実験が行われるようになってきましたが、まだまだその役割は限られています。社会科学ではおもに**観察**を行います。先の例で言うと、現実に市場需要曲線が右下がりになっているかどうか、観察するのです。

経済学では、多くの場合、統計データが観察の基礎になります。統計データには空間の情報がついているものが多く存在します。たとえば、国勢調査のデータは、人口構成や世帯構成を都道府県市町村あるいはもっと細かな町丁目レベルで

表したものです（メッシュデータとよばれる1キロ四方の区域を基本単位とするデータもあります）。先に述べたように，都市経済学においては空間が重要な意味をもつので，それらの空間統計データがよく利用されます。

　統計データを利用して現実を正しく観察するには，それなりの手続きが必要になります。それを科学的に研究するのが，統計学と計量経済学です。なお，**空間計量経済学**（spatial econometrics）とよばれる分野が近年発展してきていますが，これは，とくに空間統計データから観察を導く手続きを研究します。また，空間的な観察結果を地図に表示したり，空間を切り口にデータを取捨選択したり加工したりする際に，**地理情報システム**（GIS: geographic information system）が使われます。

(4) 理論モデルの支持または反証

　検証の結果，命題が現実と合致しないとき，理論モデルは**反証**されます。この場合，理論モデルは棄却され，(1)のモデル化に戻って新たに理論モデルを作り直します。

　一方，得られた命題が現実と合致するとき，理論モデルは一応支持されます。ここで「一応」と断ったのは，将来，命題が現実と合致しなくなる可能性があるからです。これには二つの理由が考えられます。一つは観察の技術が向上することです。たとえば，より精密な統計データが利用可能になった結果，これまで現実と適合していると考えられてきた命題が実は適合していなかった，という事態が起こるかもしれません。もう一つは，これまでに起きたことのない現象が起きることです。新たな現象が命題を否定するものであれば，支持されていた理論モデルは捨て去られることになります。

　このような意味で，科学ができることは，とりあえず現段階で「ありそうな」仮説を提示することだけです。どのような命題であっても，絶対の真理だと断言することはできないのです。

方法論的個人主義

　さて，以上の手続きは科学一般で用いられるものです。経済学ないし都市経済学の方法は，基本的には科学一般の方法と変わりません。ただ，経済学には，あまり他の学問分野で見ることのない方法論上の特徴があります。それは，**方法論的個人主義**（methodological individualism）とよばれるものです。

経済学では，理論モデルを作る際，家計（消費者）や企業など，個々の経済主体の行動を基本にします。最初に述べたように，家計（消費者）は効用を最大にするよう行動し，企業は利潤を最大にするよう行動すると考えます。つまり，個々の主体が自分の利益を最大にするよう行動すると考えるのです。このように，個々の主体の行動の**インセンティブ**（incentive）に注意を払うことが，モデル化を行う際の大きな特徴になっています。

複数の主体が相手の行動を読みながら戦略的に行動するとき，各主体がそれぞれのインセンティブに基づいてどのように行動するか，それを分析する枠組みを与えてくれるのが**ゲーム理論**（game theory）です。ゲーム理論が経済学の一つの基礎になっている理由は，この方法論上の特徴にあると言えます。

なお，モデル化の際に注目するのは個々の経済主体の行動ですが，結果として出てくる命題が個々の主体に関するものであるとは限りません。たとえば，市場需要曲線が右下がりになるという命題は，家計（消費者）という個々の経済主体の行動の結果出てきたものですが，経済全体の集計量に関する命題です。このように，経済学の一つの特徴は，ミクロな個人の行動からマクロな集計量を説明することにあります。本書が対象とする都市も，マクロな現象です。ところが，その都市を作り出しているのは，個々の経済主体です。このことは，常に念頭に置いておいてください。

4 本書の構成

最後に，本書の構成を説明しましょう。

第1章から第12章まで12の章があります。そのうちの二つの章は，それ以外の部分を読み進んでいくときに必要になる，ミクロ経済学の基本的内容を学ぶ章になります。すでにミクロ経済学を一通り学んでいる場合には飛ばしていただいても問題はありませんが，復習の意味で一読されることをお勧めします。第2章では生産者行動の理論を，第4章では消費者行動の理論を説明します。最初から順番に読み進んでいくと，他の章も問題なく理解できるように配置してあります。

次章以降は，大きく三つの部分に分かれています。

第Ⅰ部（第1章〜第3章）では，都市とはどういったものであるのかを説明し

ます。第1章では，まず都市をどのようにとらえればよいかを考えます。次いで都市の規模がどのような水準に決まるかを検討し，最後に都市の集まり（都市システム）の特徴を調べます。第2章で生産者行動の理論を復習したあと，第3章で都市が存在する理由を説明します。

　第Ⅱ部（第4章～第6章）で，住宅地を例にとって都市内の土地利用がどのように決まるかを説明します。はじめに第4章で消費者行動の理論を復習します。次いで第5章で都市内における消費者の立地選択に着目し，地代がどのように決定されるかを見ます。第6章では，前提条件が変化したとき，都市の空間的な大きさや人口にどのような変化が生じるかを考察します。あわせて，長い期間にわたって進行している郊外化がどのようなメカニズムで起こるのかを検討します。

　第Ⅲ部（第7章～第12章）で，都市を研究する上で重要になる，土地と住宅，交通の三つの市場をとりあげます。まず，それぞれの市場で価格がどう決まるのか，そのメカニズムを明らかにします。ここで言う価格は，土地については地代または地価，住宅については住宅の賃貸価格または資産価格，交通については鉄道運賃や道路料金を指します。すでに説明したように，価格が決まれば，その裏側で資源配分も決まります。次いで，それぞれの市場がどのような問題を抱えているか，そして，それぞれの市場についてどのような政策が実施されているか，概観します。さらに，政策の効果や弊害は何かを考察します。具体的に各章の内容を説明すると，以下のようになります。

　第7章では，経済政策一般に関する基礎的な議論を復習します。どのようなときに政策的介入が正当化されるのか，そして政策的介入はどのような弊害を伴うのかを考えます。第8章では土地市場をとりあげ，地代と地価の決定のメカニズムを明らかにします。第9章では土地に関する政策と土地利用に関する政策を検討します。第10章では住宅市場をとりあげ，住宅の賃貸価格と資産価格が何によって決まるのかを説明します。第11章では，住宅補助政策を中心に住宅政策を検討します。第12章では都市交通に関する混雑や費用負担の問題を議論します。

◆ キーワード
(資源)配分,(所得)分配,市場メカニズム,需要曲線,供給曲線,均衡,科学的方法,モデル化,演繹,検証,反証,方法論的個人主義

◆ 練習問題
1 第1節で述べた,「あなたの小さな疑問」に答えてみましょう。そして,本書の残りの部分を全部読んだ後で,再び同じ疑問に答えてみましょう。
2 この章で説明した科学的方法にはどのような問題があるか,検討しましょう。

第 I 部
都市とは何か

❏ 第 I 部の構成

　序章で述べたように，都市経済学は「都市」を研究対象とする経済学ですから，最初に「都市」とは何かを明らかにしておく必要があります。それが第 I 部の目的です。

　都市はさまざまな顔をもっており，異なった角度から見ると異なった様相を見せます。したがって都市とは何かという問いに対する答えも，一つではありません。歴史学者の見る都市と文化人類学者の見る都市，社会学者の見る都市は，どれも経済学者の見る都市とは異なっていることでしょう。ここでは，あくまで経済分析を行うことを念頭に，都市とは何かを考えます。

　第 1 章では，都市をどのようにとらえればよいかを考えます。第 2 章で生産者行動の理論を復習した後，第 3 章で都市が存在する理由を説明します。

第 1 章

都市と都市システム

本章では，都市の定義を確認してから，都市規模がどのような水準に決まるかを検討し，最後に都市システムの特徴を明らかにします。

1 都市の定義

都市の定義にはいろいろなものがありますが，多くの定義に共通しているのは，狭い範囲に比較的多くの人口を抱えている地理的空間だということでしょう。つまり，都市は，人口が多く，しかも周りの地域と比べて人口密度が高くなっている空間だと言うことができます。

代表的な統計地域

そのような都市の特徴をとらえた地域で，実際に経済分析の基礎として利用されるものにはどのようなものがあるでしょうか。

(1) 人口集中地区

第一に，**人口集中地区**（DID: densely inhabited district）とよばれるものがあります（図1-1）。これは次のような方法で定められます。まず，二つの密度基準 (a) (i) と (a) (ii) を満たすような国勢調査の調査単位区画を取り出します。

(a) (i) 人口密度が $1\,\mathrm{km}^2$ あたり 4000 人以上であること。

(ii) 人口密度が $1\,\mathrm{km}^2$ あたり 4000 人以上の区画と隣接していること。

そして，取り出した単位区画の中で隣接しているものを連ね合わせます。この

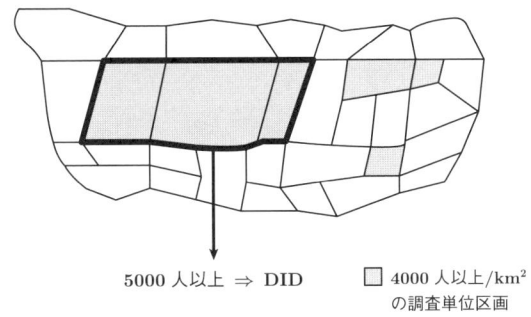

図 1-1 人口集中地区

連ね合わせた区域のうち，次の規模基準（b）を満たすものが，人口集中地区です。

(b) 連ね合わせた区域の総人口が 5000 人以上であること。

なお，調査単位区画は世帯数が 50 程度になる区画で，ほぼ街区に相当します。調査単位区画が市町村の境界をまたぐことはありません。

人口集中地区はかなり都市の実態に近いものを呈示してくれますが，一つ問題があります。それは，密度基準を満たす単位区画が隣接していても，市町村が異なってしまうと別の人口集中地区に入れられてしまうことです。したがって，市町村を越えた都市の広がりを把握することができません。次ページの図 1-2 は，例として宮城県の人口集中地区を表したものです。

(2) 市

第二の統計地域は，「市」です。都市経済学で都市を分析するときは，多くの場合，政府がとりまとめている統計データを利用することになりますが，その多くが，行政上の地域である都道府県や市区町村を単位にしています。そのために，それぞれの市を一つの都市とみなして研究することがよくあります。これにはいくつか問題があります。そのことを理解するために，自治体が市となるための条件を見てみましょう[1]。四つの条件があります。

(a) 人口が 5 万人以上であること。
(b) 中心市街地の戸数が全戸数の 6 割以上であること。

---

[1] 現在のところ，一度市になった後でこれらの条件が満たされなくなっても，それが理由で町や村に降格した事例はありません。

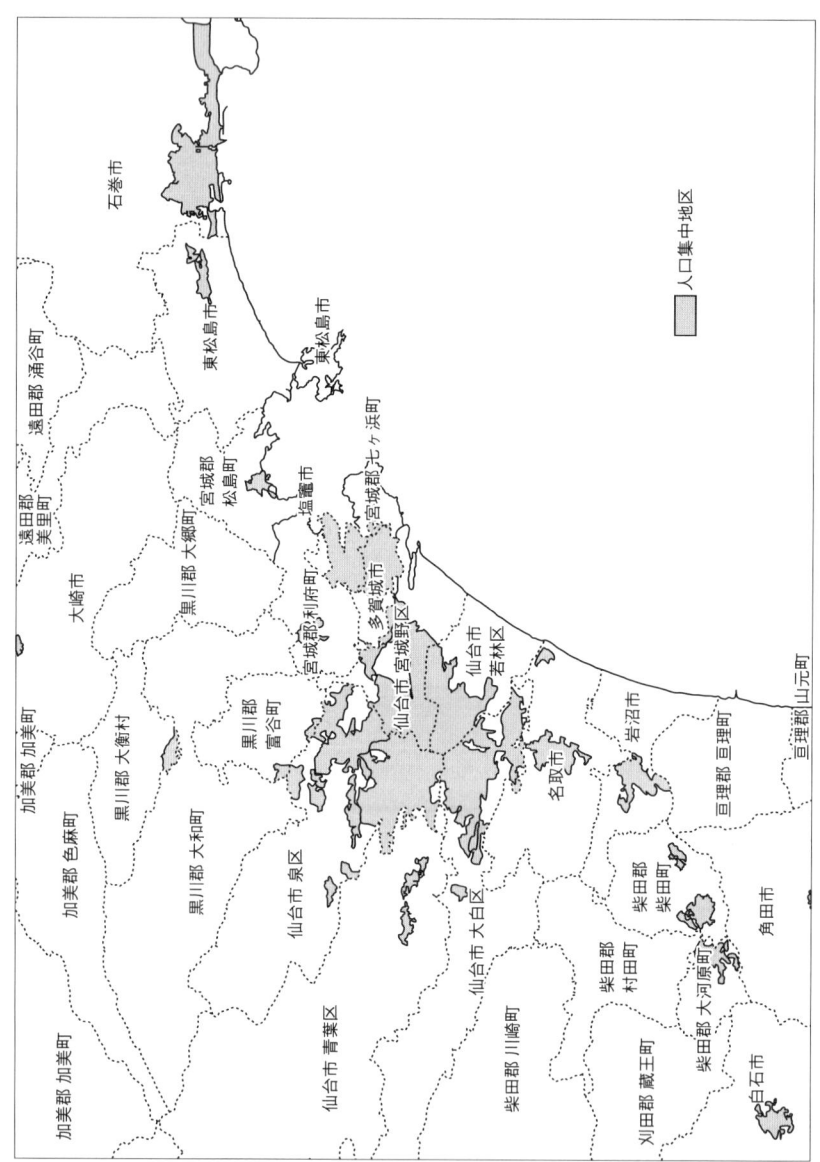

図 1-2 宮城県の人口集中地区 （出所）「国土数値情報」（平成 17 年）より筆者作成。

(c) 商工業等の都市的業態に従事する世帯人口が全人口の6割以上であること。

(d) 都道府県の条例で定められた，都市的施設等に関する要件に合致していること。

市を都市とみなす第一の問題は，市に広大な農村地域が含まれている可能性のあることです。商工業に従事する世帯の割合が6割を超えていたとしても（条件(c)），商工業がごく限られた地域に集中しているかもしれません。また，人口の多くが中心市街地に集中しているということは（条件(b)），周辺部の人口密度が極端に低い可能性があります。実際，「平成の大合併」によって，多くの農村地域が市に取り込まれました[2]。

第二の問題は，市の境界は政治的な理由で決められることが多く，その場合，境界は経済的な意味をもたないということです。たとえば，隣り合った二つの市は，本当に別々の都市なのでしょうか。その逆に，一つの市が複数の中心市街地をもつとき，それは本当に一つの都市なのでしょうか。

(3) 都市圏（都市雇用圏，コアベース統計地域など）

さて，人口集中地区や行政上の市よりも，より都市の実態に即した統計地域とみなされるのは，日本の**都市雇用圏**（UEA: urban employment area）やアメリカの**コアベース統計地域**（CBSA: core based statistical area）です。

どちらの統計地域も，周りの地域と比べて人口密度が高くなっている地域をとらえていますが，もう一つ重要な特徴をもっています。それは，中核となる区域と周辺部との間の機能的な結びつきが考えに入れられていることです[3]。つま

---

2) 平成の大合併は，行政の効率化を図るために中央政府が推進した政策です。1995年に合併特例法が改正され，住民の直接請求により法定合併協議会を設置したり，合併する自治体が合併特例債を発行できるようになりました。その後，市昇格の条件 (a) が人口3万人以上に緩和されました。それらの政策の結果，1999年4月1日現在で3229あった市町村は，合併特例法新法の期限が切れた2010年3月31日現在で1727まで46.5%も減りました。また，同時期に，市の数は671から786まで17%増加し，町村の数は2558から941まで63%も減少しました。

3) 地域には二つの種類があります。一つは同質地域とよばれるものです。ある共通の特徴をもった区域をひとまとめにしたもので，たとえば，温帯や熱帯などの気候区分地域，宗教や方言の分布地域が該当します。もう一つは結節地域または機能地域とよばれるものです。ある場所と特定の機能で結びついた区域をひとまとめにしたものです。通勤圏のほか，商圏，学区域などがこの例です。

> **Column　複数中心の都市か，隣接している複数の都市か**
>
> 　複数の中心をもつ一つの都市に見えながら，実際には隣接した複数の都市である場合があります。たとえば，合併によってできた市は，必ずしも一つの都市であると言えないケースがしばしば見受けられます。有名な例に，新潟県の上越市と京都府の舞鶴市があります。
> 　上越市は1971年に高田市と直江津市が合併してできた市ですが，城下町として発展してきた高田と港湾都市として発展してきた直江津は，それぞれが独自の経済基盤をもっており，今もはっきりと別々の中心市街地（業務地区）を構えています。近年，市庁舎のある中間地区（春日山地区）で人口が増加していますが，2010年の国勢調査でも，人口集中地区は依然として高田地区と直江津地区の二つに分かれています。
> 　また，舞鶴市は1943年に（旧）舞鶴市（西舞鶴）と東舞鶴市が合併して誕生しました。西舞鶴は田辺藩の城下町で商港としても栄えた街で，東舞鶴は軍港から発展した街です。合併自体が海軍の要請によって半ば強制的に行われたという経緯もあり，住民の合併への反対は大きく，1950年には住民投票が行われ，再び東西に市を分割することが可決されました。結局，府議会による抵抗で分割はなされませんでしたが，いまだに市街地は別々に発展しています。ここでも，それぞれの市街地は異なった人口集中地区を構成しています。
> 　このような地域については，さまざまな点を考慮して，別の都市と見るべきか，一つの都市と見るべきか，判断する必要があります。その際，それぞれの中心市街地と郊外地域の通学・通勤や買い物などの経済的結びつきがどうなっているかが重要な基準になります。これが都市雇用圏やコアベース統計地域を考える理由です。

り，中心地域と，機能面でそこと強く結びついている周辺地域がまとめて一つの都市ないし都市圏とみなされるのです。機能的な結びつきは通勤の流れによって測られます。周辺地域に住む就業者のうち，ある一定以上の割合が中心地域に通勤する場合，その周辺地域は中心地域に結びついていると考えられます。

　アメリカのコアベース統計地域は，大まかに言うと次のように設定されます。まず，相対的に人口密度の高い郡（カウンティーまたはそれに準じる区域）が連なっている地域を抜き出します。それは中心郡とよばれます。中心郡に向かって大きな通勤の流れがある郡を，周辺郡として中心郡に加えます。これがコアベース統計地域です。コアベース統計地域は二つの種類に分けられます。一つは**大都市統計圏**（MSA: metropolitan statistical area）で，もう一つは**小都市統計圏**（micropolitan statistical area）です。前者は人口5万人以上のコアベース統計地域で，後

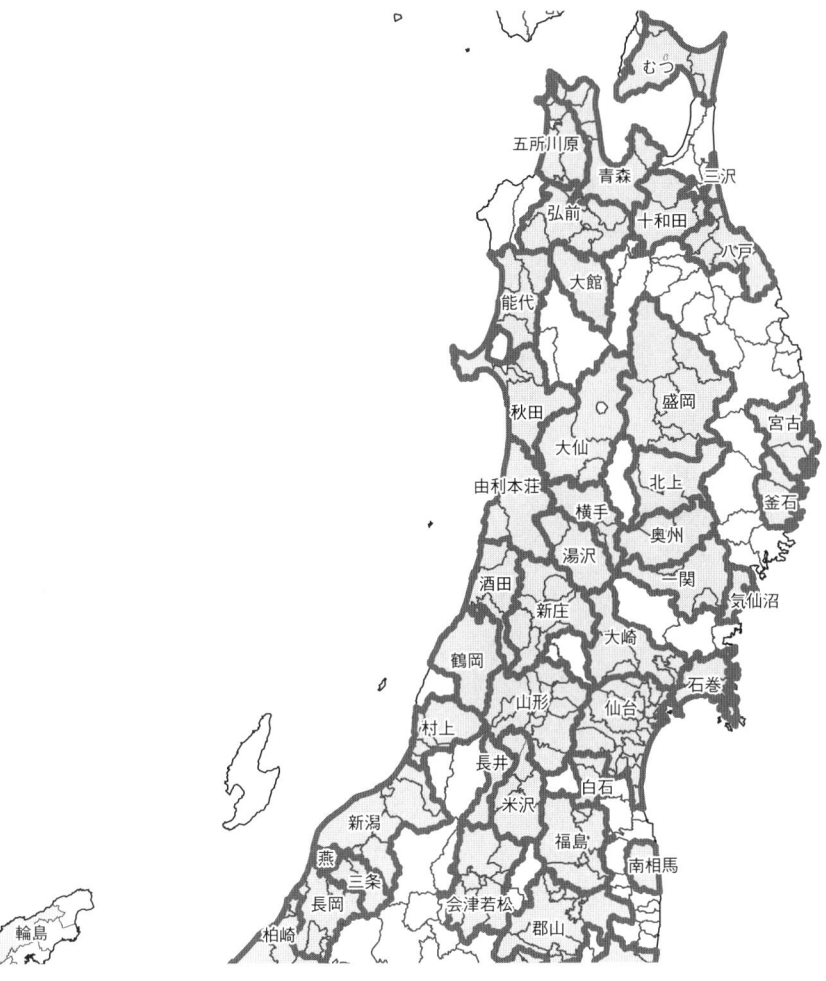

図 1-3　東北地方の都市雇用圏

(注)　地名は都市雇用圏の名称を表す。
(出所)　国土交通省審議会資料「2005年国勢調査に基づく都市雇用圏について」三菱UFJリサーチ＆コンサルティング株式会社。

者は人口1万人から5万人までの統計地域です。アメリカでは，これらの統計地域に基づき国勢調査のデータが整備されています。

　日本では，アメリカのように政府が都市圏データを収集・整備することはなく，その任務は経済学者の手に委ねられてきました。ここで紹介するのは，金本良嗣と徳岡一幸によって提唱された都市雇用圏です。都市雇用圏は，基本的には

アメリカのコアベース統計地域と同じ考えに立脚して作られています。主な違いは二つあります。一つは，中心となる区域（コアベース統計地域における中心郡，都市雇用圏における「中心市町村」）を定めるときに，その区域の人口ではなく，その区域における人口集中地区の人口を基準にしたことです。もう一つは，同一の都市雇用圏内に複数の中心市町村が存在することを許容したことです。

都市雇用圏は，以下のように設定されます。人口条件を満たす市町村を中心市町村と定義し，そこへの通勤率の高い市町村を，その中心市町村の1次郊外とします。1次郊外の郊外である2次郊外，2次郊外の郊外である3次郊外，なども同様に定義します。そのようにしてツリー状に結びついた中心市町村とすべての郊外をまとめて都市雇用圏と定義するのです。詳細については，金本・徳岡（2002）を参照してください[4]。

2005年の国勢調査の結果を用いると，日本全国で，中心市町村のDID人口が5万人以上の大都市雇用圏が110，5万人未満の小都市雇用圏が133，検出できます。図1-3は，東北地方の都市雇用圏を示したものです。

ヨーロッパでも2004年以降，EUのEurostatがlarger urban zones（LUZ）という都市圏データを作成するようになりました。EU全域で共通の定義を用いて都市圏を定め，比較可能な都市圏のデータを整備しようというものです。LUZは，都市雇用圏と同じように，中心都市と，そこへの通勤流動が大きい周辺都市をひとまとめにしたものです。中心都市と周辺都市の合計が50万人以上になる都市圏がLUZに含まれます。各都市に関する統計データは構成国それぞれが作成しているため，LUZを定める際にいくつかの問題が生じてしまうことは避けられませんが，さまざまな改善が加えられてきています。

都市の分布

さて，以上のような都市の定義を用いて，実際に都市の分布がどうなっているかを見てみましょう。

表1-1は，日本の都市のうち，2005年の人口の大きいものを20位までまとめたものです。最初の2列は東京23区および市の人口を基準にし，次の2列はDID人口を基準にしています。また，5列目と6列目は都市雇用圏の人口を基

---

[4] 都市雇用圏の最新データは，東京大学空間情報科学研究センターのホームページ（http://www.csis.u-tokyo.ac.jp/UEA/）で見ることができます。

表 1-1 日本の大都市

順位	2005年市域 地域名	2005年市域 人口	2005年DID DID名	2005年DID 人口	2005年都市圏 都市圏名	2005年都市圏 人口	1873年 都市名	1873年 人口	1650年 都市名	1650年人口（推計）
1	東京23区	8,489,653	東京都区部連合	8,489,653	東京	33,340,947	東京	595,905	江戸	430,000
2	横浜市	3,579,628	横浜市連合	3,470,271	大阪	12,156,918	大坂	271,992	京都	430,000
3	大阪市	2,628,811	大阪市連合	2,628,312	名古屋・小牧	5,234,770	京都	238,663	大坂	220,000
4	名古屋市	2,215,062	名古屋市連合	2,159,379	京都市	2,560,850	名古屋	125,193	金沢	114,000
5	札幌市	1,880,863	札幌市連合	1,778,475	福岡市	2,409,904	金沢	109,685	名古屋	87,000
6	神戸市	1,525,393	京都市連合	1,346,033	札幌・小樽	2,325,653	広島	74,305	堺	69,000
7	京都市	1,474,811	川崎市連合	1,305,875	神戸市	2,318,909	横浜	64,602	仙台	57,000
8	福岡市	1,401,279	福岡市連合	1,297,830	仙台市	1,570,190	和歌山	61,124	福岡・博多	53,000
9	川崎市	1,327,011	さいたま市連合	1,009,004	岡山市	1,503,556	仙台	51,998	鹿児島	50,000
10	さいたま市	1,176,314	広島市連合	886,753	広島市	1,423,865	徳島	48,861	福井	48,000
11	広島市	1,154,391	仙台市連合	837,974	北九州市	1,401,737	萩	45,318	彦根	38,000
12	仙台市	1,025,098	北九州市連合	809,810	浜松市	1,139,189	首里	44,984	長崎	37,000
13	北九州市	993,525	堺市Ⅰ	746,161	新潟市	1,093,264	富山	44,682	奈良	35,000
14	千葉市	924,319	千葉市連合	735,214	熊本市	1,083,740	熊本	44,620	米沢	35,000
15	堺市	830,966	神戸市連合	716,553	宇都宮市	1,082,347	福岡・博多	41,635	鳥取	32,000
16	浜松市	804,032	相模原市	613,926	静岡市	1,008,368	兵庫・神戸	40,900	山田（伊勢）	30,000
17	新潟市	785,134	静岡市連合	604,309	高松市	838,788	福井	39,784	岡山	29,000
18	静岡市	700,886	熊本市	556,186	岐阜市	830,623	高知	39,757	若松（会津）	27,000
19	岡山市	674,746	船橋市Ⅰ	531,302	長崎市	786,696	堺	38,838	甲府	26,000
20	熊本市	669,603	東大阪市	512,289	那覇市	779,726	久保田（秋田）	38,118	山形	25,000

(出所) 2005年の都市人口とDID人口は国勢調査に基づく。2005年都市圏人口は都市雇用圏データに基づく。1873年の人口は『日本地誌提要』(1874) による。1650年の推計人口は斎藤 (1984) による。

第1章 都市と都市システム 23

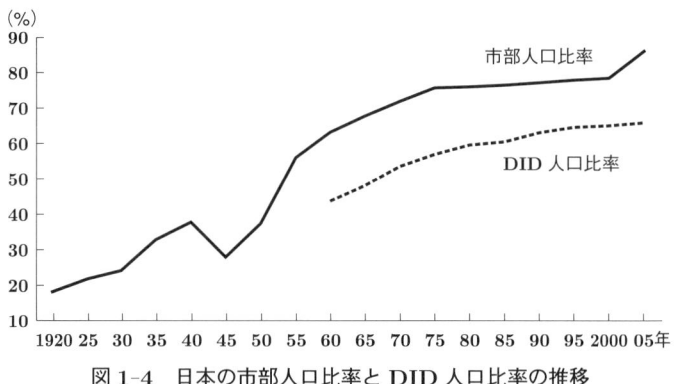

図 1-4　日本の市部人口比率と DID 人口比率の推移
（出所）　筆者作成。

準にしています。これを見ると，三つの基準のどれを採用するかで，都市規模の順位に若干の差違が生じることがわかります。たとえば，浜松や新潟は市の人口で見ると 20 位以内に入りますが，DID 人口で見ると 20 位以内に入りません。行政域に含まれる農村地域の人口が大きいことがうかがえます。一方，宇都宮と那覇は都市雇用圏人口で見るとそれぞれ 15 位，20 位ですが，市の人口で見ても DID 人口で見ても順位はかなり低くなります（宇都宮は市域人口で 36 位，DID 人口で 39 位です。また，那覇は市域人口で 72 位，DID 人口で 43 位です）。このことは，行政界を越えて周辺部に都市圏が広がっていることを示唆しています。

　表 1-1 の最後の 4 列には，1873 年（明治 6 年）の行政域人口と 1650 年の推計人口で見た上位 20 都市が示されています（斎藤，1984）。2005 年と 1873 年あるいは 1650 年を比べてみると，上位 20 都市の顔ぶれがずいぶんと変わっていることがわかります。たとえば，金沢は江戸初期に第 4 位，明治はじめに第 5 位の都市だったにもかかわらず，2005 年には市域人口で見ると 36 位，DID 人口で見ると 39 位，都市雇用圏人口で見ると 26 位です。また，明治始めの 20 大都市には，徳島，萩，首里（現在の那覇市の一部）など，現在の 50 位以降に並ぶ都市が入っています。一方で，札幌をはじめ福岡や神戸といった都市が大きく順位を上げています[5]。

　また，歴史的には，徐々に都市への人口集中が進んでいることがわかります。

5）　行政上，福岡は 1876 年まで福岡と博多の町（当時の「区」という行政域）に分かれていました。同じように，神戸は 1879 年まで神戸町と兵庫町と坂本村に分かれていました。ここで紹介している数字は，それぞれ，それらの行政域の人口を合計したものです。

図1-5 世界の都市人口比率の推移

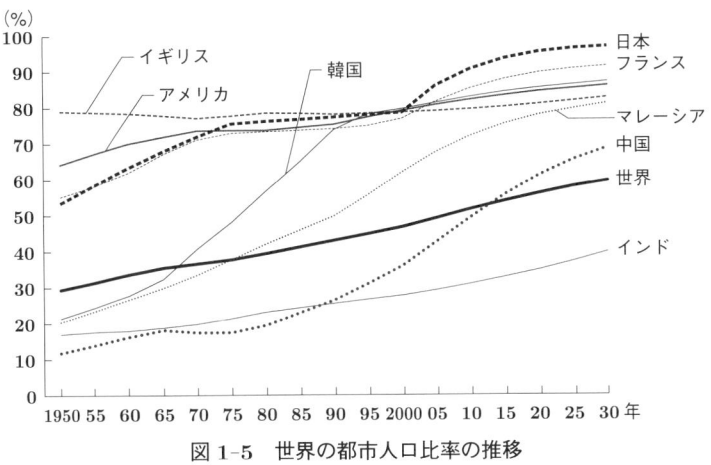

（出所）United Nations, World Urbanization Prospects (2011 Revision).
(http://esa.un.org/unpd/wup/index.htm) より筆者作成。

　図1-4は，市部の人口が総人口に占める比率と，DID人口が総人口に占める比率の時間的な変化を表しています。これを見ると，市部人口比率は第二次世界大戦の時期の1945年を除いてずっと上昇していることがわかります。また，1960年の調査開始以来，DID人口比率も絶えず上昇しています。このように都市への人口集中が進むことを，**都市化**（urbanization）とよびます。

　都市化は日本だけに見られるものではなく，世界的な傾向です。図1-5は，世界の主な国における都市人口の比率の変化を表しています[6]。早くから都市化が進み都市人口の比率にあまり変化のないイギリスのような国を除けば，多くの国で都市化が進んでいることがわかります。とくに中国やマレーシア等，経済が大きく発展している国では，都市人口比率が急速に増加しています。

2　都市規模と都市システム

　この節では，まず，何が都市の規模を決めるのかを考え，次いで，さまざまな規模の都市がどのように分布しているかを見ます。最後に，都市の集まり（「都

---

6) 比較のために，日本の数字は元の国連データのままにしてあります。ほぼDID人口比率に一致します。

市システム」）がどのような特徴をもつか，検討します．

2.1 都市規模の決定

都市の規模はどのような要因で決まるのでしょうか．このことを理解するために図1-6を見てください．横軸は都市の人口を，縦軸は都市に住む消費者の「効用」水準をとった図です．効用水準は，各消費者の喜びや満足の水準を表します（効用については第4章を参照してください）．

第3章で詳しく説明しますが，効用水準は，多くの場合，都市人口の増大に伴って始めは上昇し，後に下落します．都市が大きくなると経済活動がより効率的に営まれるようになる一方で，混雑や公害などの問題がより深刻になります．都市がそれほど大きくないときには，前者のプラスの効果が後者のマイナスの効果を上回るため，都市の拡大に伴って効用水準が上昇します．都市が充分大きいときにはマイナスの効果がプラスの効果を上回るようになり，都市の拡大に伴って効用水準が下落するようになるのです．

今，経済の総人口が $\bar{L}$ で一定だとします．また，もっとも単純なケースを考えるため，すべての都市が最終的に同じ大きさになる場合に議論を絞ります．ここで，規模の小さい都市が数多く存在するときと，規模の大きい都市が少数存在するときを比較しましょう．

図の点 A は，比較的規模の小さい都市が数多く存在するときを表します．経済には n^0 個の都市が存在し，各都市の人口は $\bar{L}/n^0$ です．このとき，すべての

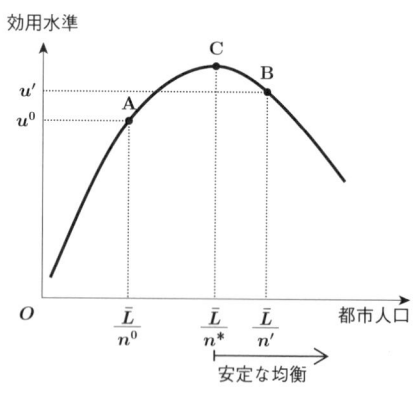

図 1-6 都市人口と効用水準

都市において効用水準は u^0 になるので，消費者には別の都市に移住するインセンティブがありません。したがって，時間が経過しても各都市の人口は変化しません。これは，前の章で説明した均衡の状態です。

ところが，この均衡は**安定的**（stable）ではありません。安定，不安定というのは，経済が均衡から逸脱したときに元の均衡に戻るメカニズムがはたらくかどうかを表す言葉です。安定な均衡から逸れても，また元の均衡に戻ります。不安定な均衡から逸脱してしまうと，もう元の均衡には戻りません。点 A が不安定な均衡であることを確認するために，ある都市の人口がたまたま $\bar{L}/n^0$ を少し上回ったときを考えます。効用を表す曲線は点 A で右上がりなので，その都市に住むことで得られる効用は u^0 を上回ることになります。すると，より高い効用を求めて，別の都市に住む消費者がその都市に移住してきます。その都市の人口はますます大きくなり，$\bar{L}/n^0$ からさらに離れてしまいます。したがって，点 A の均衡は不安定的です。

今度は，比較的規模の大きな都市が少数存在する場合を考えます。たとえば，図の点 B は，都市の数が n' $(n' < n^0)$ であるとき，それぞれの都市の人口が $\bar{L}/n'$ になり，消費者の効用水準が u' になることを表しています。この均衡は安定的でしょうか。先ほどと同じように，ある都市の人口がたまたま $\bar{L}/n'$ を上回ったとします。先の場合とは異なり，この都市に住むことで得られる効用の水準は u' よりも低くなります。なぜなら効用水準を表す曲線が点 B では右下がりだからです。この都市に住んだときの効用水準が低くなるので，消費者はより高い効用を求めて別の都市に移住します。つまり，この都市の人口は減少します。こうして，都市の人口は $\bar{L}/n'$ に戻ります。点 B の均衡は安定的です。

経済学の Tips ⊙ 均衡とその安定性 ────────

均衡とその**安定性**（stability）は，経済学のもっとも基本的な分析道具の一つです。二つの概念をしっかり理解しておくことが重要です。本文でも述べましたが，均衡は，すべての調整が終わっていて，与件が変化しない限り何も変化しない状態を言います。安定性は，仮に均衡から少しずれた場合，均衡に戻る力がはたらくかどうかを見る概念です。たとえて言えば，ボールが止まっている状態が均衡で，少しボールをずらしたときにボールが元の位置に戻ろうとするならば元の状態は安定，ボールが元の位置に戻らずますます遠ざかってしまうのならば元の状態は不安定です。すり鉢の底にボールが止まっている状態は安定な均衡で，

伏せたすり鉢の縁にボールが止まっている状態は不安定な均衡だと言えるでしょう。

現実の経済は絶えず小さな確率的ショックにさらされています。均衡が存在するとしても，そこからほんのわずか外れてしまうという事態は頻繁に起こると考えられます。その場合，もし均衡が不安定であれば経済が元の均衡に戻ることはありません。したがって，経済が実際に不安定な均衡にとどまっている可能性は低く，現実に起こっていることを考えるときには，安定な均衡のみが意味をもつのです。

ところで，効用の水準がもっとも高くなるのは，都市の数が n^* で各都市の人口が $\bar{L}/n^*$ になるときです（図の点 C です）。これまでの議論から，各都市の人口がそれよりも小さくなる均衡は不安定的であることがわかります。したがって，そのような均衡が実現するとは考えられません。一方，各都市の人口が $\bar{L}/n^*$ を上回る均衡は安定的です。そのような均衡は実現する可能性があります。このことは，都市の規模は過小になることはないが，過大になる可能性がある，ということを示しています。

Point 都市は過大になる傾向がある。

2.2 都市規模の違いとランク・サイズルール

都市規模の違い

これまで，都市の大きさが等しい場合に議論を限定してきました。今度は，都市規模の違いに目を向けましょう。

都市の規模の違いは，効用水準を表す曲線の形状の違いで説明することができます。図1-7は，三つのタイプの都市について効用水準がどうなるかを描いたものです。消費者は，自由に都市間を移動できる限り，均衡において，どの都市に住んでも同一水準の効用を得ていなければなりません。その水準が $\bar{u}$ であるとしましょう。都市1の曲線は小さな人口のもとで頂点に達するため，均衡の都市規模は小さく，都市3の曲線は大きな人口のもとで頂点に達するため，均衡都市規模が大きくなります。都市2はその中間です。

このような曲線の違いは，第3章で詳述する，集積の経済および集積の不経済のはたらき方によって決まります。集積の経済は，都市の規模が拡大すること

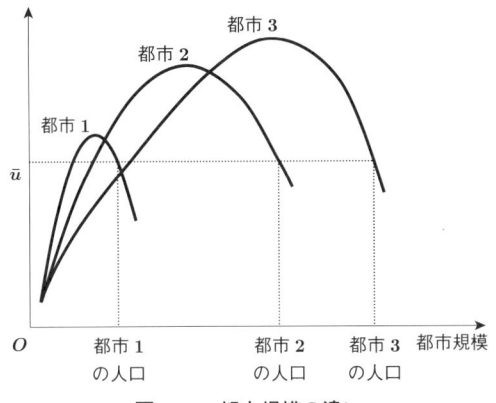

図 1-7 都市規模の違い

によって生じる便益を表す概念です．逆に，集積の不経済は，規模が拡大することによって増大する費用を表す概念です．都市 1 では，規模をそれほど大きくしなくても集積の経済の便益を享受することができますが，規模が小さいうちから集積の不経済の弊害にさらされることになります．また，集積の経済はあまり強くはたらかず，効用水準の最大値はそれほど大きくありません．それに対し都市 3 では，集積の経済の恩恵に浴するには規模がかなり大きくなる必要があり，集積の不経済も規模が著しく大きくならない限り現れてきません．集積の経済が強くはたらくため，効用水準の最大値も非常に大きくなっています．

ランク・サイズルール

さて，複数の都市からなる**都市システム**を考えましょう[7]．都市システムを構成するそれぞれの都市の規模とその順位の関係に関して，**ランク・サイズルール** (rank size rule) とよばれる法則が広く当てはまることが知られています．これは，都市の規模 S とその順位 R との間に，

$$R \cdot S^a = k \tag{1}$$

という関係式が成り立つというものです．ただし，a と k は定数です．

定数の a が 1 に等しいとき，この式は，ランクとサイズの積が一定値になる

---

[7] **システム**とは，構成要素と，要素間の関係の集合です．したがって，都市システムは単なる都市の集まりでなく，何らかの関係をもった都市の集まりのことです．ここでは，規模とその順位によって関係づけられた都市の集まりを考えています．

表 1-2 ランク・サイズルールの推定結果

国または地域	都市圏の定義	年	基礎統計量		回帰分析の結果			
			都市(圏)数	人口の最大値 最小値	決定係数 (R^2 乗)	a の推定値 (t 値)	a の 95% 信頼区間	b の推定値 (t 値)
日本	都市雇用圏	2005	109	33,340,907 71,408	0.949	0.945 (44.6)	0.903 0.987	15.97 (58.0)
アメリカ	大都市統計地域 (MSA) のうち, 人口 50 万人以上のもの	2010	103	18,897,109 504,357	0.973	1.124 (60.33)	1.087 1.161	19.51 (74.17)
ヨーロッパ	LUZ	2003–2006	115	11,917,000 519,318	0.889	1.280 (30.16)	1.196 1.364	21.66 (36.47)

(出所) 筆者作成。

というジップの法則 (Zipf's law) を表すことになります。

(1)式を推定するときには，両辺の対数をとって，

$$\ln R = -a \ln S + b \tag{2}$$

と変形しておくと便利です ($b = \ln k$ です)。表 1-2 は，日本とアメリカ，ヨーロッパの三つの国・地域について，(2)式を推定したものです。日本については都市雇用圏を，アメリカについては大都市統計圏 (MSA) のうち人口が 50 万人以上の地域を，ヨーロッパについては LUZ (先に述べたように都市圏人口は 50 万人以上) を，それぞれ都市とみなしました[8]。とりあげた三つの国・地域の都市圏の数はほぼ同じです。この表からは，どの国・地域についても決定係数の値が高く，(2)式が現実の都市規模分布によく当てはまることが読み取れます。

> **Point** ランク・サイズルール：
> 都市規模の対数と順位の対数との間に観察される線形の関係。
> ランクとサイズの積が一定値になる特殊な場合，ランク・サイズルールはジップの法則になる。

---

[8] ヨーロッパの LUZ に関しては，EU 加盟国のほか，非加盟国のアイスランド，リヒテンシュタイン，ノルウェー，スイス，トルコの都市も含まれていますが，ここでの分析に際してはトルコの都市を除外しました。

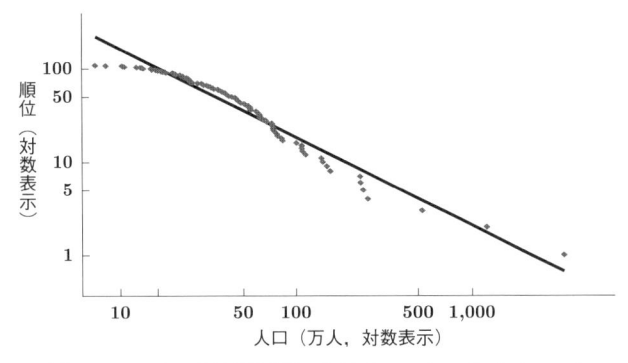

図 1-8 日本の都市雇用圏におけるランク・サイズルール
(出所) 筆者作成。

　ただ，実際の分布を見てみると，小規模ないし中程度の規模の都市に関しては，規模の対数と順位の対数との間には，直線よりも原点に向かって凹であるような曲線（凹関数）によって近似できる関係があることがわかります。たとえば，図 1-8 は日本の都市雇用圏についての分布を図示したものです。これを見ると，$\ln S$（人口の対数）が大きくないときには，(2)式の a を定数だと考えるより，$\ln S$ の増大に伴って大きくなる変数だと考えるほうが妥当であるように思われます。

　また，確かに a の値は 1 に近いですが，どの国・地域についても，$a = 1$ は推定された 95% 信頼区間から外れたところにあります。したがって，ジップの法則が成立していないという主張を否定できません。ただ，a の値は，対象とする都市の定義や分析する時期・時代によって変わってきます。この分析結果だけからジップの法則が成立していないと速断することもまた，賢明ではありません。

2.3　中心地理論と都市の階層構造

　先に都市の規模の違いを説明したとき，大都市では集積の経済が強くはたらくということを述べました。その一つの理由は，大都市で，より次元の高い財が供給されることです。説明しましょう。

　財の次元とは，それぞれの生産者から財を購入する消費者が，狭い範囲に分布しているか，広い範囲に分布しているかを言います。青果店や床屋のように日常的に必要になる財やサービスを扱う店は数が多く，ほとんどの場合，狭い範囲に

Column ヨーロッパの都市システムの変化

de Vries (1984) は，長期的にヨーロッパの都市システムがどのように変化してきたかを，ランク・サイズルールの観点から分析しました。図1-9は，1500年から1979年までのヨーロッパの都市人口とその順位の関係を表したものです。横軸が順位の対数を，縦軸が人口の対数を表します。図1-8とは軸が逆になっているので注意してください。

この図から，de Vries は次のような結果を読み取っています。

(1) 1500年から1750年

この時期，曲線は全体的に傾きが急になり，右下を中心に時計回りに回転しています。さらに細かく見ると，始め原点から右上方向を見たときに凸だったものが，しだいに直線に近くなってきています。これは，大都市の伸び率が高く，中小都市の伸び率が低かったことを意味しています。1500年にもっとも規模の大きかった5都市は，ナポリ（15万人），ベネチア，ミラノ，パリ（以上10万人），フィレンツェ（7万人）です。パリを除く都市はイタリアの交易都市です。これらの交易都市が支配的だった都市システムの時代が終わりを告げ，北西ヨーロッパの経済発展に伴って，ロンドンなど，広い地域を後背地に抱える中心都市が台頭してきました。1750年の上位5都市は，ロンドン（67万5000人），パリ（57万6000人），ナポリ（30万5000人），アムステルダム（21万人），ウィーン（17万

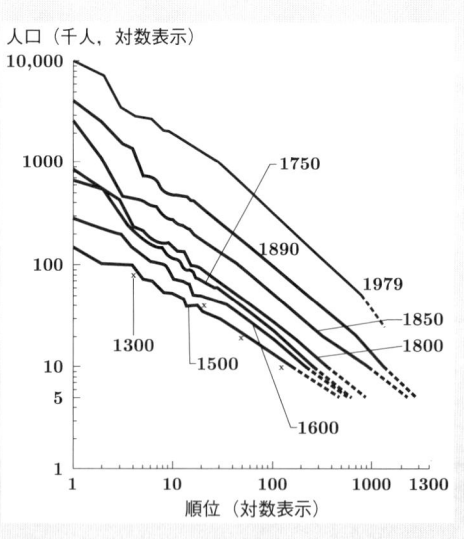

図1-9 ヨーロッパの都市システムの変化
(出所) de Vries (1984) p.94.

5000 人）です。顔ぶれが劇的に変化しています。

(2) 1750 年から 1850 年
　この時期，曲線の傾きは徐々に緩やかになっています。また，右下の尾の部分も伸びています。これらの変化は，中規模の都市が飛躍的に発展し，小さな新しい都市が数多く誕生したことを示しています。この時期は産業革命が進展した時期です。

(3) 1850 年以降
　この時期，曲線は再び急になる様相を見せています。産業革命の浸透に伴って大都市への集中が進んだのです。

　このように，都市の順位と規模の関係を調べるだけで，都市システムの歴史的な変化について多くのことを読み取ることができます。

住む消費者を相手にしています。それに対し，著名な画家の絵画やダイヤモンドやグランドピアノを販売する店は数が少なく，都市全域や広域経済圏あるいは全国を商圏にしています。財には，前者のような低次のものから，後者のような高次のものまで，さまざまなものがあります。

　それぞれの財の次元は，消費者 1 人あたりの需要の大きさと，財を生産するときにかかる固定費用の大きさの二つの要因によって決まります[9]。

　食料品のような日用品は，多くの消費者が頻繁に購入するので，消費者 1 人あたりの需要は比較的大きいと言えます。また，店を開くにもあまり大きな費用がかかりません。これらの理由で，それほど広い範囲から顧客を集めなくても，近くの顧客だけで充分にやっていくことができるのです。

　それに対し，著名な画家の絵画やダイヤモンドやグランドピアノは，多くの消費者が一生のうち一度も消費しないか，消費するとしても普通は数回しか消費しません。消費者 1 人あたりの需要が比較的小さいと言えます。しかも，このような特殊な財を扱う店を開くには，大きな費用がかかります。高級感のある店舗を構えなくてはなりませんし，大々的に広告を打たなければなりません。また，

---

[9] 固定費用は，財をまったく生産しないときでも支払わなくてはならない費用です（詳しくは第 2 章 59 ページを参照してください）。また，財の次元を決める二つ目の要因は，より正確に言うと，固定費用の大きさというより規模の経済の大きさです。規模の経済については第 3 章 66 ページを参照してください。

あらかじめ高額の商品を揃えておかなければなりません。こうした費用を回収するためには，それなりの数量を販売する必要があります。結果的に，このような財を扱う場合は，広い範囲から顧客を集めなければなりません。

> **Point** 財には次元があり，それは消費者1人あたりの需要の大きさと，固定費用の大きさによって決まる。

高い次元の財（「高次の財」）は広い範囲の消費者に売られるので，その供給者の数が少なく，その結果，財が供給される地点も限られます。反対に，低い次元の財（「低次の財」）は多くの地点で供給されます。財が供給される地点は，**中心地**（central place）とよばれます。

さて，高次の財を買いにある中心地にやってきた消費者は，もしそこで低次の財も売られていれば，ついでにそれも購入するでしょう。そうすることでわざわざ別の中心地に出かける手間が省け，余分な輸送費を支払わずにすむからです。このため，低次の財の供給者は，高次の財が供給される中心地に立地することで，より多くの顧客を獲得することができるようになります。したがって，低次の財の供給者は高次の財が供給される中心地に立地しようとします。結果として，高次の財が供給される中心地では，それよりも低次の財がすべて供給されるようになります。そして，もっとも低次の財からもっとも高次の財まですべての財が供給される中心地，もっとも低次の財から2番目に高次の財までが供給される中心地，もっとも低次の財から3番目に高次の財までが供給される中心地，というように，階層構造をもった体系が出現します。これについては，この章の「補論」で詳しく説明します。

> **Point** 中心地の体系は階層構造をもつ傾向がある。

このように複数の中心地がどのような規則にしたがって分布するかを明らかにする理論は，**中心地理論**（central place theory）とよばれます。

◆ キーワード
人口集中地区（DID），都市雇用圏，都市化，均衡の安定性，ランク・サイズルール，ジップの法則，中心地理論，中心地体系の階層構造

◆ 練習問題
1　図1-4を見ると，DID人口が大きく上昇した時期が二つあることがわかります。一つは1960年から75年にかけてで，もう一つは85年から90年にかけてです。それぞれの時期，どのような理由でDID人口が上昇したのか，調べましょう。また，2000年から2005年にかけて市部人口比率が急上昇しています。これはなぜでしょうか。

2　人口120万人の都市Aが存在します。民間業者が10万人の規模のニュータウン（都市B）を建設して，都市Aから10万人が移住してくる状況を考えましょう。

(1) 都市人口と効用水準の関係が，滑らかな曲線で表されるとします。表1-3は，10万人刻みで効用水準がどう変化するかを表したものです。

表1-3　都市人口と効用水準の関係：ケース1

人口（10万人）	0	1	2	3	4	5	6	7	8	9	10	11	12
効用水準	0	100	200	250	275	260	230	220	200	170	130	80	20

このとき，短期的に都市Aと都市Bの住民の効用水準はどうなるでしょうか。また，長期的に二つの都市はどのような大きさになるでしょうか。そのときの効用水準も求めましょう。ただし，都市Aと都市Bの二つの都市とそれ以外の都市の間で人口移動は起こらないものと仮定します。

(2) 今度は，都市人口と効用水準の関係が二つの直線（折れ線）で表されるとします。表1-4は，10万人刻みで効用水準がどう変化するかを表したものです。このとき，(1)と同じ問いに答えましょう。

表1-4　都市人口と効用水準の関係：ケース2

人口（10万人）	0	1	2	3	4	5	6	7	8	9	10	11	12
効用水準	0	50	100	150	200	180	160	140	120	100	80	60	40

3. 多数の都市からなる経済を考えましょう。図1-6に表されるように，都市人口と効用水準の関係はすべての都市で同一で，各都市は同じ人口 $\bar{L}/n'$ を抱えているものとします（$\bar{L}/n'$ の人口のところで効用水準を表す曲線が右下がりになることを思い出してください）。今，自動車が普及して，どのような都市人口のもとでも一律に効用水準が高くなったとしましょう。つまり，図1-6の曲線が上方にシフトしたとします。
    (1) 効用水準を表す曲線がすべての都市で同じように上方シフトするときを考えましょう。
        (a) $\bar{L}/n'$ の人口のところで変化後の曲線が<u>右下がり</u>になるとき，各都市の人口や効用水準はどう変化するでしょうか。
        (b) $\bar{L}/n'$ の人口のところで変化後の曲線が<u>右上がり</u>になるとき，各都市の人口や効用水準はどう変化するでしょうか。
    (2) 効用水準を表す曲線が一つの都市でのみで上方シフトする場合について，(1)の(a)と(b)の設問に答えましょう。
4. 表1-2の結果から，日本とアメリカ，ヨーロッパの都市システムの特徴について，どのようなことが言えるでしょうか。
5. 現実に，都市システムは階層構造をもっているでしょうか。任意の地域あるいは日本全国をとりあげて論じましょう。

補論　中心地の階層構造

ここでは，本文で述べた中心地の階層構造をより詳しく説明します。以下の仮定が満たされるような単純化された経済を考えましょう。
(1) 空間は均質である。つまり，同質な消費者が同じ密度で分布しており，企業の生産技術がどこでも同じである。
(2) 消費者は財を購入するにあたって企業を訪れなければならず，そのために必要な交通費を支払う。
(3) 財の価格は所与である。

財の次元が1からnまであるとしましょう。i次の財を供給する企業を「i次の企業」とよぶことにします（iは1からnまでのうちのいずれかの数です）。もっとも高次な財（n次の財）を供給する企業（n次の企業）は，国なり地域なりの地理的中心に立地するでしょう。そうすることで，企業はより多くの消費者を引きつけることができるからです。n次の財は，1人あたりの需要量がとても小さく，供給するのに非常に高い固定費用がかかるため，それを供給する企業（n次の企業）は経済に一つしか存在できないと仮定

します。ここで，n 次の企業が立地する地点を n 次の「中心地」とよぶことにしましょう。

次に高次な財（$n-1$ 次の財）を供給する企業（$n-1$ 次の企業）はどこに立地するでしょうか。n 次の中心地に立地するでしょう。一つの理由は，n 次の企業がそうであったように，地理的中心に立地することで広い範囲の消費者を引きつけられるということです。しかし，それだけではありません。n 次の中心地では，n 次の財を購入しにやってくる消費者が追加的な交通費を支払うことなく $n-1$ 次の財を購入できます。したがって，$n-1$ 次の企業は，n 次の中心地に立地すると，他の場所に立地したときには得られないような大きな需要を得ることができます。これが $n-1$ 次の企業が n 次の中心地に立地する2番目の理由です。ここで，$n-1$ 次の企業の供給範囲は n 次の企業の供給範囲よりも小さいことに注意してください。そのため，複数の企業が $n-1$ 次の財を供給することができます。それらの企業は，お互いに離れたところに立地しようとします。結果として，$n-1$ 次の企業のうち，一つは n 次の中心地に立地し，それ以外は独立して別の場所に立地し，$n-1$ 次の中心地を形成することになります。独立して立地する $n-1$ 次の企業が k_{n-1} 存在するとしましょう（つまり，全部で $k_{n-1}+1$ の $n-1$ 次企業が存在します）。

同じように考えると，$n-2$ 次の企業は，一つが n 次の中心地に立地し，k_{n-1} の企業が k_{n-1} 個ある $n-1$ 次の中心地に一つずつ立地し，残りが独立して $n-2$ 次の中心地を形成します。独立して立地する $n-2$ 次の企業の数は k_{n-2} で表されます。

以上のように考えていくと，次のような階層構造が出現することになります。

n 次の中心地　　　1個　　　すべての次元の企業が一つずつ立地
$n-1$ 次の中心地　　k_{n-1} 個　　1次から $n-1$ 次までの企業が一つずつ立地
$n-2$ 次の中心地　　k_{n-2} 個　　1次から $n-2$ 次までの企業が一つずつ立地
　　⋮
i 次の中心地　　　k_i 個　　　1次から i 次までの企業が一つずつ立地
　　⋮
1次の中心地　　　k_1 個　　　1次の企業が一つずつ立地

特殊なケースとして，k_i の値が2の累乗に等しくなる場合を考えましょう。つまり，$k_{n-1}=2$，$k_{n-2}=4$，$k_{n-3}=8$，…です。このとき，線形空間の経済では，図1-10のように中心地が配置されます。

また，k_i の値が6の累乗に等しくなる場合，2次元空間において，各次元の中心地が六角形を構成する中心地構造が出現します（図1-11）。これはクリスタラー（Christaller,

● 1次の企業の立地点　● 1次の中心地
○ 2次の企業の立地点　◉ 2次の中心地
○ 3次の企業の立地点　◉ 3次の中心地
○ 4次の企業の立地点　◉ 4次の中心地

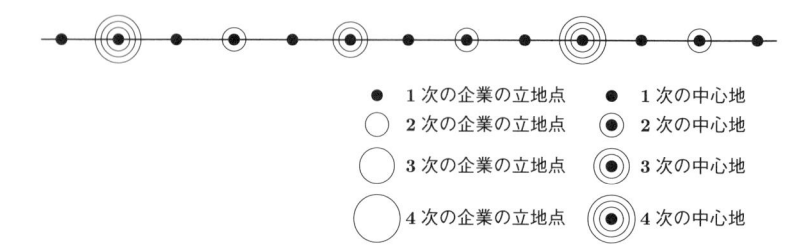

図 1-10　線形空間における中心地

● 1次の企業の立地点　● 1次の中心地
○ 2次の企業の立地点　◉ 2次の中心地
○ 3次の企業の立地点　◉ 3次の中心地

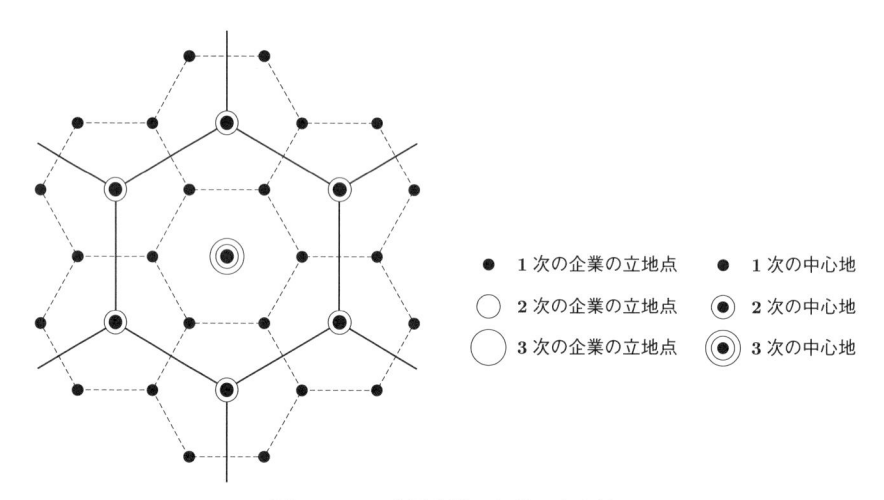

図 1-11　2次元空間における中心地

1933)の中心地構造として知られています[10]。

このような構造は規則的で直観に訴えるものがあり，多くの経済地理学者や地理学者を魅了してきました。しかし，どのようなメカニズムでその構造が生じるのか，個々の企業や消費者の行動に基づいて説明する試みはほとんどなされてきませんでした。

1990年代になって**新経済地理学**（New Economic Geography）という名前で総括される一群の研究がなされるようになると，状況に変化が生じます（新経済地理学については，第3章86ページでもう一度説明します）。たとえば，Fujita et al. (1999) は，経済全体の人口が徐々に増えていくときに，個々の企業や消費者の行動の結果，生成される

---

10) クリスタラーの中心地構造と並んで有名なものに，レッシュ（Lösch, 1940）の中心地構造があります。レッシュの構造では，ある次元の中心地で，それよりも低い次元の財がすべて供給されるとは限りません。つまり，階層構造は部分的にしか現れません。

都市システムの空間構造が，どのように変わっていくかを分析しています。そこで重要になるのは，すでに述べたように，企業の属する産業によって，すなわち企業が扱う財の種類によって，消費者1人あたりの需要と規模の経済（固定費用）の大きさが異なることです。

次ページの図1-12は，線形空間の経済で，人口の増大に伴い，どのように都市が出現し消滅していくかを表したものです。縦方向が時間の流れを，横方向が地理的空間を表します。図に描かれている線の左側にも対称的に空間が広がっているのですが，スペースの都合上，ここでは省略しています。それぞれの線の左側の数字は経済の人口を表します。最初の線は人口が0.88のとき，経済には一つの3次の中心地（都市1）と一つの1次の中心地（都市2）が存在することを示しています。都市1は線の左端にありますが，先ほど述べたように左側にも対称的に空間が広がっているので，実際には空間の中央に位置します。都市2は都市1から0.32離れたところに立地します。時間が経過して人口が増えていくと都市2は少しずつ外側に移動し，人口が1.23になったところで都市1から0.41離れた位置に落ち着きます。その後人口が増えてもしばらく位置は変わりませんが，人口が1.37まで増えると，都市2は一気に都市1から0.47離れた位置に移動します。人口が充分大きくなって3.09に達すると，経済には2次の中心地が誕生します。その後，人口が7.60になったところで，2次の中心地の数が二つに増えます。このように，この図は時間とともに経済が成長したときにどのような階層構造が出現するかを表しています。

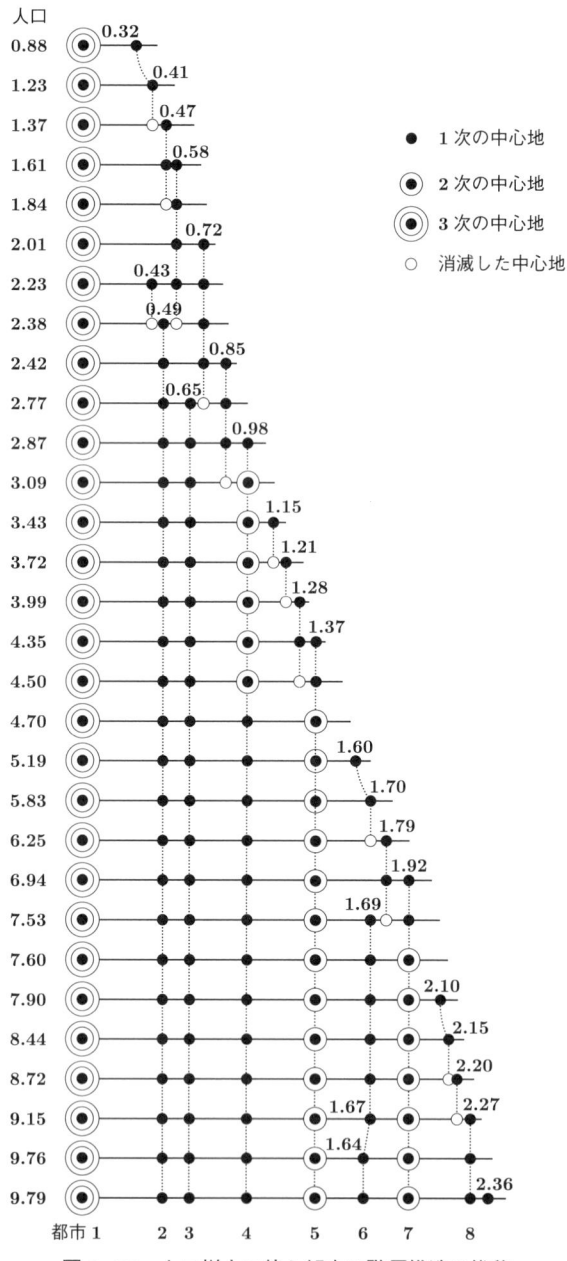

図 1-12 人口増大に伴う都市の階層構造の推移
(出所) Fujita et al. (1999).

第 2 章

生産者行動の理論

　この章では,都市の問題から一度離れて,生産者がどのように行動するかを学びます。序章で述べたように,経済活動の中心は生産と消費です。生産者がどのように行動するかを知ることは,さまざまな経済現象を理解する上で不可欠です。

　生産者の直面する技術的な制約は,生産関数という概念を用いて表すことができます。生産者はその制約のもとで利潤が最大になるよう,生産方法と産出水準を決定します。この利潤最大化問題には,二つのアプローチがあります。一つは,直接,最大化問題を解くアプローチです。このアプローチをとると,生産要素に対する需要曲線を導き出すことができます。もう一つは,最大化問題を二つの問題に分けて解くアプローチです。まず産出量が与えられたときに費用を最小化する問題を解き,次いでその結果を用いて利潤が最大になるような産出量を求めます。このアプローチをとると,財の供給曲線を導き出すことができます。

　以下,はじめに生産技術を特徴づけ,次いで利潤最大化の二つのアプローチを順に説明します。

1 生 産 技 術

　経済に n 個の生産要素がある状況を考えましょう。n は有限でさえあればどのような値をとっても構いません。ここでは無用な複雑化を避けるため,もっとも単純な 2 要素のケース ($n=2$ のケース) に限定して話を進めることにします。2 要素のケースがわかってしまえば,それを一般的な n 要素のケースに拡張する

ことはそれほど難しくありません。以下，第 1 要素の投入量を x_1 で，第 2 要素の投入量を x_2 で表します。経済学では，多くの場合，代表的な生産要素として労働と資本を考えます。ですから，とくに断りのない限り第 1 要素を労働，第 2 要素を資本とみなしていただいて結構です。

1.1 生 産 関 数

生産者は二つの生産要素を投入して，一つの財を生産します。それぞれの生産要素を x_1 と x_2 だけ投入して得られる最大限の産出量を y で表します。ここで，y と x_1，x_2 との間には，$y = f(x_1, x_2)$ で表されるような関数関係があると仮定します。この $f(\cdot, \cdot)$ は**生産関数**とよばれます。

> **Point**　**生産関数**：生産要素の投入量が与えられたときに，最大限産出可能な財の量を与える関数。

生産関数は投入量と産出量との間の技術的な関係を表します。

図 2-1 は生産関数を表したものです。お椀を伏せたような立体の表面が生産関数です。その下側の領域（お椀の内側）が，それぞれの投入量の組み合わせのもとで生産可能な産出量を表します。たとえば第 1 要素を x_1^0，第 2 要素を x_2^0 だけ投入すると，最大限 y^0 だけの財を生産することができます。

合理的な生産者が，最大限産出可能な量より生産量を少なくすることはありません。同じだけ生産要素を投入してより多くの財が生産できるのであれば，生産

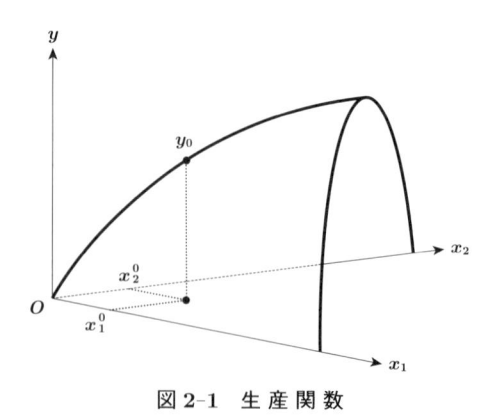

図 2-1　生産関数

者は必ずそうします。そうしたほうが利潤が増えるからです。したがって，投入量と産出量の組み合わせは，常に生産関数「上」(お椀の表面)に来ます。生産関数の下側にある組み合わせが選ばれることはないのです。

経済学では多くの場合，次の二つの仮定を満たす生産関数を考えます。

生産関数の仮定
(1) 単調増加関数である。
(2) 凹関数であり，かつ強い準凹関数である。

生産関数が単調増加関数であるというのは，片方の生産要素の投入量を一定にしてもう片方の生産要素の投入量を増やすと，最大限産出可能な量が多くなることを意味します。数学的には，生産関数の偏微分が正である，つまり，どのような (x_1, x_2) に対しても，$\partial f(x_1, x_2)/\partial x_1 > 0$ および $\partial f(x_1, x_2)/\partial x_2 > 0$ が成立する，ということです。

凹関数と準凹関数はやや専門的な概念なので，厳密な定義はそれぞれ巻末の「数学補論」に譲ります。直観的に言うと，凹関数は上方 (y 方向) に向かって出っ張っている関数です。また，準凹関数は，原点の右上から原点を見たときに，等高線が原点に向かって出っ張っている関数です。図2-1の生産関数は凹関数 (かつ準凹関数) です[1]。なぜこれらの仮定が必要なのかは，次節以下で説明します。さしあたり，あまり気にしないで読み進めてください。

◆ 確 認 問 題 ◆

生産関数　　生産関数が，

$$f(x_1, x_2) = x_1^{\frac{1}{3}} x_2^{\frac{1}{3}} \tag{1}$$

で与えられたとします。この関数はどのような形をしているでしょうか。また，これが単調増加関数であることを確かめましょう。

---

[1] 凹関数は準凹関数よりも強い概念です。つまり，凹関数は常に準凹関数です。

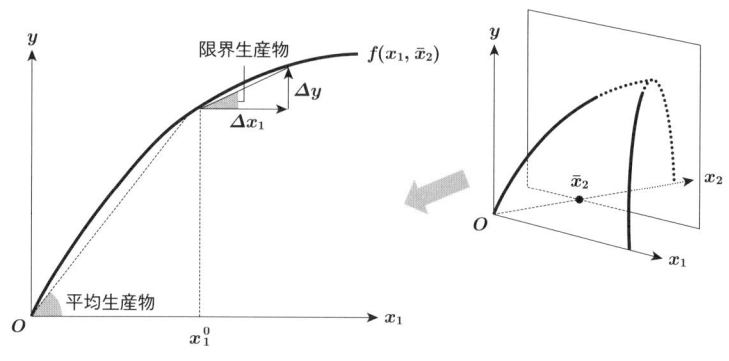

図 2-2 限界生産物と平均生産物の定義

1.2 限界生産物と平均生産物

生産関数の性質を調べるために，切り口の図形を見てみましょう。

まず，x_2 をある量 $\bar{x}_2$ に固定して，生産関数を $x_1 - y$ 平面に平行な面で切ってみます。切り口は図 2-2 のようになります。図の $f(x_1, \bar{x}_2)$ は，x_2 が $\bar{x}_2$ に固定されているときの生産関数を表します。

限界生産物

この図で，x_1 が与えられたときの生産関数の接線の傾きを，第 1 要素の**限界生産物**（marginal product）あるいは**限界生産力**とよび，MP_1 と書き表します。数学的には生産関数を x_1 で偏微分したものです。つまり，$MP_1 = \partial f(x_1, \bar{x}_2) / \partial x_1$ です。

言葉で意味を説明しましょう。第 1 要素の投入量が x_1^0 だったとします。ここから投入量を Δx_1 だけ増やすと，産出量は Δy だけ増えます（図 2-2 を見てください）。したがって，投入量の増加 1 単位あたり，産出量は $\Delta y / \Delta x_1$ 増えることになります。Δx_1 をどんどん小さくして 0 に近づけたときの $\Delta y / \Delta x_1$ の値が限界生産物です。つまり，限界生産物は，ほんの少しだけ第 1 要素の投入量を増やしたとき，投入量 1 単位あたりの増加でどれだけ産出量が増大することになるかを表します。

> **Point** 限界生産物：ある生産要素の投入量をほんのわずか増やしたときに，投入量1単位あたりの増加でどれだけ産出量が増大するかを表す量。
> ＝生産関数の接線の傾き＝生産関数の偏微分。

さて，経済学では多くの場合，限界生産物が次の二つの性質を満たす場合を考えます。

|限界生産物の性質|
(1) 限界生産物は正。
(2) 限界生産物は逓減または一定。

第1要素の限界生産物を考えましょう。

最初の性質は，$x_1 - y$ 平面に平行な面で切った生産関数の切り口の曲線が，図2-2に描かれているように右上がりになることを意味します。言い換えれば，生産要素の投入を少しでも増やせば産出可能な量が増大するということです。

また，第二の性質は，生産関数の切り口の曲線の傾きが，x_1 の増大に伴ってだんだんと緩やかになっていくか一定にとどまることを意味します。言い換えれば，生産要素の投入を増やせば産出可能な量が増大するが，その増大の程度が，投入量の増加に伴ってだんだんと減っていくかあるいは一定にとどまる，ということです。しばしば「限界生産物逓減の法則」という言い方がなされることがありますが，これは「法則」ではありません。実際，図2-3の上のパネルに切り口が描かれている生産関数はこの条件を満たしていません。原点に近い部分では，傾きがだんだんと急になっていくからです。

これら二つの性質は，先に述べた二つの「生産関数の仮定」（43ページ）から導き出されます[2]。

---

[2] 生産関数が単調増加関数であるとき，生産関数の偏微分が正になりますが，生産関数の偏微分は限界生産物です。このことから最初の性質が導き出されます。また，巻末の「数学補論」第1節で説明するように，凹関数については，$\partial^2 f(x_1, x_2)/\partial x_1^2 \leq 0$, $\partial^2 f(x_1, x_2)/\partial x_2^2 \leq 0$ が成立します。$\partial^2 f(x_1, x_2)/\partial x_i^2$ は偏微分 $\partial f(x_1, x_2)/\partial x_i$ をもう一度 x_i で偏微分したものですから，限界生産物 MP_i の偏微分です（i は1または2）。これが負または0であることは，限界生産物が逓減するか一定にとどまることを意味します。したがって，2番目の性質は生産関数が凹関数であることから導かれます。

第2章 生産者行動の理論

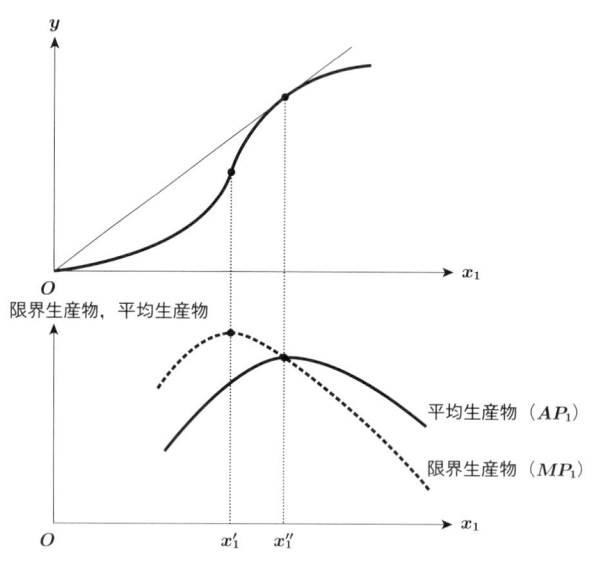

図 2-3 限界生産物と平均生産物の関係

平均生産物

　x_1 が与えられたときに，生産関数上の点と原点を結んだ直線の傾きを，第1要素の**平均生産物**（average product）あるいは**平均生産力**とよび，AP_1 で表します。図2-2の点線の傾きが，x_1 が x_1^0 のときの平均生産物です。数学的には，$AP_1 = f(x_1, \bar{x}_2)/x_1$ です。平均生産物は，要素投入1単位あたり，どれだけ財が生産されるかを表します。

> **Point**　平均生産物：生産要素の投入1単位あたりの産出量。
> 　　　　　＝生産関数上の点と原点を結んだ直線の傾き。

　限界生産物と平均生産物にはどのような関係があるでしょうか。平均生産物を x_1 で微分すると，次のような式を導くことができます。

$$\frac{dAP_1}{dx_1} = \frac{1}{x_1} \cdot \frac{\partial f(x_1, \bar{x}_2)}{\partial x_1} - \frac{f(x_1, \bar{x}_2)}{x_1^2} = \frac{1}{x_1}\left(MP_1 - AP_1\right)$$

この式から，限界生産物が平均生産物を上回っているときには，平均生産物が x_1 の増加に伴って増大し，限界生産物が平均生産物を下回っているときには，平均生産物が x_1 の増加に伴って下落することがわかります。これは，限界生産

物と平均生産物が等しくなるときに，平均生産物が最大になることを意味します。

図2-3を見てください。上のパネルには生産関数が，下のパネルには限界生産物と平均生産物が，それぞれ描かれています。限界生産物と平均生産物が，今説明したような関係にあることがわかります。

◆ 確 認 問 題 ◆

限界生産物と平均生産物　43ページの(1)式の生産関数について，第1要素の限界生産物と平均生産物を求めましょう。また，$(x_1, x_2) \neq (0, 0)$である限り，「限界生産物の性質」(45ページ)が二つとも成立していることを確認しましょう。

1.3　等量曲線と技術的限界代替率

等 量 曲 線

今度は，yを$\bar{y}$に固定して，生産関数を底面の$x_1 - x_2$平面に平行な面で切ったときの切り口を見てみましょう。切り口は図2-4のようになります。

これは，最大の産出量が$\bar{y}$になるような生産要素投入量の組み合わせを表しています。これを，産出量$\bar{y}$に対応する**等量曲線**（isoquant）とよびます。言い方を換えると，それは，ある定数$\bar{y}$に対して，

$$f(x_1, x_2) = \bar{y} \tag{2}$$

を満たすような(x_1, x_2)の軌跡です。

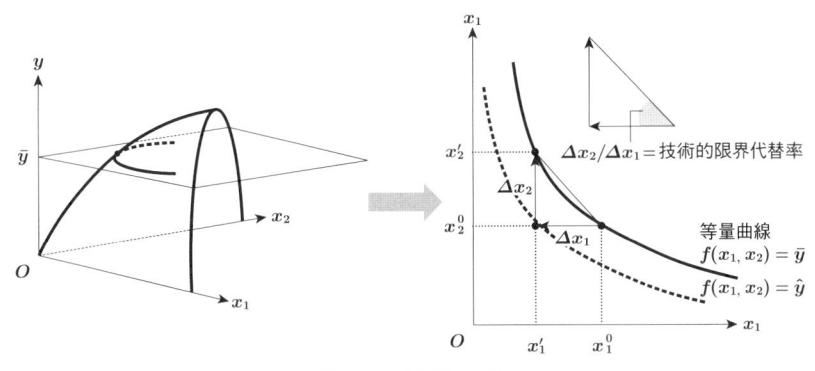

図2-4　等 量 曲 線

> **Point**　等量曲線：最大の産出量が同じ大きさになるような生産要素投入量の組み合わせの軌跡。

さて，等量曲線の傾きを求めてみましょう。等量曲線上では，「常に」(2)式が成立しています。つまり，この式は**恒等式**です。巻末の「数学補論」第2節にまとめたように，恒等式については**全微分** (total differential) による分析を行うことができます。$\bar{y}$ が定数であることに注意して $f(x_1, x_2) - \bar{y}$ を全微分して 0 とおくと，$f_1(x_1, x_2)dx_1 + f_2(x_1, x_2)dx_2 = 0$ となりますが，この式を変形して，

$$\frac{dx_2}{dx_1} = -\frac{f_1(x_1, x_2)}{f_2(x_1, x_2)} \tag{3}$$

を得ます（ただし，$f_1(x_1, x_2)$ と $f_2(x_1, x_2)$ は生産関数をそれぞれ x_1 と x_2 で偏微分したものです）。これが等量曲線の傾きです。さらに，$f_1(x_1, x_2)$ と $f_2(x_1, x_2)$ はそれぞれの要素の限界生産物なので，$dx_2/dx_1 = -MP_1/MP_2$ です。つまり，等量曲線の傾きの絶対値は限界生産物の比率に等しくなります。

等量曲線の性質

次に，等量曲線の性質を三つ説明します。どれも「生産関数の仮定」から導かれるものです。

> **等量曲線の性質**
> (1) 等量曲線は右下がり。
> (2) 原点から遠い位置にある等量曲線ほど大きい産出量に対応。
> (3) 等量曲線は原点に向かって凸。

(1) 等量曲線は右下がり

第2要素の投入量を x_2^0 に保ったまま，第1要素の投入量を x_1^0 から x_1' に減少させたとしましょう（図2-4）。第1要素の投入量が減ったので，産出量は減少してしまいます。産出量を元の水準まで引き上げるためには，第2要素の投入量を x_2^0 から x_2' まで増加させなければなりません。このように，片方の生産要素の投入量を減らすと，もう片方の生産要素の投入量を増やさなければならないの

で，等量曲線は右下がりになります。

今の説明で，投入量を増やすと産出量が増大することが暗黙のうちに仮定されていました。これは生産関数が単調増加関数であるということにほかなりません。等量曲線が右下がりであるという性質は，生産関数が単調増加関数であるという仮定から出てくるのです[3]。

(2) 原点から遠い位置にある等量曲線ほど大きい産出量に対応

図2-4には，産出量$\bar{y}$に対応する等量曲線に加えて，産出量$\hat{y}$に対応した等量曲線も描かれています。今，第2要素の投入量がx_2^0で一定で，第1要素の投入量がx_1^0からx_1'に減ったとしましょう。投入量を増やすほど産出量が増大するのであれば，この変化によって産出量は減少することになります。したがって，$\hat{y}$は$\bar{y}$よりも小さいことになります。このことは，原点から遠い位置にある等量曲線ほど大きな産出量に対応していることを意味します。

今の説明で，「投入量を増やすほど産出量が増大するのであれば」と言いました。2番目の性質もまた，生産関数が単調増加関数であることに起因するのです。

なお，生産関数が単調増加関数である限り，2本の等量曲線は交わりません。

(3) 等量曲線は原点に向かって凸

「原点に向かって凸」は，原点の右上から原点を見た場合，曲線が原点に向かって出っ張っているという意味です。図2-4の等量曲線はそのような形状をしています。この性質を理解するために，等量曲線の傾きがどのような意味をもつか考えましょう。

第1要素をx_1^0単位，第2要素をx_2^0単位投入して，財を$\bar{y}$単位生産しているとします。ここから第1要素の投入量をΔx_1だけ減らした状況を考えます。先に説明したように等量曲線は右下がりですから，以前と同じだけ生産するには第2要素の投入量を増やさなければなりません。その量をΔx_2で表します（図2-4を見てください）。この二つの量の比率$\Delta x_2 / \Delta x_1$は，同じ量の生産を可能にするために，第1要素の投入量が1単位減少したとき，第2要素を何単位

---

[3] 生産関数が単調増加関数であるときには，どのような(x_1, x_2)に対しても，$f_1(x_1, x_2) > 0$および$f_2(x_1, x_2) > 0$が成立するので，(3)式より$dx_2/dx_1 < 0$となり，等量曲線の傾きが負になります。

増やさなくてはならないかを表します。つまり，二つの要素の間の代替の比率を示すのです。Δx_1 を無限に小さくして 0 に近づけたときの $\Delta x_2/\Delta x_1$ の値を，第 1 要素の**技術的限界代替率**（marginal rate of technical substitution）とよび，$MRTS_1$ と書き表します。言い換えれば，技術的限界代替率は，ほんの少しだけ第 1 要素の投入量を減らしたとき，同じ量生産するために，第 2 要素をどれだけ増やさなければならないか，を表します。そして，Δx_1 を 0 に近づけたときの $\Delta x_2/\Delta x_1$ の値は等量曲線の傾きの絶対値（$-dx_2/dx_1$）ですから，技術的限界代替率は等量曲線の傾きの絶対値に等しくなります。

> **Point** 技術的限界代替率：
> ほんのわずか第 1 要素の投入量を減らしたとき，同じ量生産するためにどれだけ第 2 要素の投入量を増やさなくてはならないか。
> ＝等量曲線の傾きの絶対値（$-\mathbf{d}x_2/\mathbf{d}x_1$）。

等量曲線が原点に向かって凸であるということは，第 1 要素の投入量が増大するにつれて，等量曲線の幾何学的傾きが緩やかになる，つまり，限界代替率が逓減することを意味します。言い換えれば，第 1 要素の投入量が多くなるにつれて，第 1 要素を 1 単位減らしたときに増やさなければならない第 2 要素の量が少なくてすむようになります。これは，1 単位の第 1 要素が生産に寄与する力が，その投入量の増大に伴って減少することを表しています。この性質は，生産関数が強い準凹関数であることから導き出されます[4]。

> ◆ 確 認 問 題 ◆
> **等量曲線と技術的限界代替率** 43 ページの (1) 式の生産関数について等量曲線を求め，「等量曲線の性質」がすべて成立していることを確かめましょう。また，技術的限界代替率 $MRTS_1$ を求めましょう。

---

[4] 一般に，関数が強い準凹関数であるときには，その等高線は厚みをもったり平たい部分をもったりすることなしに，原点に向かって凸になることが知られています（巻末の「数学補論」第 4 節を参照してください）。等量曲線は生産関数の等高線ですから，生産関数が強い準凹関数である限り，原点に向かって凸になります。

2 利潤最大化問題 1——直接的アプローチ

利潤最大化問題を直接解いてみましょう。

利潤最大化問題の定式化

企業の利潤 π は，**収入**（revenue）から**費用**（cost）を引いたものです。収入は生産した財の売上です。今，企業が財を y 単位生産し，それを市場価格 p で売るとしましょう。市場価格は企業にとって与えられたものであり，企業がそれに影響を及ぼすことはできないものと仮定します。収入は py で表されます。企業は二つの生産要素を生産に投入します。第 1 要素の投入量を x_1 で，第 2 要素の投入量を x_2 で表します。また，第 1 要素の価格を w_1，第 2 要素の価格を w_2 で表しましょう。生産要素が労働であればその価格は賃金，資本であればその価格は資本の賃貸価格（レンタル・プライス）になります。企業の負担する費用は，これらの生産要素に対する支払いの $w_1x_1 + w_2x_2$ です。企業の利潤は $py - (w_1x_1 + w_2x_2)$ で表されます。

企業は利潤最大化に際して，技術の制約に直面します。つまり，産出量と投入量は，生産関数によって表される技術的関係，$y = f(x_1, x_2)$，を満たさなくてはなりません。このことから，企業の利潤は $pf(x_1, x_2) - (w_1x_1 + w_2x_2)$ と表されます。企業はそれぞれの生産要素の投入量を選んでこれを最大化します。生産要素の投入量が決まれば，生産関数から産出量も決まることに注意してください。

直接的アプローチによる利潤最大化問題

x_1 と x_2 を選んで次の関数を最大化：$\boldsymbol{\pi = pf(x_1, x_2) - (w_1x_1 + w_2x_2)}$ (4)

利潤最大化問題の解

図を使ってこの問題を解いてみましょう。

利潤を最大化する投入量の組み合わせを (x_1^*, x_2^*) で表します。今，x_2 が x_2^* に固定されている状況を考えます。そのとき利潤を最大化する x_1 はどのような水

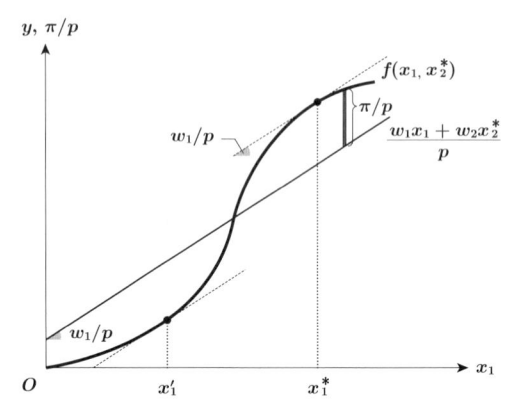

図 2-5 一般的な生産関数のもとでの利潤最大化問題

準でしょうか。

ここで，財の価格の p が定数であることに注意しましょう。このことは，利潤を最大化する問題の解と，利潤を p で割ったものを最大化する問題の解が，同じになることを意味します。そこで，利潤を最大化する問題ではなく，利潤を p で割ったものを最大化する問題を考えることにします。(4)式を見れば，π/p は，$f(x_1, x_2^*)$ と $(w_1 x_1 + w_2 x_2^*)/p$ との差になることがわかります。横軸に第 1 要素の投入量をとった図にこれら二つの量を描いたものが，図2-5です。$(w_1 x_1 + w_2 x_2^*)/p$ は傾き w_1/p の直線で表されます。

π/p は，これら二つの線の間の垂直距離になります。したがって，それは二つの線がもっとも離れている点で最大化されます。図の x_1^* がそのような点です。

図を見れば，x_1^* で二つの線の傾きが等しくなっていることがわかります。つまり，$f(x_1, x_2^*)$ の傾きが w_1/p に等しくなっています。$f(x_1, x_2^*)$ の傾きは限界生産物ですから，利潤が最大化される点では，$MP_1 = w_1/p$ が成立しなくてはなりません。この式を変形すると，$p \cdot MP_1 = w_1$ となります。

第 2 要素についても同じ議論ができるので，利潤を最大化する投入量は，次の式を満たさなくてはならないことになります。

$$\begin{cases} p \cdot MP_1 = w_1 \\ p \cdot MP_2 = w_2 \end{cases} \tag{5}$$

左辺は，限界生産物に財の価格を掛けたものです。これは限界生産物の価値を表すので，**限界生産物価値**（value of marginal product）とよばれます。右辺は生産

要素の価格です。この条件は，利潤最大化点で，各要素の限界生産物価値がその要素の価格に等しくなることを言っています[5]。

> **Point**　利潤最大化　⟹　各要素の限界生産物価値＝その要素の価格。

　この結果は次のように論証することができます。今，第１要素を１単位多く投入したとしましょう。定義によって，これにより産出量が第１要素の限界生産物に等しい量だけ増えます。増えた分は市場価格で販売することができます。したがって，収入が限界生産物価値に等しい額だけ増えることになります。一方，追加的に使用した１単位の第１要素に対し，余分に要素価格を支払わなければなりません。問題は，増える収入と増える費用のどちらが大きいかということです。もし収入の増分が費用の増分を上回るのであれば，企業は第１要素の投入量を増やして利潤を上げることができます。したがって，この場合には利潤は最大化されていません。逆に，収入の増分が費用の増分を下回るのであれば，企業は第１要素の投入量を減らすことで利潤を増やすことができます。第１要素の投入量を１単位減らすことによる収入の減少分が費用の節約分を下回るからです。したがってこの場合もまた，利潤は最大化されていません。以上のことから，利潤が最大化されているのであれば，収入と費用の増分がちょうど釣り合っていなければならないという結論が得られます。つまり，収入の増分である限界生産物価値と，費用の増分である要素価格が一致しなくてはならないのです。

　ところで，利潤を最大化する投入量 x_1^* を図で求めるとき，$f(x_1, x_2^*)$ の傾きと，$(w_1 x_1 + w_2 x_2^*)/p$ の傾きが等しくなる点を探しました。確かに x_1^* はそのような点ですが，その条件を満たす点はもう一つあります。x_1' です。ここでも二つの線の傾きは等しくなっていますが，$f(x_1, x_2^*)$ が，$(w_1 x_1 + w_2 x_2^*)/p$ の下にきています。つまり，$f(x_1', x_2^*) - (w_1 x_1' + w_2 x_2^*)/p < 0$，すなわち $pf(x_1', x_2^*) -$

---

[5]　数式を用いて (4) 式の問題を解くと，次のようになります。巻末の「数学補論」第３節にまとめたように，最大化のための必要条件は，目的関数をそれぞれの変数で偏微分したものが０になることです。すなわち，

$$\begin{cases} pf_1(x_1, x_2) - w_1 = 0 \\ pf_2(x_1, x_2) - w_2 = 0 \end{cases}$$

が成り立つことです。生産関数の偏微分が限界生産物に等しいことに注意すれば，この式と (5) 式が同じものを表していることがすぐにわかると思います。

$(w_1 x_1' + w_2 x_2^*) < 0$, が成り立っています。これは，利潤が負であることを意味します。実は，この点は利潤最大化点でなく利潤最小化点なのです。このように，限界生産物価値が要素価格に等しくなるという条件((5)式)は，利潤最大化のための<u>必要条件</u>にすぎず，これが成立するからと言って，必ずしも利潤が最大化されるとは限りません。

さて，MP_1 と MP_2 は生産要素投入量の関数です。したがって，(5)式は，財の価格と生産要素の価格が与えられたときに，企業がどれだけ生産要素を投入しようとするかを教えてくれます。言い換えれば，それは生産要素に対する企業の需要を表しています。実際，(5)式を連立して得られる解 x_1^* と x_2^* は，それぞれ p と w_1 と w_2 の関数として，

$$\begin{cases} x_1^* \equiv x_1(p, w_1, w_2) \\ x_2^* \equiv x_2(p, w_1, w_2) \end{cases}$$

と書くことができます(右辺の x_1 と x_2 は変数ではなく関数を表します)。これらの関数は，**要素需要関数**(factor demand function)とよばれます。

◆ 確 認 問 題 ◆

利潤最大化問題：直接的アプローチ　　43 ページ (1) 式の生産関数について，利潤最大化の必要条件の (5) 式を求め，それを解いて要素需要関数を求めましょう。

3　利潤最大化問題 2——費用最小化によるアプローチ

この節では，利潤最大化問題に対する二つ目のアプローチを説明します。利潤最大化問題を二つの問題に分けて解く方法です。

利潤を最大化しようとする企業は，どのような産出量の水準を選ぶにせよ，その産出量を生産するのにもっとも効率的な生産方法をとっているはずです。したがって，利潤最大化問題を解くときには，もっとも効率的な生産要素投入量の組み合わせだけを考えれば事が足ります。この<u>もっとも効率的な組み合わせとは，費用を最小にするような組み合わせのことです</u>。

そこで，利潤最大化問題を次のような二つの問題に分けます。

(1) 費用最小化問題を解く

まず，与えられた産出量を最小の費用で生産するような生産要素投入量の組み合わせを求めます。

(2) 費用最小化問題の結果を利用して利潤最大化問題を解く

次に，費用最小化問題の結果を利用して，利潤を最大化する産出量を求めます。

以下，二つの問題を順に見ていきましょう。

3.1 費用最小化問題

費用最小化問題の定式化

最初の問題は，与えられた産出量を最小の費用で生産するような生産要素投入量の組み合わせを求めることです。与えられた産出量の水準を y^0 で表すことにしましょう。2要素の投入量を x_1, x_2，その価格を w_1, w_2 で表すと，費用は $w_1 x_1 + w_2 x_2$ になります。また，産出量と要素投入量との間には，$f(x_1, x_2) = y^0$ という技術的関係が成立していなくてはなりません。これらのことから，費用最小化問題を次のように定式化できます。

費用最小化問題

$$x_1 と x_2 を選んで次の関数を最小化：w_1 x_1 + w_2 x_2$$
$$制約条件：f(x_1, x_2) = y^0 \tag{6}$$

図を使ってこの問題を表現するとどうなるでしょうか。

はじめに，技術の制約を表す式，$f(x_1, x_2) = y^0$，を考えます。この式は，最大の産出量が y^0 であるような生産要素投入量の組み合わせを表しています。第1.3節（47ページ）で述べたように，これは1本の等量曲線です。横軸に x_1 を，縦軸に x_2 をとった図にこの線を描き入れると，図2-6の曲線のようになります。生産関数が「生産関数の仮定」（43ページ）を満たすとき，等量曲線が原点に向かって凸になることを思い出してください（「等量曲線の性質」(3)，48ペー

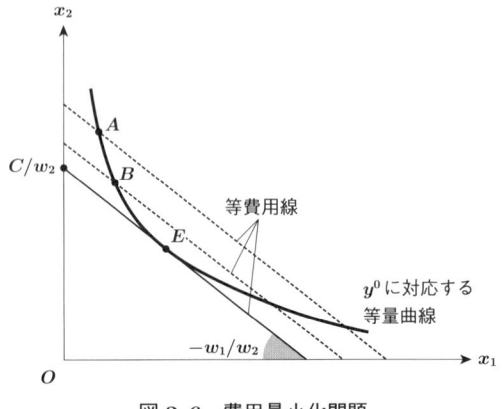

図 2-6　費用最小化問題

ジ)。

次に，最小化する関数，$w_1x_1 + w_2x_2$，を考えましょう。この関数の値を C で表すことにします。

$$w_1x_1 + w_2x_2 = C \tag{7}$$

C の値を一つ決めると，(7)式を満たすような x_1 と x_2 の組み合わせが求まります。それらは，費用がちょうど C になるような要素投入量の組み合わせです。これを図に描き入れるとどうなるでしょうか。(7)式を x_2 について解くと，

$$x_2 = -\frac{w_1}{w_2}x_1 + \frac{C}{w_2}$$

となります。これは，傾きが $-w_1/w_2$，縦軸の切片が C/w_2 であるような直線です。図 2-6 の直線がこれを表します。直線上ではどこでも費用が C に等しくなるので，それを費用水準 C に対応する**等費用線** (isocost line) とよびます。C を変えると等費用線は平行にシフトします。縦軸の切片が C/w_2 なので，高い費用に対応する等費用線ほど上方に位置します。

費用最小化問題の解

さて，企業は，技術の制約を満たす要素投入量の組み合わせのうち，もっとも費用が低くなるものを選びます。つまり，産出水準 y^0 に対応する等量曲線上の (x_1, x_2) のなかから，費用が最小になるものを選択するのです。図 2-6 の点 A の組み合わせは費用を最小化しているでしょうか。点 A から等量曲線に沿っ

56　第 I 部　都市とは何か

て右下に進み，たとえば点 B までいったとしましょう。この点で，点 A を通る等費用線より下にある等費用線にぶつかります。より下方に位置する等費用線は，より低い費用に対応しています。したがって，費用は減少したことになります。点 A は費用最小化点ではありません。

このように考えて，等量曲線に沿って少しずつ内側に動いていくと費用の水準は低くなっていきますが，いつまでもそれが続くわけではありません。点 E に到達したあとさらに右下にずれると，今度は費用の水準が上昇してしまうことがわかります。より上方に位置する等費用線にぶつかるようになるからです。結局，点 E で費用が最小になります。点 E は等量曲線が等費用線に接する点です。

> **Point** 費用最小化 $\Longrightarrow$ 等量曲線が等費用線に接する。

さて，等量曲線が等費用線に接するときには，それらの傾きが等しくなります。等量曲線の傾きの絶対値は技術的限界代替率です。一方，等費用線の傾きの絶対値は二つの生産要素の価格の比率 w_1/w_2 です。したがって，費用が最小化されるときには，技術的限界代替率が 2 要素の価格比に等しくなっていなければなりません。

> **Point** 費用最小化
> $\Longrightarrow$ 技術的限界代替率（$\boldsymbol{MRTS_1}$）＝要素の価格比（$\boldsymbol{w_1/w_2}$）。

このことは次のように説明できます。今，技術的限界代替率が要素の価格比を下回っているとしましょう（$MRTS_1 < w_1/w_2$）。第 1 要素の投入量を 1 単位減らし，代わりに第 2 要素の投入量を増やして以前と同じだけ生産したとき，費用はどう変化するでしょうか。第 1.3 節（50 ページ）で説明したように，技術的限界代替率は，第 1 要素の投入量を 1 単位減らしたとき，同じ量生産するために増やさなければならない第 2 要素の投入量を表します。したがって，生産にかかる費用は，第 1 要素の投入量の減少によって w_1 だけ抑えられる一方，第 2 要素の投入量の増大によって $MRTS_1 \cdot w_2$ だけ膨らみます。ところが $MRTS_1 < w_1/w_2$ は $MRTS_1 \cdot w_2 < w_1$ と書き換えられますから，費用の増加分はその減少分を下回ることになります。つまり，第 1 要素の投入を減らし第 2 要素の投

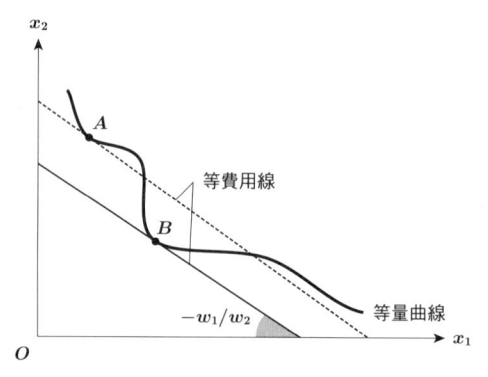

図 2-7　変則的な等量曲線のもとでの費用最小化問題

入を増やすことで費用を下げることができます。同様にして，逆の不等号が成り立っているとき（$MRTS_1 > w_1/w_2$）には，第 1 要素の投入を増やし第 2 要素の投入を減らすことで費用を下げることができます。いずれの場合も費用は最小化されていません。それゆえ，費用が最小化されているのであれば，$MRTS_1 = w_1/w_2$ が成り立っていなくてはならないのです。

なお，等量曲線が等費用線に接しているからと言って，必ずしも費用が最小になるとは限りません。たとえば図 2-7 を見てください。点 A で二つの線は接していますが，ここでは費用が最小化されていません。費用は点 B で最小化されます。もし，等量曲線が原点に向かって凸であれば，すなわち，生産関数が強い準凹関数であれば，このようなことは起きません。それを仮定すれば，二つの線が接するときには必ず費用が最小化されると言うことができます。

これまでに得た結論は数学的にも導くことができます。それについては，巻末の「数学補論」第 5 節を参照してください。

3.2　費用関数

費用関数と費用曲線

さて，(6)式の費用最小化問題の解を x_1^* と x_2^* で表すことにしましょう。(6)式を見れば明らかですが，この最適投入量は，所与の産出水準 y^0 と生産要素の価格 w_1，w_2 に依存して決まります。また，最小の費用は (x_1, x_2) が最適解をとるときの大きさなので，$w_1 x_1^* + w_2 x_2^*$ に等しくなります。x_1^* と x_2^* が産出水準と要素価格に依存するため，最小の費用もまた産出水準と要素価格に依存します。

図 2-8　費 用 曲 線

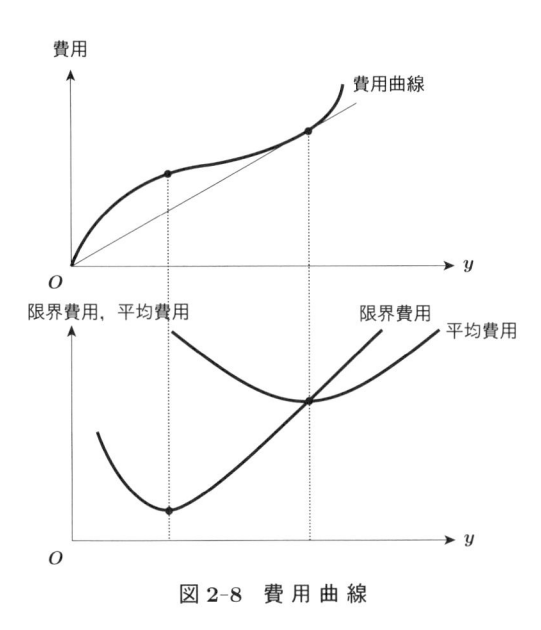

したがって，最小費用を $c(y, w_1, w_2) \equiv w_1 x_1^* + w_2 x_2^*$ と書き表すことができます[6]。これを**費用関数**（cost function）とよびます。

> **Point**　費用関数 $c(y, w_1, w_2)$：産出水準と要素価格が与えられたときの最小の費用。

この節の残りの部分では，産出水準 y と最小費用との間にどのような関係があるかを説明します。そのために，要素価格が何らかの水準に固定されている場合に議論を限定します。図 2-8 の上のパネルの曲線は，そのようなときの y と費用関数の値の関係を表したもので，**費用曲線**（cost curve）とよばれます。

図 2-8 の費用曲線は原点を通っています。これは，生産を行わないときいっさい費用がかからないことを意味します。実際には，産出水準が 0 であっても一定の額の費用を負担しなくてはならない場合があります。そのような費用を**固定費用**（fixed cost）と言います。固定費用が存在するのは，産出水準とは無関係

---

[6] これ以降，所与の産出水準が変化する場合を考えることになるので，産出水準を y^0 ではなく，より一般的に y と書き記すことにします。

に常に一定の大きさだけ投入しなくてはならないような生産要素が存在するからです。それを**固定要素**（fixed input）と言います。工場や機械などの資本はしばしば固定要素です。固定費用以外の費用を**可変費用**（variable cost）とよび，固定要素以外の生産要素を**可変要素**（variable input）とよびます[7]。図2-8の費用曲線は，固定要素の存在しない場合，すなわち固定費用が0である場合，のものです。

限界費用と平均費用

費用関数について，**限界費用**（marginal cost）と**平均費用**（average cost）を定義することができます。

限界費用は費用曲線の接線の傾きです。つまり，$\partial c(y, w_1, w_2)/\partial y$ です。産出水準が Δy 単位増えるときに費用が Δc だけ増えるとします。産出の増加1単位あたりの費用の増分は，$\Delta c/\Delta y$ で表されます。産出の増加を0に近づけていったときに $\Delta c/\Delta y$ が近づく値が限界費用です。簡単に言えば，産出量がほんのわずか増えたときに費用がどれだけ上昇するかを表します。限界費用を MC で表すことにしましょう。

限界費用が産出量の変化に伴ってどのように変わるかを示す曲線を限界費用曲線とよびます。限界費用曲線の下側の領域の面積は，可変費用の大きさに等しくなります。これは次のように説明することができます[8]。まず，財を生産しようが生産しまいが，固定費用がかかります。最初の1単位を生産するには，固定費用に加えて，y が1のところの限界費用曲線の高さだけ可変費用がかかります。次の1単位を生産するには，それに加えて，y が2のところの限界費用曲線の高さだけ可変費用がかかります。さらにもう1単位財を生産するには，y が3のところの限界費用曲線の高さだけ可変費用が追加されます。このように，1単位生産量を増やすごとに限界費用曲線の高さだけ可変費用が積み重なっていくので，ある分量だけ財を生産するには，その分量までの限界費用曲線の下側の領

---

[7] ある要素を可変要素とみなすべきか固定要素とみなすべきかは，考える時間の長さに依存して決まります。たとえば，工場を新たに建設したり増築したりするには数カ月から場合によっては数年の時間がかかります。それよりも短い時間を考えれば，工場は固定要素であるとみなされます。それよりも長い時間を考えれば，可変要素であるとみなされます。

[8] 数学的には，$\int_0^{y^0} \frac{\partial c(y, w_1, w_2)}{\partial y} \, dy = c(y^0, w_1, w_2) - c(0, w_1, w_2)$ であることによります。

域の面積に等しい可変費用がかかることになります。なお，固定要素が存在しない場合，限界費用曲線の下側の領域の面積は，最小費用の大きさ（費用関数の値）に等しくなります。

> **Point** 限界費用：産出量がほんのわずか増えたときに上昇する費用の大きさ。
> 限界費用曲線の下側の領域の面積＝可変費用。

一方，平均費用は費用曲線上の点と原点を結ぶ直線の傾きです。産出 1 単位あたりの費用，すなわち $c(y, w_1, w_2)/y$ を表します。AC で表します。平均費用に生産量を掛けたものは，最小費用の大きさに等しくなります。また，平均費用と産出量との関係を表す曲線を平均費用曲線とよびます。

> **Point** 平均費用＝産出 1 単位あたりの費用。

図 2-8 の下のパネルは，上のパネルの費用曲線で表される費用関数について，限界費用曲線と平均費用曲線を示したものです。この図から，限界費用と平均費用に次のような関係があることがわかります。

限界費用と平均費用の関係

$$\begin{cases} 平均費用が下落 & \Longleftrightarrow & 限界費用 < 平均費用。\\ 平均費用の最小点 & \Longleftrightarrow & 限界費用 = 平均費用。\\ 平均費用が上昇 & \Longleftrightarrow & 限界費用 > 平均費用。\end{cases}$$

これらの結果は，数式で簡単に確認することができます。

$$\frac{dAC}{dy} = \frac{d\, c(y,w_1,w_2)/y}{dy} = \frac{1}{y} \cdot \frac{\partial c(y,w_1,w_2)}{\partial y} - \frac{c(y,w_1,w_2)}{y^2}$$
$$= \frac{1}{y}(MC - AC) \tag{8}$$

この式から，限界費用が平均費用を下回っているときには，y の増加に伴って平均費用が下落し，逆に限界費用が平均費用を上回っているときには，y の増加に伴って平均費用が増大することがわかります。また，そのことは，限界費用と平均費用が等しくなるときに，平均費用が最小になることを意味します。

◆ 確 認 問 題 ◆

費用関数　43ページの(1)式の生産関数について，費用関数を求めましょう。また，限界費用と平均費用を求めましょう。さらに，「限界生産物と平均費用の関係」が成立していることを確認しましょう。

3.3　供給関数

費用関数に基づく利潤最大化問題

次の問題は，費用最小化の結果を用いて利潤最大化問題を解くことです。利潤は $py - (w_1 x_1 + w_2 x_2)$ ですが，産出量水準 y をもっとも効率的な生産方法で生産したときの $w_1 x_1 + w_2 x_2$ は最小費用の $c(y, w_1, w_2)$ に等しくなります。したがって，もっとも効率的に y だけ生産したときの利潤は $py - c(y, w_1, w_2)$ になります。企業はこれを最大化するような y を選びます。

費用関数に基づく利潤最大化問題

$$y \text{ を選んで次の関数を最大化：} \quad \boldsymbol{py - c(y, w_1, w_2)} \tag{9}$$

図を用いてこの問題を解いてみましょう。図2-8に収入を表す py を描き入れたものが図2-9です。py は原点を通る傾き p の直線になります。利潤の大きさは，この直線と費用曲線との間の垂直距離になります。利潤最大化問題を解くことは，この二つの線がもっとも離れるような y の値を求めることです。図の y^* がそのような点を表しています。その点で，二つの線の傾きが等しくなっていることに注意してください。収入を表す直線の傾きは p で，費用曲線の傾きは限界費用ですから，利潤最大化点では $MC = p$ が成立します。

ここで，限界費用が価格に等しいという条件は，最大化の必要条件の一つにすぎないことに注意する必要があります。図2-9の y' でも二つの線の傾きは等しくなっています。ところが，この点から少し産出量を増やすと，収入のほうが費用よりも大きく上昇します。これは，収入を表す直線が費用曲線よりも急な傾きをもっていることからわかります。したがって，産出量を y' 以上に増やせば利潤が増加します。y' では利潤が最大になっていないのです。実際，この点は利潤を最大化する点でなく，<u>最小化</u>する点です。

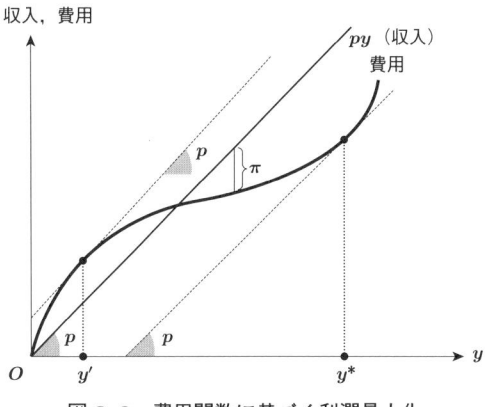

図 2-9　費用関数に基づく利潤最大化

このように考えると，ある産出量のもとで利潤が最大化されているのであれば，その量から産出を少し増やしたときに，収入よりも費用のほうが大きく上昇しなくてはならないことがわかります。収入の増分は常に p で一定です。費用の増分は限界費用です。したがって，利潤最大化点では，産出量が増えるほど限界費用が大きくならなければなりません。これは，限界費用曲線が利潤最大化点で右上がりになっている必要があることを意味します。この条件は，(9)式の利潤最大化問題に関する **2 階の条件**（second order condition）とよばれるものです。

以上をまとめると次のようになります[9]。

> **Point**　費用関数に基づく利潤最大化
> $\Longrightarrow$ $\begin{cases} 限界費用＝生産物の価格。\\ 限界費用曲線は右上がりになっていなくてはならない。\end{cases}$

---

[9] 以上の結果は，数学を用いて簡単に導き出すことができます。最大化のための 1 階の必要条件は，目的関数を微分したものが 0 になること，すなわち，$p - c_y(y, w_1, w_2) = 0$ が成立することです（巻末の「数学補論」第 3 節を参照してください）。この式は，限界費用が価格に等しいことを表しています。また，最大化の 2 階の必要条件は，目的関数の 2 階の微分が非正になること，すなわち，$-c_{yy}(y, w_1, w_2) \leq 0$ であることです。これは，$c_{yy}(y, w_1, w_2) = \partial MC/\partial y \geq 0$，すなわち限界費用が上昇していることを意味します。なお，$c_y(y, w_1, w_2) \equiv \partial c(y, w_1, w_2)/\partial y$，$c_{yy}(y, w_1, w_2) \equiv \partial^2 c(y, w_1, w_2)/\partial y^2$ です。

供給関数と供給曲線

(9)式の利潤最大化問題の解を y^* で表しましょう。y^* は限界費用を価格に等しくするような産出量です。(9)式を見れば，それは p と w_1 および w_2 に依存して決まることがわかります。そこで，それらの関数として $y^* \equiv y(p, w_1, w_2)$ と書くことができます（右辺の y は変数ではなく関数を表します）。このような関数を**供給関数**（supply function）とよびます。すなわち，供給関数とは，企業がどれだけ財を供給しようとするかを，財と生産要素の価格の関数として表したものです。なお，**供給曲線**（supply curve）とは，生産要素の価格 w_1 と w_2 が固定されているときの，財の価格 p と供給関数の値の関係を表したものです。

図2-10を見てください。財の価格が一つ与えられると，企業は，ちょうどそれが限界費用に等しくなるような産出量だけ供給しようとします。たとえば，財の価格が p^0 のとき，企業は y^0 の財を供給しようとします。このように考えると，供給曲線は限界費用曲線になることがわかります。

ただし，限界費用曲線全体が供給曲線になるわけではありません。というのも，企業は最大化された利潤が負でない場合にのみ生産を行うからです。最大化された利潤が負でないという条件は，$py^* - c(y^*) \geq 0$ と書き表せます。この式を変形すると $c(y^*)/y^* \leq p$ となりますが，左辺の $c(y^*)/y^*$ は平均費用ですから，この式は「平均費用 ≤ 財の価格」であることを言っています。ところが，利潤最大化点では財の価格と限界費用が等しくならなければなりません。したがって，利潤が負でないことは，「平均費用 ≤ 限界費用」であることと同じになります。ここで，先ほどの「限界費用と平均費用の関係」(61ページ）を思い出しましょう。「平均費用 ≤ 限界費用」であるのは，平均費用が上昇しているか最小

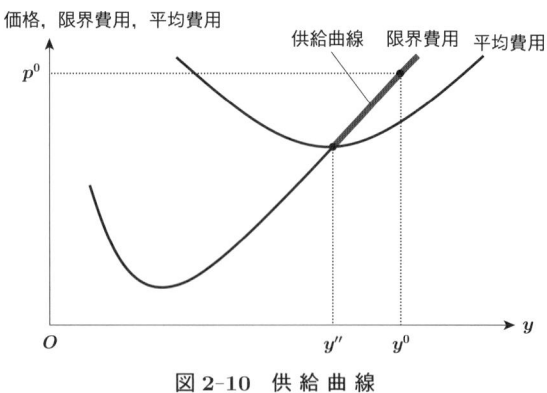

図 2-10 供給曲線

値をとっているときです。これは，生産量が，平均費用を最小化する量 y'' を上回るかそれに等しくなるときです。このことから，利潤が負でないのは，生産量が y'' 以上であるときだと結論できます。ゆえに，供給曲線は，生産量が y'' 以上である範囲の限界費用曲線になります。生産量が y'' のときに限界費用曲線と平均費用曲線が交わることを考え合わせると，結局，供給曲線は，限界費用曲線と平均費用曲線の交点より右側の部分の限界費用曲線になると言えます。

> **Point** 供給曲線＝平均費用曲線との交点よりも右側の部分の限界費用曲線。

限界費用曲線は，平均費用曲線との交点よりも右側で右上がりになります。したがって，供給曲線は必ず右上がりです。

> **Point** 供給曲線は右上がり。

なお，(9)式の利潤最大化問題の2階の条件は，限界費用曲線が右上がりになることでした（63ページ）。今求めた供給曲線の範囲では，実際に利潤最大化の2階の条件が満たされていることになります。

◆ 確 認 問 題 ◆
供給関数 43ページの(1)式の生産関数について供給関数を求めましょう。また，供給曲線が右上がりになることを確認しましょう。

◆ キーワード
生産関数，限界生産物，平均生産物，等量曲線，技術的限界代替率，利潤最大化，限界生産物価値，要素需要関数，費用最小化，等量曲線，等費用線，費用関数，固定費用，可変費用，限界費用，平均費用，供給関数，供給曲線

◆ 練 習 問 題
本章の練習問題については，ミクロ経済学の教科書，問題集を見てください。

第3章

都市が存在する理由

　この章では，どのような要因によって都市が形成されるかを考えます。はじめに，都市が存在するためには，空間が均質でないか，規模の経済が存在するか，または集積の経済が存在するか，これら三つの条件のうち，少なくとも一つが成立していなければならないことを説明します。これは「空間不可能性定理」として知られているものです。次いで，それらの条件が成立するとなぜ都市が存在することになるのか，順に説明します。

1 都市が存在する必要条件

仮想的な状況
　以下の三つの仮定が満たされているような仮想的な状況を考えましょう。
(1)　すべての面で，空間は均質である。
(2)　規模の経済が存在しない。
(3)　集積の経済が存在しない。

　(1)の仮定は，場所による違いがないことを言っています。具体的には，次のような要件が成立していなくてはなりません。生産要素や原材料がどこにも同じ分量，分布していること，どこでどの財を生産しようが，生産性が変わらないこと，消費者は均質に分布していて需要の大きさがどこでも同一であること，輸送に関して場所による違いがなく，安価に輸送することを可能にする河川や港，鉄道などが存在しないこと，です。

　(2)と(3)の仮定に現れる**規模の経済**（economies of scale）と**集積の経済**（economies of agglomeration）は，どちらも，生産の規模を拡大するほどより効率的に生産が行われるようになる，ということを表しています。これらの概念の区分については，それが使われる文脈や使う学者の間で若干の違いがあります。以下の説明は，あくまで本書における定義だと考えてください。

規模の経済は，個々の企業の生産の技術について言うもので，すべての生産要素の投入量を k 倍にすると，産出量が k 倍を上回って増えることを意味します（k は 1 より大きい数）。つまり，生産関数が $f(kx_1, kx_2) > kf(x_1, x_2)$ を満たすとき，生産の技術は規模の経済を示すと言われます。たとえば，労働と資本を使って財を生産している場合に，労働と資本をどちらも k 倍の量投入すると，産出量が k 倍を上回るときです。同じことを，**規模に関する収穫逓増**（increasing returns to scale）という言葉で言い表すこともあります。

規模の経済を別の側面から見てみましょう。今，労働の投入量を 3 倍にしたとします。規模の経済があるときに 3 倍の産出量を得るには，資本を 3 倍未満投入するだけで事が足ります。したがって，もし労働と資本の価格が一定であれば，3 倍の産出量を得るのにかかる費用は 3 倍未満ですむことになります。つまり，産出量 1 単位あたりの費用は低下するのです。産出量 1 単位あたりの費用は，第 2 章で説明した平均費用です（61 ページ）。したがって，価格が一定のとき，規模の経済は，生産量が増えるほど平均費用が下落することを意味します[1]。

> **Point**　規模の経済：すべての生産要素の投入量を k 倍にすると，産出量が k 倍を上回って増えること（$k > 1$）。
> 生産要素の価格が一定のとき：規模の経済 $\iff$ 生産量が増えると平均費用が下落。

規模の経済は一つの企業の生産技術に関する概念です。これを複数の企業の生産活動に拡張したものが集積の経済です。それは大きく二つに分けられます。一つは，**地域特化の経済**（localization economies）です。同じ財を生産する企業が一つの都市に多く立地するほど生産が効率的になされ，各企業の平均費用が小さくなることを意味します。もう一つは，**都市化の経済**（urbanization economies）で

---

[1] 生産要素が一つしかない特殊な場合には，生産要素投入量が増えるほど平均生産物が大きくなるとき，そしてそのときのみ，規模の経済が存在することになります。

す。同じ財を生産する企業に限らず異なる財を生産する企業も含めて，一つの都市に多くの企業が立地するほど生産が効率的になされ，各企業の平均費用が小さくなることを意味します。

> **Point**　**集積の経済**：規模の経済の概念を複数の企業の生産活動に拡張したもの。集積の経済＝地域特化の経済＋都市化の経済。

実際には，規模の経済と二つの集積の経済は同時に存在するのが普通です。あくまで便宜的，概念的な区別だと思ってください。

空間不可能性定理

さて，話を元に戻しましょう。空間が均質で，規模の経済や集積の経済がいっさい存在しない状況を考えていました。このとき，生産活動はどこに立地するでしょうか。少し考えてみれば，それぞれの消費者の居住しているところに立地することがわかります。

まず，空間は均質なので，どこで生産活動を行っても生産の条件に違いはありません。また，規模の経済が存在しないので，生産要素の価格が一定である限り，産出量を拡大しても平均費用は下がりません。一つの大きな工場を建てて複数の消費者の消費する分を集約して生産しても，それぞれの消費者の家の裏庭でその消費者が消費する分量だけ作るより1単位あたりの費用が低くなる，ということにはならないのです。しかも，1カ所の工場で生産を集約して行うと，生産物を各消費者に輸送する必要が生じてしまいます。そのことを考え合わせると，財の輸送費が0でない限り，それぞれの消費者の家の裏庭で生産するのがもっとも効率的であるという結論になります。

このような理由で，すべての生産活動は各消費者の家の裏庭で営まれるようになります。この状況は，**裏庭経済**（backyard economy）とよばれます。この結果は，**空間不可能性定理**（spatial impossibility theorem）として知られています[2]。

> **Point**　(1)～(3)の仮定がすべて満たされるとき，すべての生産活動は各消費者の居住しているところ（家の裏庭）で行われる。（空間不可能性定理）

---

2) 「不可能」になるのは，「輸送を伴う競争均衡が存在すること」です。

このことは，次のように確かめることができます。

二つの地域から成る経済を考えましょう。簡単化のために，それぞれの地域で代表的な企業が労働を用いて財を一つ生産していると仮定します。ここで，(1)から(3)までの三つの仮定が満たされているとしましょう。つまり，空間は均質で，規模の経済，集積の経済は存在しません。さて，前章で説明したように，各企業は労働者の限界生産物価値が賃金に等しくなるように労働の投入量を決定します。空間が均質なので，労働量と限界生産物の関係がどちらの地域でも同じになることに注意してください。以下，財の価格が所与で2地域で等しいと仮定します。このとき，前章の(5)式 (52ページ) の結果より，地域1と地域2における実質賃金 w_1/p, w_2/p は，それぞれ，

$$\begin{cases} \omega_1 \equiv \dfrac{w_1}{p} = MP(L_1) \\ \omega_2 \equiv \dfrac{w_2}{p} = MP(L_2) \end{cases}$$

を満たしていなくてはなりません。ここで，$MP(\cdot)$ は限界生産物と労働量の関係を表す関数です。L_1 と L_2 は地域1と地域2の労働量を，ω_1 と ω_2 は二つの地域の実質賃金を，p は財の価格を表します。式は，均衡において，実質賃金が労働の限界生産物に等しくならなければならないことを言っています。

> *経済学の Tips* ⊙ **名目値と実質値**
>
> 賃金が10万円だ，20万円だ，と言うとき，賃金は貨幣を単位にして表されています。このような賃金を**名目賃金**とよびます。これに対し，どれだけの財を購入することができるかという意味の賃金を**実質賃金**とよびます。実質賃金は名目賃金を物価水準で割り算したものです。このように，経済学では，貨幣単位の値を**名目** (nominal) という言葉で言い表し，名目値を物価水準で割ったものを**実質** (real) という言葉で表します。有名な例として，名目 GDP と実質 GDP をあげることができます。

重要なことがあります。一つの生産要素から財が生産される場合，もし規模の経済がないのであれば，限界生産物は生産要素投入量の増加に伴って減少します。これは，規模の経済がない限り，投入量が増大するにつれて平均生産物が減少し，平均生産物が減少するときには限界生産物もまた減少するからです（限界生産物と平均生産物の関係については，46~47ページの議論を思い出してください）。

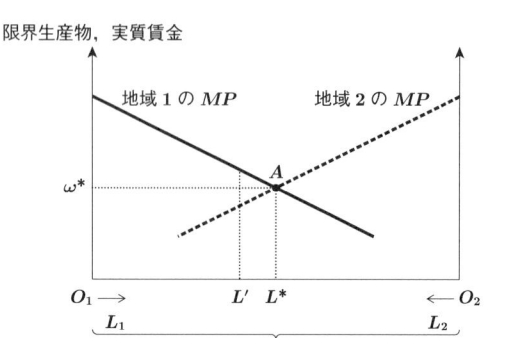

図 3-1 規模の経済がないときの労働の配分

図 3-1 を見てください。今，二つの地域の総労働量が $\bar{L}$ で一定だとします。O_1 を原点にして，地域 1 の労働量をそこから右方向にとります。O_1 からちょうど $\bar{L}$ だけ離れたところにもう一つの原点 O_2 を置きます。地域 2 の労働量をそこから左方向にとります。そうすると，$\bar{L}$ の量の労働が 2 地域でどのように分けられるかが，O_1 と O_2 との間にある点で表されることになります。たとえば，労働の配分が L' であるとしましょう。このとき，$O_1 L'$ の労働が地域 1 で雇用され，$O_2 L'$ の労働が地域 2 で雇用されます。

図には労働の限界生産物が描かれています。先ほど説明したように，各地域の限界生産物は，その地域の労働量が増えるほど小さくなります。地域 1 の労働量は O_1 から右方向にとられていますから，その地域の限界生産物は右下がりの線で表されます。一方，地域 2 の労働量は O_2 から左方向にとられています。したがって，その地域の限界生産物は右上がりの線で表されます。労働量と限界生産物の関係は 2 地域で同じなので，二つの線は左右対称になります。

さて，労働者は，地域間移動に障壁がない限り，より実質賃金の高いほうの地域に住もうとします。たとえば労働の配分が L' のときには，地域 1 の労働の限界生産物が地域 2 の労働の限界生産物を上回っていますが，これは，地域 1 の実質賃金が地域 2 の実質賃金を上回ることを意味します。この場合，地域 2 に住んでいる労働者は地域 1 に移住しようとします。したがって，この状況は均衡ではありません。

このように考えると，実質賃金が 2 地域で異なる限り，つまり，限界生産物の大きさが地域間で異なる限り，労働の配分は均衡ではありません。均衡では，実質賃金が等しくなるように，労働の限界生産物の大きさが 2 地域で一致して

いなくてはならないのです。したがって，均衡は点 A で与えられます。均衡の労働配分は L^* に，均衡の実質賃金は ω^* になります。

この均衡は安定的です。労働の配分が L^* からほんの少しずれて，地域 1 の労働がわずかに少なくなったとしましょう。労働の配分は L^* より左にきます。このとき，2 地域の限界生産物の曲線の位置を見ると，地域 1 の曲線が地域 2 の曲線の上にくることがわかります。つまり，地域 1 の実質賃金が地域 2 の実質賃金を上回ります。したがって，地域 2 の労働者は地域 1 へ移住しようとします。結果的に，地域 2 の労働量が減り，地域 1 の労働量が増えます。こうして，労働の配分は右に移動します。労働の配分が均衡配分 L^* よりも左側にある限りこれが続くので，最終的には元の均衡の点 A に戻ることになります。同じように考えれば，地域 1 の労働が均衡量より少し多くなったときも，結果的に元の均衡配分に戻ることがわかります。したがって，点 A の均衡は安定的です。

限界生産物曲線の形状が 2 地域で同一ですから，その交点の座標の L^* は O_1 と O_2 のちょうど真ん中にきます。このことは，均衡において 2 地域の労働量が等しくなることを意味します。つまり，経済活動は片方の地域に集中せず，2 地域に等しく分散するのです。これが裏庭経済の状態です。

さて，これまで，(1) から (3) までの仮定がすべて満たされていれば，経済活動は集中せずに分散することを見てきました。この場合，消費者が 1 カ所に集中して立地する理由はありません。他の事情が同じであれば，消費者はより広い土地を消費することを好むので，他の消費者と離れて住むようになるでしょう。したがって，三つの仮定がすべて満たされるとき，都市は存在しえないと言えます。このことから，もし都市が存在するとしたら，(1) から (3) の仮定の少なくともいずれかが満たされていないはずだと結論することができます。<u>都市が存在するためには，空間が均質でないか，あるいは規模の経済が存在するか，あるいは集積の経済が存在するか，少なくともどれか一つが必要です</u>。以下の節で，これら三つの条件を順に検討します。

2　空間の不均質性と都市

まず，(1) の仮定が満たされず，空間が均質でない場合を検討しましょう。

比較優位と交易

　もっとも重要なのは，生産要素の生産性が場所によって違う場合と，生産要素の賦存量が場所によって違う場合です。

　最初に，生産性が場所によって違う場合を考えましょう。生産要素の生産性は，それが何の生産に用いられるかによって変わってきます。たとえば，地域1では，1単位の労働から米ならば10単位生産できるのに対し，布は5単位しか生産できないものとします。話を単純にするために，生産量が労働投入量に比例するとしましょう。つまり生産関数 $f(L)$ は aL です。a は労働の生産性を表します。今の例で言うと，生産性を表す a の値が，米の生産と布の生産において，それぞれ10と5になります。一方，地域2では，1単位の労働から，6単位の米か，あるいは4単位の布が生産できるとしましょう。米の生産と布の生産における a の値は，6と4になります。これらの数値は表3-1にまとめてあります。

　ここで，二つの地域における，相対的な生産性の違いに着目しましょう。地域1では，1単位の労働から布の2倍の量の米が生産できます。それに対し地域2では，1単位の労働から布の1.5倍の量の米が生産できます。したがって，相対的な生産性で見ると，地域1は地域2と比べて布の生産よりも米の生産に優位性をもちます。つまり，地域1は地域2と比較して，米の生産に**比較優位**（comparative advantage）をもちます。同じように考えれば，地域2が布の生産に比較優位をもつことがわかります。より一般的に，地域1で財Aおよび財Bを生産したときの労働の生産性の値を a_1^A と a_1^B で表すことにしましょう。地域2についても同様に a_2^A と a_2^B を定義します。このとき，$a_1^i/a_1^j > a_2^i/a_2^j$ であるとき，地域1は財 i の生産に比較優位をもちます（i はAまたはB，j はAとBのうち i でないほうです）[3]。

　さらに，生産要素の賦存量が場所によって違う場合についても，比較優位の考え方をとりいれることができます。たとえば，地域1では相対的に労働が豊富で，地域2では相対的に資本が豊富だとしましょう。この場合，それぞれの地

3）米の生産を見ると，地域1のほうが地域2よりも労働の生産性が高くなっていることに気づきます（10 > 6）。このような優位性は**絶対優位**（absolute advantage）とよばれます。一般に，$a_1^i > a_2^i$ であるとき，地域1は財 i の生産に絶対優位をもつと言われます（i はAまたはB）。生産や貿易のパターンを決めるのは絶対優位でなく比較優位であることに注意してください。

表 3-1 労働の生産性

	米の生産における労働の生産性	布の生産における労働の生産性	米の生産における労働の相対的生産性
地域 1	$a_1^{米} = 10$	$a_1^{布} = 5$	$a_1^{米}/a_1^{布} = 2$
地域 2	$a_2^{米} = 6$	$a_2^{布} = 4$	$a_2^{米}/a_2^{布} = 1.5$

域は，豊富な要素を集約的に使用する財の生産に比較優位をもちます．米の生産には相対的に労働が多く用いられ，布の生産には相対的に資本が多く用いられるとしましょう．このとき，相対的に労働が豊富な地域 1 は米の生産に比較優位をもち，相対的に資本が豊富な地域 2 は布の生産に比較優位をもつことになります．

生産と交易のパターンは，比較優位によって決まります．それぞれの地域は比較優位をもつ財の生産に特化し，比較優位をもつ財を他地域へ移出し比較優位をもたない財を他地域から移入するようになります[4]．詳細については，国際貿易論の文献を参照してください．

都市形成のための追加的な要件

このように，生産要素の生産性や賦存量が場所によって異なると，交易が生じます．しかし，だからといって必ずしも都市が形成されるとは限りません．他地域と交易しながらも，依然として各消費者の家の裏庭で生産活動が営まれるということがありえます．空間の不均質性によって都市が形成されるには，次の二つの要件のうちのどちらかが，追加的に満たされなければなりません．

第一の要件は，生産性や要素賦存の偏りが著しく，きわめて狭い範囲で生産性が高かったり生産要素の賦存量が多かったりすることです．もっともわかりやすいのは，企業が原材料産地に固まって立地する場合です．炭鉱のある場所に石炭関連の企業が立地したり，温泉の湧く場所に温泉街が形成されたりします．企業が原材料産地に集積するかどうかは，輸送費用に依存します．原材料を輸送する

---

[4] 通常，国と国との間の貿易を議論するときには「輸出」と「輸入」という言葉が，国内の地域と地域との間の交易を議論するときには「移出」と「移入」という言葉が使われます．

Column　輸送路の変化とシカゴの発展

　シカゴは現在でこそ行政市域に 270 万人，大都市統計圏（MSA）に 946 万人の人口を抱えるアメリカ第 3 位の都市ですが（2010 年現在），1830 年の人口はわずか 50 人を数えるにすぎませんでした（Hoyt, 1933）。このようなシカゴの急成長には，輸送路の変化が大きく関わっています（図 3-2）。

　19 世紀のはじめ，シカゴは決して地理的に恵まれた場所ではありませんでした（Cronon, 1991）。まず，シカゴはミシガン湖のシカゴ川河口に位置していますが，川は浅く常に泥を排出していたので航行には適しませんでした。背後に広がる平坦な土地はその大部分が湿地で，陸上輸送も困難を極めました。内陸部とシカゴを結ぶ交通は劣悪な条件のもとに置かれていたのです。また，1825 年にエリー運河が開通して，シカゴは大西洋岸と直接水運で結ばれました。しかし，氷結と強風のため，ミシガン湖は冬の間 5 カ月にわたって航行不能でした。このような理由で，シカゴは地理的に恵まれていなかったのです。当時，中西部で地理的な優位性をもっていたのは，セントルイスやシンシナティです。とくにセントルイスは，ミシシッピ川とミズーリ川の分岐点で，ミシシッピ川の水深が大きく変わる場所に位置していました。そのため，ニューオーリンズから大型の船舶で輸送されてきた船荷は，セントルイスで小型のものに積み替えなければなりませんでした。それゆえ，早くから繁栄していました。

　その後，輸送路が整備されて，シカゴが優位性をもつようになります（Mayer and Wade, 1969 ; Keating, 1988 ; Cronon, 1991）。具体的に言うと，まず 1834 年にシカゴ川が大改修されて航行可能になり，翌年には防波堤と港が造成されました。1848 年にイリノイ・ミシガン運河が開通すると，シカゴからミシシッピ川まで船で航行できるようになり，メキシコ湾からシカゴまでが水上交通で結ばれました。

　続いて，今日のシカゴの地位を決定づけた鉄道の時代が到来します。ガリーナ・シカゴユニオン鉄道がイリノイ州北西部ガリーナを目指してシカゴから少しずつ路線を延ばしたのを皮切りに，1840 年代の終わりから 50 年代にかけて，数多くの鉄道が建設されました。とりわけシカゴ・アルトン・セントルイス鉄道（1848 年），シカゴ・ロックアイランド鉄道（1854 年）によってシカゴとミシシッピ川が直結したことの意義は大きく，従来ミシシッピ川経由でアメリカ全土に向かっていた中西部およびグレート・プレーンズの穀物と家畜がシカゴに集められるようになりました。その結果，精肉業と食肉加工業，次いで農業機械製造業が盛んになりました。1869 年の冷蔵車両の導入は，さらに食肉加工業の発展に拍車をかけました。

　さらに，1870 年代までにシカゴで製鉄業が興ります。それは，スペリオル湖周辺の鉄鉱石，ペンシルバニア州・オハイオ州およびイリノイ州南部の石炭，ミシガ

ン州の石灰岩の3原料を1カ所に集めるのに，交通の結節点シカゴが最適だったからです。

このように，運河と鉄道の発達が理由でシカゴは大きな成長を遂げました（図3-2）。シカゴの人口は1840年に4470人だったのが，1861年には11万2172人にはね上がります（Pred, 1980）。さらに1870年に30万人，1900年に170万人と膨れ上がり，そのころにはセントルイスの60万人を優に凌ぐようになりました（Bairoch, 1988）。

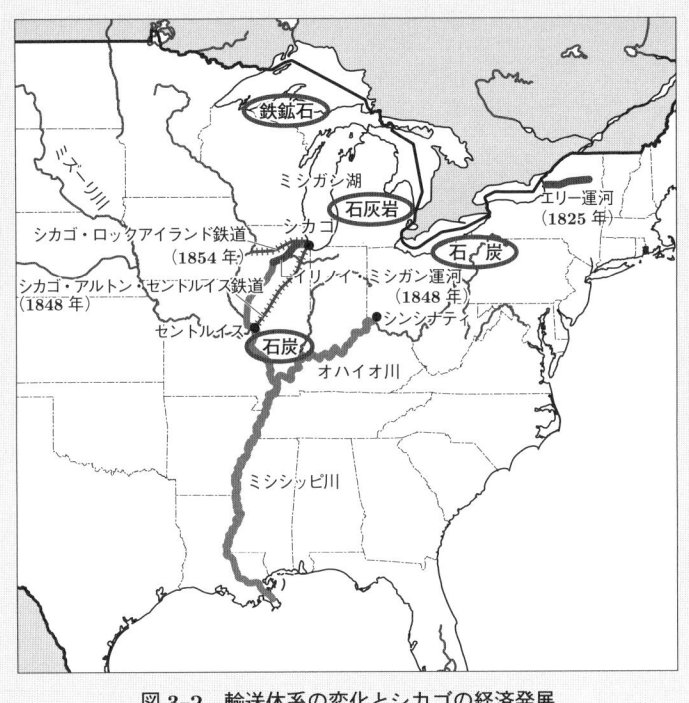

図 3-2 輸送体系の変化とシカゴの経済発展

のにかかる費用が製品を輸送するのにかかる費用よりも低ければ，企業は消費地に近いところに立地しようとするでしょうし，逆に，製品を輸送するのにかかる費用のほうが低ければ，原材料の産地に近いところに立地しようとするでしょう。このような議論は，ウェーバー（Weber, 1909）以来，**立地論**（location theory）において盛んになされてきました。

第二の要件は，輸送路が均一でないことです。われわれは地域間で交易が行わ

第3章 都市が存在する理由　75

れる状態を考えていますが，交易は必然的に財の輸送を伴います。輸送路が地表に均一に広がっておらず，ある特定の場所に偏っている場合，そこに経済活動が集中して都市ができる可能性があります。

歴史的に見て，長い期間，水上輸送がもっとも重要な輸送手段でした。洋の東西を問わず，財を長距離輸送するには船舶を利用するのがもっとも効率的だったのです。ところが，船舶が通行できる場所は海と河川に限られます。河川も，ある程度の幅と深さがないと大型船は航行できません。また，水上輸送から陸上輸送に切り替えるところでは，荷を積んだり下ろしたりしなくてはなりません。これには大きな費用がかかります。したがって，そこまでは大型船が航行可能だがそれより先は陸上輸送に頼らざるをえない，というところで生産を行えば，輸送費を抑えることができます。多くの大都市が海や大きな河川に面して立地しているのは，このためです。

> **Point** 空間が不均質で，かつ，生産性や要素賦存の偏りが著しかったり輸送路が均質でなかったりすると，都市が形成される。

3　規模の経済と都市

次に，(2)の仮定が満たされていないとき，すなわち規模の経済があるとき，経済活動が集中して都市ができることを見ましょう。

ここで，規模の経済を二つに分けて考えるのが便利です。取引における規模の経済と生産における規模の経済です。

3.1　交易都市

はじめに取引における規模の経済を考えましょう。空間が不均質で，財の交易が行われるようになっても，裏庭経済では，各家計が自ら財を購入したり販売したりします。ところが，取引には規模の経済がはたらきます。たとえば，個々の生産者や消費者が個別に運ぶよりも，何人か分を貨車やトラックにまとめて運んだほうが効率的に輸送できます。また，1カ所で売買を行うと，どのような財がいくらで売られているかという情報を，より低いコストで収集できるようになり

> *Column* 交易都市としての堺の発展
>
> 　15世紀中ごろから16世紀にかけて，堺は交易都市として世界でも類を見ないほどの繁栄を謳歌しました。その基礎は明（中国）と琉球（沖縄）との貿易です。
>
> 　1404年の条約締結以降，明との貿易は，割り符（勘合符）をもった政府公認の船だけに許されるようになりました。船の出航が許可されるのは数年に一度でしたが，中国から大量に持ち帰った生糸や絹織物を売ることで，巨額の富が得られました。現在の価値に直すと，1隻あたり19億円の利益が上がったという推計があります（角山，2000）。さて，対明貿易の日本側の港は，当初，兵庫（現在の神戸）でした。ところが，1469年，応仁の乱（1467-77）のため，兵庫に戻れなくなった3隻の船のうち2隻が堺に帰港することになったのです。これをきっかけに対明貿易の基地は堺に移ります。
>
> 　同時に，堺は琉球貿易の拠点でもありました。そのころ琉球は独立王国で，中国や東南アジア，台湾との貿易の中継地点になっていました。前述したように，当時の日本は明との直接貿易を制限されていたため，中国の多くの物産が琉球経由で堺に運ばれました。それ以外にも，台湾，フィリピン，ボルネオ，ジャワといった広い地域の生産物が琉球経由で堺に集められたのです。
>
> 　こうした理由で堺は繁栄を極めました。しかし，政治的対立の結果，堺の対明貿易は実質的に1523年に終了しました。また，17世紀になると大坂（大阪）や江戸の商人が生糸を商うようになりました。これらの要因によって，堺は急速に衰退していきます。

ます。このような理由から，取引は一つの場所に集中し，結果として都市が形成されるようになります。こうして，空間の不均質性と取引における規模の経済が組み合わさって，**交易都市**（trading city）が生まれます。

> **Point** 　空間が不均質で取引に規模の経済がはたらくとき，交易都市が生まれる。

　もっとも古い交易都市としてあげられるのは，古代フェニキア人が紀元前15世紀から紀元前8世紀にかけて建設した都市群でしょう。現在のレバノン領のティルス（現ティール），サイダ（現シドン），ビブロス（現ジュバイル）といった都市は，海上交易の中継都市として繁栄を極めました。その後，紀元前6世紀からはギリシャのアテネが交易都市として発展します。11世紀や12世紀には，ベネチアやジェノバ，ピサといったイタリアの都市が台頭しますが，これらの都市

は，東方や北アフリカなど，イスラム圏を含む広い地域との海上交易の中心になりました。現在私たちが見ることのできる豪華な宗教建築や大規模な公共建築，壮麗な貴族の邸宅などは，こうした交易によって蓄えられた富がもたらしたものです。

日本にも歴史的に数多くの交易都市が存在しましたが，もっとも有名なものは堺でしょう。これについては，前ページの *Column* を参照してください。

3.2 ファクトリータウン

次に，生産における規模の経済に目を転じましょう。

図3-3を見てください。横軸に労働投入量 L をとった図に，生産関数 $f(L)$ を表したものです。第2章の第1.2節（46ページ）で説明したように，平均生産物は生産関数上の点と原点を結んだ直線の傾きになります。労働投入量が $\hat{L}$ のとき，労働の平均生産物がもっとも大きくなることに注意してください。労働投入量が $\hat{L}$ よりも小さいときには，労働投入が増えるほど平均生産物が大きくなります。したがって，そのとき規模の経済がはたらいています。労働投入量が $\hat{L}$ よりも大きいときには，労働投入の増加に伴って平均生産物が小さくなるので，規模の経済がはたらいていません。以上のことから，$\hat{L}$ が規模の経済のはたらく範囲の上限を示していることがわかります。

このとき，企業は，$\hat{L}$ よりも少ない労働投入量を選択することはありません。

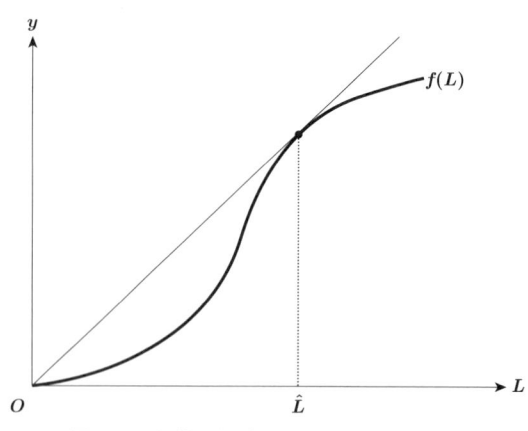

図 3-3　規模の経済があるときの生産関数

なぜならば，そのときは利潤が負になるか，あるいは労働投入を増やすことで利潤が増大するか，どちらかになるからです[5]。

このような理由で，規模の経済が存在するときには，一つの企業の規模が大きくなります。その結果，都市が形成されることがあります。そのような都市を**ファクトリータウン**（factory town）とよびます。日本では「企業城下町」の名前でよばれるものがこれに相当し，鉄鋼，造船，化学などの重化学工業に多く見られます。もっともよく知られているのは，トヨタ自動車とその関連企業の立地する豊田市でしょう[6]。それ以外にも，日立製作所の立地する日立市，自動車のマツダの立地する広島県府中町，旭化成の立地する延岡市などが有名です。

> **Point** 規模の経済がはたらくとき，ファクトリータウンが形成される可能性がある。

4 集積の経済と都市

これまでは，もっぱら一つの企業の生産規模拡大の効果に注目してきました。この節では議論をさらに拡張して，地域全体における規模の拡大を考えます。規模の拡大の便益が充分大きければ，経済活動が集中して都市ができる可能性があります。

集積の経済と集積の不経済

ある地域の人口が増えることによって，その地域に住む消費者の効用がどのように変化するかを考えましょう。

まず，規模の拡大はさまざまな便益を生みます。私たちが集積の経済とよんで

---

[5] 企業の利潤は $L\left[p\dfrac{f(L)}{L} - w\right]$ と書くことができます。角括弧のなかが負のときには利潤が負になります。一方，角括弧のなかが正のときには利潤が正になります。しかし，平均生産物 $f(L)/L$ が労働投入の増加につれて上昇するのであれば，労働投入を増やすことで角括弧のなかの項が大きくなります。同時に L も大きくなります。したがって，それらの積も大きくなります。

[6] 豊田市の前身は挙母（ころも）市です。1959年に企業名にあやかって古代以来の歴史ある挙母という名を捨て，豊田市に改称しました。私企業・団体の名称に因む市名をもつのは，豊田市と天理市のみです。

第3章 都市が存在する理由　79

いるものです。たとえば、人口の増加は労働の増加を意味し、規模の経済がはたらくときには、個々の企業の生産がより効率的に行われるようになります。その分、労働者の名目賃金は上昇します。それに加えて、供給される財のバラエティが豊富になり、人口規模が小さい場合には供給されない財を消費できるようになります。また、企業の数が増えることで企業間の競争が促され、財の価格が低下して消費者はより多くの財を消費できるようになります。さらに、さまざまな文化的活動や社会的活動に参加することが容易になったり、仕事を見つけるのが容易になったりするでしょう。これら集積の経済の要因については、次節で詳しく説明します。

一方、人口が増えると、負担しなくてはならない費用が増大します。**集積の不経済**（agglomeration diseconomies）です。集積の不経済はさまざまな要因で生じます。ここでは代表的なものを二つ、説明しましょう。第一は、「外部不経済」の発生です。外部不経済は、市場を経由せずに作用する悪影響のことです（これについては、第7章で詳しく説明します）。たとえば、人口増大に伴って、交通混雑や通勤圏拡大に伴う長時間通勤、大気汚染・水質汚濁・騒音などの公害、犯罪の多発による社会環境の悪化といった問題が深刻になります。第二は、人口の増大に伴って企業の集中が進み、企業の利潤が下落することです。これはおもに二つの理由から生じます。企業同士の競争が激しくなって財の価格が低下することと、生産要素に対する需要が増大してその価格が上昇することです。利潤が下がると、消費者に支払われる賃金が低下します。これが消費者の効用水準に負の影響を与えます。

一般に、人口が少ないうちは、集積の経済の効果が集積の不経済の効果を上回ります。その結果、人口が増えると効用水準が上昇します。ところが、人口がさらに増えていくと、しだいに集積の不経済の効果が支配的になり、やがて集積の経済の効果を上回るようになります。その結果、効用水準はある人口のもとで頭打ちになり、それ以上人口が増えると下落していきます。結局、効用水準は山型の形状をとることになります。

図3-4を見てください。この図は図3-1と似ていますが、軸が異なった変数を表しています。図3-1の縦軸は実質賃金を表していましたが、図3-4の縦軸は、より一般的に、消費者が各地域に住んだときに得られる効用の大きさを表しています。また、図3-1の横軸は労働量を表していましたが、図3-4の横軸は人口を表しています。二つの地域の人口の合計は、$\bar{L}$で表されます。地域1の

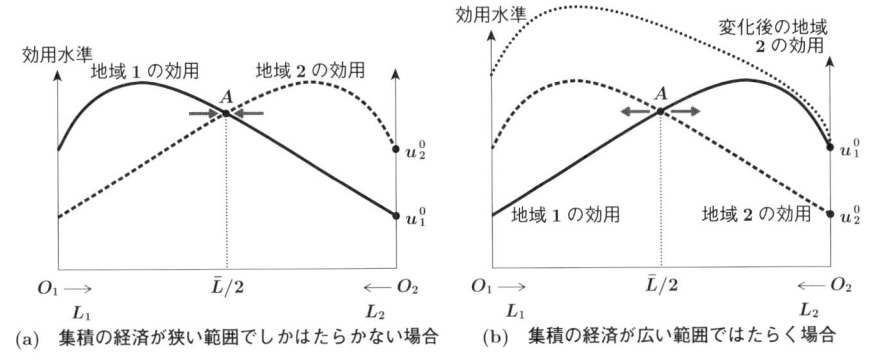

図 3-4 人口配分と効用水準

人口を左の原点 O_1 から右方向に，地域 2 の人口を右の原点 O_2 から左方向に測ります。実線は消費者が地域 1 に住んだときの効用水準（「地域 1 の効用曲線」）を表し，点線は消費者が地域 2 に住んだときの効用水準（「地域 2 の効用曲線」）を表します。二つのパネルは，それぞれ，これから説明する二つのケースに対応しています。

なお，ここでは二つの地域が対称的であると仮定しています。このとき，人口と効用水準の関係が二つの地域で同じになるので，地域 2 の効用曲線は，縦軸を軸にして地域 1 の効用曲線をひっくり返し横にずらしたものになります。また，二つの曲線は人口の配分がちょうど等しくなる点，すなわち地域 1 の人口が $\bar{L}/2$ になる点，で交わります。図の点 A です。

集積の経済が狭い範囲でしかはたらかない場合

最初に (a) のケースを見てください。この場合，均衡の人口配分が一つだけ存在します。両地域の人口が等しくなるような配分（点 A）です。どちらかの地域に消費者が集中する配分は均衡ではありません。たとえば地域 1 に消費者が集中する配分（$L_1 = \bar{L}$）を考えましょう。そのときの効用水準は地域 1 で u_1^0，地域 2 で u_2^0 ですが，前者のほうが低くなっています。したがって，地域 1 の消費者は地域 2 に移住しようとします。この状態は均衡ではありません。

さて，人口が 2 地域間で等しく配分される均衡は安定的でしょうか。何らかの理由で，地域 1 の人口が $\bar{L}/2$ から少しだけ減ってしまったとしましょう。このとき何が起こるでしょうか。図を見れば，点 A の左側では地域 1 の効用曲線が地域 2 の効用曲線の上にあることがわかります。地域 1 に住めばより高い効

用を得ることができるので，地域 2 の消費者は地域 1 に移住します。その結果，地域 1 の人口が増えます。このようにして，人口配分は元の均衡に近づきます。したがって，分散均衡は安定的です。

以上を要約しましょう。図 3-4 の (a) の状況では，2 地域への分散が唯一の均衡で，その均衡は安定的です。消費者が一つの地域に集中することはありません。

集積の経済が広い範囲ではたらく場合

今度は，(b) のケースを見てみましょう。

地域 1 の効用曲線のピークは，(a) のケースよりも右に来ています。つまり，(a) のケースよりも，より広い範囲の人口配分のもとで，集積の経済の効果が集積の不経済の効果を上回るのです。このときの均衡とその安定性を調べましょう。

均衡は三つあります。両地域に等しく人口が配分される分散均衡 ($L_1 = \bar{L}/2$) と，地域 1 に消費者が集中する集積均衡 ($L_1 = \bar{L}$)，地域 2 に消費者が集中する集積均衡 ($L_1 = 0$) です。順に見ていきましょう。

まず，両地域の人口が等しくなる配分は均衡です。そのとき 2 地域の効用水準が等しくなるからです。しかし，この均衡は不安定です。均衡の左側では地域 2 の効用曲線が地域 1 の効用曲線の上にきています。したがって，地域 1 の人口がほんの少しでも $\bar{L}/2$ を下回ると，地域 2 に住んだときのほうが効用水準が高くなります。地域 1 の消費者は地域 2 に移住し，地域 1 の人口はますます減ってしまいます。

一方，片方の地域に消費者が集中する配分もまた均衡です。たとえば地域 1 に消費者が集中する配分を見てみましょう。地域 1 の効用水準 u_1^0 は，地域 2 の潜在的な効用水準 u_2^0 を上回ります。したがって，地域 1 の消費者が地域 2 に移住することはなく，この配分は均衡です。この均衡が安定的であることも，容易に確かめられるでしょう。

経済が不安定な均衡に落ち着くことはないので（第 1 章の第 2.1 節の「*経済学の Tips*」27 ページ参照），以上の議論から，(b) の場合には，消費者がどちらか一つの地域に集中することがわかります。こうして都市が形成されます。

(b) の場合の結果に関して，いくつか重要な点があります。

(1) 正のフィードバック効果とロックイン効果

　ここでは立地に関して**正のフィードバック効果**（positive feedback effect）が存在しています。あなたを除いたすべての人が地域1に立地しているとしましょう。このとき，あなたはどちらの地域に立地することを選ぶでしょうか。右側の原点 O_2 よりもほんの少し左側では，地域1の効用曲線が地域2の効用曲線の上にあります。したがって，あなたは地域1に立地することを選ぶでしょう。他の人々がすべてある地域に立地しているときに，残りの1人もその地域に立地しようとする，というのが，立地に関する正のフィードバック効果です。ここでは，人々の自律的な行動が他の人々に同じ行動をとらせるよう作用しています。

　さらに，正のフィードバック効果があるため，一度どちらかの地域に集積する均衡が実現してしまうと，そこから抜け出ることは難しくなります。これは，**ロックイン効果**（lock-in effect）とよばれます[7]。ここでは2地域が対称的な状況を考えているので，どちらの地域に集積しても消費者の得る効用の水準は変わりません。ところが，もし地域が非対称であれば，どちらの地域に集積するかで，消費者の得る効用の大きさが変わってきます。この場合，効用が低いほうの集積均衡から，効用が高いほうの集積均衡に移行することは，ロックイン効果により容易ではありません。

　◆ 確 認 問 題 ◆
　非効率的な均衡へのロックイン　　地域2に集積したときよりも低い効用しか得られないにもかかわらず，地域1に集積してしまう状況を，図3-4と同じような図を描いて説明しましょう。

---

(2) 複数均衡と均衡の非決定性

　ここでは安定な均衡が二つあります。地域1に集積する均衡と地域2に集積

---

7) ロックイン効果の有名な例は，qwertyキーボードです。現在普及しているキーボード（下から3段目の文字配列から，「qwerty キーボード」とよばれています）の文字配列は，1870年代に，それぞれの文字キーを支えるアームが衝突しないよう，打鍵速度がゆっくりになるものに決められました。つまり，わざと打ちにくい配列が選ばれたのです。その後の技術進歩でアームの衝突を考慮する必要はなくなりましたが，いまだに非効率な配列は変わっていません。

する均衡です。このような**複数均衡**（multiple equilibria）の場合，どちらの均衡が実現するか，一概に決められません。これは，均衡の**非決定性**（indeterminacy）の問題とよばれます。この問題があるとき，実現する均衡は非経済的要因によって決まります。

　非経済的要因の中でもっとも重要なのは，過去の歴史です。たとえば，ある時点において地域1の人口が地域2の人口をほんの少し上回っていたとしましょう。図3-4の（b）のパネルから明らかなように，このとき，地域1の効用水準は地域2の効用水準を上回ります。したがって，地域2の消費者は地域1に移住しようとします。移住が始まっても依然として地域1の効用水準が地域2の効用水準を上回るので，移住が続きます。結局，すべての消費者が地域1に移動するまでこの動きは続き，地域1に集積する均衡が実現します。重要な点は，どちらの均衡に到達するかが，始めの段階でどちらの地域が大きいかのみに依存して決まるということです。最初の人口の差がどれだけわずかであっても，2地域の大小関係が変わらない限り，同じ結果になります。このように，過去にたどってきた経路によって到達する均衡が変わることを，**経路依存性**（hysteresis）とよびます。

　また，人々の期待も重要な非経済的要因です。地域1に集積する均衡が実現すると人々が信じれば，実際に地域1に集積する均衡が起こり，逆に，地域2に集積する均衡が実現すると人々が信じれば，今度は地域2に集積する均衡が起こる，ということがありえます。これは，**自己実現的予言**（self-fulfilling prophecy）の成立する状況です。

(3) カタストロフィックな影響

　与件の変化は経済に**カタストロフィック**（catastrophic）な影響を与えます。たとえば，地域1に集積する均衡が実現しているとしましょう。ここで，地域2の利便性が高まったり，地域2の居住環境や労働環境が良くなったり，あるいは，地域2に居住すると税の減免措置を受けらるようになったりしたとします。これによって地域2の効用水準が上昇し，その地域の効用曲線が上にシフトします（図3-4の（b）のパネルを見てください）。ところが，多少シフトしただけでは何も変化しません。地域2の効用水準はu_2^0より少し高くなるでしょうが，それは依然としてu_1^0を下回っているからです。少しずつシフトの幅を大きくしてみましょう。しばらくの間，何も変わりませんが，やがて地域2の効用水準が

u_1^0 を上回るときがくるでしょう。灰色の点線がそういった状況における地域 2 の効用曲線を表しています。このとき，地域 1 の消費者は地域 2 に移住し始めます。

図からわかるように，どれだけ地域 1 の人口が減っても，地域 1 の効用水準は地域 2 の効用水準を下回りますから，すべての消費者が地域 2 に立地するまで人口移動が続きます。こうして，地域 2 に集積する均衡が実現することになります。このように，与件の変化の程度がある一定の大きさを下回るときは均衡に何の変化も起こりませんが，それを少しでも超えると到達する均衡が変わり，地域 1 の人口配分が 100％ から 0％ へと劇的に変化します。これが「カタストロフィックな影響」の意味です。

これまでに明らかになったことをまとめてみましょう。図 3-4 の (a) のように集積の経済のはたらく範囲が狭いときには，2 地域の人口が等しくなるような人口配分が唯一の安定均衡です。一方，(b) のように集積の経済のはたらく範囲が広いときには，安定均衡において消費者はどちらか一つの地域に集中します。

> **Point** 集積の経済が狭い範囲でしかはたらかない場合，消費者は 2 地域に分散する（分散均衡）。
> 集積の経済が広い範囲ではたらく場合，消費者は一つの地域に集中する（集積均衡）。

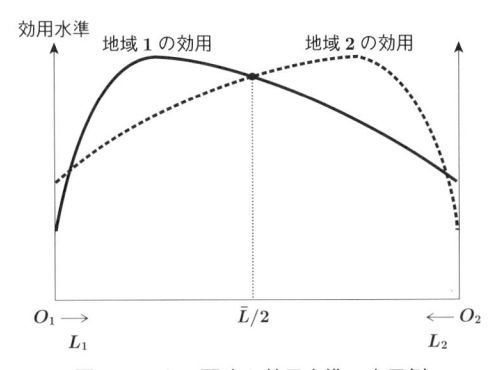

図 3-5 人口配分と効用水準：応用例

> ◆ 確認問題 ◆
> **2 地域間の人口配分** 2 地域の効用曲線が図 3-5 のように与えられたとしましょう。このとき，均衡の人口配分をすべて求めましょう。また，それぞれの均衡配分が安定的かどうか，調べましょう。

5　集積の経済の要因

前節で説明したように，集積の経済が存在すると都市が出現します。現代の大都市の形成に関しては，とりわけ集積の経済が重要な役割を担っています。この節では，集積の経済をもう少し詳しく見ることにします。

マーシャルは，その古典的論究（Marshall, 1920）において，集積の経済の要因を三つあげています。産業がある地域に集中すると，その地域で，①さまざまな非交易中間投入物が生産されるようになること，②労働がプールされるようになること，③情報や知識の波及が容易になること，の三つです。

その後，クルーグマン（Krugman, 1991）の先駆的な研究をきっかけに，1990 年代になって，どのようなメカニズムで経済活動が一つの地域に集積するか，厳密に分析されるようになりました。それらの研究は，第 1 章の補論でふれたように，新経済地理学とよばれています（38 ページ）。新経済地理学の特徴は，企業や消費者といった個々の経済主体の行動を分析の基礎にしていることと，独占的競争市場という不完全競争市場を想定していることです。

この節では，新経済地理学の考え方も交えながら，集積の経済の要因を説明します。なお，説明にあたっては，デュラントンとプガ（Duranton and Puga, 2004）にならって，要因を，**シェアリング**（sharing：共有），**マッチング**（matching：適合），**ラーニング**（learning：学習）の三つに整理します。

5.1　シェアリング（共有）

シェアリングは，財やサービスを共有することです。ここでは，代表的なものとして 3 種類のシェアリングをとりあげ，説明します。

(1) 多様な消費財の生産におけるシェアリング

しばしば消費者は，一つのバラエティを消費するよりも，さまざまなバラエティを消費することを好みます[8]。このとき消費者は，**多様性の選好**（love for variety）をもつと言われます。また，通常は，それぞれのバラエティを生産するのに固定要素を投入する必要があります。この場合，生産量を増やすほど平均費用が下落するので，規模の経済がはたらくことになります。さらに，生産された各バラエティを地域間で輸送するのに，何らかの費用がかかるのが普通です。このとき，消費者は，生産者がより多く立地する地域に立地して，多様なバラエティを輸送費を支払わずに手に入れようとします。一方，それぞれのバラエティの生産者は，消費者が多く立地する地域に立地して多量に生産し，規模の経済の恩恵にあずかろうとします。この二つが相俟って，消費者と生産者は一つの地域に集積しようとします。

> **Point** 多様性の選好，消費財のそれぞれのバラエティの生産における規模の経済，輸送費の三つの要因が結びつくと，集積の経済が生じる。

ここで，それぞれのバラエティを生産するのに必要な固定要素に対する支払い——つまり固定費用——は，消費者が分担して負担しているとみなすことができます。つまり，固定要素は消費者によって「シェア」されていると言えます。これが，この集積の経済がシェアリングに基づくという理由です。

新経済地理学は，この要因によって起こる集積をとくに重要視します。

(2) 投入物のシェアリング

同じ地域に立地している企業は施設や設備といった生産の投入物を共有することができます。これが集積の経済の源になります。たとえば，ある程度の水揚げがある港には，水産物の処理・加工工場や冷蔵・冷凍施設があります。そういった施設は，多くの場合，漁業協同組合が所有し運営しています。これは，個々の

---

[8] ある財が，付加的な機能・大きさ・色・デザイン・銘柄などの面で異なるものから構成され，消費者がそのそれぞれを別のものだと識別できるとします。このとき，その財はバラエティに**差別化**（differentiation）されていると言います。たとえば，テレビは画面の大きさや色，メーカーなどで多くのバラエティに差別化されています。

組合構成員が施設を共有していることを意味します。同じような議論は，水道や道路，ガス供給設備，給排水設備など，多くのインフラストラクチャーに当てはまります。

さて，投入物のシェアリングが経済活動の集積に関してとくに重要な意味をもつのは，多様な**中間生産物** (intermediate goods) が生産に用いられるときです。中間生産物とは，生産された財のうち，最終的な消費の対象にならず，別の財の生産に使用されるもののことです。

最終財の生産が多様な中間生産物を投入することでより効率的になり，中間生産物の各バラエティを生産するには固定要素を投入する必要があり（つまり，各バラエティの生産に規模の経済がはたらき），しかも中間生産物を地域間で輸送するのに輸送費がかかるとき，最終財生産者と中間生産物生産者は一つの地域に集積しようとします[9]。(1)で説明したのと同じ論理です。(1)の説明における「消費者」を「最終財生産者」に，「生産者」を「中間生産物生産者」に置き換えるだけです。

> **Point** 多様な中間生産物の投入による最終財生産の効率化，中間生産物のそれぞれのバラエティの生産における規模の経済，輸送費の三つの因子が結びつくと，集積の経済が生じる。

なお，中間生産物のそれぞれのバラエティを生産するのにかかる固定費用は，最終財生産企業が分担して負担しているとみなすことができます。つまり，多様な中間生産物を生産するのに必要な固定要素が最終財生産企業によって「シェア」されていると言うことができます。

---

[9] 中間生産物の代表例は専門サービスです。たとえば金融業では，金融に関連した法律業務，不動産の鑑定・評価，ソフト開発やシステム開発，金融情報の調査，広告など，実に多様な専門サービスを投入物として使用します。これらの専門サービスを使用することで生産活動が効率的になされます。また，専門サービスの生産には規模の経済がはたらきます。そのため，ロンドンのシティや東京の兜町など，多くの金融業企業が集中しているところでのみ，高度に専門化されたサービス業が成り立ちます。さらに，専門サービスを使用する際には，専門サービス業者との密接な情報交換が必要です。そのため，専門サービスは，交易不可能か，あるいは交易が可能であっても輸送費が著しく高くつく中間生産物であると考えられます。

(3) 労働市場におけるシェアリング

　労働市場は，絶えずショックにさらされています。さまざまな要因で景気が良くなったり悪くなったりし，それによって労働に対する需要が変動します。ショックは，経済全体にわたる場合もあれば，個々の企業あるいは産業に限定される場合もあります。後者の場合，シェアリングによって集積が生まれます。

　ショックが個々の企業に限定されるとしましょう。プラスのショックを受けた企業，つまり予想よりも景気が良かった企業は雇用を拡大し生産を増やそうとします。一方，マイナスのショックを受けた企業，つまり予想よりも景気が悪かった企業は雇用を縮小して生産を減らそうとします。多くの企業が立地している大都市では，プラスのショックを受ける企業とマイナスのショックを受ける企業がどちらも多数存在すると考えることができます。そのため，プラスのショックを受けた企業は容易に新しい労働者を雇用することができます。また，労働者も容易に新しい職を見つけることができます。これに対し，一つの企業しか立地していない小都市では，プラスのショックを受けても企業が労働者を新規に雇用することは困難です。また，解雇された労働者はその都市で次の職を見つけることができないでしょう。

　このように，企業も労働者も，一つの都市に多くの労働が集まっていること，すなわち，労働がプールされていることから便益を受けます。この場合，プールされた労働を企業や労働者が「シェア」していると考えることができるので，これはシェアリングに基づく集積の経済です。

> **Point** 労働のプーリングによって集積の経済が生じる。

5.2　マッチング（適合）

　集積の経済の2番目の要因はマッチングです。マッチングの代表的な例は，雇用者と被雇用者との間のものです。それぞれの労働者は異なった能力をもっており，企業はある決まった能力をもった労働者を求めます。雇用される労働者の能力が企業の求める能力と違う場合，企業あるいは労働者本人が教育や訓練の費用を負担しなければなりません。大都市に立地すれば，マッチングがより効率的

> **Column　マッチングによる集積——東京の下町の例**
>
> 　マッチングによる集積の代表的な例は，秋葉原における電気・電子機器部品の小売店の集積でしょう。そこで売られている物の多くは，限られた顧客向けのきわめて特殊なもので，通常ならば顧客を見つけるのが難しい類いのものです。そういった小売店が集積することで，多くの潜在的な顧客が引きつけられ，買い手がつくのです。
>
> 　東京のような大都市だと，同じような事例が数多く見られます。古書店は，昔から近隣に大学が多く立地していたことから，神田神保町に集積するようになりました。また，田原町駅から上野駅方向の 500 m に仏壇・仏具店が 50 軒ほど集中しています。誕生のきっかけは，明暦 3 年（1657 年）の大火の後，幕府が防火対策として，市中にあった寺社仏閣 300 以上を上野・浅草周辺に移したことです。興味深いのは，古書店も仏壇・仏具店も直射日光が当たって商品が傷むのを避けるために，道の南側に並んでいることです。これ以外にも，かっぱ橋（合羽橋）道具街の 800 m の区間に 170 以上も連なる調理器具・食器・厨房機器の商店，神田小川町から駿河台下にかけて点在する 100 以上のスポーツ用品店，浅草橋に集積する人形問屋，蔵前に集積する玩具問屋，馬喰町・横山町に集積する衣料品問屋，日暮里に集積する繊維問屋など，実にさまざまな例があります。

に行われるので，このような費用を軽減することができます[10]。

Point　雇用者の求める能力と潜在的な被雇用者のもつ能力のマッチングが理由で集積の経済が起こる。

　同じようなメカニズムは労働市場のみならず，さまざまな市場で起こります。たとえば，多くの市場で，買い手とのマッチングを求めて売り手が 1 カ所に集積します。これについては，*Column* を参照してください。

5.3　ラーニング（学習）

　人々が限られた地理的範囲に集積すると，ラーニングがより効果的になされるようになります。これは，**知識のスピルオーバー**（波及）（knowledge spillover）がより容易になるからです（ここで言う「知識」とは，狭い意味の知識に，情報・アイデ

---

10) 代表的な研究として Helsley and Strange（1990）をあげることができます。彼らは，円環の能力空間のモデルを用いてマッチングが集積を引き起こすことを説明しました。

ィア・技術・ノウハウなどを加えたものです)。第一に,多くの人がいると,知識の総量が大きくなります。また,より多様な人間がいるため,知識の内容が多様になります。第二に,狭い範囲に多くの人がいると,コミュニケーションをとることが容易になります。とくに,直接会ってコミュニケーションをとること,つまりフェイス・トゥー・フェイス・コミュニケーションが容易になります。この二つが知識のスピルオーバーを容易にします。

知識のスピルオーバーにはいろいろな側面がありますが,とくに重要なのは,知識の創造,すなわち発明です。新しい知識が生まれるためには,異なった知識をもつ人間がいることと,彼らがコミュニケーションをとることの両方が必要です。先に述べたように,人々が集積しているところには多様な考えをもった人間がいて,しかも豊富な接触の機会をもっています。このため,多くの発明がなされるようになります。これが集積の経済の要因になります(都市のこの側面を論じたものとしては,Jacobs (1969) を参照してください)。

実際,知識のスピルオーバーによって集積が生じていることを示す研究は数多くあります。たとえば,Rosenthal and Strange (2001) はアメリカの製造業について調べ,知識のスピルオーバー効果が正であることを明らかにしています。同時に彼らは,スピルオーバー効果がきわめて狭い範囲にしか及ばないことを見出しています。

◆ キーワード

規模の経済,集積の経済,地域特化の経済,都市化の経済,裏庭経済,空間不可能性定理,比較優位,交易都市,ファクトリータウン,正のフィードバック効果,ロックイン効果,複数均衡,経路依存性,自己実現的予言,カタストロフィックな影響,新経済地理学,シェアリング,マッチング,ラーニング,多様性の選好,中間生産物,労働のプーリング,知識のスピルオーバー

◆ 練習問題

1. 本文の図 3-1 のモデルにおいて,地域間を移住するのに実質値で c だけの費用がかかるとき,均衡の労働配分はどうなるでしょうか。(ヒント:均衡の配分は一点ではなく,ある範囲になります。)
2. 交易都市とファクトリータウンの例を一つずつあげて,なぜその地点に都市ができたのか,そしてどのように都市が発展したのかを調べましょう。
3. 広い範囲にわたって高地と平野が隣接しているところで,滝や急流が地図上で

線状に連なって分布していることがあります。この線を滝線（または瀑布線）とよび，滝線の上に形成された都市を滝線都市とよびます。アメリカの大都市では，フィラデルフィア（ペンシルベニア州），ボルチモア（メリーランド州），ワシントンD.C. のジョージタウン地区などが滝線都市です。滝線都市はなぜできるのでしょうか。

4　二つの地域から成る経済を考えましょう。政府が地域1に集中的に投資を行い，その地域に高速道路網などのインフラストラクチャーや文化施設・公共施設，公園・緑地を建設した結果，地域1の効用曲線が形状を変えずに上方に平行シフトしたとします。これによって地域間の人口配分はどう変化するでしょうか。効用曲線が，図3-4の (a) で表されるケース，同じ図の (b) で表されるケース，図3-5で表されるケースの3通りのケースについて考えましょう。なお，政策の効果は，効用曲線がどれだけ大きくシフトするかによって変わってきます。それに注意して答えてください。

5　アメリカの映画産業はロサンジェルス周辺に集積しています。本文で述べたシェアリング，マッチング，ラーニングの三つのカテゴリーに分けて，その理由を考えてみましょう。

6　日本の農村では高齢化と過疎化が進んでいます。若年層が農村を離れる理由のいくつかを，この章で学んだことから説明してみましょう。

第Ⅱ部
都市内構造の理論

❏ 第Ⅱ部の構成

　第Ⅱ部では，都市の内部の空間がどのように組織化されるかを考えます。

　多くの都市には，中心に，オフィスの集中する都心があります。それは**中心業務地区**（CBD：central business district）とよばれ，都市住民の主要な雇用の場となっています。その周りにデパートなどの商業施設が立地し，その外側に中高層の住宅が，さらにその外側に一戸建てを中心とする低層の住宅が立地するというのがよく見られるパターンです。

　このような同心円型の構造は用途利用に限ってのみ見られるわけではありません。建築物の高さ，1区画の敷地面積，建築物の素材など，さまざまな事柄について見られます。たとえばオフィスビルは，都市の中心部で高く，中心から離れるほど徐々に低くなっていく傾向があります。また，中心部の商業施設では駐車スペースがごく限られていたり屋内に立体的に配置されていたりするのに対し，郊外では，何百台，何千台と収容できる広々とした青空駐車場が設けられているのが普通です。

　このような空間構造を個々の経済主体の意思決定の結果として理解するのが，第Ⅱ部の課題です。以下，消費者の意思決定の結果生じる住宅地の空間構造を中心に考えます。第4章では，都市の問題から離れて，消費者の意思決定を分析するための一般的な基礎理論を復習します。続く第5章で，住宅を建てるために土地を需要する消費者の意思決定を分析します。第6章では，まず，住宅地がどのような空間構造をもつか明らかにします。次いで，住宅に加えてオフィスや商業施設，工場などが都市に立地する場合，それらがどこに立地するかを考察します。

第4章

消費者行動の理論

　住宅や土地の消費に関する消費者の意思決定を分析する前に，この章では，より一般的な消費者の意思決定の問題を考えましょう。これは，消費者が，限られた所得をどのように財の消費に振り分けるかという問題です。この問題は，ミクロ経済学で「消費者行動の理論」として扱われるものです。

　消費者行動の理論では，それぞれの消費者があらゆる財の組み合わせについて，システマティックな「好み」をもっていると考えます。消費者は，自分の好みの体系に基づいて，満足ないし喜びの程度（「効用」とよばれます）がもっとも大きくなるよう，各財をどれだけ消費するか決定するのです。

　住宅や土地の消費に関する消費者の意思決定は，消費者行動の理論を応用することによって分析できます。したがって，住宅地の構造ひいては都市の構造を解き明かす際には，消費者行動の理論を理解していることが必要になります。また，後の章でさまざまな経済政策の効果を分析しますが，そのときも消費者行動の理論が不可欠です。

　消費者行動の理論は非常に緩い仮定に基づいて構築された理論で，応用範囲が広く，経済学におけるもっとも有用な分析道具の一つです。この章では一番重要な部分だけを簡潔に説明します。すでにそれを学んでいる読者は，この章を飛ばして次章に進んでいただいて結構です。一度学んだけれども，内容をよく覚えていない，あるいは理解が不充分である，という場合には，復習の意味で一読することをお勧めします。

1 選好，順序づけおよび効用関数

選好と順序づけ

 経済に n 個の財がある状況を考えましょう（序章で述べたように，以下，「財」は財とサービスの両方を指します）。n は有限でさえあれば，どのような値をとっても構いません。ただ，無用な複雑化を避けるため，もっとも単純な2財のケース（$n=2$ のケース）に限定して話を進めることにします。以下，第1財の消費量を x_1 で，第2財の消費量を x_2 で表します。それぞれの財をどれだけ消費するかは，(x_1, x_2) というベクトルで表すことができます。これは，**消費ベクトル**または**消費計画**とよばれます。

 消費者は，財を消費することで，何らかの満足，利便性，喜びや楽しみなどを得ることができます。経済学ではそれらをひとまとめにして，**効用**（utility）ということばで表します。効用の程度は，それぞれの財をどれだけ消費するかによって変わってきます。ここで一つの仮定を置きます。消費者は好み（**選好**：preference）の体系をもっており，さまざまな財の組み合わせ——つまり消費ベクトル——を，得られる効用の程度によって順序づけできるという仮定です。ここで言う「順序づけ」とは，二つの組み合わせが同程度に好ましいか，もし同程度に好ましくないのならばどちらが好ましいかを判断することです。なお，同程度に好ましいことを，**無差別**（indifferent）であると言います。この仮定のもとでは，消費者が，たとえば，3単位の第1財と12単位の第2財という組み合わせと，4単位の第1財と7単位の第2財という組み合わせを比較して，どちらの組み合わせを消費したほうが大きな効用が得られるか，判断できることになります。これ以外のあらゆる組み合わせについても同じように判断できるというのが，この仮定の意味するところです。

効用関数

 さて，消費者の順序づけがいくつかの基本的な規則（「公理」とよばれます）を満たすとき，消費者の選好は**効用関数**（utility function）とよばれる関数で表すことができます。このことを理解するために，先の例に戻りましょう。ある消費者は，$(3, 12)$ という組み合わせ（第1財を3単位，第2財を12単位消費するような組み合わせ）を，$(4, 7)$ という組み合わせよりも好ましいかあるいはどちらも無

差別であると思っているとします。そのとき，ある関数 $u(x_1, x_2)$ が，$u(3, 12) \geq u(4, 7)$ を満たしたとしましょう。さらに，その消費者は，(4, 7) という組み合わせを，(5, 6) という組み合わせよりも好ましいかあるいはどちらも無差別であると思っているとします。そして先の関数が，$u(4, 7) \geq u(5, 6)$ を満たしたとしましょう。このとき，関数 $u(x_1, x_2)$ の値の大小関係は順序づけと一致しています。このように，ある組み合わせが別の組み合わせより好まれるかまたは二つの組み合わせが無差別であるとき，最初の組み合わせに対して後の組み合わせより大きいかあるいは等しい値を与える関数を，効用関数とよびます。言い換えると，効用関数は，どのような組み合わせ (x_1^0, x_2^0) と (x_1', x_2') に対しても，

(x_1', x_2') が (x_1^0, x_2^0) よりも好まれるかまたは両方が無差別

$\iff u(x_1', x_2') \geq u(x_1^0, x_2^0)$

が成立するような関数 $u(\cdot, \cdot)$ のことです。

> **Point** 効用関数：より高い効用をもたらす財の組み合わせに，より大きな数字を割り振る関数。

通常，効用関数について以下のような仮定を置きます。

| 効用関数の仮定 |
(1) 単調増加関数である。
(2) 強い準凹関数である。

どちらの仮定も，消費者の選好についての仮定から導き出されるものですが，その導出はやや専門的になるので，ここでは説明を省略します。

効用関数が単調増加関数であるというのは，片方の財の消費量を一定にして，もう片方の財の消費量を増やすと，効用の値が高くなることを意味します。これは，消費者が，少しでも多く消費できることを好む（選好が**非飽和**（nonsatiation）である）ことを前提にしています。現実にはそれが成り立たないケースもありますが，以下では，理想的な状況として選好が非飽和である場合に議論を限定します。数学的には，効用関数の偏微分が正である，つまり，どのような (x_1, x_2) に対しても，$\partial f(x_1, x_2)/\partial x_1 > 0$ と $\partial f(x_1, x_2)/\partial x_2 > 0$ が成立する，ということ

です。

また、強い準凹関数はやや専門的な概念なので、厳密な定義は巻末の「数学補論」第4節に譲り、後ほど無差別曲線を説明するときに直観的な意味を説明することにします。

2　無差別曲線

無差別曲線とは

同じ大きさの効用を与える財の組み合わせの軌跡を**無差別曲線**（indifference curve）と言います。つまり、それは、ある定数 $\bar{u}$ に対して、

$$u(x_1, x_2) = \bar{u} \tag{1}$$

を満たす (x_1, x_2) の軌跡です。

> **Point**　**無差別曲線**：同じ大きさの効用を与える財の組み合わせの軌跡。

図 4-1 には、効用水準 $\bar{u}$ に対応した無差別曲線が描かれています。

等量曲線の傾きを求めた（48 ページ）のと同様のやり方で無差別曲線の傾きを求めることができます。(1) 式は恒等式なので、$u(x_1, x_2) - \bar{u}$ を全微分したものは 0 に等しくなります（全微分については、巻末の「数学補論」第 2 節を参照してくだ

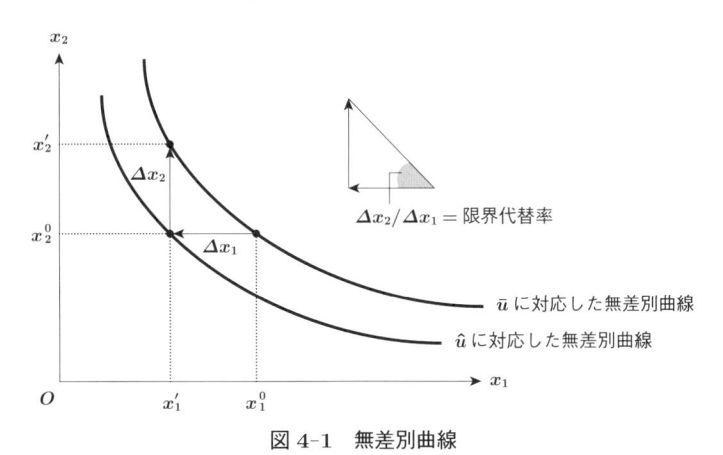

図 4-1　無差別曲線

さい)。その結果を書き換えると，

$$\frac{\mathrm{d}x_2}{\mathrm{d}x_1} = -\frac{u_1(x_1, x_2)}{u_2(x_1, x_2)} \tag{2}$$

を得ます。ただし，$u_i(x_1, x_2) \equiv \partial u(x_1, x_2)/\partial x_i$ $(i = 1, 2)$ です。(2)式の $\mathrm{d}x_2/\mathrm{d}x_1$ が無差別曲線の傾きです。

無差別曲線の性質

　無差別曲線は，等量曲線と非常によく似た概念です。効用関数ひいては消費者の順序づけに関する仮定から無差別曲線の性質を三つ導くことができますが，どれも等量曲線の性質と同じです。

| 無差別曲線の性質 |
(1) 無差別曲線は右下がり。
(2) 原点から離れた位置にある無差別曲線ほど高い効用水準に対応。
(3) 無差別曲線は原点に向かって凸　($\iff$　限界代替率が逓減)。

---

(1) **無差別曲線は右下がり**

　第1財の消費量を x_1^0 から x_1' に減少させたとしましょう (図4-1)。消費者の選好が非飽和であれば，第1財の消費量を減らすと，その分効用は下がってしまいます。したがって，効用水準を一定に保つためには，第2財の消費量を x_2^0 から x_2' まで増加させなければなりません。このように，片方の財の消費量を減らすと，もう片方の財の消費量を増やさなければならないので，無差別曲線は右下がりになります。この性質は効用関数が単調増加関数である，つまり消費者の選好が非飽和である，という仮定から出てきます[1]。

(2) **原点から離れた位置にある無差別曲線ほど高い効用水準に対応**

　図4-1には，効用水準 $\bar{u}$ に対応した無差別曲線に加えて，効用水準 $\hat{u}$ に対応

---

[1] 効用関数が単調増加関数であるときには，どのような (x_1, x_2) に対しても $u_1(x_1, x_2) > 0$ および $u_2(x_1, x_2) > 0$ が成立するので，(2)式より $\mathrm{d}x_2/\mathrm{d}x_1 < 0$，つまり無差別曲線の傾きは負，となります。

した無差別曲線も描かれています。今，第 2 財の消費量が x_2^0 で一定で，第 1 財の消費量が x_1^0 のときと x_1' のときを考えましょう。ここで，$x_1^0 > x_1'$ です。消費者の選好が非飽和であれば，消費者は (x_1', x_2^0) よりも (x_1^0, x_2^0) のほうを好みます。したがって，$\bar{u}$ は $\hat{u}$ よりも大きいことになります。このことは，原点から離れた位置にある無差別曲線（右上に位置する無差別曲線）ほど高い効用水準に対応していることを意味します。なお，この性質も効用関数が単調増加関数であること（選好が非飽和であること）から生じます。また，選好が非飽和である限り，2 本の無差別曲線は交わりません。

(3) 無差別曲線は原点に向かって凸

この性質は，原点の右上から原点を見たときに，無差別曲線が原点に向かって出っ張っているということを言っています。図 4-1 の無差別曲線はそのような形状をしています。この性質を理解するために，無差別曲線の傾きがどのような意味をもつか考えましょう。

第 1 財を x_1^0，第 2 財を x_2^0 消費して，$\bar{u}$ の効用を得ているとしましょう。ここから第 1 財の消費量を Δx_1 だけ減らした状況を考えます。先に説明したように無差別曲線は右下がりですから，以前と同じだけの効用を得るには第 2 財の消費量を増やさなければなりません。その量を Δx_2 で表します（図 4-1 を見てください）。この二つの量の比率 $\Delta x_2 / \Delta x_1$ は，同じ効用水準を得るために，第 1 財の消費量が 1 単位減少したとき第 2 財を何単位増やさなくてはならないかを表します。つまり，二つの財の間の代替の比率を表すのです。Δx_1 を無限に小さくして 0 に近づけたときの $\Delta x_2 / \Delta x_1$ の値を**限界代替率**（marginal rate of substitution）とよび，MRS_1 と書き表します。言い換えれば，限界代替率は，ほんの少しだけ第 1 財の消費量を減らしたとき，同じ効用水準を達成するために，第 2 財をどれだけ増やさなければならないか，を表します。そして，Δx_1 を 0 に近づけると $\Delta x_2 / \Delta x_1$ の値は無差別曲線の傾きの絶対値（$-dx_2/dx_1$）に収束するので，限界代替率は無差別曲線の傾きの絶対値に等しくなります。

> **Point** 限界代替率：
> ほんのわずか第 1 財の消費量を減らしたとき，同じ効用水準を達成するためにどれだけ第 2 財の消費量を増やさなくてはならないか。
> ＝無差別曲線の傾きの絶対値（$-\mathbf{d}x_2/\mathbf{d}x_1$）。

第 4 章 消費者行動の理論

無差別曲線が原点に向かって凸であるということは，第1財の消費量が増大するにつれて，無差別曲線が緩やかになる，つまり，限界代替率が逓減することを意味します。言い換えれば，第1財の消費量が多くなるにつれて，1単位第1財を減らしたときに増やさなくてはならない第2財の量が少なくてすむようになるのです。これは，消費者にとって1単位の第1財のもつ価値が，その消費量の増大に伴って逓減することを表しています。

　この性質は，効用関数が強い準凹関数であることから導き出されます[2]。

◆ 確認問題 ◆

無差別曲線　選好が非飽和である限り，2本の無差別曲線は交わらないと述べました。これを証明してみましょう。

3　効用最大化

効用最大化問題の定式化

　最初に述べたように，消費者は，自分の効用を最大にするよう各財の消費量を決めます。そのとき消費者は予算の制約に直面します。消費者の所得が y であるとしましょう。この大きさは所与であるとします。引き続き，財が二つあるときに議論を絞りましょう。第1財の価格を p_1 で，第2財の価格を p_2 で表します。価格は市場で決まるため，消費者にとっては所与です。消費者の支出額は $p_1 x_1 + p_2 x_2$ になりますから，予算の制約は，$p_1 x_1 + p_2 x_2 \leq y$ と書くことができます。

　この式で不等号が成立することがあるでしょうか。不等号が成立するのは，消費者が所得を使い切らないで残す場合です。消費者の効用関数が単調増加関数である限り，消費者はそのような選択をしません。なぜなら，すでに述べたように，消費者は少しでも多くの財を消費することに喜びを感じるからです。したが

---

[2]　等量曲線の説明の際に述べたように，関数が強い準凹関数であるときには，その等高線は厚みをもったり平たい部分をもったりすることなしに，原点に向かって凸になります（巻末の「数学補論」第4節を参照してください）。無差別曲線は効用関数の等高線ですから，効用関数が強い準凹関数である限り，原点に向かって凸になります。

って，消費者は，必ず制約が等号で成立するような選択をするはずです。

経済学の Tips ⊙ 貯蓄と予算制約 ─────────────

　私たちは実際に，すべての所得を使い切らずに貯蓄に回すことがあります。これは一見，予算の制約が不等号で成り立っている状況に見えます。ところが，それは正しくありません。貯蓄に回すという行為を行うときには，当然のことながら，現在だけでなく将来も存在しているのです。将来の消費まで考えに入れれば，依然として予算の制約が等号で成立していることになります。それならば，遺産の形で所得の一部を子孫に残し，自分が消費しない場合はどうなるでしょうか。これも同じことです。遺産を受け継ぐ子孫と自分の所得を合わせたものが子孫と自分の支出の合計に等しくなり，やはり予算の制約が等号で成立することになります。この章で考えている消費者の問題は，一つの時点しか存在しないもっとも単純なものです。

したがって，消費者の直面する問題は，以下のように記述することができます。

[効用最大化問題]

$$x_1 \text{ と } x_2 \text{ を選んで次の関数を最大化}：u(x_1, x_2)$$
$$\text{制約条件}：p_1 x_1 + p_2 x_2 = y \tag{3}$$

この問題を図に表してみましょう（図4-2）。
　はじめに，予算の制約を表す式，$p_1 x_1 + p_2 x_2 = y$，を考えます。この式は**予算制約式**（budget constraint）とよばれます。横軸に x_1 を，縦軸に x_2 をとった図にこの線を描き入れるとどうなるでしょうか。式は，

$$x_2 = -\frac{p_1}{p_2} x_1 + \frac{y}{p_2}$$

と変形することができます。したがって，予算制約式は，傾きが $-p_1/p_2$，縦軸の切片が y/p_2 であるような直線で表されます。これを**予算制約線**または単に**予算線**とよびます。図4-2の直線がこれを表しています。傾きが $-p_1/p_2$ であることは重要ですので，よく覚えておいてください。
　さて，図4-2には何本かの無差別曲線が描かれています。98～99ページで説

図 4-2 効用最大化問題

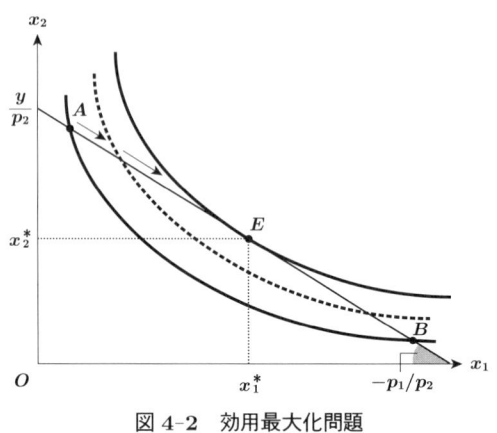

明した「無差別曲線の性質」の(2)により，原点から離れた位置にあるもの（右上に位置するもの）ほど高い効用水準に対応していることに注意してください。

効用最大化問題の解

消費者は，予算の制約を満たす財の組み合わせのうち，もっとも効用が高くなるものを選びます。つまり，予算制約線上にある財の組み合わせで効用が最大になるものを選択するのです。図 4-2 の点 A の組み合わせは効用を最大化しているでしょうか。点 A から予算制約線に沿って右下の矢印の方向に進むと，より原点から離れた位置にある無差別曲線にぶつかります。たとえば，少し動くと，点線の無差別曲線と交わります。点線の無差別曲線は点 A を通る無差別曲線よりも高い効用水準に対応しているので，右下に動くと，より高い効用が得られることになります。したがって，点 A は効用を最大化していません。

このように考えて，予算制約線に沿って少しずつ内側に動いていくと効用の水準は高くなりますが，いつまでもそれが続くわけではありません。点 E に到達した後，さらに右下にずれると，今度は効用水準が低下することがわかります。より原点に近い位置にある無差別曲線にぶつかるようになってしまうからです。結局，点 E で効用が最大になり，そこで最適な 2 財の組み合わせ (x_1^*, x_2^*) が決まります。

Point　効用最大化　⟹　予算制約線が無差別曲線に接する。

さて、予算制約線の傾きの絶対値は2財の価格比の p_1/p_2 です。一方、無差別曲線の傾きの絶対値は限界代替率です。したがって、効用が最大化されるときには、財の価格比が限界代替率に等しくなっていなければならないことになります。

Point　効用最大化　$\Longrightarrow$　財の価格比（p_1/p_2）＝限界代替率。

直観的な意味を考えましょう。p_1/p_2 は、市場における2財の交換比率を表します。1単位第1財の消費量を減らすと、p_1 だけ支出が減るので、一定の所得のもとでは第2財の消費量を増やすことができます。どれだけ増やすことができるでしょうか。第2財の1単位あたりの値段は p_2 なので、p_1 の金額で p_1/p_2 単位だけ第2財の消費量を増やすことができます。つまり、第1財の消費量を少し減らしたときに、どれだけ第2財の消費量を増やせるかを表すのが p_1/p_2 です。一方、前節で説明したように、限界代替率は、ほんのわずか第1財の消費量を減らしたときに、どれだけ第2財の消費量を増やせば効用が同じ水準になるかを表します。

財の価格比が限界代替率を上回っているときを考えましょう。これは、予算制約線の傾きの絶対値が無差別曲線の傾きの絶対値を上回っているときです。たとえば、図4-2における点 B がそのような状況を表しています。財の価格比が限界代替率を上回っているということは、第1財の消費量を少しだけ減らしたときに、余分に購入できる第2財の量が、効用を以前と同水準にとどめておくために増やさなくてはならない量よりも多くなる、ということを意味します。つまり、第1財の消費量を減らすことで第2財の消費量を大きく増やすことができ、結果として前よりも効用の水準を上げることができるのです。第1財の消費量を減らすことで効用を高めることができるということは、もともと効用が最大化されていなかったことを意味します。

財の価格比が限界代替率を下回っているときも、同じように考えることができます。この場合は、第1財の消費量を増やすことで効用が増大します。いずれの場合も効用は最大化されておらず、効用が最大化される場合には、財の価格比と限界代替率が等しくなっていなければなりません。

経済学のTips ⊙ 定数と変数 ─────────────

　経済学では，何が与えられており何が未知なのか，別の言い方をすると，何が定数で何が変数なのか，常に意識することが重要です。というのも，何が定数で何が変数かは，考えている問題や文脈によって変わってくるからです。数式を用いた分析の場合，ある定数が変化したときに変数がどのように動くかを調べることがよくあります。その際には微分を用いて分析するのですが，何を変数とみなすかによって，微分の結果が異なってきます。また，図を見る場合にもこのことは重要です。たとえば，図 4-2 を用いて効用最大化問題を理解するときには，直線の予算制約線が所与で，それに接する無差別曲線を求めるという手続きを踏みました。ところが，場合によっては逆に無差別曲線が 1 本与えられていて，それに接するような予算制約線を求めるという問題を解くこともあります（支出最小化問題とよばれるものはその一例です）。完成された 1 枚の図を見ただけではその区別がつきにくく，正しい理解のためには，必ず分析の手順を追う必要があります。

　なお，予算制約線が無差別曲線に接しているからと言って，必ずしも効用が最大になるとは限りません。生産者行動理論の費用最小化問題のところで説明したことを思い出してください（58 ページ）。ここでも，等量曲線の代わりに無差別曲線が原点に向かって凸である限り，このような問題は起きないと結論することができます。すなわち，無差別曲線が原点に向かって凸であれば，二つの線が接するときには必ず効用が最大になります。前節で述べたように，効用関数が強い準凹関数であるときには無差別曲線が原点に向かって凸になります。したがって，そのときには無差別曲線と予算制約線の接点で，例外なく効用が最大化されます。

需要関数と間接効用関数

　さて，(1)式の効用最大化問題の解を，x_1^* と x_2^* で表すことにしましょう。(1)式を見れば明らかですが，この最適消費量は，財の価格 p_1 と p_2 および所得 y に依存します。したがって，最適消費量は価格と所得の関数です。数式を用いると，$x_1^* \equiv x_1(p_1, p_2, y)$, $x_2^* \equiv x_2(p_1, p_2, y)$ と書くことができます（ここで，右辺の x_1 と x_2 は変数ではなく，関数を表します）。これを**需要関数**（demand function）とよびます。すなわち，需要関数とは，消費者がどれだけ財を消費するかを，すべての財の価格と所得の関数として表したものです。

　また，最大の効用の大きさを**間接効用**（indirect utility）とよびます。言い換え

ると,間接効用は x_1^* と x_2^* を効用関数に代入したもの,つまり $u(x_1^*, x_2^*)$ です。x_1^* と x_2^* が財の価格と所得の関数なので,間接効用もそれらの関数になります。そこで間接効用を $v(p_1, p_2, y)$ と表し,これを**間接効用関数** (indirect utility function) とよびます。定義により,常に,

$$v(p_1, p_2, y) \equiv u(x_1^*, x_2^*) \equiv u\bigl(x_1(p_1, p_2, y), x_2(p_1, p_2, y)\bigr)$$

が成立します。

巻末の「数学補論」第5節には,数式を使って効用最大化問題を解く方法がまとめてあります。

◆ **確 認 問 題** ◆

コブ・ダグラス型効用関数 効用関数が,

$$u(x_1, x_2) = \beta x_1^\alpha x_2^{1-\alpha} \tag{4}$$

であるとしましょう。ただし,α と β は正の定数で,α は0と1の間の値をとります。このような関数は,**コブ・ダグラス型** (Cobb-Douglas) 関数とよばれます。

1. $(x_1, x_2) \neq (0, 0)$ である限り,効用関数が単調増加関数であることを確認しましょう。(また,「数学補論」第4節を読み進んだ人は,$(x_1, x_2) \neq (0, 0)$ である限り,それが強い準凹関数であることを確認しましょう。)
2. 無差別曲線を式で表し,限界代替率を求めましょう。
3. 効用最大化問題を解いて,需要関数と間接効用関数を求めましょう。

---

4 所得の変化

この節と次の節で,与件が変化したときに消費者がどのように財の消費量を変えるかを分析します。この節では消費者の所得が変化したときを考え,次の節では財の価格が変化したときを考えます。

今,財の価格 p_1 と p_2 は一定で,所得が y^0 から y' まで増加したとしましょう ($y^0 < y'$)。このとき,第1財の消費量はどのように変化するでしょうか。

予算制約線の切片が y/p_2 で与えられることを思い出してください。所得が増加すると,切片は y^0/p_2 から y'/p_2 まで上に移動します。一方,予算制約線の傾

(a) 正常財の場合　　(b) 劣等財の場合

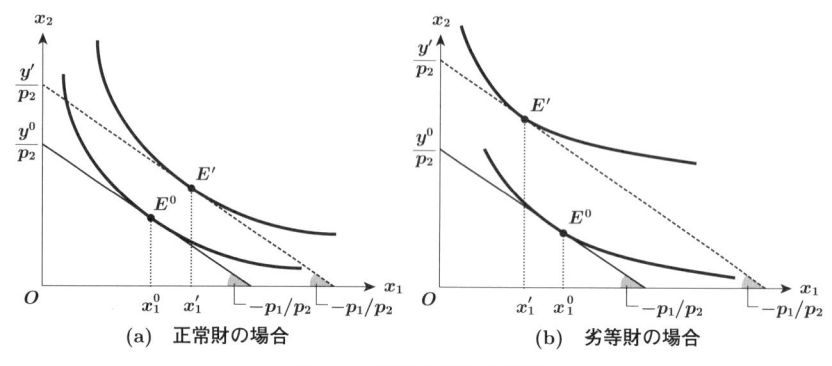

図 4-3　所得の増加の効果

きは $-p_1/p_2$ なので変化しません。したがって，所得の増加によって予算制約線は平行に上にシフトすることになります。図 4-3 の実線は変化前の予算制約線を，点線は変化後の予算制約線を表しています。

　消費者の選択する財の量の組み合わせは，無差別曲線と予算制約線が接するところに決まるので，所得増加前に消費者が選択する組み合わせは点 E^0 に，所得増加後に選択する組み合わせは点 E' になります。図 4-3 の (a) のケースだと，所得の増加に伴って，第 1 財の消費量が x_1^0 から x_1' まで増えています。このように，所得の増加に伴って財の消費量が増えるとき，その財は**正常財**（normal goods）または**上級財**（superior goods）であると言われます。

　なかには，所得が増加すると消費量が減少する財も存在します。そのような財は，**劣等財**（inferior goods）または**下級財**とよばれます。図 4-3 の (b) のケースでは，x_1' が x_1^0 を下回っています。したがって，第 1 財は劣等財です。劣等財が見られるのは，通常，それと代替的でより質の高い財が存在する場合です。たとえば，扇風機は所得が増加するとあまり消費されなくなりますが，それは，人々がエアコンを買うようになるからです。所得が上がると処理速度の遅いコンピュータが買われなくなったり，発泡酒の消費が減少したりするのも，そのような理由によります。そう考えると，ある財が正常財であるか劣等財であるかは，時代や場所によって変わってくることになります。

Point　所得の増加　⟹　{ 正常財：財の消費は増大。
　　　　　　　　　　　　　劣等財：財の消費は減少。

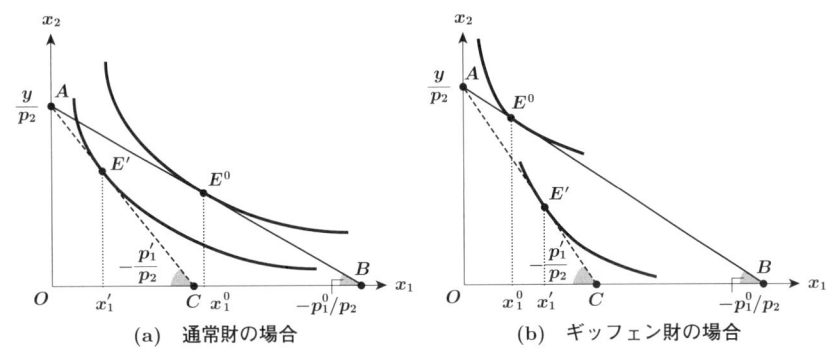

図 4-4　第 1 財の価格上昇の効果

5　価格の変化

次に，ある財の価格が変化したときにその財の消費量がどう変わるかを調べます。一つの結論は，財が正常財である限り，価格が上昇すると消費量が減ることです。次節で説明しますが，このことは需要曲線が右下がりであることを意味します。

さて，第 2 財の価格と所得が変化せず，第 1 財の価格だけが変化したときを考えます（第 2 財の価格だけが変化したときについても，同じように考えることができます）。第 1 財の価格が p_1^0 から p_1' まで上昇したとしましょう（$p_1^0 < p_1'$）。このとき，第 1 財の消費量はどう変化するでしょうか。

価格の変化によって p_1/p_2 が上昇するので，予算制約線は急になります。一方で，予算制約線の切片は p_1 に依存しないので変化しません。図 4-4 において，実線の直線 AB は価格上昇前の予算制約線を，点線の直線 AC は価格上昇後の予算制約線を表します。直線 AB の傾きが $-p_1^0/p_2$ に等しく，直線 AC の傾きが $-p_1'/p_2$ に等しいことに注意してください。図から明らかなように，第 1 財の価格上昇に伴い，予算制約線は切片（点 A）を中心に時計回りに回転します。これによって，無差別曲線と予算制約線の接する点は，点 E^0 から点 E' へと変化します。つまり，消費者の選ぶ財の量の組み合わせが，点 E^0 から点 E' に変わるのです。

図の (a) のケースでは，価格上昇後の第 1 財の消費量 x_1' が上昇前の第 1 財

の消費量 x_1^0 を下回っています。つまり,第1財の価格の上昇に伴って,第1財の消費量は減っています。このように価格の上昇に伴って消費量が減るとき,その財は**通常財**(ordinary goods)であると言われます。それに対し,図の (b) のケースでは,x_1' が x_1^0 を上回っています。これは,第1財の価格の上昇に伴って,その財の消費量が増大することを意味します。このように価格の上昇にもかかわらず財の消費量が増えるとき,その財は**ギッフェン財**(Giffen's goods)であると言われます。ギッフェン財は,現実にはほとんど見ることができません。あくまで理論的可能性にすぎないと考えるのが妥当です。

先にふれたように,一つの重要な結論は,財が正常財である限り,価格が上昇すると消費量が減ることです。つまり,正常財は必ず通常財です。これについては,この章の「補論」で詳しく説明します。

6 需要曲線

前節で,第1財の価格が上昇したときに,その消費量がどのように変化するかを見ました。その分析から,第1財の価格と消費量との関係を表す**需要曲線**(demand curve)を導くことができます。

図4-5の (a) は,第1財の価格が少しずつ高くなっていったときに,消費者の選択する点がどのように動くかを表しています。価格が p_1^0, p_1', p_1'' と上がっていくと,消費者の選ぶ財の量の組み合わせは,点 E^0 から点 E',点 E'' へと動いていきます。このような点の軌跡は**価格・消費曲線**(price consumption curve)とよばれます。曲線 AB です。横軸に第1財の量を,縦軸にその価格をとった図に,この結果を描くとどうなるでしょうか。図4-5の (b) は,第1財の価格と消費者が消費しようとする第1財の量の関係を表しています。これが第1財の需要曲線です。

> **Point** 需要曲線:ある財の価格を変化させたときに,その財に対する需要量がどう変化するかを表したもの。

以上の説明から明らかだと思いますが,ある財の需要曲線は,他の財の価格と所得の水準が一定のときに,その財の価格が変化するとその財の需要関数の値が

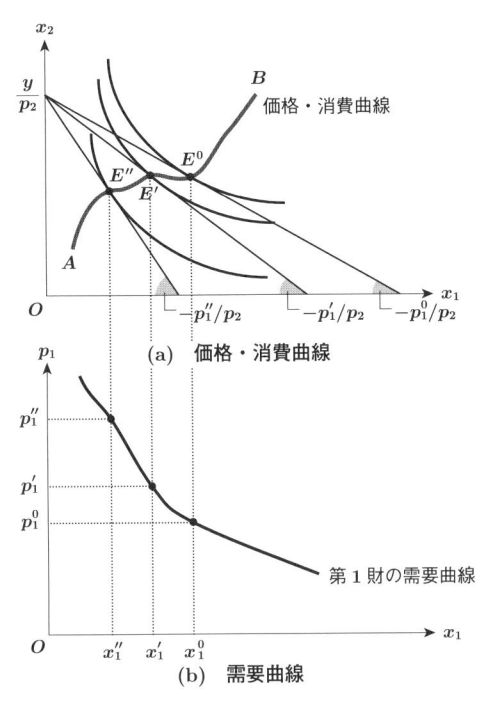

図 4-5　価格・消費曲線と需要曲線

どう変わるかを描いたものです。たとえば，第 1 財の需要曲線は，p_2 と y が一定であるときに，$x_1(p_1, p_2, y)$ が p_1 の変化に応じてどう変わるかを表したものです。

経済学の Tips ⊙　需要曲線・供給曲線の図の軸 ─────────────
　自然科学では多くの場合，横軸に独立変数を，縦軸に従属変数をとり，横軸の変数の変化に伴って縦軸の変数が変化すると読み取ります。本文で説明したように，もし需要曲線を「価格の変化に伴って需要量がどう変化するかを表す曲線」であると理解するならば，横軸に価格を，縦軸に数量をとるのが正しいのではないか，と疑問を抱くかもしれません。ところが経済学では，需要曲線や，第 2 章で説明した供給曲線を描く際には，伝統的に，横軸に数量を，縦軸に価格をとることになっています。そのような慣習が一般的である一つの理由は，それぞれの曲線にもう一つの解釈があるからです。たとえば需要曲線は，「ある数量だけ需要を生じさせるのに，価格は最大限どこまで高くなることができるか」という質問に対する答えを表す，と考えることができます。この「最高の価格」は，

消費者にとっての財の主観的価値を表します。こう考えると，独立変数は数量，従属変数は価格（主観的価値）になり，横軸と縦軸が逆だという問題は消失します。

さて，需要曲線は右上がりでしょうか，右下がりでしょうか。すでに答えは出ています。前節で，財が通常財である限り，価格上昇に伴ってその財の消費量が減少することを見ました。したがって，その場合，需要曲線は右下がりになります。ここで重要なのは，前節で述べたように，正常財は通常財であることです。それゆえ，正常財の需要曲線は右下がりになります。需要曲線が右上がりになるのは財がギッフェン財のときだけですが，ギッフェン財はあくまで例外的な財なので，通常，需要曲線は右下がりであると言うことができます。

Point 正常財 $\Longrightarrow$ 通常財 $\Longrightarrow$ その財の需要曲線は右下がり。

◆ キーワード
選好，効用関数，無差別曲線，限界代替率，予算制約式（予算制約線），需要関数，間接効用関数，正常財，劣等財，通常財，ギッフェン財，需要曲線，価格・消費曲線

◆ 練習問題
本章の練習問題については，ミクロ経済学の教科書，問題集を見てください。

補論　価格が変化したときの代替効果と所得効果

この補論では，第5節で説明した価格変化の効果を，もう少し詳しく見ていきます。

図4-6は，図4-4にいくつかの線を描き加えたものです。点線 DF は，無差別曲線 U^0 に接するように，価格変化後の予算制約線 AC を平行に動かしたものです。その線と無差別曲線 U^0 との接点が点 E'' で示されています。

すでに見たように，第1財の価格が上昇すると，消費者の選択する点は点 E^0 から点 E' に変化します。これを，点 E^0 から点 E'' までの変化と，点 E'' から点 E' までの変化の二つに分けて考えましょう。

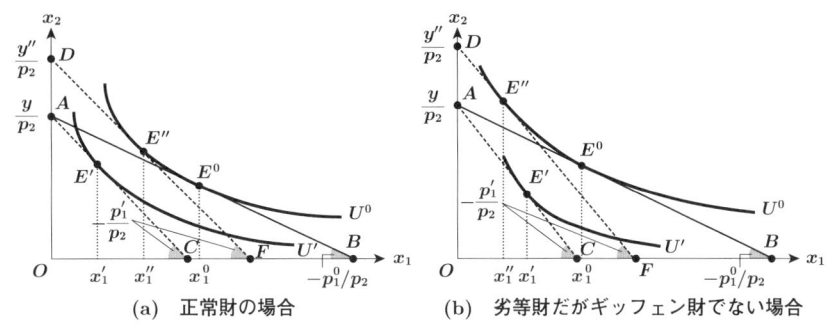

(a) 正常財の場合　　(b) 劣等財だがギッフェン財でない場合

図 4-6　代替効果と所得効果

代 替 効 果

点 E^0 から点 E'' までの変化を考えましょう。

点 E'' は，予算制約線が直線 DF で表される仮想的な場合に消費者が選ぶ財の量の組み合わせを表しています。この「仮想的な場合」というのは，次の二つの要件が成り立つ場合です。第一の要件は，財の価格が上昇後の価格に等しいことです。つまり，直線 DF の傾きが $-p_1'/p_2$ で，価格上昇後の予算制約線 AC と平行であることです。第二の要件は，効用最大化の結果得られる効用が，価格上昇前に得られる効用に等しくなることです。すなわち，予算制約線 DF が無差別曲線 U^0 に接していることです。

さて，以上の二つの要件を成立させるためには，予算制約線を適切な位置までシフトさせなくてはなりません。つまり，予算制約線を直線 AC と平行に動かし，ちょうど U^0 に接するところまでもってこなくてはならないのです。ここで，予算制約線の位置が所得の大きさによって決まることを思い出してください（予算制約線の縦軸の切片の座標は，所得を第2財の価格で割ったもの (y/p_2) です）。したがって，二つの要件を満たす予算制約線を得るには，所得を調整する必要があります。このことから，点 E'' は，価格が変化したとき，前と同じだけの効用水準が得られるよう所得を調整した場合に消費者が選ぶ点を示すと言うことができます。この調整した所得の大きさを y'' で表すと，点 D の高さが y''/p_2 になります。今考えている与件の変化は，第1財の価格の上昇ですから，同じ効用水準を得るためには，所得が高くなるよう調整される必要があります。つまり y'' は実際に消費者が受け取る所得 y を上回ります。これは，点 D が点 A の上に来ることに対応しています。

このように，点 E^0 から点 E'' までの変化は，所得を調整して，得られる効用水準が一定になるようにしたときの，価格変化の効果を表しています。第1財の価格が上昇すると，消費者はその財の消費量を抑えて，その分価格の変わらない第2財の消費量を

増やそうとするでしょう。つまり、消費者は第 1 財の消費を第 2 財の消費で代替しようとするでしょう。点 E^0 から点 E'' までの変化は、このような代替効果（substitution effect）を表しています。

図には、第 1 財の消費量が代替効果によって x_1^0 から x_1'' まで減少することが示されています。第 1 財の価格が上がってその消費量が減少するので、効果の向きは反対です。その意味で、代替効果は負であると言うことができます。

> **Point** 代替効果（負）：所得を調整して、得られる効用水準が一定になるようにしたときの、価格変化の効果。

所得効果

次に、点 E'' から点 E' までの変化を考えましょう。

点 E'' は無差別曲線 U^0 と予算制約線 DF の接点、点 E' は無差別曲線 U' と予算制約線 AC の接点です。二つの予算制約線はどちらも傾きが変化後の価格比 $-p_1'/p_2$ に等しく、平行です。予算制約線 DF は、先に説明した調整された所得 y'' を前提にして描かれており、その切片は y''/p_2 です。それに対して、予算制約線 AC は消費者が実際に得ている所得 y を前提にして描かれているため、その切片は y/p_2 で、直線 DF よりも低い位置にきます。したがって、点 E'' から点 E' までの変化は、調整された所得 y'' から本来の所得 y まで所得を引き下げたときに、消費者がどう選択を変えるかを表しています。これは所得の変化による効果なので、所得効果（income effect）とよばれます。

> **Point** 所得効果：変化後の価格のもとで、所得の大きさを、調整された額から本来の額に戻すことの効果。

大雑把な言い方をすると、所得効果は、第 1 財の価格の上昇によって、実際の所得は変化しなくても、その実質的な額が減少することの効果だと言えます。つまり、同じ額の所得でより少しの財しか買えなくなる効果です。

さて、点 E'' から点 E' への変化に伴って、第 1 財の消費量は x_1'' から x_1' に変わります。私たちはすでに、所得変化によって消費者の選択がどう変わるか、この章の第 4 節で学びました。その結果を利用すると、x_1' と x_1'' の大小関係について以下のことが言えます。

(1) 第 1 財が正常財のとき

第 1 財が正常財であれば、所得が下落すると第 1 財の消費量は減少します。したが

って、x_1' は x_1'' よりも小さくなります。つまり、点 E' は点 E'' よりも左にきます。図 4-6 の (a) に描かれているのはこのようなケースです。そもそも私たちが考えている与件の変化は第 1 財の価格の上昇です。第 1 財の消費量の減少は第 1 財の価格の上昇と逆向きの変化ですから、所得効果は負であると言うことができます[3]。

(2) 第 1 財が劣等財のとき

第 1 財が劣等財であれば、所得の下落に伴って第 1 財の消費量が増大します。したがって、x_1' は x_1'' よりも大きくなります。つまり、点 E' は点 E'' よりも右にきます。図 4-6 の (b) に描かれているのはこのようなケースです。第 1 財の価格の上昇に伴って第 1 財の消費量が増大するので、所得効果は正であると言うことができます。

全体の効果

代替効果と所得効果を足し合わせるとどうなるでしょうか。第 1 財の価格の上昇によって、第 1 財の消費量は増加するでしょうか、減少するでしょうか。

まず、第 1 財が正常財である場合を考えましょう。私たちは、代替効果が負であることを学びました。一方、第 1 財が正常財である限り、所得効果もまた負になることを見ました。結果として、この場合、二つの効果を足し合わせた全体の効果も負になります。したがって、第 1 財の消費量は減少します。図 4-6 の (a) のケースです。点 E' は点 E^0 の左側にあり、価格変化後の第 1 財の消費量 x_1' が変化前の消費量 x_1^0 を下回っています。

次に、第 1 財が劣等財である場合を考えます。この場合、所得効果は正になります。代替効果は負なので、全体の効果が負になるか正になるかは、二つの効果のどちらが大きいかに依存します。

代替効果が所得効果を上回るときは、全体の効果が負になります。したがって、第 1 財の消費量は減少します。この状況は図 4-6 の (b) に描かれています。所得効果が負なので、点 E' は点 E'' の右にきていますが、点 E^0 よりは左にきています。つまり、x_1' は x_1'' を上回りますが、x_1^0 よりは小さくなります。

一方、所得効果が代替効果を上回るときは、全体の効果が正になります。第 1 財の消費量が増大します。このとき、x_1' は x_1'' だけでなく、x_1^0 をも上回るのです。

---

[3] この補論で「効果」の向きないし正・負を言うときは、常に大本となっている与件の変化を基準にしています。ここで考えているケースでは、第 1 財の価格の上昇が基準になります。所得効果は、所得の下落によって第 1 財の消費量が減少する効果なので、所得の下落を基準に考えて、同じ向き（正）の効果をもつと言いたくなりますが、そのような言葉の使い方をしていません。

◆ 確 認 問 題 ◆

代替効果と所得効果　第1財が劣等財で，かつ所得効果が代替効果を上回るときについて，図 4-6 の (a) や (b) と同じような図を描き，二つの効果を図示してみましょう。

　結局，三つのケースを区別できました。第一は，第1財が正常財である場合。この場合は，全体の効果が負になります。第二は，第1財が劣等財であるが，代替効果が所得効果を上回る場合。この場合も全体の効果が負になります。最後は，第1財が劣等財で，しかも所得効果が代替効果を上回る場合。この場合，全体の効果が正になります。繰り返しになりますが，第1財は，最初の二つのケースの場合，通常財であると言われ，最後のケースの場合，ギッフェン財であると言われます。

　以上をまとめると次の表のようになります。

	代替効果	所得効果	全体の効果	
正常財	−	−	−	通常財
劣等財	−	+	−　（代替効果 > 所得効果のとき）	
			+　（代替効果 < 所得効果のとき）	ギッフェン財

第 5 章

都市内土地利用の理論 I
● 消費者の選択 ●

　第5章と第6章では，個々の消費者の意思決定の結果，都市の住宅地にどのような空間構造が現れるかを考察します。

　この章では，前章で学んだ消費者行動の理論を用いて，消費者が都市内のどこに立地しようとするかを分析します。消費者の立地は，都心への近接性と住宅敷地の広さによって決まります。都心に近づくと，通勤するのにかかる費用が減少する一方，地代が高くなるのでより狭い敷地にしか住むことができなくなります。つまり，都心への近接性と住宅敷地の広さは**トレード・オフ**（相互背反：trade off）の関係にあります。人々は，逆向きにはたらく二つの力がちょうど釣り合うような地点を選ぶのです。

　また，それぞれの土地は，もっとも高い地代を支払ってもよいと思う人が借りることになります。ある土地に対して，各人が最大限支払ってもよいと考える地代を，その土地の**付け値地代**（bid rent）と言います。土地は，もっとも高い付け値地代を提示した人が借りることになるのです。付け値地代を求めてその性質を調べることもこの章のねらいの一つです。付け値地代は，市場地代および都市内住宅地の空間構造を理解する際にカギとなる概念です。

1 住宅立地の規則性

　消費者の意思決定を分析する前に，都市内住宅地の空間構造にどのような規則性が観察されるかを見ておきましょう。これらの規則性を説明することが，次節以降の分析の一つの目的になります。

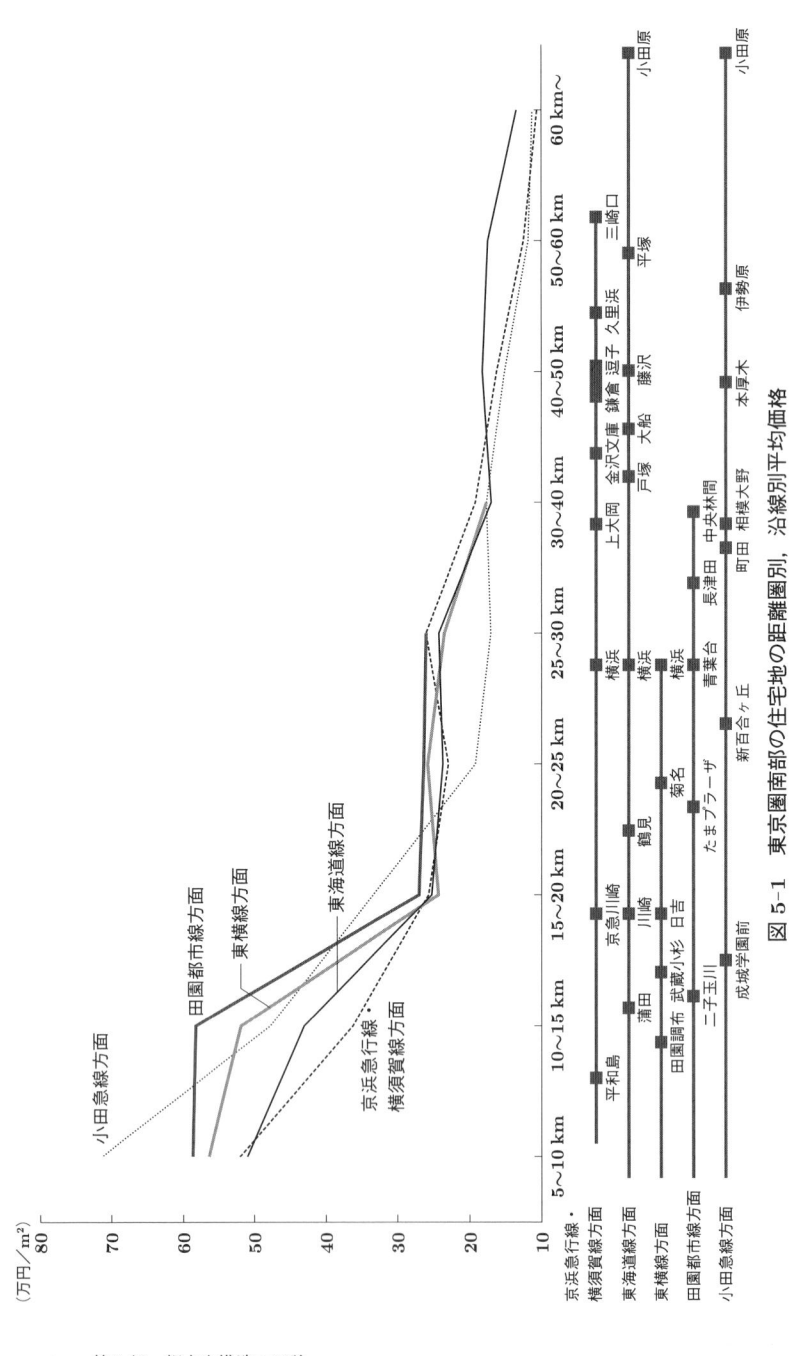

図 5-1 東京圏南部の住宅地の距離圏別、沿線別平均価格

(注)「5～10 km」は「5 km 超 10 km 以内」を表す。以下同様。プロットしている駅名は、東京駅からの直線距離を表す。
(出所) 国土交通省『平成 18 年公示地価』。

116 第Ⅱ部 都市内構造の理論

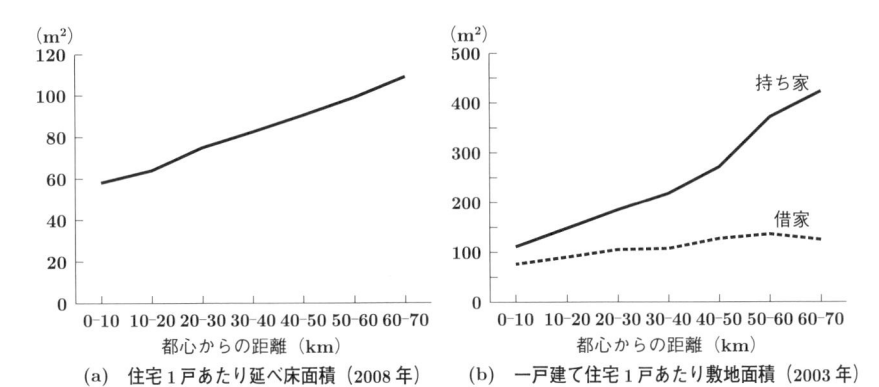

図 5-2 住宅1戸あたりの延べ床面積と一戸建て住宅1戸あたりの敷地面積(東京大都市圏)

(a) 住宅1戸あたり延べ床面積 (2008年)
(b) 一戸建て住宅1戸あたり敷地面積 (2003年)

(出所) 延べ床面積は総務省『平成20年住宅・土地統計調査』より,一戸建て敷地面積は総務省『平成15年住宅・土地統計調査』より,筆者作成。

もっとも重要な規則性は次の二つです。

(1) 地代は都心から離れるほど低下し,しかもその低下の程度はだんだんと小さくなっていく。
(2) それぞれの住宅は都心から離れるほど大きくなる。その結果,密度はだんだんと低くなる。

これらの規則性をデータで見てみましょう。図5-1は東京圏南部の住宅地の平均地価を,距離圏別,沿線別に表したものです。これを見ると,ほとんどすべての沿線で,都心から離れるほど地価が下落していることがわかります[1]。また,地価を表す曲線は,都心から離れるほど緩やかになっています。

さらに,図5-2は,住宅1戸あたりの延べ床面積と一戸建て住宅1戸あたりの敷地面積が,都心から離れるにしたがい,どのように変化するかを表したものです。これを見ると,どちらも都心から離れるほど広くなっていくことがわかります。

1戸あたりの敷地面積が広くなるということは,人口密度が低下することを意味します。実際,都心から d だけ離れた地点の人口密度 $D(d)$ は,多くの都市で

[1) 京浜急行線・横須賀線方面や東海道線方面では,20〜25キロ圏よりも25〜30キロ圏のほうが地価が高くなっています。これは,25〜30キロ圏に大都市横浜の中心があるためです。

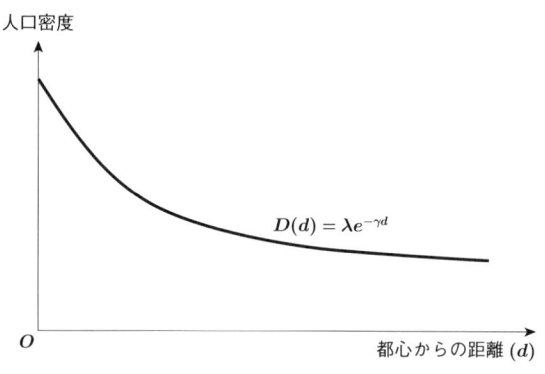

図 5-3 都心からの距離と人口密度

$$D(d) = \lambda e^{-\gamma d} \qquad (1)$$

という式に従うことが知られています。定数の λ は都心（$d = 0$）における人口密度を，γ は**人口密度の減衰率**（density gradient）を表します[2]。減衰率が高いときには都心から離れると人口密度が大きく減少し，低いときには都心から離れても人口密度がそれほど減少しません。グラフにすると，図 5-3 のような曲線になります。

2 モデルの仮定

それでは，今確かめたような規則性がなぜ生じるのか，消費者の意思決定を分析して導き出すことにしましょう。

ここでは，もっとも重要な要素に注意を集中させるため，できるだけ単純な世界を考えます。それは，都市内住宅立地理論の目的が，現実を忠実に再現したり予測したりすることにあるのではなく，現実の都市空間がどのような原理で秩序づけられているのかを明らかにすることにあるからです。次の五つの仮定を置きます。

---

[2] $\gamma = -D'(d)/D(d)$ となることに注意してください。

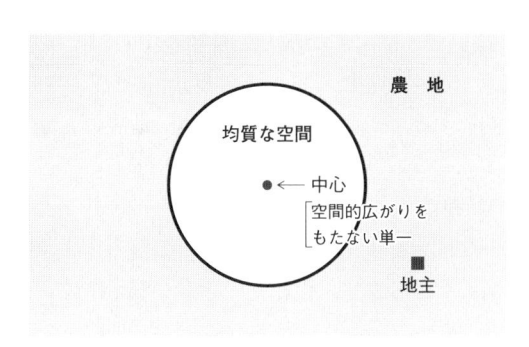

図5-4　都市内住宅立地論の仮定

（図中ラベル：農地、均質な空間、中心、空間的広がりをもたない単一、地主）

| 都市内住宅立地モデルの仮定 |
(1) 均質な空間。
(2) 単一中心都市。
(3) 空間的広がりをもたない中心業務地区。
(4) 農地に囲まれた都市。
(5) 所与の額の所得。

(1) 均質な空間

　平坦で特徴のない平野にある都市を考えます。つまり，地形や気候，交通路などあらゆる面で場所による差異がない都市を考えるのです。

(2) 単一中心都市

　都市の中心にすべての業務が集中している**中心業務地区**（CBD: central business district）があるような，**単一中心都市**（monocentric city）を仮定します。すべての都市住民はそこまで通勤して，そこに立地している企業で働きます。

　実はこの仮定自体，大きな研究テーマです。つまり，本来ならば，<u>なぜ，さまざまな経済活動が1カ所に集中するのか</u>という問題に答える必要があるのです。多くの経済学者は長い間この問題に目をつぶって都市内住宅立地の理論を展開してきました。この傾向は，その後，大きく変わることになります。第3章で説明したように，1990年代以降，新経済地理学が多くの研究成果を生み出しましたが，そのもっとも重要な研究課題が，まさにこの集積の問題だったからです（86ページ）。

また，都市が発展して大都市になると，複数の中心が出現する場合があります。たとえば，東京で雇用が集中しているのは，「都心」とよばれる神田・大手町から新橋・霞ヶ関にかけてですが，新宿や渋谷，池袋の各地区もかなりの量の雇用を抱えています。そういった「副都心」も中心であると考えれば，東京は**複数中心都市**または**多核都市**（polycentric city）であると言うことができます。この章では，東京のような巨大都市よりはむしろ中小の都市を念頭に置いて，単一中心の仮定のもとで議論を進めます。複数中心をもつ都市については，次の章の第4節でふれることにします。

⑶　空間的広がりをもたない中心業務地区

　ここでは，住宅が空間上にどのように広がるかという問題に注意を集中させます。そのため，中心業務地区の空間構造を捨象し，それが空間上の一点であると仮定します。この仮定は，都心が都市全域に比べて充分に小さく，充分に密度が高い状況を想定したものです。

⑷　農地に囲まれた都市

　都市の周囲には農地が広がり，農地は一定の**農業地代**で貸し出されていると仮定します。

⑸　所与の額の所得

　仮定⑴で述べたように，都市住民は中心業務地区で働いて所得を得ます。その所得の額は所与であると仮定します。

　また，都市住民は土地の賃貸から生じる地代所得を得ていないと仮定します。つまり，都市内で生じる地代は，都市の外に住む地主（**不在地主**：absentee landlord）の所得になります。この仮定は，分析を複雑にしないためのものであって本質的なものではありません。

3　消費者の選択

効用最大化問題の定式化

　それぞれの消費者は，地代を支払って土地を借り，その上に住宅を建築して居

住します。

　ここでは消費者が土地を賃借する場合を考えますが、土地を所有する場合を考えても同じ結果が得られます。このことは次の二つの点から明らかです。

　第一に、市場が十全に機能しているとき、土地の価格である地価は、将来にわたって得られる地代の現在価値を合計したものになります。したがって、土地を今購入しても、賃借して地代を払い続けても、最終的に支払う額は同じになります。これについては後の第 8 章で詳しく説明します。

　第二に、土地を所有する人が過去に土地を購入してすでにその支払いを済ませてしまっているとしても、その人は土地を賃借する場合と同じだけの地代を支払っているとみなすことができます。というのも、土地を所有している人には、自分でその土地を使用せずに他人に貸すという選択肢があるからです。他人に貸したときに得られるであろう地代を**帰属地代**（imputed rent）と言います。自分で土地を使用することは、この帰属地代を放棄することです。つまり、所有している土地を自分で使用するとき、実際にはこの帰属地代を負担しているのです。この意味でも、土地の所有と賃借には差がありません。

> *経済学の Tips* ⊙ **機会費用**
>
> 　ある経済活動を行わなかったときに得られたであろう利得の大きさを、その活動の**機会費用**（opportunity cost）とよびます。たとえば、ある生産要素を用いて財を生産する活動を考えましょう。この活動の機会費用は、その生産要素を別の用途に使用したら得られるであろう利得の大きさです。本文で述べたように、帰属地代は、自分が土地を使用しないで他人に貸したらどれだけの地代（利得）が得られるかを表します。したがって、機会費用の一つです。あらゆる活動が機会費用を伴います。そのことに気がつくとよりよい意思決定ができるかもしれません。たとえば、この本を読むことにも機会費用がかかっています。本を読む時間を睡眠や飲食や娯楽にあてた場合に得られるであろう利得が、機会費用です。

　さて、都心から d 離れたところに住む消費者の選択を考えましょう。

　消費者の直面する問題をできるだけ単純化するために、財が「土地」と「土地以外の消費財」の二つしかないと考えましょう。「土地以外の消費財」は、土地以外の財をひとまとめにして一つの財とみなしたもので、**合成財**（composite goods）とよばれます。住宅の建物部分は合成財に含めます。土地の広さを x で表し、合成財の量を z で表します。消費者の効用関数は $u(x,z)$ と書き表すこと

ができます.第4章で述べたように,効用関数は強い準凹関数であると仮定します (96ページの「効用関数の仮定」(2))。

また,都心からd離れたところの土地の単位面積あたり地代を$r(d)$で,合成財の価格をpで表します。これらの価格は市場で決まり,消費者にとって所与であると仮定します。つまり,個々の消費者の行動が,それらの価格に影響を及ぼすことはありません。これは,後の第7章で説明する「完全競争」の状況です (181ページ)。

また,消費者は中心業務地区まで通勤する必要があります。都市の中心からdだけ離れたところに住む消費者は,通勤するのに往復で$t(d)$だけの通勤費用を負担しなくてはならないものとします。$t(\cdot)$は通勤費用関数です。当然のことながら,中心からより離れたところに住む消費者ほど高い通勤費用を負担します。つまり,$t(\cdot)$は単調増加関数です ($dt(d)/dd > 0$)。消費者が土地と合成財に支出することのできる額は,所得から通勤費用を差し引いたもの,つまり,$y - t(d)$,になります。これを,**純所得**とよぶことにします。

以上のことから,都心からd離れたところに住む消費者の予算制約は,$r(d)x + pz = y - t(d)$で与えられます。消費者の問題は,この予算制約のもとで効用を最大化することです。すなわち,

---

都心から d 離れたところに住む消費者の効用最大化問題

$$
\begin{aligned}
&x \text{ と } z \text{ を選んで次の関数を最大化}: u(x, z) \\
&\text{制約条件}: r(d)x + pz = y - t(d)
\end{aligned}
\tag{2}
$$

効用最大化問題の解

(2)の問題は,前章で説明した効用最大化問題の特殊なものです。したがって,それを解くときに学んだ内容を適用することができます。

図を使ってこの問題の解を求めるとどうなるでしょうか。予算制約式を変形すると,

$$
z = -\frac{r(d)}{p}x + \frac{y - t(d)}{p}
\tag{3}
$$

となります。横軸にxを,縦軸にzをとった図にこれを描き入れると,傾きが$-r(d)/p$で縦軸の切片が$\left[y - t(d)\right]/p$の直線になります (図5-5)。

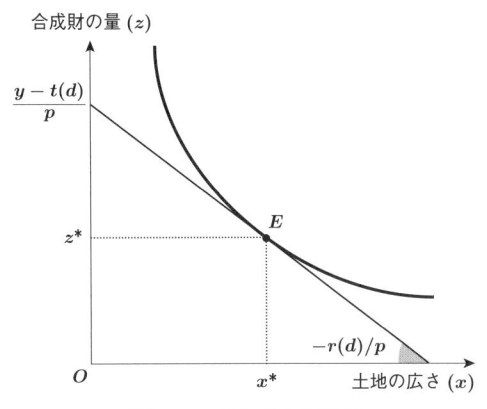

図 5-5　効用最大化問題

　この線と無差別曲線の接する点 E が，効用を最大化する敷地の広さ x^* と合成財の量 z^* を与えます[3]。

　前章で説明したように，最大化問題の解（ここでは x^* と z^*）を効用関数に代入すると間接効用が得られます。解は地代 $r(d)$ と合成財価格 p および消費者の純所得 $y - t(d)$ の三つに依存するので，間接効用自体もそれらに依存します。したがって，間接効用関数を $v\bigl(r(d), p, y - t(d)\bigr)$ と書くことができます。つまり，

$$v\bigl(r(d), p, y - t(d)\bigr) \equiv u(x^*, z^*) \tag{4}$$

です。

4　付け値地代

　この節では付け値地代を求めます。

---

[3] 地代と純所得は消費者がどこに住んでいるかによって変わるので，x^* と z^* もまた，それによって変わります。したがって，それらも都心からの距離 d の関数として，$x^*(d)$ と $z^*(d)$ と表記することができます（ここで $x^*(\cdot)$ と $z^*(\cdot)$ は変数ではなく関数を表します）。ただ，そうすると表記が煩雑になってしまうので，ここでは省略し，単に x^* と z^* と書き表しています。

4.1 付け値地代の導出

付け値地代問題の定式化

付け値地代とは，得られる効用がある所与の水準を下回らないという条件のもとで，消費者が支払いうる最高の地代です。地代が高いほど，効用最大化の結果消費者が得る効用の水準は低くなります。したがって，効用がある水準を下回らないようにするには，地代をある限度以上に高くすることはできません。どこまで高くすることができるか，この答えが付け値地代になります。

> **Point** 付け値地代：効用がある所与の水準を下回らないという条件のもとで，消費者が支払いうる最高の地代。

今，都心から d だけ離れたところの土地を考えましょう。この土地の付け値地代は次の問題の解になります。

都心から d 離れた土地の付け値地代問題

r と x と z を選んで次の関数を最大化： r

制約条件：
$$\begin{cases} rx + pz = y - t(d) \\ u(x,z) \geq \bar{u} \end{cases} \quad (5)$$

最初の制約式は通常の予算制約式です。2番目の制約式は，効用の水準が，所与のレベルの $\bar{u}$ を下回らないという条件を表します。

付け値地代問題の解

図を使ってこの問題を解いてみましょう。図5-6を見てください。この図は，図5-5と同じように，横軸に土地の広さ x を，縦軸に合成財の量 z をとっています。

先に2番目の制約式を考えましょう。これは，得られる効用の水準が少なくとも $\bar{u}$ に達していなければならないという条件でした。私たちは，第4章で，原点から離れた位置にある無差別曲線（右上にある無差別曲線）ほど高い効用水準に対応していることを学びました（「無差別曲線の性質」(2) 98ページ）。したがっ

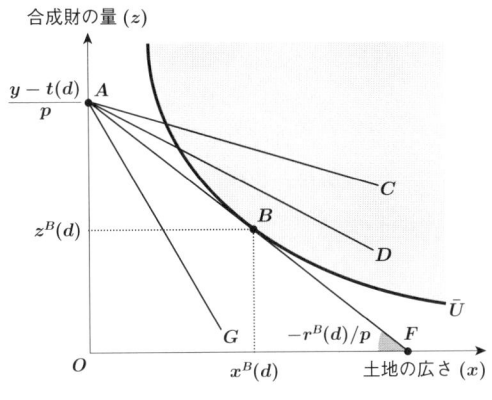

図 5-6 付け値地代問題

て、$\bar{u}$ 以上の効用を与えるような住宅敷地の広さと合成財の量の組み合わせは、$\bar{u}$ の効用をもたらすような無差別曲線 $\bar{U}$ の右上の領域で表されます。図の灰色の部分です。効用関数が強い準凹関数だと仮定されていることから、無差別曲線が通常どおり原点に向かって凸になっていることに注意してください。

次に最初の制約式を考えましょう。これは予算制約式なので、(3)式のように変形できます。傾きが $-r/p$、縦軸の切片が $\left[y-t(d)\right]/p$ の直線です。まず縦軸の切片を見てみましょう。所得 y、通勤費用 $t(d)$、合成財価格 p はすべて所与です。したがって、切片は一つ決まります。傾きはどうでしょうか。今考えている問題は、地代 r を最大化する問題です。傾きの絶対値は r/p ですから、求めるのはもっとも急な傾きをもつ予算制約線であることがわかります。

付け値地代問題を解くにあたって、直線を切片の座標にピンで留めてぶらぶらと左右に回転させたと考えてみてください。このとき、灰色の領域を通る直線のなかでもっとも傾きが急になるものを求めるのです。図5-6の直線 AC は、確かに灰色の領域内を通っており、その部分の (x,z) は $\bar{u}$ 以上の効用をもたらします。しかし、直線の傾きは最大になっていません。もう少し時計回りに回転させてやると、依然として灰色の領域を通る、より急な直線 AD を得ることができます。それよりもさらに回転させて、たとえば直線 AG の位置まで動かすと、灰色の領域を通らなくなってしまいます。このとき、線上のどのような (x,z) も、要請されている $\bar{u}$ だけの効用をもたらすことができません。したがって、(5)式の2番目の制約式が満たされません。このように考えると、灰色の領域を通る直線のなかでもっとも傾きが急になるのは、無差別曲線 $\bar{U}$ に接する

第 5 章 都市内土地利用の理論 I

直線 AF であることがわかります。つまり，付け値地代問題の解の r を合成財価格 p で割ったものは，直線 AF の傾きの絶対値に等しくなります。ところで，ある金額を合成財価格で割ったものは，その金額で合成財を何単位買うことができるかを表します。その意味で，それは<u>合成財で測った金額</u>を表します。この言い方を使えば，私たちの得た結論は，合成財で測った付け値地代は，<u>無差別曲線に接する予算制約線の傾きの絶対値に等しい</u>ということになります[4]。

> **Point** 合成財で測った付け値地代（付け値地代/合成財価格（p））
> ＝$\bar{u}$ に対応する無差別曲線（$\bar{U}$）に接する予算制約線の傾きの絶対値。

さらに，付け値地代問題の解の x と z は，予算制約線が無差別曲線 $\bar{U}$ に接する点で与えられます。図5-6の点 B です。解は，$x^B(d)$ と $z^B(d)$ になります。また，そのときに得られる効用の大きさは $\bar{u}$ になります。したがって，(5)式の2番目の制約条件は等号で満たされます。

なお，(5)式を見れば，このようにして得られる付け値地代が，合成財の価格 p，純所得 $y - t(d)$，所与の効用水準 $\bar{u}$ の三つに依存して決まることがわかります。さらに，純所得は都心からの距離 d に依存して決まります。これ以降は，煩雑さを避けるために，付け値地代を都心からの距離の関数として $r^B(d)$ と表すことにします。また，(5)式の最大化問題を解く x と z も同じものに依存して決まりますが，同様に都心からの距離の関数として，それぞれ $x^B(d)$ と $z^B(d)$ と表すことにします。

効用最大化問題と付け値地代問題

ここで，図5-5と図5-6を比べてみましょう。図だけを見る限り，どちらも無差別曲線が予算制約線に接する状況を表しています。このことから，通常の効用最大化問題と付け値地代問題は同じ問題の表と裏であることが推測できます。その推測を確かめるために，次の問いを考えてみてください。

[4) 合成財は土地以外のすべての財をまとめたものなので，その価格は財一般の価格，つまり物価であると考えることができるでしょう。そう考えると，合成財で測った付け値地代は，付け値地代の実質価格を表していると解釈することができます。

地代 $r(d)$ がたまたま付け値地代 $r^B(d)$ に等しいとき，消費者が(2)式の効用最大化問題を解いたとします。その問題の解はどうなるでしょうか。また，効用最大化の結果，どれだけの効用が得られるでしょうか。

答えは図5-6が表しています。効用最大化の結果消費者が選択する土地の広さと合成財の量は，付け値地代問題の解の $x^B(d)$ と $z^B(d)$ です。また，そのときに得られる効用が $\bar{u}$ になることも明らかですね。ここで，間接効用を思い出してください。間接効用とは，効用最大化の結果得られる効用の大きさでした。したがって，上述の問いの効用最大化問題に対応する間接効用は $\bar{u}$ になります。(4)式で説明した表記法を用いると，次のように書くことができます。

$$v\left(r^B(d), p, y - t(d)\right) \equiv \bar{u} \tag{6}$$

言い方を変えると，<u>付け値地代とは，与えられた効用水準 $\bar{u}$ に対して，(6)式を満たすような $r^B(d)$ にほかなりません</u>。つまり，付け値地代は，間接効用が $\bar{u}$ に等しくなるような地代です。

> **Point** 付け値地代：間接効用が $\bar{u}$ に等しくなるような地代。

4.2 付け値地代の性質

付け値地代の性質
(1) 所得の増加関数。
(2) 効用水準の減少関数。
(3) 都心からの距離の減少関数。
(4) 限界通勤費用が著しく逓増しない限り，原点に向かって凸。

(1) 所得の増加関数

ある特定の広さの土地とある特定の量の合成財を消費することで，所与の効用水準 $\bar{u}$ を達成しているとしましょう。消費者の所得が増加したとします。このとき，二つの財を以前と同じ量消費して，増加した所得の分だけ余分に地代を支

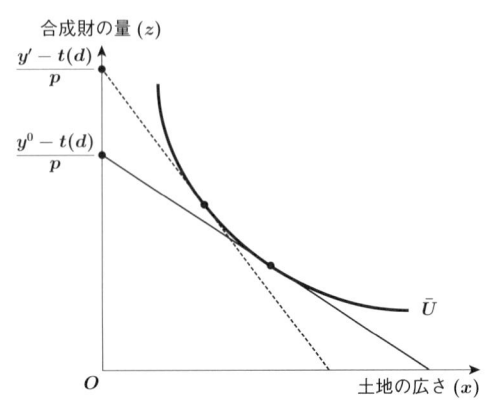

図 5-7　所得の変化と付け値地代

払うことができます。つまり，以前と同じ水準の効用を得ながら，より高い地代を支払うことが可能になるのです。このことは，所得が高くなると付け値地代が上昇することを意味します[5]。

同じことは図で示すことができます。図 5-7 を見てください。曲線は，所与の効用水準 $\bar{u}$ に対応した無差別曲線 $\bar{U}$ です。所得が増加すると，予算制約線の縦軸の切片が上に移動します。それ以外は何も変化しません。所得が y^0 から y' に増加したとしましょう。実線の直線は，所得が y^0 のときの予算制約線の中で，与えられた無差別曲線 $\bar{U}$ に接するものです。一方，点線の直線は，所得が y' のときの予算制約線の中で，$\bar{U}$ に接するものです。所得が増加すると，$\bar{U}$ に接する予算制約線は，実線の直線から点線の直線に移ります。結果として予算制約線が急になります。これは付け値地代が上昇することを意味します。

(2) 効用水準の減少関数

次に，与えられた効用の水準 $\bar{u}$ が上がったとしましょう。より高い効用を達成しなくてはならないので，支払いうる地代は減少します。つまり，付け値地代は下落します。

図 5-8 を見てください。ここには低い効用に対応した無差別曲線 U^0 と，高い効用に対応した無差別曲線 U' が描かれています。決められた切片 $\bigl([y-t(d)]/p\bigr)$ からそれぞれの無差別曲線に接するように直線を引くことで，付け値地代が求ま

---

5) 実際には，地代が上昇すると，消費者の選択する二つの財の消費量は変化します。

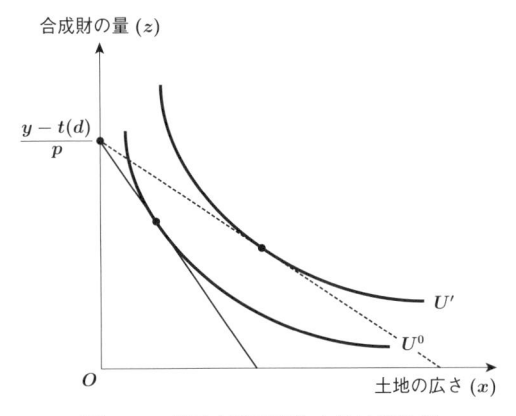

図 5-8 効用水準の変化と付け値地代

ります。図から明らかなように、効用水準が上昇すると、直線の傾きは緩やかになります。つまり、付け値地代は下落するのです。

(3) 都心からの距離の減少関数

都心からの距離 d が増加すると付け値地代はどうなるでしょうか。都心からの距離は、通勤費用の変化を通じて純所得に影響を与えます。つまり、都心から離れたところに住むほど通勤費用が高くなるので、純所得は下落するのです。純所得が下落するにもかかわらず地代が前と同じかあるいは前より高いと、前と同じだけの効用を得ることができません。同じだけの効用を得るためには、地代が低くならなければなりません。したがって、支払いうる地代すなわち付け値地代は下落します。

この結果もまた、図を使って確認することができます。都心から遠いところに住んだときほど、予算制約線の切片が下に来ます。次ページの図 5-9 において、実線の直線は都心に比較的近いところ（都心からの距離が d^0）に住んだ場合の予算制約線、点線の直線は都心から離れたところ（都心からの距離が d'）に住んだ場合の予算制約線を表します。どちらの予算制約線も所与の効用水準に対応する無差別曲線 $\bar{U}$ と接するように描かれています。明らかに点線の直線のほうが実線の直線よりも緩やかになります。これは、都心から離れると付け値地代が下落することを意味しています。

付け値地代が都心からの距離に応じてどう変化するかを表したものを、**付け値地代曲線**（bid rent curve）とよびます。3番目の性質は、付け値地代曲線が右下

第 5 章　都市内土地利用の理論 I　129

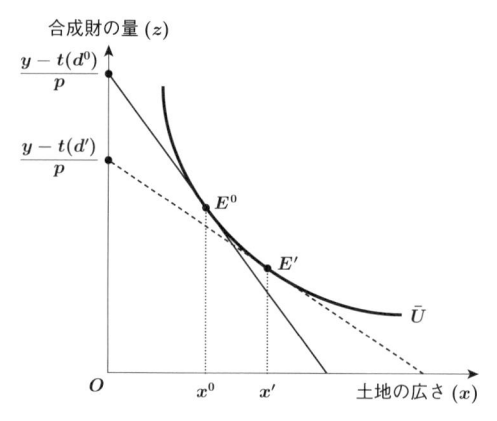

図 5-9 都心からの距離の変化と付け値地代

がりになることを言っています。

(4) 限界通勤費用が著しく逓増しない限り，原点に向かって凸

　都心から離れると付け値地代は下落しますが，ある条件が満たされる限り，下落の程度が徐々に小さくなっていきます。これが4番目の性質です。つまり，付け値地代曲線は図 5-10 のような形をしています。

　この理由を考えるために，都心から d 離れたところに住む消費者を考えましょう。

　この消費者が，それまでより Δd だけ都心から離れた地点に立地したとします。ただし，Δd は非常に小さいと仮定します。このとき，消費者はより高い通勤費用を支払わなくてはなりません。ほんのわずか（たとえば 1 km）離れると，通勤費用は $t'(d)$ だけ高くなります。これは通勤費用関数 $t(d)$ を d で微分したもので**限界通勤費用**（marginal commuting cost）とよばれます。離れた距離は Δd なので，通勤費用の上昇分は $t'(d)\Delta d$ で近似できます。一方，すでに説明したように，都心から離れると付け値地代が下落します。ほんのわずか都心から離れることによる付け値地代の下落幅を $-\Delta r^B(d)$ で表します[6]。都心から d 離れたところに居住する消費者は $x^B(d)$ の広さの土地を消費するので，土地に対する付け値の総額はおよそ $-x^B(d)\Delta r^B(d)$ だけ下落します。以上を要約すると，都心から Δd 離れると通勤費用は $t'(d)\Delta d$ だけ上昇し，同時に付け値地代の総額は

---

6) 付け値地代は下落するので，$\Delta r^B(d)$ はマイナスの値をとります。

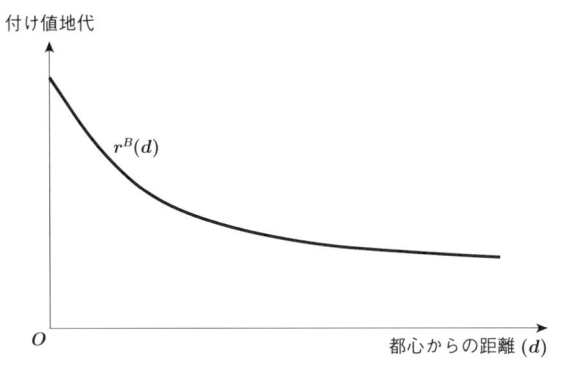

図 5-10　付け値地代曲線

$-x^B(d)\Delta r^B(d)$ だけ下落します。

　さて，付け値地代はある与えられた効用の水準 ($\bar{u}$) をもたらすものです。そして，ここでは1本の付け値地代曲線の性質を調べています。したがって，都市から離れたところに住んだときに，この消費者が以前と同じだけの効用を得る状況を考える必要があります。効用の水準が等しくなるためには，通勤費用の上昇分が付け値地代総額の下落分に等しくなければなりません。つまり，$t'(d)\Delta d = -x^B(d)\Delta r^B(d)$ が成立していなくてはならないのです。これを変形すると，

$$\frac{\Delta r^B(d)}{\Delta d} = -\frac{t'(d)}{x^B(d)} \tag{7}$$

となります。Δd を 0 に近づけていくと，左辺は $r^B(d)$ を d で微分したものに近づきます。つまり，Δd が 0 に限りなく近いとき，

$$\frac{\mathrm{d} r^B(d)}{\mathrm{d} d} = -\frac{t'(d)}{x^B(d)} \tag{8}$$

が成立します。(8)式は，付け値地代曲線の傾きを示しています。

　さて，通勤費用が距離に比例する場合を考えましょう。通勤費用関数が，正の定数の τ に対して $t(d) = \tau d$ と書ける場合です。このとき，限界通勤費用の $t'(d)$ は定数 τ に等しくなります。消費者の需要する敷地が都心から離れるにつれて広くなる限り，すなわち $x^B(d)$ が d の増大に伴って大きくなる限り，分数 $t'(d)/x^B(d)$ は d の増大に伴って小さくなります。したがって(8)式より，付け値地代曲線は都心から離れるほど緩やかになります。

　この結論は，通勤費用が距離に対して一定の比率で上昇せず，上昇幅が徐々に減少していく場合にも当てはまります（これは，$t'(d)$ が d の増大に伴って下落し

ていく場合です）。また，上昇幅が徐々に増大していく場合（$t'(d)$ が d の増大に伴って上昇していく場合）であっても，その増大の程度が著しく大きくない限り，依然としてこの結論が成り立ちます。このように，きわめて広い範疇の通勤費用関数に対して，付け値地代曲線の傾きが都心から離れるほど緩やかになるのです。

以上の四つの性質は，数学を用いて厳密に導くことができます。付け値地代曲線の傾きを示す(8)式も導出できます。これについては章末の「補論 付け値地代の性質」に譲ります。基本的で応用範囲の広い分析手法を用いますので，できるだけ一読されることをお勧めします。

なお，四つの付け値地代の性質に加えて，個々の住宅敷地の広さについても重要な結果が得られます。もう一度図5-9を見てください。都心に比較的近いところに住んだ場合（都心からの距離が d^0 の場合），予算制約線は実線の直線になります。したがって，消費者は点 E^0 を選択し，x^0 の広さの土地を需要します。都心から離れたところに住んだ場合（都心からの距離が d' の場合），予算制約線は点線の直線になるので，消費者は点 E' を選択し，x' の広さの土地を需要します。明らかに x' は x^0 を上回ります。つまり，都心から離れるほど個々の消費者の需要する土地は広くなります。言い方を換えると，都心から離れるほど，消費者の密度は低くなります。

Point 都心から離れるほど，個々の消費者の需要する土地は広くなる。

◆ 確認問題 ◆

付け値地代とその性質 効用関数が，第4章第3節で述べたコブ・ダグラス型だとします（105ページ）。つまり，$u(x, z) = \beta x^\alpha z^{1-\alpha}$ です。
(1) 消費者の効用最大化問題を解いて間接効用関数を求め，(6)式から付け値地代を求めましょう。
(2) (1)で求めた付け値地代が，最初の三つの性質を満たすことを確認しましょう。
(3) (8)式が実際に成立することを確認しましょう。

5 立地均衡と市場地代

次に，多くの消費者がいる場合を考え，彼らの立地行動と，その結果求まる市場地代を分析します。

追加的な仮定——同質な消費者

分析にあたっては，論理の骨格を浮き彫りにするために，もっとも単純なケース，すなわちすべての消費者が「同質」であるケースに注意を集中します。消費者は，効用関数の形状（選好の体系），所得の額，直面する通勤費用関数の形状の三つの点に関して同じであると仮定します。

> 都市内住宅立地モデルの仮定　(6) 同質な消費者。

さて，市場均衡を考えましょう。

まず言えることは，同じ場所に立地した場合，どの消費者も同じ水準の効用を得るということです。この結果は同質な消費者の仮定からただちに導き出されます。

次に，その結果から，消費者の得る効用の水準が，都市内のどこに立地したときも等しくなるという結論が得られます。このことを見るために，ある消費者にとって，地点 A に立地したときに得られる効用が，地点 B に立地したときに得られる効用よりも高かったと仮定してみましょう。その場合，彼が地点 B に立地することはありません。ところが，すべての消費者は同じ水準の効用を得るので，この結果は他のすべての消費者について当てはまり，地点 B に立地しようとする消費者はいないことになります。こう考えると，もしだれかが地点 B に立地しているのであれば，地点 A に立地することから得られる効用が，地点 B に立地することから得られる効用を上回ることはないはずです。同じことは，地点 A と地点 B を逆にしても成り立ちます。すなわち，もしだれかが地点 A に立地しているのであれば，地点 B に立地することから得られる効用は，地点 A に立地することから得られる効用を下回るか，あるいは等しくなっていなければなりません。これら二つのことから，もし地点 A と地点 B の両方にだれかが立地しているのであれば，地点 A に立地することから得られる効用は，地点 B に立

地することから得られる効用に等しくならなくてはならない，と結論することができます。都市内住宅立地理論では，都市内の土地の用途が住宅に限定されています。したがって，「都市」というのは，そこにだれか消費者が住んでいる地域のことを意味します。そこで，先の結論を一般化して，次のように言うことができます。

> **Point** 消費者は，都市内のどの地点に立地しても同じ水準の効用を得る。

何度も述べているように，すべての調整が済んだ状況が均衡です。都市内の消費者がどの地点でも同じ水準の効用を得ている状況は均衡です。消費者がそれ以上立地を変えようとしないからです。この状況はとくに，**立地均衡** (location equilibrium) とよばれます。

立地均衡のもとで消費者が得る効用の水準を u^* で表すことにしましょう。さしあたり，u^* は与えられているものとします。どのようにそれが決まるかは，次章であらためて説明します。

市場地代と付け値地代

さて，都心から d 離れたところにある土地を考えましょう。土地の所有者は，自分の土地をできるだけ高い地代で消費者に貸そうとします。一方，付け値地代は，効用の水準が与えられたときに消費者が支払ってもよいと思う最高の地代です。すべての消費者が u^* の水準の効用を得ていなければなりませんから，消費者の付け値地代は等しくなっているはずです。地主は消費者にその付け値地代の額を支払うことを要求し，消費者はその要求をのみます。こうして，市場地代は，u^* の効用水準に対応する付け値地代に等しくなるのです。

> **Point** 消費者が同質であるとき，市場地代は付け値地代に一致する。

市場地代と付け値地代は結果的に等しくなりますが，その意味は違います。そこで，市場地代を大文字の R で表すことにしましょう。付け値地代は，合成財の価格 p，純所得 $y - t(d)$，所与の効用水準 $\bar{u}$ の三つに依存して決まりました。市場地代は付け値地代ですから，同じものに依存して決まります[7]。表現を簡潔にするため，付け値地代関数と同様に，市場地代を都心からの距離の関数とし

て $R(d)$ と書くことにします。横軸に d をとった図に $R(d)$ を描いたものを，**市場地代曲線**とよびましょう。市場地代曲線は図 5-10 の曲線と同じ形になります。

さて，市場地代は付け値地代に等しくなるので，付け値地代の性質はそのまま市場地代の性質でもあります。

|市場地代の性質|
(1) 所得の増加関数。
(2) 効用水準の減少関数。
(3) 都心からの距離の減少関数。
(4) 限界通勤費用が著しく逓増しない限り，原点に向かって凸。

なお，市場地代曲線の傾きは，付け値地代曲線の傾きと等しくなります。つまり，市場地代について (8) 式と同じように，

$$\frac{\mathrm{d}R(d)}{\mathrm{d}d} = -\frac{t'(d)}{x^*(d)} \tag{9}$$

が成立します。$x^*(d)$ は消費者の需要する土地の広さで，地代が市場地代 $R(d)$ のときの (2) 式の効用最大化問題の解です。(9) 式を書き換えると，

$$-x^*(d)\,\mathrm{d}R(d) = t'(d)\,\mathrm{d}d \tag{10}$$

になります。左辺は，ほんの少し都心から離れたところに立地したときの地代支払いの節約分を表し，右辺は，そのときの通勤費用の上昇分を表します。(10) 式は，<u>都心から少しだけ遠くに住んだとき節約できる地代支払いの大きさが通勤費用の上昇分にちょうど等しくなるよう，市場地代が動くこと</u>を言っています。その結果，消費者はどこに立地しても同じ効用を得ることになるのです。

また，(9) 式より，他の条件が一定であるならば，限界通勤費用が高いほど市場地代曲線の傾きが急になることがわかります。これは現実に観察されるデータと一致します。Glaeser（2008）は，シカゴとボストンの平均的な住宅の価格が都心からの距離によってどう変化するかを比較しています。どちらの都市でも都心から遠くなるほど住宅価格が下落していきますが，シカゴとボストンでは下落の仕方が違います。ボストンでは都心から離れると住宅価格が大きく下落するの

---

7) ただし，市場地代を決めるのは所与の効用水準 $\bar{u}$ ではなく，均衡の効用水準 u^* です。u^* がどう決まるかついてはまだ議論していません。

に対し，シカゴではそれほど大きく下落しません。この理由は，ボストンのほうが都心近くの道路事情が悪く運転が難しいため，限界通勤費用が高いことに求められます。

◆ キーワード

単一中心都市，複数中心都市（多核都市），付け値地代（曲線），限界通勤費用，立地均衡，市場地代

◆ 練習問題

1. 都心から 25 km のところにある敷地面積 120 m² の住宅に住んでいる消費者を考えます。この消費者は 1 日あたり 900 円の通勤費を負担して，週 5 日，年間 50 週間働きます。また，1 m² あたりの年間市場地代は，都心から 1 km 遠ざかるごとに 80 円ずつ下落します。通勤費用は都心までの距離に比例するものとします。このとき，この消費者は最適な立地を選択しているでしょうか。（ヒント：この消費者が今よりも都心に 1 km 近いところに立地したときどうなるかを考えてみましょう。）

2. 次の事実は立地均衡の考え方からどのように説明できるでしょうか。
   (1) 急行停車駅周辺の地代が，1 駅都心に近い各駅停車しか止まらない駅周辺の地代を上回る。
   (2) 大きな公園が近隣にある郊外の土地の地代が，公園が近くにない都心近くの土地の地代を上回る。

3. 効用関数が，「確認問題 付け値地代とその性質」（132 ページ）で仮定したのと同じコブ・ダグラス型であるとしましょう。このとき，人口密度の減衰率，すなわち (1) 式の γ，が

$$\gamma = -\frac{D'(d)}{D(d)} = \frac{1-\alpha}{\alpha} \cdot \frac{t'(d)}{y - t(d)}$$

となることを確かめましょう。また，このことから，減衰率が距離に依存せず一定であるためには，どのような条件が成立していなければならないと言えるでしょうか。（ヒント：人口密度は個々の住宅敷地面積の逆数，つまり，$1/x^*$ です。また，γ の導出にあたっては，(9) 式を使用する必要があります。）

補論　数学による付け値地代の性質の導出

付け値地代 r^B は、(5)式の付け値地代問題の解でした。解は、当然のことながら(5)式の制約式を満たします。本文で述べたように、二つ目の制約式は等号で成立しますから、解の r^B, x^B, z^B は次の式を満たすことになります[8]。

$$r^B x^B + pz^B - y + t(d) = 0$$
$$u(x^B, z^B) - \bar{u} = 0 \tag{11}$$

付け値地代の三つの性質は、パラメータである y と $\bar{u}$ および d が変化したときにこれらの式を満たす解がどう動くか、という問題に答えることで導き出すことができます。この問題を全微分を使って解いてみましょう。

三つのパラメータ y, $\bar{u}$, d と三つの解 r^B, x^B, z^B の合計6個をすべて変数とみなして(11)式の二つの式を全微分します。

$$r^B \mathrm{d}x^B + p\mathrm{d}z^B + x^B \mathrm{d}r^B - \mathrm{d}y + t'(d)\mathrm{d}d = 0$$
$$u_x(x^B, z^B)\mathrm{d}x^B + u_z(x^B, z^B)\mathrm{d}z^B - \mathrm{d}\bar{u} = 0$$

ここで、$u_x(x^B, z^B)$ と $u_z(x^B, z^B)$ は、$u(x^B, z^B)$ をそれぞれ x と z で偏微分したものを表します。また、$t'(d)$ は $t(d)$ を d で微分したものです。

最初の式に $u_z(x^B, z^B)$ を乗じたものから2番目の式に p を乗じたものを引くことで、$\mathrm{d}z^B$ を消去して一つの式にまとめることができます。

$$\left[r^B u_z(x^B, z^B) - p u_x(x^B, z^B)\right]\mathrm{d}x^B + x^B u_z(x^B, z^B)\mathrm{d}r^B - u_z(x^B, z^B)\mathrm{d}y$$
$$+ u_z(x^B, z^B)t'(d)\mathrm{d}d + p\mathrm{d}\bar{u} = 0 \tag{12}$$

ここで、127ページの問いを思い出しましょう。付け値地代問題の解の x^B と z^B は、地代が付け値地代に等しいときの効用最大化問題の解と同じになるということを見ました。ところが、消費者の効用最大化の必要条件は、限界代替率が財の価格比に等しくなることです（前章103ページ）。したがって、付け値地代問題の解も、「限界代替率＝財の価格比」を満たしていなければなりません。つまり、

$$\frac{u_x(x^B, z^B)}{u_z(x^B, z^B)} = \frac{r^B}{p}$$

---

[8]　r^B, x^B, z^B は d の関数なので、本文では $r^B(d)$, $x^B(d)$, $z^B(d)$ と書いてきましたが、煩雑なので、ここでは表記を簡略化しています。

を満たしていなくてはならないのです[9]。

この結果から，(12)式の最初の項の角括弧の中の部分，$r^B u_z(x^B, z^B) - p u_x(x^B, z^B)$ が 0 に等しいことがわかります．ゆえに，

$$x^B u_z(x^B, z^B) \mathrm{d}r^B - u_z(x^B, z^B) \mathrm{d}y + u_z(x^B, z^B) t'(d) \mathrm{d}d + p \mathrm{d}\bar{u} = 0 \qquad (13)$$

が成立します．

はじめに所得の増加の効果を調べましょう．他のパラメータが一定であると仮定します．つまり，$\mathrm{d}d = 0$，$\mathrm{d}\bar{u} = 0$ と置きます．すると，(13)式は，$x^B u_z(x^B, z^B) \mathrm{d}r^B - u_z(x^B, z^B) \mathrm{d}y = 0$，すなわち，

$$\frac{\mathrm{d}r^B}{\mathrm{d}y} = \frac{1}{x^B}$$

となります．x^B は消費者の選択する土地の広さですから，当然正です．したがって，$\mathrm{d}r^B/\mathrm{d}y$ も正です．このことから，所得 y が増加すると付け値地代 r^B は上昇することがわかります．

次に，効用水準の上昇の影響を見ましょう．$\mathrm{d}y = 0$，$\mathrm{d}d = 0$ と置いて同じように計算すると，

$$\frac{\mathrm{d}r^B}{\mathrm{d}\bar{u}} = -\frac{p}{x^B u_z(x^B, z^B)}$$

を得ることができます．効用関数が単調増加関数であれば $u_z(x^B, z^B)$ は正なので，$\mathrm{d}r^B/\mathrm{d}\bar{u}$ は負です．したがって，効用水準が増加すると付け値地代は低くなります．

都心からの距離の変化についても同じように分析して，(8)式を得ることができます．$t'(d)$ は正なので，(8)式の右辺は負になります．都心から離れるほど付け値地代は低くなるのです．

---

[9] 付け値地代問題をラグランジュの未定乗数法で解いて，この条件を直接導き出すこともできます．

第6章

都市内土地利用の理論 II
● 都市の空間構造 ●

　前章で，効用水準を一つ決めてやると，住宅地の付け値地代ひいては市場地代が決まることを見ました。しかし，効用水準の決定についてはまだ議論していません。この章では，まず効用水準がどのように決まるかを検討します。同時に，都市の広さと都市の人口を求めます。次いで，与件が変化したときに住宅地の空間構造がどのように変化するか考察します。さらに，都市内の土地が住宅以外の用途に用いられる場合にモデルを拡張します。最後に，世界の多くの都市で観察される「郊外化」現象を，都市内住宅立地理論の枠組みで説明します。

1 小開放都市と閉鎖都市

　都市の広さと人口はどのような条件を満たしていなければならないでしょうか。

　まず，都市の広さについて考えましょう。前章で，住宅地の市場地代 $R(d)$ を求めました。市場地代は，都市の中心から離れるにしたがって低くなります。ここで，土地を農地として使用する場合には，一定の農業地代で賃貸されることを思い出しましょう。住宅地の市場地代は，都市の中心からある距離だけ離れたところで農業地代に等しくなります。それよりも中心に近いところでは農業地代を上回り，それよりも中心から遠いところでは，農業地代を下回ります。そのような距離を b で表すことにしましょう。つまり，b は

$$R(b) = r^A \tag{1}$$

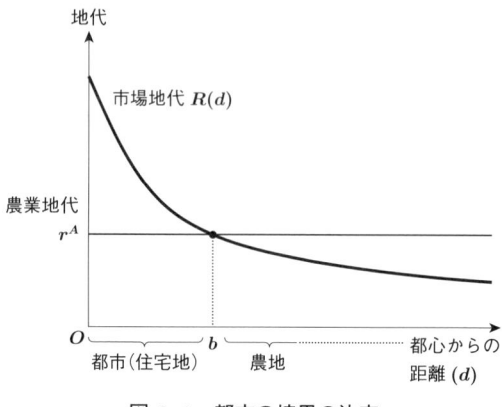

図 6-1　都市の境界の決定

を満たします。ただし r^A は農業地代です。

　すでに説明したように，土地の所有者はもっとも高い地代を支払おうとする主体に土地を貸します。したがって，土地は，b よりも内側では住宅地として用いられ，それよりも外側では農地として用いられます。つまり，b は都心から都市の境界までの距離，すなわち都市の広さを表します。これまでの議論は図 6-1 にまとめてあります。

　次に，都市の総人口がどうなるか考えましょう。

　前章で述べたように，私たちは均質な空間を考えています（「都市内住宅モデルの仮定」(1)，119 ページ）。したがって，2 次元の地理空間上において，都市は円形に広がることになります。図 6-2 のように，都市を Δd の間隔で輪切りにして，n 個の地域に分割してみましょう。地域 1 は都心を含む半径 Δd の円形の地域です。地域 2 は地域 1 の外側の帯状の地域で，半径が Δd の円と半径が $2\Delta d$ の円の間の地域になります。地域 3 はさらにその外側の帯状の地域で，半径が $2\Delta d$ の円と半径が $3\Delta d$ の円の間の地域です。このようにして地域 n まで定義することができます。$d_i = (i-1)\Delta d$ とすると，地域 i は半径 d_i の円と半径 $d_i + \Delta d$ の円との間の地域であることになります。

　地域 i の面積は，Δd が小さいとき，$2\pi d_i \Delta d$ で近似できます[1]。ここで，$x^*(d)$ が，都心から d 離れたところに立地する消費者が消費する土地の広さであるこ

---

1) Δd が非常に小さいときには，地域 i の内側の境界の円の円周と外側の境界の円の円周の両方を，$2\pi d_i$ で近似することができます。リングの幅は Δd ですから，地域 i の面積は縦が $2\pi d_i$ で横が Δd の長方形の面積で近似できます。

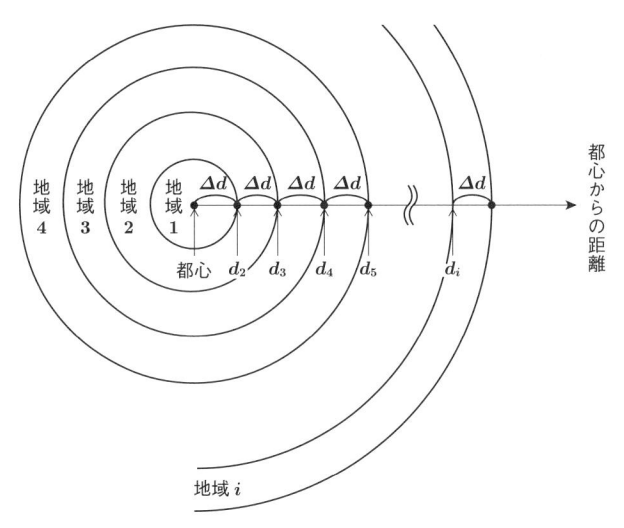

図 6-2 都市の総人口の導出

とを思い出してください。地域 i に立地する消費者はそれぞれ近似的に $x^*(d_i)$ ずつ土地を消費するので，この地域に立地する消費者の数は $2\pi d_i \Delta d / x^*(d_i)$ になります。n 個の地域について消費者の数を合計すると，$\sum_{i=1}^{n} 2\pi d_i \Delta d / x^*(d_i)$ が得られます。さて，分割する地域の数を多くすると（Δd の値を小さくすると），近似はより正確になります。とくに地域の数を無限大に近づけると（Δd の値を 0 に近づけると），$\sum_{i=1}^{n} 2\pi d_i \Delta d / x^*(d_i)$ は消費者の数の真の値に近づきます。つまり，都市の消費者の総数は $\lim_{n \to \infty} \sum_{i=1}^{n} 2\pi d_i \Delta d / x^*(d_i)$ によって与えられるのです。これは，$2\pi d / x^*(d)$ を都市全域にわたって，すなわち $d=0$ から $d=b$ まで，積分したものですから，結局，$\int_0^b 2\pi d / x^*(d) \mathrm{d}d$ に等しくなります。都市の人口が都市に住む消費者の数に等しいものとしましょう。都市の人口 P は次の式で与えられます。

$$P = \int_0^b \frac{2\pi d}{x^*(d)} \mathrm{d}d \tag{2}$$

(1)式と(2)式の二つが，都市の広さと人口が満たしていなければならない条件です。

経済学の Tips ⊙ 個別経済主体の意思決定から集計量へ

ここでは，都市の広さと人口を，個々の消費者の選択の結果から説明しました。言い換えると，都市の規模というマクロな量（「集計量」）を，消費者という個別経済主体の意思決定に基づいて説明しました。序章の第3節（12ページ）で，経済学の一つの特徴は，個別経済主体の行動の結果として集計量を説明することだと述べましたが，まさにその例です。

さて，未知数は三つあります。すべての消費者が得る同一の効用水準 u^* と都市の広さ b，都市人口 P です。ところが，方程式は(1)式と(2)式の二つしかありません。一般に，二つの方程式からなる体系が決定できる未知数の数は二つです。したがって，未知数が一つ多いことになります。

実は，今あげた三つのうち，一つは変数でなく定数なのです。どれが定数であるかは，どのような世界を考えるかによって変わってきます。ここでは二つの場合を考えます。**小開放都市**（small open city）の場合と**閉鎖都市**（closed city）の場合です。

(1) 小開放都市の場合

小開放都市の場合，消費者の都市間移動（移住）は自由に行われます。したがって，都市人口 P は定数でなく変数です。

ある小開放都市を考えて，消費者がその都市に住むか，別の都市に住むか，考えましょう。消費者は，その都市に住んだ場合に得られる効用と，別の都市に住んだ場合に得られる効用とを比較して，効用が高いほうの都市に住もうとするでしょう。もし得られる効用の水準が都市間で異なっていれば，だれもが効用の低い都市から高い都市に移住しようとします。したがって，すべての調整が終わった均衡の状態では，どの都市でも同じ水準の効用が得られているはずです。この効用の水準は，考えている小開放都市に関する変数には依存しません。これは，考えている都市が，それを取り巻く経済全体と比べるとそれほど大きくなく，そこで起きることが経済全体に影響を及ぼすことはないと考えているからです。これが「小開放都市」の「小」の意味するところです。このような理由で，小開放都市の効用水準は定数になります。つまり，小開放都市のケースでは，u^* が定数，b と P が変数になります。

効用水準が所与の定数なので，それに対応して市場地代曲線 $R(d)$ が一つ求ま

ります。市場地代が農業地代に等しくなるところで都市の境界が決まります。代数に即して言えば、(1)式が成立するように b が決まるということです。消費者の需要する住宅の広さ $x^*(d)$ も決まりますから、都市内に住もうとする消費者の数が決まります。これが都市人口になります。つまり、都市人口は(2)式から求まります。

(2) 閉鎖都市のケース

一方、閉鎖都市の場合には、周辺の都市との間で、いっさい人口の移動がありません。つまり、閉鎖都市の人口は一定で変化しません。P は定数になります。効用水準 u^* と都市の広さ b の二つが変数です。

仮に効用水準が一つ与えられたとしましょう。すると、それに対応して1本の市場地代曲線 $R(d)$ を引くことができます（前章の説明を思い出してください）。図6-1で見たように、$R(d)$ が r^A に等しくなるところで都市の広さ b が決まります。代数的には、(1)式が成立するように b が決まります。同時に個々の消費者の需要する住宅地の広さ $x^*(d)$ も求まるので、都市内に住むことができる消費者の数が求まります。それは(2)式の右辺になります。ところが閉鎖都市の場合、都市の人口があらかじめ決まっています。適当に与えた効用水準のもとで、都市内に住むことができる消費者の数（(2)式の右辺）が与えられた都市人口 P に等しくなるとは限りません。

最初に与える効用水準を変えると、都市内に住むことができる消費者の数（(2)式の右辺）も変わります。解くべき問題は、それが与えられた都市人口 P にちょうど一致するような効用水準を求めることです。このことは、(1)式と(2)式を連立させて u^* と b を求めることにほかなりません。

Point
- 小開放都市：都市の広さと都市人口が変数、効用水準は定数。
- 閉鎖都市：効用水準と都市の広さが変数、都市人口は定数。

2 住宅地の空間構造の比較静学分析

経済学で非常によく使われる分析手法に、**比較静学分析**（comparative statics analysis）とよばれるものがあります。これは、与件である定数（パラメータ）が

変化したときに、均衡における変数の値がどう変化するかを見るものです。

第4章の第4節と第5節で、所得の変化と価格の変化が消費者の需要に及ぼす影響を分析しました。その分析は比較静学です。所得や価格が与件である定数（パラメータ）で、財の需要量が変数です。

この手法は、おもに次の二つの点で有用です。

第一は、政策の効果を分析できるという点です。政策を導入すると、何らかの定数が変化します。政策の効果は、その定数の変化が変数にどう影響するか、比較静学分析を行うことで明らかにすることができます。たとえば、所得税の税率引き上げという政策を考えてみましょう。この政策によって消費者の所得は減少します。消費者の所得は、都市内住宅立地モデルにおいて定数です。したがって、税率引き上げの効果は、所得という定数の下落が、都市の広さや個々の住宅地の広さなどの変数にどのような影響を及ぼすかを調べることで解明することができます。

第二は、経済環境の変化の影響を予測できるという点です。たとえば、将来、都市住民の所得が減少することが予想されたとしましょう。これは都市構造をどのように変えるでしょうか。この問題に対しても、先の例と同じ比較静学分析を行うことで答えることができます。

Point 比較静学分析：
　　与件である定数（パラメータ）の変化　⟹　均衡における変数の変化。

	小開放都市	閉鎖都市
変　数	都市の境界までの距離　b	
	都市人口　P	効用水準　u^*
定　数	効用水準　u^*	都市人口　P
	所　得　y	
	農業地代　r^A	
	限界通勤費用　(τ)	

図 6-3　小開放都市と閉鎖都市のそれぞれのケースにおける変数と定数

図 6-3 は，小開放都市と閉鎖都市のそれぞれのケースで，何が変数で何が定数かをまとめたものです。小開放都市を考えるかそれとも閉鎖都市を考えるか，そしてどの定数の変化を考えるか，この組み合わせに応じてさまざまな比較静学分析を行うことができます。ここでは三つの分析をとりあげて説明します。

分析にあたっては，前章で扱った通勤費用関数を仮定します（131 ページ）。つまり，正の定数 τ に対して，$t(d) = \tau d$ であるものとします。τ は限界通勤費用です。

(1) 小開放都市における限界通勤費用の下落

最初に，小開放都市において限界通勤費用が下落したときの変化を考察します。

τ が τ^0 から τ' まで下落したとしましょう。すると，都心以外のすべての地点において，つまり $d > 0$ であるすべての d について，通勤費用が下落します。図 6-4 の (a) は，都心から $d > 0$ だけ離れたところに住む消費者の選択を表しています。τ が下落すると，純所得の $y - t(d) = y - \tau d$ が大きくなるので，予算制約線の縦軸の切片は上方に移動します。このとき，前と同じ無差別曲線に接するためには，予算制約線がより急にならなければなりません。つまり，市場地代は上昇します。図では市場地代が $R^0(d)$ から $R'(d)$ まで上昇しています。また，この結果，消費者が消費する住宅地の広さは x^0 から x' まで小さくなります。なお，d が 0 のときは，τ が下落しても縦軸の切片が変わらないことに注意してください。都心に住んでいる場合はそもそも通勤の必要がなく通勤費用が 0 なので，限界通勤費用が変化しても実質所得は変わらないのです。要約しましょう。

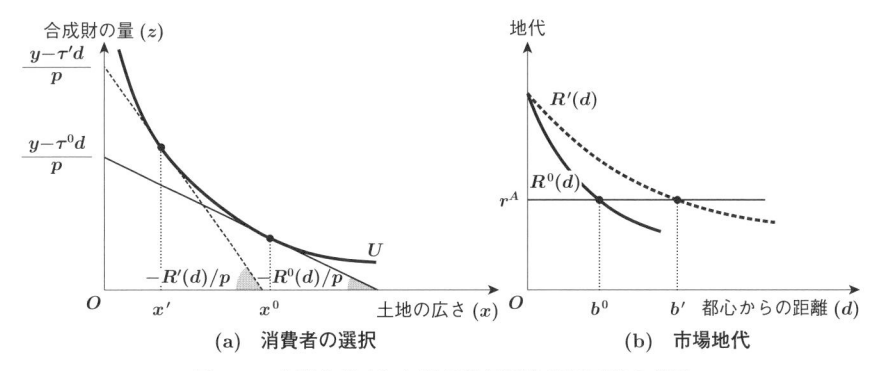

図 6-4　小開放都市における限界通勤費用下落の効果

(a) 消費者の選択　　(b) 市場地代

第 6 章　都市内土地利用の理論 II

限界通勤費用が下落すると,都心では市場地代が変化しませんが,都心以外の地域では上昇します。

次に,図6-4の(b)を見てください。$d > 0$ における市場地代上昇の結果,農業地代と住宅地の地代が等しくなる地点が b^0 から b' まで,より遠方に移ります。つまり,都市は広くなるのです。個々の消費者が消費する住宅地が小さくなるにもかかわらず都市は拡大するので,都市人口は増大します。

(2) 閉鎖都市における限界通勤費用の下落

今度は,閉鎖都市において限界通勤費用 τ が下落したとしましょう。先ほど説明したように,τ が下落すると,都心以外のすべての地点で純所得が増加します。したがって,他の条件が変化しないならば,効用の水準は上がることになります。問題は,都心に近いところと都心から離れたところと,どちらでこの効果が大きくなるかです。ここで,所得に占める通勤費用の割合が,都心から離れるほど大きくなることに注意しましょう。このことは,τ の下落が,都心から離れるほど大きく効いてくることを意味します。実際,都心では純所得が変化しないので,τ の下落は効用の大きさにまったく影響しません。このように考えると,τ の下落によって,効用水準は都心に近いところで相対的に低くなり,郊外部で相対的に高くなることがわかります。ところが,立地均衡においては,都市全域で効用水準が等しくならなければなりません。そのため,τ の下落の効果を打ち消すように,都心に近いところで市場地代が相対的に低くなり,郊外部で相対的に高くなる必要があります。つまり,市場地代曲線の傾きは以前より緩やかになっていなければなりません。

このとき,図6-5に描かれている三つのケースが生じる可能性がありますが,実際には,(c)が起こります。変化後の市場地代曲線が変化前の曲線と交差するのです。この説明は,この章の「補論Ⅰ」に譲ります。

したがって,$\tilde{d}$ よりも都心側では市場地代が下落し,それよりも郊外側では上昇します。b は b^0 から b' まで上昇し,都市は拡大します。また,都心では,市場地代が下落し純所得が変化しないので,効用水準は上がります。このことは,都市全域にわたって効用水準が上がることを意味します。次に,個々の消費者が需要する土地の広さはどうなるでしょうか。まず,都心側では,市場地代が下落し純所得が上昇するかあるいは一定にとどまるので,土地が正常財である限り,個々の消費者の需要する土地は広くなります[A]。つまり,都心側では人口密度

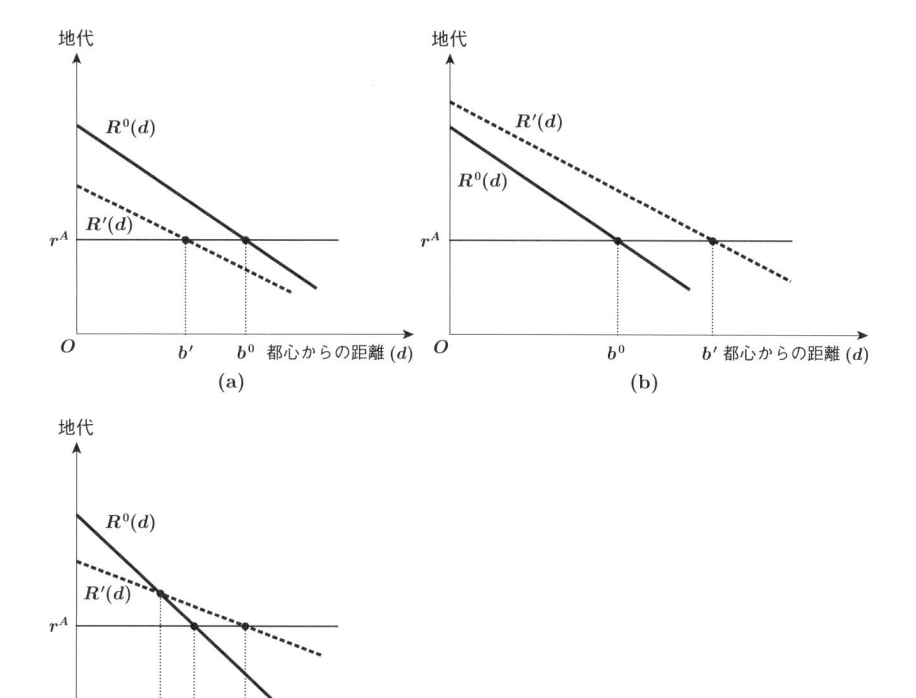

図 6-5 閉鎖都市における限界通勤費用下落の効果

が低くなります。一方，郊外側では純所得が上昇しますが同時に市場地代も上がります。したがって，個々の消費者の需要する土地が大きくなるか小さくなるかは一概に言えません。両方の可能性があります [B]。

以上をまとめましょう。閉鎖都市において限界通勤費用が下落すると，都市は拡大し，消費者はより高い効用を得るようになります。都心に近い部分では人口密度が低下しますが，郊外部では低下することもあれば増大することもあります。

◆ 確 認 問 題 ◆

消費者の選択 本文中に [A] と [B] の印をつけた記述は，どちらも図によって確認することができます。図 6-4 の (a) と同様の図を描き，予算制約線の縦軸の切片（純所得の水準に依存します）とその傾き（市場地代に依存します）がどうなるか注意して，本文の記述を確認しましょう。

(3) 閉鎖都市における所得の増加

最後に，閉鎖都市において所得が増加するとどうなるかを調べましょう。

所得が一定額増加したとします。それによって，所得から通勤費用を引いた純所得も増加しますが，増加の比率は通勤費用の水準によって変わってきます。たとえば，所得が20万円から40万円になったときを考えましょう。通勤費用が1万円ならば，純所得は19万円から39万円まで2.05倍になりますが，2万円ならば，18万円から38万円まで2.11倍になります。つまり，通勤費用が高いときほど，すなわち都心から離れたところに住んでいるときほど，一定額の所得の増加によって純所得はより大きな比率で増加するのです[2]。

したがって，都市全域で効用水準が同一になるためには，都心から離れたところで市場地代が相対的により大きく上昇しなければなりません。つまり，市場地代曲線はより緩やかにならなければならないのです。これは，(2)の「限界通勤費用の下落」の場合と同じです。したがって，閉鎖都市において所得の増加は限界通勤費用の下落と同じ効果をもちます。

◆ 確認問題 ◆

都市内住宅立地理論の比較静学　本文中でとりあげなかったケースについて比較静学を行ってみましょう。たとえば，
   (a)　閉鎖都市において農業地代が下落したとき，
   (b)　閉鎖都市において都市人口が増えたとき，
   (c)　小開放都市において効用水準が上昇したとき，
   (d)　小開放都市において農業地代が下落したとき，
   (e)　小開放都市において所得が増加したとき，
変数がどのように変化するか，図を描いて調べましょう。

---

[2]　このことを見るのに，**弾力性**（elasticity）の概念が役に立ちます。変数 a に関する変数 b の弾力性とは，a が1% 増えたときに，b が何% 増えるかを表すもので，

$$\frac{db/b}{da/a} = \frac{db}{da} \cdot \frac{a}{b}$$

で表されます。所得に関する純所得の弾力性を求めると，

$$\frac{dI(d)}{dy} \cdot \frac{y}{I(d)} = \frac{y}{y - t(d)}$$

となりますが，これは d の増加関数です。つまり，都心から離れるほど，弾力性は高くなります。

3 モデルの一般化

次に，構築したモデルを現実に即して一般化します。ここでは二つの一般化を議論します。一つは，消費者が異質な場合への一般化です。消費者の所得が異なる状況を考察します。もう一つは，住宅以外の用途が存在する場合への一般化です。実際の都市の空間構造がどのような仕組みで決まるのか，これまでの議論を踏まえて説明します。

3.1 消費者の所得が異なる場合

消費者が高所得者層と低所得者層の二つのグループに分かれている状況を考えましょう。二つのグループの間では所得水準のみが違っており，通勤費用関数の形状や効用関数の形状などは同じであるとします。

高所得者層と低所得者層の都市内立地パターン

それぞれのグループの付け値地代曲線の傾きはどうなるでしょうか。前章の(8)式を思い出してください（131ページ）。再掲しておきます。

$$\frac{\mathrm{d}r^B(d)}{\mathrm{d}d} = -\frac{t'(d)}{x^B(d)} \tag{3}$$

右辺に注目しましょう。分子の $t'(d)$ は限界通勤費用ですが，これは二つのグループで共通です。分母の $x^B(d)$ はどうでしょう。それは都心から d 離れたところに住む消費者が需要する住宅敷地の広さです。第4章第4節の分析から明らかなように，土地が正常財である限り，所得が高いと消費する住宅敷地は広くなります。したがって，$x^B(d)$ は，高所得者層のほうが低所得者層より大きくなります。すると，分数の絶対値の大きさは，高所得者層のほうが小さくなります。付け値地代曲線は，高所得者層のほうが緩やかになるのです。

ここで，土地の所有者はもっとも高い付け値地代を提示した人に土地を貸すことを思い出してください。高所得者層と低所得者層の両方が都市に住んでいるにもかかわらず，高所得者層の付け値地代が，都市の全域において低所得者層の付け値地代を上回ることはありえません。なぜなら，その場合すべての住宅地が高所得者層に貸し出されることになり，低所得者層が都市に住むことはできないか

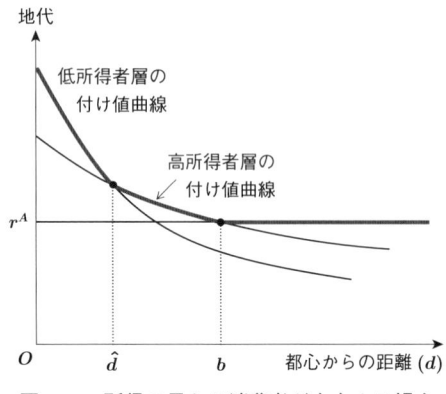

図 6-6 所得の異なる消費者が存在する場合

らです。同様の理由で，低所得者層の付け値地代が，都市の全域において高所得者層の付け値地代を上回ることもありえません。したがって，都市のある部分において高所得者層の付け値地代が低所得者層の付け値地代を上回り，別の部分において逆が成り立っていなければなりません。ところが，高所得者層の付け値地代曲線のほうが傾きが緩やかです。したがって，高所得者層の付け値地代が郊外で低所得者層の付け値地代を上回り，低所得者層の付け値地代が都心近くで高所得者層の付け値地代を上回ることになります。このことから，高所得者層が郊外に，低所得者層が都心近くに住むと結論することができます。

図6-6を見てください。二つのグループの付け値地代曲線は，都心から$\hat{d}$離れたところで交わっています。この場合，$\hat{d}$よりも都心に近いところに低所得者層が住み，$\hat{d}$から都市の境界のbまでの範囲に高所得者層が住むことになります。

重要なのは，付け値地代曲線が急な傾きをもつ消費者（低所得者層）が都市の内側に住み，緩やかな傾きをもつ消費者（高所得者層）が外側に住むということです。

Point　消費者が同質でない場合，付け値地代曲線の傾きが急である消費者ほど，都心に近いところに住む。

都市の内側に低所得者層が住み，外側に高所得者層が住むという結論を，直観的に説明してみましょう。通勤費用は，その額が同じであっても，高所得者層よ

りも低所得者層にとって所得のより大きな割合を占めることになります。したがって，低所得者層は，都心近くに住んで通勤費用を節約することを，より重要だと考えます。低所得者層は都心への近接性を重要視するのです。これに対し，高所得者層にとって通勤費用はそれほど大きな出費ではありませんから，彼らは都心への近接性を犠牲にしてでもより広い敷地に住もうとします。だから郊外に住むのです。

何度も繰り返しますが，土地の所有者はもっとも高い付け値地代を提示した者に土地を貸します。したがって，小開放都市だろうと閉鎖都市だろうと，市場地代は，それぞれのグループの付け値地代曲線の上側をなぞった線になります。このような線を（上側の）**包絡線**（envelope）とよびます。

> **Point** 消費者が複数の所得層から成る場合，市場地代は，各所得層の付け値地代曲線の上側の包絡線で表される。

図6-6において，太い実線が市場地代を表します。

アメリカと日本の違い——時間費用による説明

都市の内側に低所得者層が住み，外側に高所得者層が住むという図式は，アメリカでよく見られるものです。よく知られているように，アメリカの大都市では，都心を取り巻く地域に古いビル群が取り残され，それが荒廃してスラムとなっていることが珍しくありません。そういった地域は，治安や教育・衛生といった面でさまざまな問題（**インナーシティ問題**）を抱えています。一方，都心から自動車で数十分行った郊外には，緑に囲まれた敷地の中に大きな一戸建て住宅が建つ良好な住宅地が広がります。

日本の大都市には必ずしもそのような図式があてはまりません。日本の場合は，高所得者層が都心近くに住んだり，低所得者層が郊外に住んだりすることが決して珍しくありません[3]。これまで学んできた理論モデルは，この事実をどの

---

3) 東京の田園調布や松濤，成城，兵庫の六麓荘（芦屋）や大阪の帝塚山といった歴史的な高級住宅地の位置は，開発された当初こそ都市の郊外であったと言えますが，現在は郊外と言うには都心に近すぎます。また，たとえば東京には，山手線の内側にも高級住宅地が数多く存在します。千代田区の番町や紀尾井町，港区の広尾から麻布・六本木，赤坂にかけて，かなりまとまった広さの高級住宅地が広がっています。それ以外にも，五反田周辺の御殿山，島津山，池田山や駒込の大和郷など，高所得者層の住む地域が点在しています。

ように説明することができるでしょうか。

一つの可能性として，通勤費用が高所得者層と低所得者層で異なる状況を考えましょう。通勤費用には単なる金銭的費用だけでなく，時間費用も含まれます。時間費用は前章の第3節で説明した機会費用の一種です（121ページ）。したがって，通勤にあてる時間を別の活動にあてていたらどれだけの金額になったかで費用を測ることができます。この「別の活動」として労働を考えると，通勤の時間費用は，単位時間あたりの賃金に通勤時間を掛けたものになります[4]。こう考えると，1時間の通勤の時間費用は，高所得者層のほうが低所得者層よりも高くなります。

通勤距離が延びると通勤時間も延びますから，その分時間費用も高くなります。これまでの議論から，この時間費用の増分は，高所得者層のほうが低所得者層よりも大きいことになります。同時に金銭的費用も上昇しますが，それについては高所得者層と低所得者層で違いがないものとします。限界通勤費用 $t'(d)$ は，ほんの少し通勤距離が延びたときに，どれだけ通勤費用が上がるかを表すものでした。それは，高所得者層のほうが大きくなります。

したがって，149ページの(3)式の右辺の分子は，高所得者層のほうが低所得者層より大きくなります。ところが，すでに述べたように，分母の $x^B(d)$ もまた高所得者層のほうが大きくなります。したがって，分数の絶対値が，高所得者層と低所得者層のどちらでより大きくなるか，一概には言えません。どの地点でも分子の限界通勤費用の効果が分母の住宅敷地の広さの効果を下回るならば，分数の絶対値は都市全域で低所得者層のほうが大きくなります。この場合，今までと結論は変わらず，都市の内側に低所得者層が住み，外側に高所得者層が住みます。ところが，どの地点においても限界通勤費用の効果が住宅敷地の広さの効果を上回るほど大きいときには，分数の絶対値の大小関係は逆転します。このとき，高所得者層の付け値地代曲線が低所得者層の付け値地代曲線よりも急になり，結果として，都市の内側に高所得者層が，外側に低所得者層が住むことになります。

---

4) たとえば，鉄道事業評価において，鉄道利用1分間の時間価値は，全国で37.4円，東京都では48.2円と算定されています。これは，2003年の労働賃金と労働時間を基準にして求められたものです（国土交通省，2005）。

◆ 確認問題 ◆

高所得者層と低所得者層の住宅立地　低所得者層の限界通勤費用が通勤距離にかかわらず一定であるのに対し、高所得者層の限界通勤費用が距離に応じて変化する状況を考えましょう。このとき、都心に近いところに高所得者層が住み、そのすぐ外側に低所得者層が住み、さらにその外側の郊外に高所得者層が住む、という三つの地帯区分が生じる可能性があります。その場合、それぞれの層の付け値地代曲線はどのような形状をとっているでしょうか。また、付け値地代曲線がそのような形状をとる理由を考えましょう。

3.2　複数の用途が存在するケース

さまざまな経済活動が都市内のどこに立地するかという問題も、それぞれの土地がもっとも高い付け値地代を提示できる活動に貸し出されるという原理を適用して考えることができます。図6-7は、商業施設とオフィス、住宅の三つの用途を考えて、土地をそれぞれの用途に使用したときの付け値地代曲線を模式的に示したものです。商業施設の付け値地代曲線は非常に急な傾きをもち、住宅の付

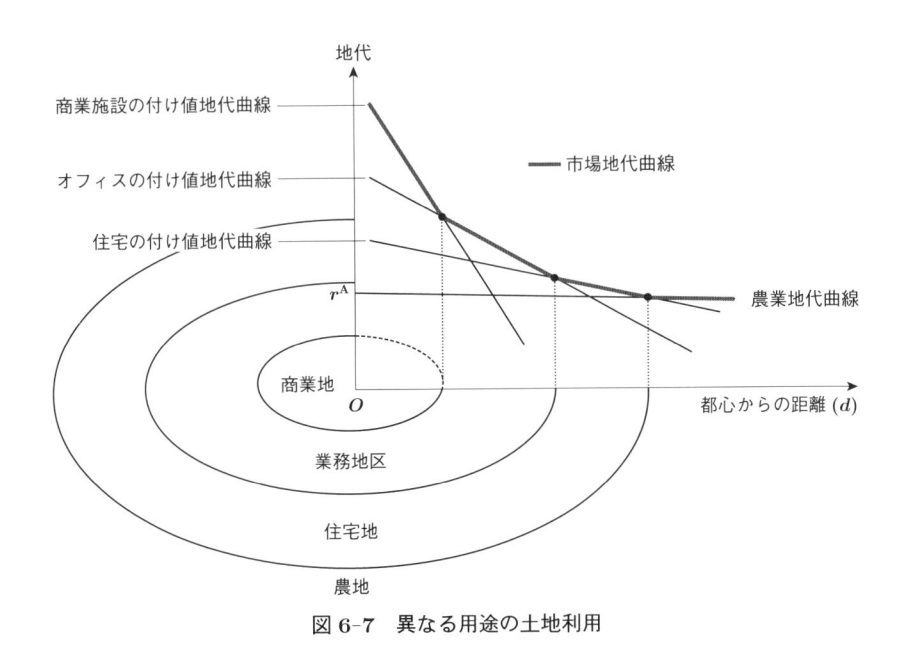

図 6-7　異なる用途の土地利用

け値地代曲線は緩やかな傾きをもっています。オフィスの曲線の傾きは中間的な大きさです。

商業活動は，人の集中する都心部に立地すると大きな売上が見込まれますが，都心から離れると売上が大きく減ってしまう傾向があります。したがって，ある一定の利潤を獲得できるという条件のもとで最大限支払いうる地代を考えると，それは都心から離れるにつれて大きく下がることになります。自由に競争が行われる場合，利潤が正である限り競争相手が参入してきますから，長期的に利潤は0になります。したがって，この場合，「ある一定の利潤」は0の利潤を意味します。

これに対し，住宅地はそれほど都心に近い必要がありません。もちろん，これまで見てきたように，都心から離れるとより高い通勤費用を負担しなくてはならなくなるので，提示できる地代の額は小さくなります。しかし，都心から離れることによる通勤費用の上昇の効果は，商業における利潤低下の効果ほど大きくありません。それゆえ，住宅地として使用した場合に提示できる地代はそれほど大きく下がっていかないのです。

図6-7の場合には，都心近くに商業施設が，都心からやや離れたところにオフィスが立地し，その外側に住宅地が広がることになります。この場合，市場地代は，三つの用途の付け値地代曲線の上側の包絡線で表されます[5]。

ところで，前章で，市場地代曲線は，131ページの図5-10のような形をしていて，都心から離れるほど傾きが緩やかになっていくと述べました（135ページ）。前章の第5節では，都市内の土地がすべて住宅に用いられ，しかも消費者が同質であるときに，その結果が導かれることを示しました（「市場地代の性質」(4)，135ページ）。そこでカギを握っていたのは，都心から遠いところに住むと通勤費用は上昇するが広い住宅に住めるようになるという，通勤費用と住宅敷地の広さとの間のトレード・オフの関係でした。

市場地代曲線の傾きが都心から離れるほど緩やかになるには，もう一つの理由があります。それは，市場地代曲線が複数の用途の付け値地代曲線の包絡線であることです。仮にそれぞれの用途の付け値地代曲線が直線だったとしても，その包絡線は都心から離れるほど緩やかな傾きをもつようになるのです。

---

5) 今は三つの用途しか考えていませんが，用途の数をさらに増やしていくと包絡線はより滑らかな曲線になります。

表 6-1　世界の主要都市における人口密度減衰率の変化

都市	年	人口密度減衰率 (1マイルあたり)	都市	年	人口密度減衰率 (1マイルあたり)
ロンドン	1801	1.26	ニューヨーク	1900	0.32
	1841	0.93		1950	0.18
	1901	0.37	シカゴ	1880	0.77
	1939	0.23		1900	0.40
	1961	0.14		1940	0.21
パリ	1817	2.35		1956	0.18
	1856	0.95	ボストン	1900	0.85
	1896	0.86		1940	0.31
	1931	0.76	シドニー	1911	0.48
	1946	0.34		1954	0.26
フランクフルト	1890	1.87			
	1933	0.92			

(出所) Anas et al. (1998).

4　郊　外　化

郊外化現象

　都市内空間構造の変化に関してもっとも目を引く現象の一つに**郊外化**（sprawlまたは decentralization）があります[6]。郊外化とは，都市（あるいは都市圏）が地理的に拡大すると同時に中心市街地（あるいは中心となる都市）の人口・雇用の比重が低下するような都市構造の変化のことです。

　郊外化は，長い期間にわたって世界の多くの都市で観察されています。それを見るために，前章で説明した都心からの距離と人口密度の関係式を思い出しましょう（118 ページの (1) 式）。

　表 6-1 は世界の主要都市における人口密度減衰率 γ の値を推定したものです。これを見ると，とりあげられているすべての都市で，時間とともに減衰率が下落していることがわかります。つまり，前章の図 5-3（118 ページ）の曲線がしだいに緩やかになり，人口密度が都心部で相対的に低くなって，郊外部で相対的に高

---

[6]　日本語の「スプロール」は都市の<u>無秩序</u>な拡大を意味することが多いですが，英語の「sprawl」は必ずしもそのような否定的な意味合いをもっていません。

第 6 章　都市内土地利用の理論 II　　155

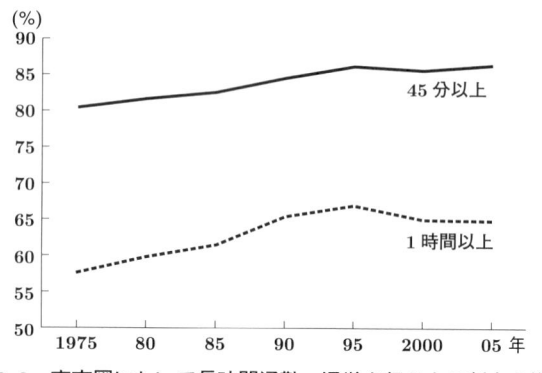

図 6-8 東京圏において長時間通勤・通学を行う人の割合の推移
(出所) 運輸政策研究機構『大都市交通センサス』より筆者作成。

くなっているのです。

郊外化の傾向は近年でも変わっていません。たとえば，図 6-8 は，東京圏において都心 3 区に通勤・通学する人のうち，通勤・通学時間が 45 分以上である人の割合と 1 時間以上である人の割合を示しています。これを見ると，1995 年まで，それぞれの割合は着実に増加していることがわかります[7]。

目をアメリカに転じ，都心から 3 マイル (4.8 km) 以内の雇用量の比率を見てみると，150 の大都市圏の平均は，たったの 25.7% です (1996 年のデータに基づきます)。カリフォルニア州のロサンジェルス，サンノゼ，アナハイムでは，それぞれ 7.3%，11.4%，13.8% しかなく，多くの人が都心から離れたところで働いていることがわかります (Glaeser and Kahn, 2004)。

郊外化の理由

郊外化の理由を考えるために，それを二つの変化に分けてとらえましょう。一つは人口の地理的拡散です。たとえ雇用が以前のまま都心に集中し続けたとしても，人口が地理的に拡散して都市が拡大し，郊外の比重が高まるという変化です。もう一つは多核都市化です。郊外にも雇用の中心が出現し，単一中心都市が複数の中心をもつ都市になる変化です。

Point 郊外化＝人口の地理的拡散＋都市の多核化。

---

[7] 1995 年以降郊外化の動きは鈍り，長時間通勤者の割合は減少するかほぼ一定になっています。これは，地価の下落に伴い，それまでの郊外化の反動で都心回帰が起きたからです。

以下，都市内住宅立地理論に基づいて二つの変化を説明します。説明にあたってはもっとも基本的なケースを考えます。すなわち，消費者が同質であり，都市の土地がすべて住宅地として使用されるとします。また，閉鎖都市を考えます[8]。

(1) 人口の地理的拡散

はじめに，人口の地理的拡散を考えましょう。この章の第2節の(2)と(3)で，限界通勤費用の下落と所得の増加が閉鎖都市における住宅地の空間構造にどのような影響を及ぼすか説明しました。主要な結論は次の二つでした。
- 都市は拡大する。
- 都心に近い部分では人口密度が低下する。

これらの結論は郊外化現象と合致しています。このことから，理論的には，<u>限界通勤費用の下落と所得の増加によって郊外化が起きる</u>，と言うことができます。

実際，輸送技術は進歩し続けています。20世紀におけるもっとも重要な変化は，利用される交通手段が鉄道等の大量輸送機関から自動車にシフトしたことです。一般に，1人あたりの金銭費用は，大量輸送機関を利用したときよりも自動車を利用したときのほうが高くなりますが，自動車交通には非常に大きな時間節約効果があります。たとえばアメリカの都市の場合，自動車を利用したときの所要時間は，平均して，大量輸送機関を利用したときの所要時間の約半分ですむことが明らかになっています。この結果，時間費用を含む費用は，自動車を利用したときのほうがずっと低くなります。これが限界通勤費用の下落を引き起こし，都市構造を変化させたのです。このことは実証分析によっても確かめられており，自動車利用の進展が郊外化を引き起こしたもっとも大きな理由だと考えられ

---

[8] ここで小開放都市でなく閉鎖都市を考える理由は三つあります。第一は，消費者が都市間を移住するにはかなり費用がかかり，現実には移住が緩慢にしか行われないことです。第二は，閉鎖都市を，人口移動の可能性が認められていない都市ととらえるのではなく，与件の変化の結果実現する人口が変化前の人口と同じになるような都市ととらえることができることです。たとえば，都市の数と経済全体の人口が一定であるときには，すべての都市で同じように与件が変化しても，結果として人口の配分は変化しません。つまりこの場合，事後的には人口移動が生じません。第三は，郊外化という変化が，ある特定の都市に限って生じるものではなく，むしろ全国的に生じるものだということです。小開放都市のアプローチでは他都市の効用水準が変化しないと考えます。ところが，全国的に与件が変化する場合，そのように考えることは適切ではありません。

Column 中心市街地の衰退

　地方の小都市を中心に，多くの都市で中心市街地の商業機能が低下しています。中心市街地への来訪者が減って売上高が減少し，その結果，閉鎖店舗が増加しているのです。シャッターを閉ざした店が目立つため，目抜き通りの商店街が「シャッター通り」とよばれる都市も少なくありません。背景にあるのは，中心市街地で，商業のみならず他の産業の従業者も減少するとともに，夜間人口（居住人口）が少なくなってきているという事実です。これがさらに，役所，総合病院，福祉施設等の広域的サービス施設の流出を招いています。また，閉鎖店舗や空き家の増加に伴って犯罪が増大したり，地域のコミュニティが立ち行かなくなったりしています。これらが，中心市街地の居住人口の減少に拍車をかけています。

　このような悪循環を断つため，さまざまな政策が実施されてきました。1973年の大店法（大規模小売店舗法）制定以降90年代まで，大型店舗の出店は厳しく規制され，中心市街地の零細な小売商店が保護されてきました。ところが，1998年から2000年にかけて「まちづくり3法」とよばれる法律が制定され，事情が変わります。大店立地法（大規模小売店舗立地法）によって，事実上大型店の新規出店が自由になったのです。同時に中心市街地活性化法と（改正）都市計画法によって，中心市街地の衰退を食い止める枠組みが作られましたが，その効果は非常に限られたものでした[9)10)]。そのため2006年にまちづくり3法は改正され，中心市街地を活性化する枠組みが強化されましたが，目立った効果は出ていません。

　以上のような対症療法が効かないのは，中心市街地の衰退という現象の根底に郊外化という大きな流れがあるからです。抜本的にこの問題を解決するには郊外化を抑制しなければなりません。ところが，このあと本文で述べるように，郊外化には，負の面だけでなく好ましい面もあります。これらを正確に比較検討して，中心市街地衰退の問題を考える必要があります。

図6-9　シャッター通り

ています[11]。

　一方で，現実のデータの分析から，所得の増加は人口の地理的拡散の主要な原因でない，という結論が得られています（Glaeser and Kahn, 2004）。

> **Point**　人口の地理的拡散の要因
> 　　　　＝自動車の普及によって限界通勤費用が下落したこと。

(2) 都市の多核化

　都市の多核化に目を転じましょう。この現象を理解する一つの糸口は，郊外のサブセンターが民間の開発業者によって建設されるという考え方です。開発によって近隣の市場地代が上昇しますが，その上昇分が開発業者の収益になります。開発による収益がその費用を上回るとき，そしてそのときのみ，業者はサブセンターを建設します。利潤が生じる限り業者が参入してきますから，均衡においては開発業者の利潤が0になります。つまり，均衡では開発による収益が開発の費用に等しくなるのです。

　したがって，サブセンターの開発費用が下落するとサブセンターがより多く建設されるようになります。これが多核化のもっとも重要な要因です。20世紀前半までは，サブセンターを建設する際，水上交通や鉄道のターミナル施設を建設する必要がありました。20世紀後半になって貨物輸送に占めるトラック利用の比率が高まると，港湾や貨物鉄道の操車場を建設する必要性が薄れてきました。また，自動車が鉄道などの大量輸送機関にとって代わったことによっても，サブセンター建設費用が下落しました。地下鉄や通勤電車を敷設するには巨額の費用

---

9) 大店立地法は，店舗面積等の量的な基準に基づく規制をやめて，交通渋滞が起きたり騒音が生じたり廃棄物が増加したりすることによって生活環境が著しく悪化する場合にのみ，新規出店を規制することを認めています。また，中心市街地活性化法は，地元の関係者が策定した基本計画を国が審査して認定し，認定した地域に集中的に施策を行うことを定めています。最後に，（改正）都市計画法は，自治体に，地域を定めて大規模小売店舗の出店を禁止することを認めています。

10) 補助事業の行われた自治体のうち，1997年から2003年の間に69.4%の自治体で中心市街地の人口が減少し，1997年から2002年の間に92.5%の自治体で中心市街地の商店数が減少し，同じ時期に94.2%の自治体で中心市街地の商品販売額が減少しています（総務省，2004）。

11) 日本に関する研究には，たとえば栗田・中川（2006）があります。

がかかります。大量輸送機関が広く利用される都市では，サブセンター開発にあたってそのような投資を行う必要がありますが，自動車がおもな移動手段である都市ではそのような投資を行う必要がありません。こうしてサブセンター建設費用が下落した結果，多くのサブセンターが建設されるようになったのです。

もう一つの要因は，集積の経済の重要性の低下です。インターネットを中心とする通信技術の発達は通信費の下落をもたらし，自動車の普及は都市内輸送費・移動費の下落をもたらしました。この結果，以前よりも，企業が都心に立地する必要性は小さくなりました。郊外のサブセンターに立地してもそれなりの利潤が期待できるため，郊外の付け値地代は上がります。これは郊外の市場地代の上昇をもたらし，開発業者はサブセンター開発からより大きな収益を得ることができるようになったのです。

> **Point** 都市の多核化の要因
> $= \begin{cases} 自動車の普及等によるサブセンター開発費用の下落。\\ 通信技術の発達等による集積の経済の重要性の低下。\end{cases}$

以上の説明の詳細は，この章の「補論Ⅱ」を参照してください。

郊外化の便益と損失

最後に，郊外化が好ましいことなのかどうかを検討しましょう。

これまでの分析から明らかなように，郊外化の進展に伴い二つの便益が生じます。一つは通勤時間の短縮による通勤費用の下落です。これは，郊外化によってもたらされる便益というよりは，郊外化と同じ原因（自動車利用の増大）によってもたらされる便益です。もう一つの便益は，一戸あたりの住宅面積が広くなることです。

一方で，郊外化は次のような費用を伴います。
- **不公正な分配**：郊外化は自動車の利用と結びついています。自動車を利用できない人はその恩恵に浴することができません。その結果，自動車を利用できる人と利用できない人との間で格差が生じます。自動車を利用できない人は，アメリカではおもに低所得者層ですが，日本ではおもに高齢者層です。高齢者層が中心市街地に取り残され，それが世代間の分配の不公正をもたらします。

- 交通の混雑：自動車交通の増大は，とくに郊外部での混雑を誘発します。
- 環境問題の悪化：郊外化によって農地や森林が宅地化し，その面積が縮小します。また，自動車交通の増大によって大気汚染が進むと同時に，温暖化ガスの排出が増えます。
- 集積の経済から得られる便益の減少：都心に集積することによって得られたはずの便益が減少します。
- 固定費用の増大：利用可能なインフラストラクチャーや公共施設等が都心に存在するにもかかわらず，新たにそれらを郊外のサブセンターに建設する必要が生じます。その費用は社会が負担しなければなりません。
- サブセンター開発業者間の戦略的競争による非効率性：サブセンターを開発する業者が戦略的に行動することによって，資源配分が非効率的になる可能性があります。

郊外化の是非を論じる際には，以上のような便益と費用を正確に天秤にかける必要があります。

◆ キーワード
小開放都市，閉鎖都市，比較静学分析，限界通勤費用，包絡線，郊外化，都市の多核化，サブセンター，開発費用

◆ 練習問題

1. 都市内の土地がすべて住宅地として利用されている場合を考えましょう。ある小開放都市で都市内交通が改善され，その都市の住民の効用水準が上昇したとします。この結果，短期的には小開放都市にどのような変化が起こるでしょうか。また，長期的にはどのような変化が起こるでしょうか。さらにこのことから，小開放都市における交通改善政策について，どのような注意が必要だと言えるでしょうか。

2. 人口が P である閉鎖都市を考えます。それぞれの消費者の土地の消費量は一定で，$\bar{x}$ に等しいとします。通勤費用は都心からの距離に比例します。つまり，$t(d) = \tau d$ です。

    (1) 市場地代曲線と都市の広さ b を求めましょう。

    (2) 農業地代が下落したとき，都市人口が増大したとき，（限界）通勤費用が下落したとき（τ が下落したとき），市場地代曲線と都市の広さ b がどう変化するか，計算しましょう。

3　都市内の土地がオフィスと住宅の二つの用途に利用されている場合を考えます。オフィスは都心近くに立地し，住宅は郊外に広がっています。今，ある都市の政府が税や補助金を通じてその都市内の企業を優遇する政策をとり，その結果，オフィスの付け値地代が上方にシフトしたとします。このとき，その都市の広さと住宅地の地代はどのように変化するでしょうか。閉鎖都市と小開放都市の二つのケースについて考えましょう。ただし，企業はすべての都市で同一の利潤を得ているものとします。

4　農業地代の変化によって郊外化が進む可能性があります。都市内住宅立地理論に基づいて説明しましょう。

5　中心市街地の衰退を食い止めるには，どのような方法が効果的でしょうか。また，それらの方法はどのような弊害をもたらすでしょうか。本文で説明した郊外化の要因に即して考えましょう。

補論 I　閉鎖都市における限界通勤費用の下落

　本文で，限界通勤費用の下落が閉鎖都市の都市構造にどのような影響を与えるかを比較静学分析で調べました（第2節 (2)）。その際，効用水準が，都市に近いところで相対的に低くなり，郊外部で相対的に高くなることを確認しました。このことから，図6-5（147ページ）の三つのケースが起こりうることになりますが，実際には (c) のケースのみ生じうると述べました。このことを説明しましょう。

　(a) のケースは，変化後の市場地代曲線 $R'(d)$ が都市の全域にわたって変化前の曲線 $R^0(d)$ の下に来るケースです。この場合，純所得は増加するかあるいは一定のままであるにもかかわらず市場地代が下がりますから，個々の消費者の土地の需要量は増大します。ところが，図から明らかなように，b は b^0 から b' に低下し，都市は小さくなります。閉鎖都市では都市の人口が一定ですから，個々の消費者がより広い土地を消費しながら都市が小さくなることはありえません。したがって，このようなケースは論理的に起こりえません。

　(b) のケースは，変化後の市場地代曲線が都市の全域にわたって変化前の曲線の上に来るケースです。このケースも論理的に起こりえません。このことを理解するために，まず，都心に住む消費者を考えましょう。本文で説明したように，この消費者の純所得は τ に依存しません。もし図に描かれているように市場地代が上昇すると，この消費者はより狭い土地しか消費することができなくなり，得られる効用の水準が下がります。ところが，立地均衡では都市内のどこに立地しても効用の大きさが同じにならなければならないので，都心以外の地点に立地する消費者の効用水準も下落しているはずです。しかし，都

心以外の地点では純所得が増加しています。純所得が増加し，かつ市場地代が上昇したときに効用水準が下落するためには，個々の消費者の需要する土地が小さくなっていなくてはなりません（このことは，図6-4の(a)と同じような図を描いて確かめることができます）[12]。それにもかかわらずbはb^0からb'に上昇し，都市は拡大しています。これは矛盾です。

補論 II　都市の多核化の理由

この補論では，簡単なモデルで，本文で述べた都市の多核化の理由を説明します[13]。

次ページの図6-10を見てください。上のパネルの曲線ABは，それぞれの地点で働いたときの所得（賃金）の水準を表しています。所得は都心から離れるほど低くなっていますが，これは，都心に近いほど，より大きく集積の経済の恩恵にあずかることができるからです（集積の経済については，第3章を参照してください）。

今，都心からd_1離れたところにサブセンター1が建設されたとしましょう。サブセンターは都心の中心業務地区と同じように，広さをもたない点であるとします。都心とサブセンター1との間に住む消費者を考えます。この消費者は都心からdだけ離れたところに立地しているとしましょう（$d < d_1$）。さて，都心で働いた場合，この消費者は所得のy_0から都心までの通勤費用を差し引いた額の純所得を得ることができます。簡単化のために，通勤費用が距離に比例し，正のパラメータτに対して$t(d) = \tau d$と表されると仮定しましょう。このとき，消費者の純所得は$y_0 - \tau d$になります。これは直線ACで表されています。一方，この消費者はサブセンター1で働くこともできます。このときの純所得は，サブセンター1で得られる所得y_1からそこまでの通勤費用$\tau(d_1 - d)$を引いたものになります。これは直線DEで表されています。消費者はより高い純所得が得られる場所で働くので，結局，直線ACと直線DEの交点の点Fよりも都心に近いところに住む消費者が都心で働き，その点よりも都心から離れたところに住む消費者がサブセンター1で働くことになります。サブセンター1よりもさらに都心から離れたところにサブセンター2が建設された場合も，同様に考えることができます。サブセンター1で働く消費者とサブセンター2で働く消費者の分布の境目は点Gで与えられます。このように考えると，図のb_1よりも都心に近い地域に住む消費者は都心で働き，b_1とb_2の間に住む消費者はサブセンター1で働き，b_2よりも郊外に住む消費者はサブセンター2で働くということになります。

---

12) ここでは，土地が正常財だと仮定しています。
13) ここでの説明は，Henderson and Mitra（1996）に基づきます。

図 6-10 サブセンターの形成

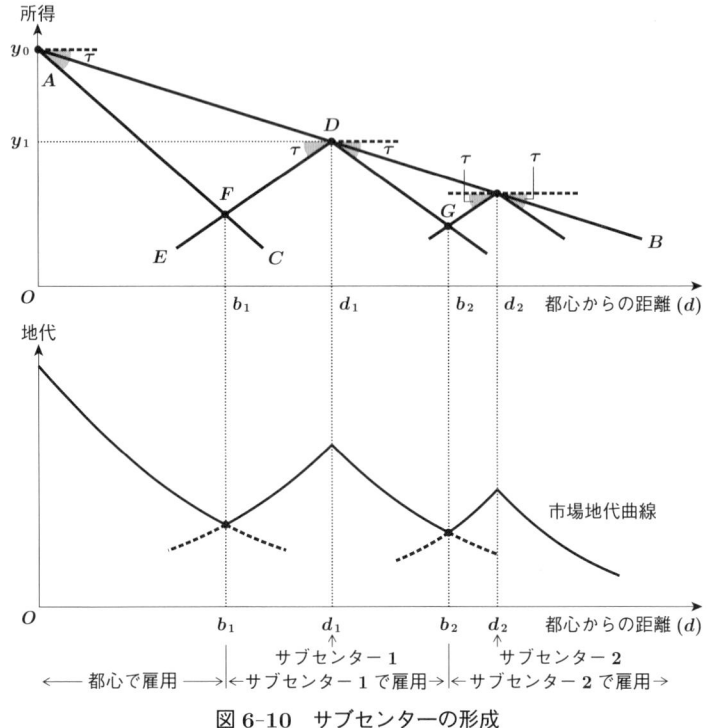

　さて，消費者が同質なとき，すべての消費者の効用水準は同じになります。しかも，立地均衡においては，どこに住んでも同じ水準の効用が得られなければなりません。したがって，通勤費用が低い場所ではその分地代が高くなっているはずです。つまり，サブセンターに近い土地は，サブセンターから離れた土地よりも地代が高くなります。このように考えると，市場地代は図 6-10 の下のパネルの曲線のようになることがわかります。

　それぞれのサブセンターの開発業者は，市場地代の上昇分だけ収益を得ることができます。図から推測できるように，他の条件が同じならば，サブセンターの間隔が広いほど開発業者の収益が大きくなります。したがって，あまり間隔が広くなりすぎると，既存のサブセンターの間に別のサブセンターを建設しようとする業者が現れてきます。このことは，サブセンターの間隔にはある臨界値があって，間隔がそれを上回ってしまうような配置は均衡ではない，ということを意味します。この最大間隔は，サブセンターの建設費用が高いときほど大きくなります。たとえ既存のサブセンターの間が広く開いていてサブセンターの建設によって大きな開発利益が見込めるとしても，建設費用が高いと，利潤がそ

の分低くなってしまうからです。また，最大間隔は，集積の経済が強くはたらくときほど大きくなります。そのときには勤務地が都心から離れると所得が大きく低下するため，サブセンターを建設しても広い範囲から雇用を獲得することができません。したがって，サブセンターの近隣の土地の地代はそれほど上昇せず，開発業者の得る収益は低い水準にとどまります。そのため，都心から充分に離れたところでしかサブセンターが開発されません。

　このように考えると，本文で述べたように，サブセンター開発費用の下落と集積の経済の重要性の低下が都市の多核化を引き起こすことになります。

第Ⅲ部
土地・住宅・交通

市場メカニズムと経済政策

❑ 第Ⅲ部の構成

　第Ⅲ部では，都市を理解する上でもっとも重要になる，土地と住宅，交通の三つの市場について，二つの点を明らかにします。第一は，それぞれの市場で価格がどのように決定されるかということです。第二は，各市場がどのような問題を抱えており，その問題を解決するためにどのような政策がとられうるか，ということです。

　第7章では，政策的介入が必要になる理由を整理し，政策的介入にどのような弊害があるかを考察します。都市を対象とする政策だけでなく，経済政策一般を念頭に置いて議論を進めます。基本的なミクロ経済学を学んだことのある読者にとっては，すでに知っていることがほとんどだと思います。ただ，都市をめぐる政策を理解する上で欠かすことのできない内容ですから，復習の意味で一読することをお勧めします。第8章では土地市場における地価決定のメカニズムを考察し，第9章では土地政策を議論します。同様に第10章では住宅市場における住宅の資産価格決定のメカニズムを分析し，第11章では住宅政策を検討します。最後の第12章では，都市交通の抱える問題とその解決策を論じます。

第 7 章

政策的介入が必要な理由

　都市経済学は，土地や住宅，交通などに関するさまざまな政策を検討するための分析枠組みを提供してくれます。都市を対象とした政策に限らずどのような政策でも，政策を議論する際には，まず，いかなるときに政府が市場に介入すべきかを明らかにしなければなりません。つまり，政府が介入せずに市場メカニズムに委ねた場合，どのようなときに好ましい結果が生じ，どのようなときに好ましくない結果が生じるかを明らかにしなければなりません。そのためには，はじめに，何が「好ましい」結果なのかを明確にしておく必要があります。

　序章の議論を思い出しましょう。経済学の目的は，配分と分配がどのようになされるかを明らかにすることだと述べました。このことから，経済学の見地から見て「好ましい」結果とは，配分と分配がうまくいっている結果だと考えることができます。**配分の効率性**（efficiency）と**分配の公正さ**（equity）が望ましさの基準なのです。のちほど詳しく述べますが，「市場の失敗」とよばれる現象が起こらない限り，市場メカニズムは効率的な配分を実現します。したがって，政策的介入が必要になるのは，市場の失敗が起こるときと，分配が公正に行われないときであると言うことができます。

　以下，はじめに総余剰という概念を用いて配分の効率性を定義します。次いで，市場の失敗が起こらなければ，市場メカニズムが効率的な配分に成功することを説明します。このときに政策的介入を行うと，配分は歪んでしまいます。そのことを，代表的な政策の道具である税と補助金を例に確認します。最後に，どのようなときに市場が失敗するかを概観し，そのときに必要となる経済政策を議論します。

1 総余剰と効率性

はじめに**総余剰**（total surplus）の概念を説明します。これは社会的厚生の尺度で，配分がどれだけ効率的になされているかを判定する基準になります。

以下，ある財の市場を考え，それ以外の財の価格が一定であると仮定して分析を進めましょう[1]。総余剰はすべての余剰を合計したものです。余剰には，**消費者余剰**（consumer surplus）と**生産者余剰**（producer surplus），場合によってはそれに加えて，税収や補助金支出に関わる余剰，そして後述する「外部性」に関わる余剰，があります。

> **Point** 総余剰（効率性の尺度）＝消費者余剰＋生産者余剰
> 　　　　　　（＋税収や補助金支出に関わる余剰＋外部性に関わる余剰）。

はじめに消費者余剰と生産者余剰を説明します。消費者余剰は，消費者が市場で取引を行うことによって，全体でどれだけ利益を得るかを表します。生産者余剰は，同じことを生産者について考えたものです。

1.1 消費者余剰

市場需要曲線

ある財の需要曲線を考えましょう。個々の消費者の需要曲線は，価格が与えられたときにそれぞれの消費者がどれだけ財を消費しようとするかを表す曲線でした。個々の消費者の需要曲線を水平方向に合計すると，**市場需要曲線**（market demand curve）が得られます。図7-1を見てください。図には，ある財に対する2人の消費者の個別需要曲線が描かれています。価格が p^0 のとき，消費者1は q_1^0 だけ消費しようとし，消費者2は q_2^0 だけ消費しようとします。したがって，2人の需要の合計は，$q_1^0 + q_2^0$ になります。最後のパネルはそのような需要の合

---

[1] このような分析方法は**部分均衡分析**（partial equilibrium analysis）とよばれます。これに対して，それぞれの財の需要量や供給量が，その財と関係する別の財の価格に影響されることを明示的に考えに入れた分析を，**一般均衡分析**（general equilibrium analysis）とよびます。

図 7-1 市場需要曲線

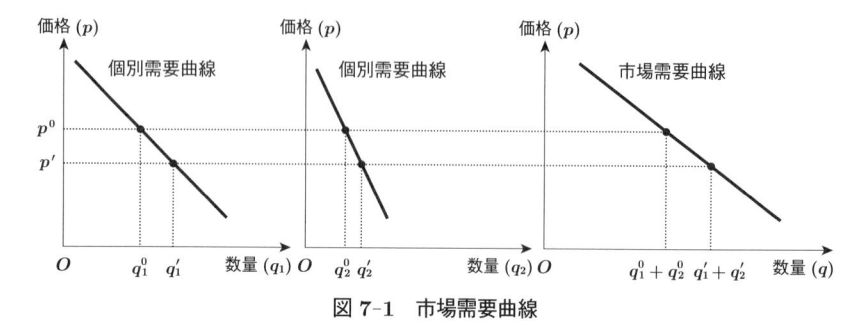

計を表しています。同じことは別の価格 p' についても言えます。あらゆる価格について同じように考えると、市場にこの2人がいるときの市場需要曲線は、個別の需要曲線を水平方向に足し合わせたものになることがわかります。こうして得られた市場需要曲線は、価格が与えられたときに市場全体でどれだけの需要が生じるかを表します。

ここで、市場需要曲線を別の角度から見てみましょう。財の量が少しずつ増えたとします。消費者が与えられた数量だけちょうど需要するためには、財の価格が下がっていかなくてはなりません。市場需要曲線は、価格がどの程度下がっていかなくてはならないかを教えてくれます。たとえば図 7-2 で、q^0 だけ財を需要させるためには価格は p^0 で問題ありませんが、さらに多く q^0+1 だけ需要させるためには、p' まで下がらなければなりません。言い方を換えると、q^0 単位目の財を買う人にとって財は p^0 円の価値があるのに、q^0+1 単位目の財を買う人にとってはたかだか p' 円の価値しかありません。このように、需要曲線は、q^0 単位目の財や q^0+1 単位目の財を買う人にとっての、その財1単位の主観的価値または「評価額」を表していると考えられます。このことを、需要曲線は**限界評価額**（marginal evaluation）を表している、と表現します。また、財1単位が需要曲線の高さに等しい価値をもっているということは、それを消費することで消費者はその分だけの「便益」を得られるということです。このような理由で、需要曲線は消費者の**限界便益**（marginal benefit）を表していると考えることもできます。

> **Point** 需要曲線は、最後の1単位を買う消費者にとっての財の評価額または便益を表す。

図 7-2　消費者余剰

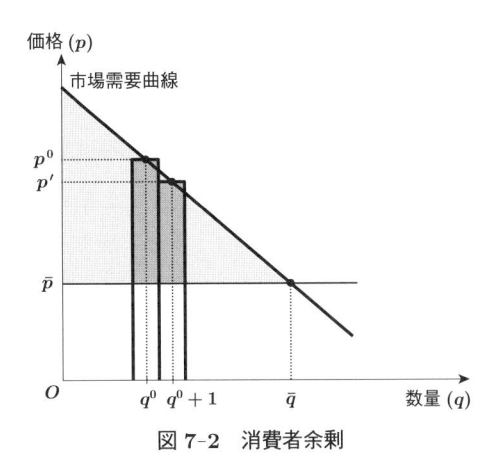

消費者余剰の導出

　今，市場価格が $\bar{p}$ だったとしましょう。図7-2で，q^0 単位目の財を買う消費者は，その価値を p^0 円と評価しています。つまり，それに対して p^0 円まで支払ってよいと考えています。ところが，この消費者は市場価格を支払えば財を手に入れることができます。つまり，p^0 円まで支払う気があるのに，$\bar{p}$ 円だけ支払えば財を消費できるのです。二つの価格の差額 $p^0 - \bar{p}$ は，この消費者が市場で取引を行うことから得られる利益を表しています。図ではその大きさが棒状の長方形で描かれています。同じような議論が $q^0 + 1$ 単位目の財を買う消費者についても成立します。彼が支払ってよいと考える価格は，少しだけ p^0 円より低い額になります。それが p' 円であるとすると，彼が市場での取引から得る利益は，$p' - \bar{p}$ で表されます。これもまた棒状の長方形で描かれています。

　さて，市場価格は $\bar{p}$ ですから，$\bar{p}$ の位置の水平線が市場需要曲線とぶつかるところまで，すなわち，$\bar{q}$ だけ，財が需要されます。実際にその分量，財が購入されたとしましょう。$\bar{q}$ 単位の財のそれぞれについて，それを消費する消費者が先ほど説明したような利益を得ることになります。したがって，棒状の長方形をすべての購入者について考え，その面積を合計してやれば，市場全体で発生する利益の総額が求まります。

　財の単位の取り方を小さくしていきましょう。つまり，棒状の長方形の幅を狭くしていくのです。そうすると，長方形の面積の合計は灰色の三角形の面積に近づきます。したがって，財の単位が限りなく0に近いとき，つまり財が連続的

第7章　政策的介入が必要な理由　171

なとき，消費者が市場で取引することから得られる利益の合計——すなわち消費者余剰——は，その三角形の面積に等しくなります。次のようにまとめることができます[2]。

> **Point** 消費者余剰：消費者が市場で取引することから得られる利益の合計。
> 市場需要曲線の下側，市場価格を表す水平線の上側，取引される数量を表す垂直線の左側，の部分の面積で表される。

1.2 生産者余剰

市場供給曲線

　生産者余剰も消費者余剰と同じように定義することができます。需要曲線ではなく供給曲線を考えましょう。需要曲線と同じように，個々の生産者の供給曲線を水平方向に足し合わせることで，**市場供給曲線**（market supply curve）が得られます。市場供給曲線は，財の価格が与えられたとき，市場全体で生産者がその財をどれだけ供給しようとするかを表します。

　さて，需要曲線と同じように，供給曲線をこれまでとは違った面から解釈してみましょう。財の量を少しずつ増やしていったとします。与えられた数量だけ企業に供給させるには，財の価格は上がっていかなくてはなりません。市場供給曲線は，価格がどの程度上がっていかなくてはならないかを教えてくれます。つまり，与えられた数量の最後の1単位を生産する企業が売ってもよいと思う最低限の価格を表しているのです。この理由を理解するには，供給曲線が限界費用曲線の一部分だったことを思い出してください。限界費用は財を1単位余分に生産するときの費用の増分です。企業は，それよりも価格が低ければ財を1単位余分に生産しようとせず，逆にそれよりも価格が高ければ財を1単位余分に生産しようとします。その意味で限界費用は，企業が生産してもよいと考える，そして売ってもよいと考える，最低限の価格なのです。

---

2) 取引される数量が $\bar{q}$ のときには，「取引される数量を表す垂直線の左側」という条件は効いてきません。しかし，何らかの理由で取引される数量が $\bar{q}$ にならない場合，この条件が効いてきます。

図 7-3　生産者余剰

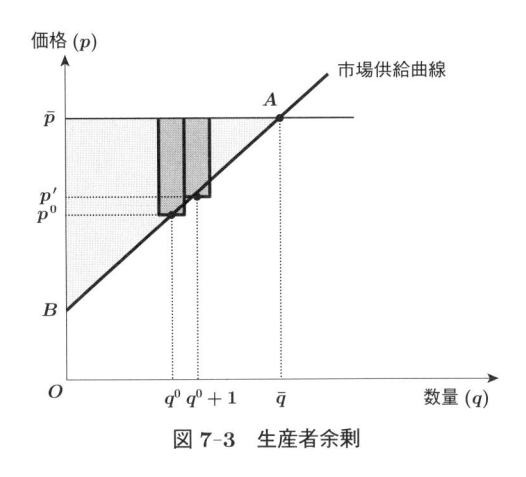

> **Point**　供給曲線は，最後の 1 単位を売る企業が，売ってもよいと考える最低限の価格を表す。

生産者余剰の導出

再び財の市場価格が $\bar{p}$ だったとしましょう。企業は，財を市場で売ることによってどれだけの利益を得られるでしょうか。図 7-3 を見てください。図には市場供給曲線が描かれています。q^0 単位目の財を売る企業は，p^0 円ならばそれを売ってもよいと考えています。ところが，この企業は市場価格の $\bar{p}$ 円でそれを売ることができます。したがって，市場で取引することによって，この企業は $\bar{p} - p^0$ 円の利益を得ます。図ではこの大きさが棒状の長方形で描かれています。$q^0 + 1$ 単位目の財を売る企業についても同じような議論が成り立ちます。この企業が売ってもよいと考える価格は，p^0 円よりも少し高い額の p' 円です。この企業にとっての市場取引の利益は $\bar{p} - p'$ 円になります。これもまた棒状の長方形で描かれています。

市場価格が $\bar{p}$ のときには $\bar{q}$ 単位の財が供給されます。企業は，$\bar{q}$ 単位の財のそれぞれについて，先ほど述べた利益を得ることになります。消費者余剰を導出したときと同じように棒状の長方形をすべての企業について合計してやると，生産者の利益の総額が求まります。財が連続的なとき，それは図 7-3 の灰色の三角形の面積に等しくなります。これが生産者余剰（企業が市場で取引することから得

られる利益の合計）の大きさです[3]。

> **Point** 生産者余剰：企業が市場で取引することから得られる利益の合計。
> 供給曲線の上側，市場価格を表す水平線の下側，取引される数量を表す垂直線の左側，の部分の面積で表される。

なお，生産者余剰は利潤と固定費用の合計になります。このことは次のように確認できます。もう一度図 7-3 を見てください。生産者余剰は，長方形 $O\bar{q}A\bar{p}$ の面積から台形 $O\bar{q}AB$ の面積を引いたものに等しくなります。長方形 $O\bar{q}A\bar{p}$ の面積は $\bar{p}$ に $\bar{q}$ を掛けたものですから，生産者が $\bar{q}$ 生産したときの収入を表します。また，完全競争市場において供給曲線は限界費用曲線になります。そして，第 2 章の第 3.2 節で説明したように限界費用曲線の下側の領域の面積は可変費用の大きさに等しくなるので（60〜61 ページ），台形 $O\bar{q}AB$ の面積は可変費用を表します。つまり，

$$生産者余剰＝収入－可変費用$$

が成立します。一方，利潤は収入から費用を引いたものですが，費用は可変費用と固定費用に分けられるので，

$$利潤＝収入－可変費用－固定費用$$

となります。これら二つの式から，生産者余剰が利潤と固定費用の和であることがわかります。

> **Point** 生産者余剰＝利潤＋固定費用。

---

[3] 取引される数量が $\bar{q}$ のときには，「取引される数量を表す垂直線の左側」という条件は効いてきません。しかし，何らかの理由で取引される数量が $\bar{q}$ にならない場合，この条件が効いてきます。

2 市場均衡の効率性と政策的介入

2.1 市場均衡の効率性

はじめに，政府の政策的介入がなく，後述する「市場の失敗」が存在しない場合を考えましょう。このとき，総余剰は消費者余剰と生産者余剰の合計になります。財がどれだけ生産されるかによって三つの場合を区別し，それぞれの場合について総余剰の大きさを調べます。

第一は，需要曲線と供給曲線の交点で生産量が決まる場合です。次ページの図7-4のq^*がそのような数量です。この数量だけちょうど売り尽くされる価格はp^*になります。総余剰の大きさは△ABEの面積に等しくなります。

次に，財の生産量がq^*よりも少なく，q^0である場合を考えましょう。次ページの図7-5を見てください。生産された量が過不足なく売り切られる価格はp^0になります。総余剰は台形$ABCF$の面積に等しくなりますが，これは明らかに△ABEよりも小さくなります。したがって，需要曲線と供給曲線の交点で生産量が決まる場合に比べて，効率性が低くなっています。

残っているのは財の生産量がq^*よりも多い場合です。同じように考えれば，この場合も総余剰の大きさが最初の場合より小さくなることがわかります。

> ◆ 確認問題 ◆
>
> **生産量が均衡の生産量を上回る場合の損失**　生産量が均衡の生産量を上回るとき，消費者余剰と生産者余剰および総余剰は，需要曲線と供給曲線が描かれた図のどの部分の面積に等しくなるでしょうか。

以上のことから，生産量が需要曲線と供給曲線の交点で決まる場合に，総余剰がもっとも大きくなることがわかりました。

ここで，序章の議論を思い出しましょう。市場メカニズムのもとでは，生産量が需要曲線と供給曲線の交点で与えられます。これを**市場均衡**とよびました。それゆえ，上で得られた結論は，市場均衡のもとで総余剰がもっとも大きくなると言い換えることができます。

図 7-4　市場均衡

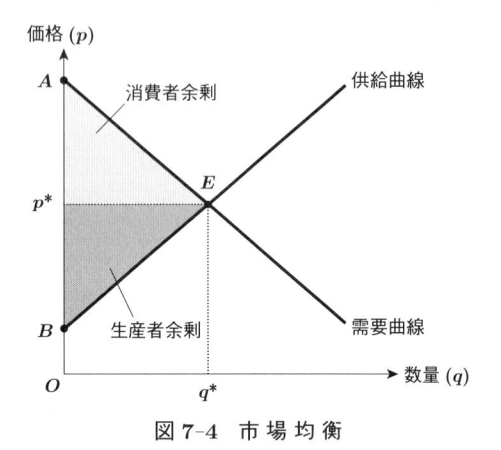

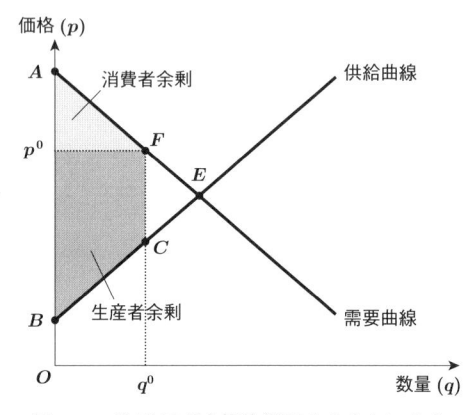

図 7-5　取引量が市場均衡量より少ないとき

> **Point**　政府の介入がなく，市場の失敗が起こらない限り，市場均衡のもとで総余剰がもっとも大きくなる。

　総余剰は効率性の尺度なので，このことは，市場均衡がもっとも効率的な配分をもたらすことを言っています。

　この結論は，経済学の始祖であるアダム・スミスにさかのぼります。彼は1776年の『国富論』で，個人個人が自分の利益だけを追求することによって，あたかも（神の）見えざる手（invisible hands）に導かれるように，社会にとってもっとも好ましい結果がもたらされる，と主張しました。この考えは，その後厳密な理論体系に定式化され，**厚生経済学の第一基本定理**（the first fundamental theorem of welfare economics）として知られるようになっています。

2.2 政策による効率性の損失

引き続き，「市場の失敗」が存在しない場合を考えましょう。

第2.1節で，政府の政策的介入がないとき，市場均衡のもとで配分がもっとも効率的になることを見ました。政府が市場に介入するとどうなるでしょうか。どのような形であれ，政府が介入すると，市場均衡の場合よりも配分が非効率になります。ここでは，もっとも代表的な経済政策である課税政策を例に，このことを確かめます。

課税による需要曲線のシフト

ある財の消費に対し，価格の一定割合 t の比率で税金がかけられたとします。図7-6を見てください。税がかからない場合の需要曲線が実線で示されています。財の価格が p^0 のとき，消費者は q^0 だけこの財を需要します。税がかかると消費者が支払わなければならない価格は高くなります。p の価格の財を手に入れるためには，tp だけの税金を払わなくてはなりません。つまり，実際に支払う価格は $(1+t)p$ になります。したがって，財の価格が p^0 のままだと，消費者の支払う価格は $(1+t)p^0$ になり，需要量は q^0 を下回ります。

それでは，税がかかる場合に消費者がちょうど q^0 だけ財を需要するためには，価格はいくらでなければならないでしょうか。少し考えれば，$p^0/(1+t)$ である

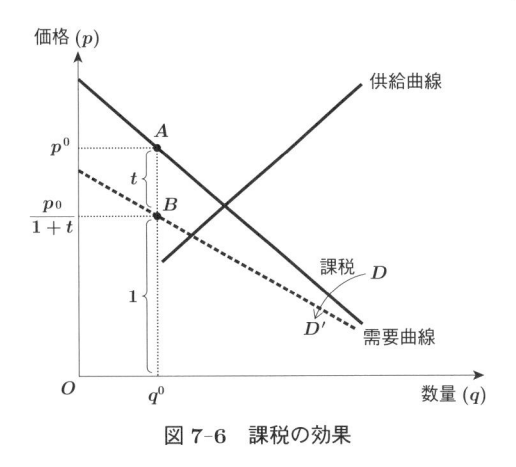

図 7-6 課税の効果

ことがわかります。なぜなら，財の価格が $p^0/(1+t)$ であれば，税込みの支払額がちょうど p^0 になるからです。そのように考えると，税がかかった場合の需要曲線は，価格が $p^0/(1+t)$ のときに数量が q^0 となる点，つまり点 B を通ることになります。

　この議論は，税がかからない場合の価格 p^0 がどのような水準であっても成立します。したがって，税がかかる場合の需要曲線の高さは，税がかからない場合の需要曲線の高さを $1/(1+t)$ 倍したものになります。言い換えると，高さが $1/(1+t)$ 倍になるように，元の需要曲線を下に（反時計回りに）回転させたものになるのです。図 7-6 では，税がかかる場合の需要曲線が点線で示されています。

　ここで，二つの需要曲線の間の垂直距離が，財の各単位を購入する消費者が支払う税額に等しいことに注意しましょう。q^0 単位目の財を需要する消費者は，財の販売価格 $p^0/(1+t)$ に対して，t の比率で税を支払わなくてはなりません。つまり，$tp^0/(1+t)$ だけの税を支払うのです。線分 AB の長さを求めると，$p^0 - p^0/(1+t) = tp^0/(1+t)$ になります。したがって，この消費者の支払う税額は，線分 AB の長さに等しくなることがわかります。

課税による総余剰の変化

　さて，課税によって総余剰がどのように変化するか，調べましょう。図 7-7 の左のパネルは，税のかからない場合を，右のパネルは税のかかる場合を表します。

　税がかからない場合の均衡価格と均衡取引量は p^* と q^* なので，消費者余剰

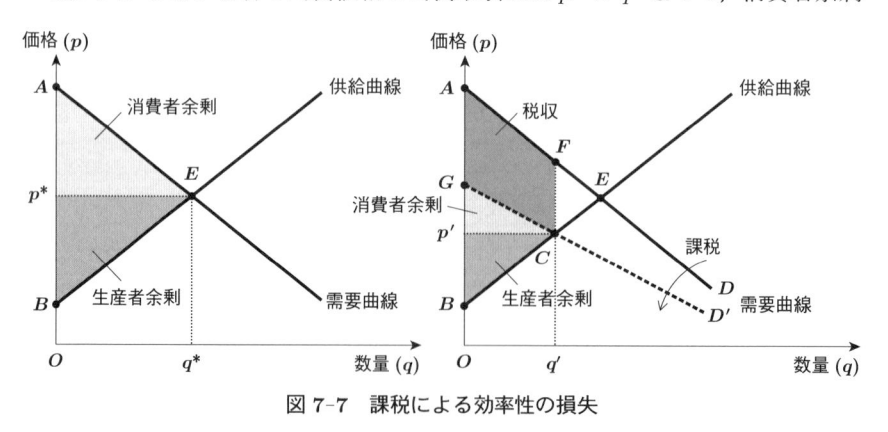

図 7-7　課税による効率性の損失

と生産者余剰はそれぞれ $\triangle Ap^*E$ と $\triangle Bp^*E$ の面積で表されます。総余剰は，$\triangle ABE$ の面積に等しくなります。

 税がかかる場合を考えましょう。この場合の均衡価格と均衡取引量は，p' と q' なので，消費者余剰と生産者余剰はそれぞれ $\triangle Gp'C$ と $\triangle Bp'C$ の面積で表されます。したがってこれら二つの余剰の合計は $\triangle GBC$ の面積に等しくなります。この場合，総余剰の大きさがこの三角形の面積ではないことに注意してください。それは政府が税収を得ているからです。政府の税収は，少なくとも長期的には消費者や企業に還元されます。それは，何らかの財やサービスの形で提供されるかもしれませんし，補助金の形で分配されるかもしれません。いずれにせよ，総余剰は，消費者余剰と生産者余剰の合計に税収を加えたものになります。

 さて，政府の税収はどれだけになるでしょうか。先ほど，税がかかる場合の需要曲線と税がかからない場合の需要曲線との間の垂直距離が，財の各単位を消費する消費者の支払う税額に等しくなることを説明しました。0単位目から q' 単位目までの財が消費されるので，消費者の支払う税額の合計は台形 $AGCF$ の面積になります。これが政府の税収です。税収を含む総余剰の大きさは，$\triangle GBC$ の面積と台形 $AGCF$ の面積を足し合わせたものですから，結局，台形 $ABCF$ の面積になります。

 総余剰の大きさは，税がかからない場合に $\triangle ABE$ の面積に等しくなり，税がかかる場合に台形 $ABCF$ の面積に等しくなることがわかりました。課税によって $\triangle FCE$ の面積の分だけ余剰が小さくなっています。これが課税による効率性の損失を表します。

 同じことは補助金政策についても言えます。支出する補助金は，政府が何らかの形で消費者や企業から徴収したものです。したがって，補助金の総額を消費者余剰と生産者余剰の合計から差し引かなくてはなりません。次の「確認問題」を解くことによって，補助金がマイナスの税金であることがよく理解できると思います。

◆ 確 認 問 題 ◆

補助金による資源配分の歪み　ある財の消費に対し，一定割合 s の比率で補助金が与えられるとします。このとき，その財に対する需要曲線はどのようにシフトするでしょうか。また，その結果，総余剰の大きさはどのように変化するでしょうか。

第7章　政策的介入が必要な理由

このように，一般的に，政府が政策介入すると，配分の効率性が損なわれます。

> **Point** 「市場の失敗」が存在しない限り，政府が介入すると配分の効率性が損なわれる。

2.3 政策的介入が正当化される理由

これまで見てきたように，「市場の失敗」が存在しない場合には，市場メカニズムがもっとも効率的な配分をもたらし，政府の政策的介入は配分の効率性を損ないます。このことから，もし効率的な配分を目的に政府が市場に介入するとしたら，それは「市場の失敗」が起こるときに限られると結論することができます。

一方，はじめに述べたように，「好ましい」結果とは，配分が効率的であり分配が公正である結果です。このことを考え合わせると，次のように言うことができます。政府が市場に介入するのを正当化する理由は，二つしかありません。市場の失敗があるときにその弊害を軽減もしくは解消してより効率的な配分を達成することと，公正な分配を実現することです。

> **Point** 政策的介入が正当化されるのは，市場の失敗があって配分が効率的になされないときと，分配が公正に行われないときである。

効率的な配分の達成に関しては中立的な議論を進めることができますが，公正な分配の実現に関しては必ずしもそうは行きません。それは，効率性が客観的に定義できる概念であるのに対して，何が公正で何が公正でないかは何らかの「価値」に依存して決まるからです。たとえば，社会の成員がすべて「それなりに」物質的に豊かな暮らしを送ることが公正だという考え方に反対する人は少ないでしょう。問題なのは「それなりに」の程度です。それを低めに設定する人は，所得の低い家計に対して少額の公的扶助を与えることしか認めません。所得再分配はそれほど必要ないと考えます。一方で，「それなりに」の程度を高めに設定する人は，所得再分配を充分に行って人々が平等になることを良しとします。このように，何が「それなりに」なのかは人々の**価値判断**に依存し，正解はありません。

ただし，一度何が公正な分配かを決めてしまえば，それを実現するためにどの

ような政策が有効かを中立的に議論することができます。たとえば，貧しい人にも住宅を行き渡らせることが公正な分配であり，そのために住宅を増やさなければならない，ということに社会的な合意が得られれば，経済学の分析道具を用いて，それを実現するための政策を考えたり評価したりすることができます。新築住宅にかかる税を減免する政策や，公共住宅を建設する政策などが俎上に載せられるでしょう。この過程においては価値判断の必要がないのです。

3 市場の失敗

これまで，内容にふれずに「市場の失敗」という言葉を使ってきました。今までの議論からすでにおわかりかと思いますが，**市場の失敗**（market failure）とは，何らかの理由で市場メカニズムが効率的な配分に失敗することを言います。前節で見たように，市場の失敗があるときには，効率的な配分を達成するために政府が市場に介入することが正当化されます。

> **Point** 市場の失敗：市場メカニズムが効率的な配分に失敗すること。

市場の失敗が起こる状況には，代表的なものに次の四つがあります。

3.1 不完全競争市場

市場の失敗が起こる第一の状況は，市場が**完全競争**（perfect competition）市場でなく，**不完全競争**（imperfect competition）市場である状況です。

経済学では，しばしば完全競争市場を想定します。これは，価格を所与として（プライス・テーカーとして）行動する多数の経済主体から成る市場のことです。具体的には，通常，以下の四つの条件が成立している市場を指します。

(1) 同種類の財を生産する企業の生産物は同質である。
(2) 家計や企業は多数存在し，個々の取引量は全体に比べて充分に小さい。
(3) 個々の家計や企業は，他の家計・企業に与える影響を考慮しない。
(4) 長期的には企業の市場への参入と市場からの退出が自由に行われる。

完全競争市場では，同じような生産物を作っている企業がほかにもたくさんいるため，市場で決まる価格よりも少しでも高い価格をつけると，財はまったく売れなくなってしまいます。したがって，企業は価格をコントロールできず，市場で決まる価格を所与として行動することになります。

　このような条件が成立していない市場が不完全競争市場です。不完全競争市場においては企業が価格をコントロールすることができます。つまり，市場価格より少し高い価格をつけてもすべての需要を失うことはありません。この意味で，企業は**独占力**（monopoly power）をもっています。不完全競争市場には，財を生産する企業が一つしか存在しない**独占**（monopoly）や少数しか存在しない**寡占**（oligopoly）といった市場があります。

　一般に，不完全競争市場においては，市場均衡のもとで生産量が過小になり，総余剰が最大になりません。詳細は，この章の「補論」を参照してください。

> **Point**　不完全競争市場においては，市場均衡のもとで生産量が過小になり，総余剰が最大にならない。

経済学の Tips ⊙ 完全競争市場

　完全競争市場の典型的な例は，第1次産業で生産される財の市場です。農林水産業や鉱業を営む企業については本文中にあげた四つの条件がおおむね満たされていることが多く，それらの企業の多くは生産物の価格をコントロールすることができません。たとえば，キャベツを生産する農家は，卸売市場で決まる価格を所与として，出荷するかどうかを決定します。ところが，第2次産業および第3次産業に属する企業が四つの条件を満たすことは，それほど多くありません。現代の先進国では第1次産業のシェアがそれほど高くないので，完全競争市場を分析する意義がどの程度あるのか，疑問に思う読者がいても無理はありません。それにもかかわらず，おもに次の二つの理由から，多くの経済学者は完全競争市場を分析することが重要であると考えています。

　一つの理由は，不完全競争市場は，完全競争市場と比べて分析が格段に難しいということです。本文で述べたように，不完全競争においては企業が価格をコントロールしようとします。どのようにコントロールしようとするか，いろいろな可能性があります。また，その際，競争相手の行動を考えに入れて戦略的に行動する可能性があります。これらを考慮に入れると分析は複雑にならざるをえません[4]。

　もう一つの理由は，完全競争市場が現実を見る際の「規準」になるということ

です。現実の経済現象は，さまざまな要因が複雑に絡み合って起きています。現象がどのようなメカニズムで起きているのかを理解するには，現実そのものを見るよりも，むしろ理想的な単純な状況を見たほうが有益である場合が少なくありません。そのようなときに完全競争市場が威力を発揮します。言うなれば完全競争市場は，自然科学において厳密にコントロールされた実験の場と同じような役割を果たすのです。

3.2 外 部 性

ある経済主体の行動が，市場を通さずに別の経済主体の状態に影響を及ぼすとき，**外部性**（externalities）または**外部効果**が存在すると言います。その効果が好ましいものである場合，**正の外部性**（positive externalities）または**正の外部効果，外部経済**（external economies）が存在すると言い，反対にその効果が好ましくないものである場合，**負の外部性**（negative externalities）または**負の外部効果，外部不経済**（external diseconomies）が存在すると言います。たとえば，住宅地に工場が建設されたことによって騒音や大気汚染などの公害が発生し，近隣の住環境が悪化したとしましょう。騒音や大気汚染の市場は存在しませんから，これらの影響は市場を通さずに作用します。また，それは近隣住民にとって好ましくない効果です。したがって，これは負の外部性の例になります[5]。

外部性による資源配分の歪み

外部性があるとき，市場メカニズムはもっとも効率的な配分をもたらしません。市場は失敗します。例として，生産に関して外部性がある場合を考え，このことを確かめましょう。

同じ川の沿岸に工場をもつ二つの企業を考えます。企業 A は上流に工場をもち，生産の結果生じる廃水を川に流して水質を悪化させます。企業 B は下流に

---

[4] ただ，この問題は，序章第3節（12ページ）でふれたゲーム理論という分析道具の発展に伴って，かなり軽減されてきています。

[5] なお，たとえば工場が建設されたことによって，近隣の地価が下落することがあるかもしれません。これは間接的な効果ですが，あくまで土地市場という市場を通した効果なので，厳密な意味では外部性ではありません（ただ，このような場合も文脈によっては「外部性」という言葉で語られる場合があります。その場合，厳密な意味での外部性を「技術的な」外部性とよんで，区別します）。

工場をもち，生産に川の水を用います。水質が悪いと生産性が低下します。このとき，企業 A は企業 B に水質汚濁という形で外部不経済を与えます。

　企業 A は，直接自分が支払わなければならない費用のみを考え，外部不経済の費用を考慮に入れません。つまり，企業 A は「私的な」費用だけを考慮します。財の生産を 1 単位増やしたときの私的費用の増分を，**私的限界費用**（private marginal cost）とよびます。これに対し，社会が負担しなければならない費用は，外部不経済によって企業 B が被る損害分を含みます。財の生産を 1 単位増やしたときの社会的費用の増分を**社会的限界費用**（social marginal cost）とよびます。図 7-8 は，企業 A の生産する財の量が変化したときに，これら二つの限界費用がどう変化するかを描いたものです。これらの曲線を，それぞれ**私的限界費用曲線，社会的限界費用曲線**とよびます。二つの限界費用曲線の間の垂直距離は，財の生産を 1 単位増やしたときに，外部不経済による企業 B の損失がどれだけ増えるかを表しています。したがって，外部不経済による企業 B の損失は，社会的限界費用曲線と私的限界費用曲線との間の部分の面積になります。たとえば，財が q^0 単位生産されるとき，外部不経済による損失は $\triangle FBE$ の面積に等しくなります。

　企業 A は私的費用のみを考慮しますから，その供給曲線は私的限界費用曲線になります。したがって，市場均衡は需要曲線と私的限界費用曲線の交点 E で与えられます。このときの総余剰はどうなるでしょうか。先に述べたように，外部性がある場合，総余剰は消費者余剰と生産者余剰の合計に，外部性に関わる余剰を加えたものになります。消費者余剰と生産者余剰の合計は $\triangle ABE$ の面積に等しくなります。また，この場合外部性に関わる余剰はマイナスです。というのも，外部不経済の分だけ企業 B の厚生が悪化し，その分社会全体の厚生が低くなるからです。一般に，外部経済があるとき外部性に関わる余剰はプラスになり，外部不経済があるときマイナスになります。先ほど述べたように，財が q^0 単位生産されるときの外部不経済による損失は $\triangle FBE$ の面積に等しくなるので，総余剰は $\triangle ABE$ の面積から $\triangle FBE$ の面積を引いたものになります。$\triangle ECB$ が重なっているので，結局，総余剰は $\triangle ABC$ の面積から $\triangle CEF$ の面積を引いたものになります。

　さて，総余剰が最大になるのは，需要曲線と社会的限界費用曲線の交点 C で決まる量，q^* だけ財が生産されたときです（このときの総余剰が $\triangle ABC$ の面積に等しくなることを確認しましょう）。q^0 は q^* よりも大きいので，市場均衡のもとで

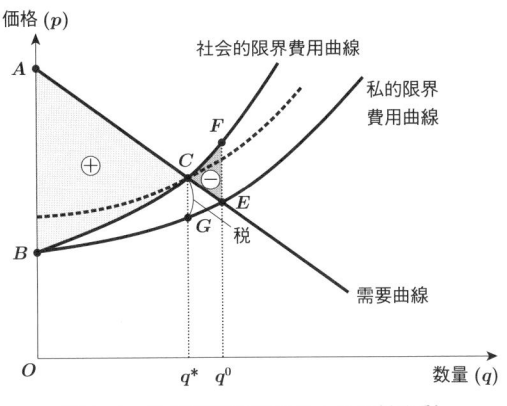

図 7-8 外部不経済があるときの総余剰

生産量は過大になります。同様にして、外部不経済でなく外部経済が存在するときには、市場均衡のもとで生産量が過小になることを示すことができます。

> **Point** 生産に関して外部性が存在するときには、私的限界費用が社会的限界費用と乖離するため、市場均衡のもとで総余剰が最大にならない。
> $\begin{cases} 外部経済 &\Longrightarrow\ 市場均衡のもとで生産量が過小になる。\\ 外部不経済 &\Longrightarrow\ 市場均衡のもとで生産量が過大になる。\end{cases}$

◆ 確認問題 ◆

外部経済による資源配分の歪み 外部経済が存在するときに、市場均衡のもとで生産量が過小になることを、図を描いて確かめましょう。

外部性の解決策

外部性を解決するには、いくつかの方法が考えられます。

(1) 直接規制

規制によって企業 A の生産量を q^* に抑える方法です。直接生産量を規制する場合と、工場廃水の量ないし水質汚染の程度を規制することによって、間接的に生産量を規制する場合が考えられます。

第 7 章 政策的介入が必要な理由 185

(2) 税金または補助金

次の方法は，外部不経済を発生する行為に課税し，外部不経済の発生を抑える行為に補助金を与えるというものです。上流と下流の工場の例で説明しましょう。企業 A が財を 1 単位生産するごとに線分 CG の長さに等しい額の税金をかけると，私的限界費用曲線がその分上にシフトして，点線の位置に来ます。この曲線は点 C で需要曲線と交わります。したがって，企業 A は q^* だけ生産しようとします。一方，企業 A が 1 単位財の生産を減らすことに対して線分 CG の長さに等しい額の補助金を与えても，同じ結果になります。なぜなら，企業 A は，1 単位財を生産するごとに，生産しなければ得られたであろう補助金を失うことになり，これが機会費用として費用に計上されるからです。このような税・補助金を，**ピグー税**（Pigouvian tax）・**ピグー補助金**（Pigouvian subsidy）とよびます。

> **Point** 外部不経済を発生する行為に税（ピグー税）を課し，外部不経済の発生を抑える行為に補助金（ピグー補助金）を与えることによって，最適な資源配分を実現できる。

(3) 統合による内部化

外部性を発生する主体とそれを受ける主体を統合することで，外部性の問題を回避することができます。先の例で言うと，企業 A と企業 B を統合し，二つの工場を一つの企業が経営するようにします。この企業は上流の工場の生産量を決めるにあたって，それが下流の工場に及ぼす外部不経済の影響を考慮に入れます。その結果，上流の工場の供給曲線は，私的限界費用曲線でなく社会的限界費用曲線になります。これは，企業の統合によって，外部不経済の費用が企業内部の費用になったことを意味します。つまり，外部性が**内部化**（internalization）されたのです。

(4) 権利の付与と権利の市場での売買

外部性を受ける主体に「外部性を発生させない権利」を与え，それを市場で自由に売買できるようにすることで，配分が非効率になるのを防ぐことができ

ます。前の例では，企業Bに川を「汚染させない権利」を与えます。企業Aが工場廃水を川に流すには，企業Bから汚染の権利を購入しなくてはなりません。そのため，企業Aの限界費用は，私的限界費用に汚染権の購入費用を加えたものになります。市場で自由に売買がなされるときには汚染権の価格が線分CGの長さに等しくなるので，結局，企業Aはq^*だけ生産するようになります。

なお，同じことは，外部性を発生する主体に「外部性を発生する権利」を与えることでも達成できます。先の例で言うと，企業Aに川を「汚染する権利」を与えます。企業Bは，企業Aから汚染の権利を買い取って，汚染をやめさせることができます。この場合，企業Aにとって廃水を川に流すことは，汚染権を売ったときに得られるであろう利得を放棄することを意味します。つまり，それには，汚染権の販売額に等しいだけの機会費用がかかっているのです。そう考えると，企業Aの実際の費用は，私的限界費用にこの機会費用を加えたものになります。汚染権が市場で自由に売買される場合には汚染権の価格が線分CGの長さに等しくなるので，結局，実際の限界費用は図の点線で表されることになります。結果として，企業Aの生産量はq^*になります。地球温暖化ガスを削減するために排出権取引が始まっていますが，これは，外部不経済を発生するガス排出の権利を売買するものです。

以上の説明で重要なのは，汚染させない権利を企業Bに与えようが汚染する権利を企業Aに与えようが，どちらの場合でも企業Aの生産量が同じになることです。つまり，外部性の影響を受ける主体に外部性を発生させない権利を与えても，外部性を発生する主体に外部性を発生する権利を与えても，配分は変化しないのです。これは，**コースの定理**（Coase theorem）として知られています。

> **Point**　コースの定理：外部性の影響を受ける主体に権利を与えても，外部性を発生する主体に権利を与えても，配分は変化しない。

3.3　公 共 財

公園や高速道路などは**公共財**（public goods）とよばれます。公共財でない通常の財は**私的財**（private goods）とよばれます。公共財とは，次の二つの性質を備

える財のことです[6]。

(1) 消費の非競合性

これは，複数の消費者が同じ財を同時に消費できるという性質です。たとえば，2人の消費者が同時に公園に入って，くつろいだり散歩したり運動したりすることができます。それに対し，私的財はその価格を支払った消費者だけが消費できます。たとえば，あなたのもっているボールペンやスナック菓子やテニスのラケットを，同時に複数の人間が消費することはできません。

(2) 消費の非排除性

これは，他の人の消費を排除することができないという性質です。たとえば，通常は，開園している公園に来た人を中に入れないで追い返すことはできません。私的財の場合には，価格を支払った人のみが消費できますから，価格を支払わなかった人の消費を排除することができます。

公共財に関しては，**フリー・ライダー**（free rider：ただ乗り）とよばれる問題が生じます。非排除性が満たされていると，一度財が供給されれば，だれでも価格を支払わないで消費することが可能になります。その結果それぞれの消費者は，他の消費者に価格を支払わせ，自分は支払いをしないですませようとします。これがフリー・ライダー問題です[7]。この問題があるため，民間企業は公共財を供給しようとしません。つまり，市場メカニズムに任せておくと公共財は供給されなくなるのです。このような理由で，公共財は政府が供給することになります。

---

[6] 両方の性質を完全に備える財は，国防や消防，電波や空気など，数えるほどしかありません。そのような財を**純粋公共財**（pure public goods）とよびます。それ以外の財は，ある条件のもとでのみ，二つの条件を満たします。たとえば公園を考えましょう。公園への入場者が多くなりすぎると混雑の問題が発生し，公園が本来供給するはずのサービスが充分に供給できなくなります。非競合性が成り立たなくなるのです。また，公園の入場を有料にすると，入場料を支払わない人の消費を排除することができます。この意味で，非排除性もまた部分的にしか満たされません。

[7] 公共財の問題は，外部経済の問題の特殊なケースだと考えることができます。つまり，すべての人に外部経済をもたらす財が公共財なのです。たとえば，国防は全国民に外部経済をもたらします。国民であればだれでも，とくに対価を支払うことなく，国防というサービスを享受できるのです。国防サービスには市場がありませんから，これは外部経済です。

3.4 不完全情報

最後にとりあげる市場の失敗は，情報が完全でないことによって起こります。

たとえば，情報が**非対称**であるために市場が失敗することがあります。これは，取引を行う片方の主体（多くの場合は売り手）が情報をもっていて，もう片方の主体（多くの場合は買い手）が情報をもっていない場合です。

例として中古住宅の売買を考えましょう。売り手は実際にその住宅に住んでいたので，どこにどのような不具合があるかわかっています。住宅の品質に関する情報をもっているのです。それに対し，買い手が品質の情報を手に入れるのは不可能か，もし可能だとしても多額の費用がかかります。この場合，売り手が買い手の無知につけ込んで高く売りつけようとする可能性があります。買い手はそのことがわかっていますから，買うのを控えるようになります。割を食うのは良質な住宅の売り手です。高い品質に見合う価格で売ることができなくなり，結局，売るのをやめてしまうでしょう。結果として，市場に出るのは低い品質の住宅だけになってしまいます。こうして，情報が完全であれば売買されたであろう財が，情報の不完全性のために市場から駆逐されてしまうのです。この現象は，**逆選択**（adverse selection）とよばれます。

◆ キーワード
部分均衡分析，一般均衡分析，総余剰，消費者余剰，生産者余剰，市場需要曲線，限界評価額，市場供給曲線，神の見えざる手，完全競争，不完全競争，独占力，外部性，外部経済，外部不経済，私的限界費用，社会的限界費用，ピグー税・ピグー補助金，コースの定理，公共財，不完全情報，逆選択

◆ 練習問題
1. 低層の住宅が並ぶ住宅地に高層マンションを建てる計画がもちあがると，近隣住民がそれに反対しマンション開発業者と紛争になる，という事例が後を絶ちません。この紛争を解決するには，直接的な規制以外，どのような方法があるでしょうか。近隣住民がマンション建設に反対する理由が日照の問題である場合を考えて，論じましょう。
2. ある財の需要曲線が $p = -q + a$ で，供給曲線が $p = q$ で与えられたとします[8]。

---

8) これらの数式は価格を数量の関数として表したもので，数量を価格の関数として表した

ただし，p は財の価格を，q は財の数量を表します。また a は正の定数です。このとき，消費に課税すると総余剰がどう変化するか，調べましょう。
  (1) 税がかけられないとき，均衡価格と均衡の生産量・消費量はどれだけになるでしょうか。また，総余剰はいくらになるでしょうか。
  (2) 消費額に対し t の率で税金がかかるとします。この場合について，(1)と同じ問いに答えましょう。
  (3) (1)と(2)の答えを比較して，課税によって総余剰がどう変化するか，調べましょう。

3 下にあげたサービスは，しばしば（あるいは常に）政府によって提供されます。どのような根拠に基づくのでしょうか。
  (1) 自転車の駐輪場のサービス
  (2) ゴミの収集
  (3) コミュニティーバスサービス
  (4) 道路に面した民間の敷地を緑化するのに必要な植物や資材の提供

4 部分均衡分析を行って，ある小都市が他の都市と自由に交易を行うことの利益を考えましょう。小都市が何らかの理由で閉鎖されていて他の都市とまったく交易が行われない場合，財の価格は，この都市における財の需要曲線とこの都市における財の供給曲線の交点で決まります。この価格を p^* とします。一方，小都市と他の都市との間で自由に交易が行われる場合には，財の価格が他の都市で取引される価格に等しくなります。この価格は p^0 で一定であるとします。今，p^0 が p^* より低かったとしましょう。
  (1) 交易が行われる場合，財の移入量（または移出量）はどうなるでしょうか。需要曲線と供給曲線を描いた図に示しましょう。
  (2) 交易が行われない場合と行われる場合のそれぞれについて，需要曲線と供給曲線を描いた図に消費者余剰と生産者余剰を示し，どちらの場合に総余剰が大きくなるか，検討しましょう。

補論　不完全競争市場の非効率性

第2章の第3.3節で，企業は価格が限界費用に等しくなるように生産量を決定すると述べました（62ページ）。これは完全競争のときの話です。不完全競争の場合，企業は独占力をもつので，限界費用よりも高い価格で財を売ろうとします。ここで重要なのは，限界費用は，企業が財を売ってもよいと思う最低限の価格を表しているということです。一

ものではありません。したがって，需要関数（需要量を価格の関数として表したもの）や供給関数（供給量を価格の関数として表したもの）の逆関数です。

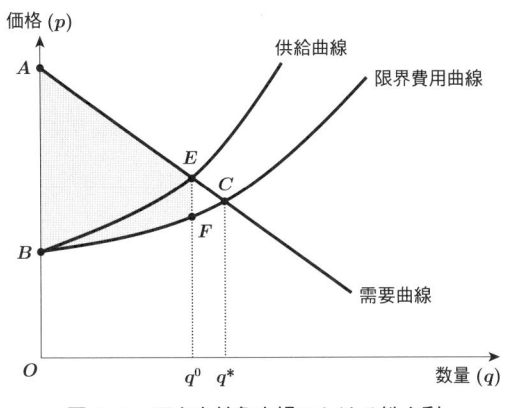

図 7-9 不完全競争市場における総余剰

方,供給曲線の高さあるいは供給価格は,実際に企業が財を売ろうとする価格を表します。完全競争の場合にはこの二つが一致します。ところが,不完全競争の場合には供給価格が限界費用を上回ります。つまり,企業は独占力を利用して,供給してもよいと思う最低価格(限界費用)よりも高い価格(供給価格)で財を売ろうとするのです。

したがって,不完全競争市場において生産者余剰を求めるときには,供給曲線ではなく限界費用曲線を用いなければなりません。言い換えると,生産者余剰は,「限界費用曲線の上側,市場価格を表す水平線の下側,生産量を表す垂直線の左側」の部分の面積で表されます。

図7-9を見てください。これまでの議論から明らかなように,この場合総余剰は,需要曲線と限界費用曲線が交わる点,すなわち点 C まで財が生産されるときに最大になります。そのときの総余剰の大きさは $\triangle ABC$ の面積に等しくなります。ところが,市場均衡のもとで,価格と生産量は需要曲線と供給曲線の交点の点 E で決まります。このときの総余剰は灰色の台形(台形 $ABFE$)の面積で表されますが,それは最大の総余剰よりも $\triangle CEF$ の面積分だけ小さくなります。また,均衡生産量 q^0 は総余剰を最大にする生産量 q^* を下回ります。つまり,均衡生産量は過小になります。これがこの場合の市場の失敗です。

第 8 章

土地市場

　土地は生産要素として生産に投入されます。そのため生産物の価格は土地の価格に左右されます。銀座の喫茶店のコーヒーが高かったり，青山の美容院のパーマ料金が高かったり，高級住宅地の駅前の果物屋のバナナが高かったりするとしたら，その理由の一つは土地の価格が高いことです。また，土地は，住宅用地として家計に消費されます。土地への支出は家計の支出の大きな割合を占めるので，土地の価格は家計の厚生に無視できない影響を与えます。さらに，地価は，土地資産を所有する人と所有しない人の間の所得の分配を左右します。このように，土地の価格は都市の経済活動を規定する非常に重要な要因であるため，都市経済を理解するにはそれがどのように決まるかを知ることが欠かせません。この章では，土地の価格がどのようなメカニズムで決まるかを学びます。

　地価の決定のメカニズムを分析する前に，日本の地価がどのように推移してきたか，簡潔に振り返ってみましょう。地価は 1955 年から 2010 年の間に 43 倍になりました。しかし，同じような率で上昇してきたわけではありません。激しく上昇したときもあれば，あまり上昇しなかったときもあります。図 8-1 は戦後の地価の変化率を表したものです。これを見ると，地価の上昇率にかなりの変動があることがわかります。1955 年以降，地価の上昇率がとくに高くなる時期が 3 回あります。1960 年前後と 70 年代前半，そして 80 年代後半です。1960 年前後は，高度経済成長が始まり，京浜，中京，阪神，北九州の四大工業地帯に資本が集中的に投下されて製造業が勃興した時期です。製造業に引っ張られて地方から太平洋ベルト地帯に向けて大きな人口移動が生じ，土地に対する需要が増大しました。70 年代前半は，都市の郊外化が進み，大都市近郊における住宅地の需要が急増した時期です。最後の 80 年代後半はバブル経済の時期ですが，このと

図 8-1　戦後の地価の変化

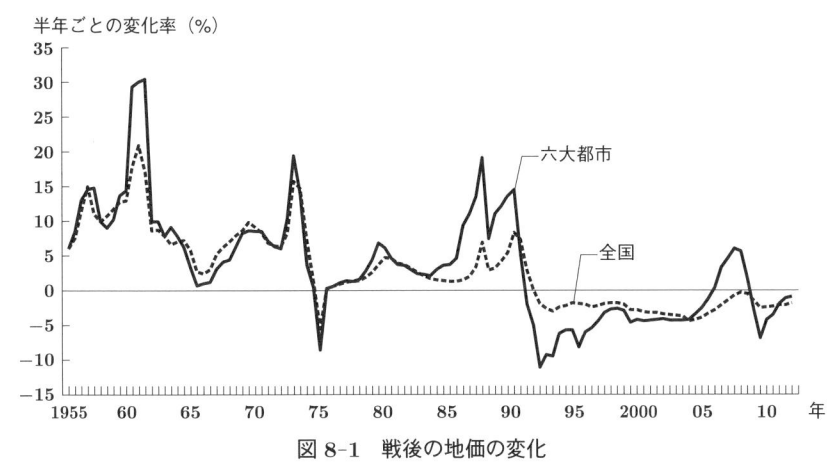

（出所）　日本不動産研究所『市街地価格指数，全国木造建築費指数（平成 23 年 9 月末現在）』（2011年）より筆者作成。

きには経済活動がますます東京に集中し，東京が国際的な中枢管理機能を引きつけました。これが東京の都心部でビジネス用途の土地需要を増大させたのです。このように，三つの時期における地価の急上昇は，土地需要の増大によって説明することができます。

ところで，土地の価格には地代と地価の二つがあります。はじめに，それら二つを明確に区別しておきましょう。

経済学で考えられる数量には，**フロー**（flow）と**ストック**（stock）があります。フローとは，ある期間内に生じる財やサービスの量を言います。ストックとは，ある一時点において存在する財やサービスの量です。土地の場合，毎期毎期生み出される「土地サービス」の量がフローの概念であるのに対し，ある一時点に存在する「土地資産」の量がストックの概念になります。価格もそのそれぞれについて別々に存在します。土地サービスの価格は地代です。これは，たとえば毎月土地を借りることによってその土地が生み出してくれるもの——つまり「土地サービス」——に対する支払いです。したがって，毎月支払う性格のものです。それに対し，土地資産の価格は地価です。これは，ある一時点の土地の価格であって，土地を売買するときの価格のことです。

> **Point**　地代はフローである土地サービスの価格。地価はストックである土地資産の価格。

第 8 章　土 地 市 場

二つの価格には密接な関係があります。一言で言うと，毎期毎期の地代を遠い将来まで合計したものが地価になります。以下では，まず地代がどのような水準に決まるかを考察し，次いで地価が地代からどのように導き出されるかを検討します。

1　地代の決定

　第5章では，地代がどのように決まるかを説明しました。しかし，そこでの目的は，都心からの距離によって地代がどう変化するかを見ることだったので，土地に対する需要と供給を非常に単純化して考えました。住宅用途以外の土地利用を考えませんでしたし，土地の売買の可能性も考えませんでした。また，時間の経過に伴い地代や地価が変化する可能性を無視しました。本節では，そのような仮定をはずします。その代わり，立地点による地代の差異を捨象し，都市内の空間構造を考慮しません。

　なお，簡単化のため，企業は土地を所有しておらず，すべての土地は家計によって所有されているとします。家計には，土地を所有している家計と土地を所有していない家計があります。土地を所有している家計は，一部の土地を自ら使用しようとします。この分を**留保需要**（reservation demand）とよびます。残りの土地は市場で貸し出します。

　したがって，市場における土地サービスの需要は，企業の需要と土地を所有していない家計の需要を合計したものになります。土地を所有している家計の留保需要は市場需要に含まれません。一方，市場における土地サービスの供給は，土地を所有している家計が自ら使用しないで賃貸に回す分です。つまり，市場供給量は家計の土地サービス保有量から留保需要分を差し引いたものになります。なお，分析を簡単にするため，経済全体に存在する土地サービスの量が変化しないような短期を考えます。

1.1 市場需要曲線

(1) 企業の需要

　はじめに，企業がどれだけ土地サービスを需要するかを考えましょう。企業にとって土地サービスは生産要素の一つです。ここで，第2章第2節の分析結果を思い出してください。企業は，それぞれの生産要素を，その限界生産物価値が要素価格に等しくなるまで使用しようとします（52~53ページ）。つまり，土地サービスを，その限界生産物価値が地代に等しくなるまで使用しようとするのです。図8-2は，土地サービスの投入量と限界生産物価値の関係を表した図です。すでに学んだように，一般に生産要素の限界生産物は，要素投入量の増大に伴って下落しますから（限界生産物逓減），それに生産される財の価格を掛け合わせた限界生産物価値も逓減します。したがって，曲線は右下がりになります。図で，地代が r^0 のとき，企業は x^0 だけの土地サービスを投入しようとします。つまり，企業は x^0 だけの土地サービスを需要します。地代が変化すると，企業はこの曲線に沿って土地サービス投入量を変えようとしますから，この曲線は企業の土地サービス需要曲線を表します。

(2) 土地を所有していない家計の需要

　土地を所有していない家計については，第5章第3節で説明したモデルで土地サービスに対する需要を説明することができます。

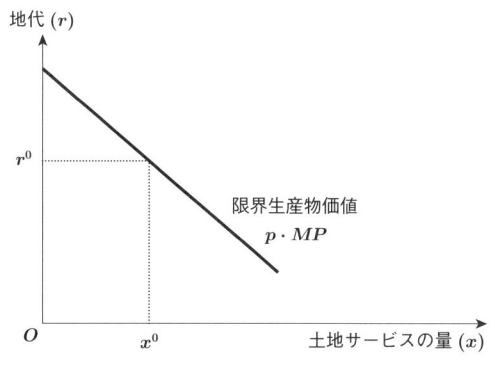

図 8-2　企業の土地サービス需要曲線

もう一度，簡単に復習しましょう。家計が土地サービスとそれ以外の財（合成財）を消費すると考えます。家計は，支出が与えられた所得 (y) に等しくなるという予算制約のもとで効用を最大化します。合成財の消費量を z，その価格を p，土地サービスの消費量を x，その価格である地代を r とすると，消費者の効用最大化問題は，

土地を所有していない家計の効用最大化問題

$$x \text{ と } z \text{ を選んで次の関数を最大化}：\boldsymbol{u(x, z)}$$
$$\text{制約条件}：\boldsymbol{rx + pz = y}$$

となります。u は効用関数です。この問題は，基本的に第5章の(2)式の問題と同じです（122ページ）。ただし，ここでは都市内構造を考えていないので，通勤費用が入ってきません。したがって，予算制約式の右辺は，$y - t(d)$ でなく y になっています。

すでに説明したように，この問題の解は無差別曲線と予算制約線の接点で与えられます。図8-3の上のパネルは，地代が r^0 のとき，消費者の土地サービス需要量が x^0 になることを表しています。地代が上昇して r' になると，予算制約線が時計回りに回転します。その結果，消費者の土地サービス需要量は x' になります。土地サービスが正常財である限り，その価格が上昇すると需要量は減ります（第4章第5節参照）。したがって，x' は x^0 よりも小さくなります。

少しずつ地代を上昇させていくと，消費者の需要する土地サービスの量は徐々に小さくなっていきます。この関係を表しているのが図8-3の下のパネルです。これが需要曲線です。土地サービスが正常財である限り，需要曲線は右下がりになります。

(1)の企業による需要と(2)の土地を所有しない家計の需要を合計したものが，市場全体の需要になります。通常の市場需要曲線の導出と同じ手続きにより，需要曲線をすべての企業およびすべての土地を所有しない家計について水平方向に足し合わせることで，市場需要曲線が求まります。それぞれの企業や家計の需要曲線が右下がりなので，市場需要曲線も右下がりになります。

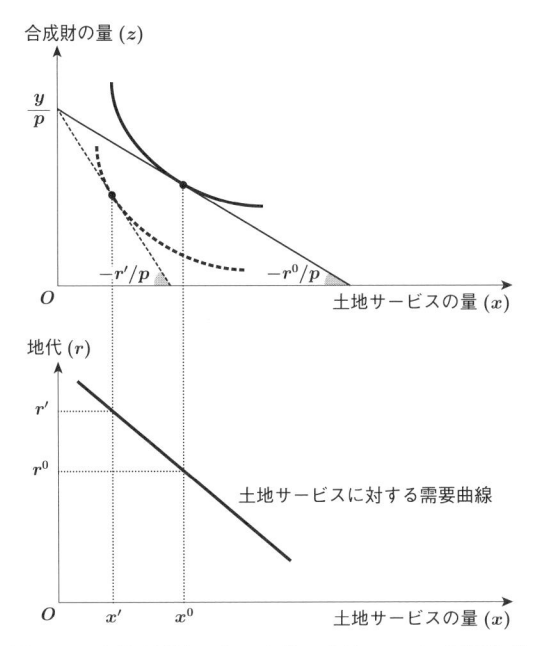

図 8-3　土地を所有しない家計の土地サービス需要曲線

1.2　市場供給曲線

土地を所有している家計の効用最大化問題

　次に，土地を所有している家計を考えましょう。このタイプの家計は，所有する土地の一部を賃貸市場に出して市場地代で貸し出します。したがって，市場地代が変化すると賃貸料収入が変化し，この家計の所得は変化します。ここが，土地を所有していない家計との違いです。

　この違いは予算制約式の違いとして現れます。家計の所有している土地全部から生み出されるサービスの量を $\bar{x}$ で表すことにしましょう。このうち，x だけの量を自分で使用するとします。つまり，x は留保需要を表します。予算制約式を導くのに二つの考え方があります。どちらの考え方でも同じ結論になります。

　一つは，家計の留保需要分をあらかじめ除外しておく考え方です。家計は，$\bar{x} - x$ だけの土地サービスを賃貸に出すので，そこから $r(\bar{x} - x)$ だけの賃貸料収入を得ることができます。所得は，これに賃貸料以外の所得 y を加えたものに

なります。この所得を合成財の消費に支出するので，家計の予算制約式は，

$$pz = r(\bar{x} - x) + y \tag{1}$$

となります。

　もう一つの考え方は，家計が，所有する土地サービスを全部，賃貸市場に出し，そこから自分の使用する分を改めて借り受けるというものです。これは，自分で使用する分についても，仮にそれを賃貸に回せば実際には市場地代分の収入が得られたであろう，という事実を明示的に考慮した考え方です。第5章第3節で説明した機会費用の考え方ですね（121ページ）。このように，自分で使用する分について，家計が自分自身に市場地代を支払っていると考えるときの地代は，**帰属地代**（imputed rent）とよばれます。さて，家計は，全部の土地サービスを市場に出すので$r\bar{x}$の賃貸料収入を得ますが，これにyを加えた総所得から，合成財の購入料金（pz）だけでなく，自分で使用する土地サービスについても賃貸料（rx）を支払わなければなりません。したがって，予算制約式は$rx + pz = r\bar{x} + y$になります。この式の両辺からrxを差し引けば(1)式になります。だから，二つの考え方は同じ結果をもたらすのです。

　以下，分析を単純にするために，土地を所有している家計が土地の賃貸料以外に所得を得ていない場合を考えます。つまり，yが0の場合です（yが正の場合でも得られる結論の本質は変わりません。分析が複雑になるだけです）。この場合，土地を所有している家計の効用最大化問題は以下のように書き表せます。

土地を所有している家計の効用最大化問題

$$\begin{aligned}&x \text{と} z \text{を選んで次の関数を最大化：} u(x, z) \\ &\text{制約条件：} pz = r(\bar{x} - x)\end{aligned} \tag{2}$$

---

(2)式の制約条件を変形すると，

$$z = -\frac{r}{p}x + \frac{r\bar{x}}{p} \tag{3}$$

となります。したがって，予算制約線は，傾きが$-r/p$，縦軸の切片が$r\bar{x}/p$の直線です。合成財をまったく消費しないとき，すなわち$z=0$のとき，家計は賃貸料収入すべてを土地サービスの消費にあてます。当然，家計が消費しようと

する土地サービスの量は $\bar{x}$ になります（(3)式の z に 0 を入れて，x について解くと $\bar{x}$ になります）。したがって，予算制約線の横軸の切片は $\bar{x}$ です。消費者の選択する財の量の組み合わせは，この予算制約線と無差別曲線が接するところで決まります。

市場地代の上昇——代替効果と資産効果

さて，市場地代が上昇したとき，何が起こるかを調べましょう。今，市場地代が r^0 から r' まで上昇したとします。これによって，r/p が大きくなりますから，予算制約線はより急な傾きをもつことになります。ところが，先に述べたように予算制約線の横軸の切片は $\bar{x}$ で，地代には依存しません。したがって，予算制約線は横軸の切片を中心に時計回りに回転します。図 8-4 を見てください。変化前の予算制約線が実線の AB で，変化後の予算制約線が点線の AF で表されています。予算制約線は点 A を中心に回転しています。

地代上昇前と上昇後に消費者が選択する財の量の組み合わせは，それぞれ点 E^0 と点 E' で表されています。図 8-4 では，点 E' が点 E^0 の左側に来ています。つまり，地代の上昇に伴って留保需要は減少しています。図を実際に描いてみればわかりますが，必ずしもそうなるとは限りません。場合によっては，点 E' が点 E^0 の右側に来ることもあります。そのときは留保需要が増大します。どのようなときに留保需要が減少し，どのようなときに増大するのでしょうか。

このことを見るために，全体の変化を二つに分解してみましょう。地代が上

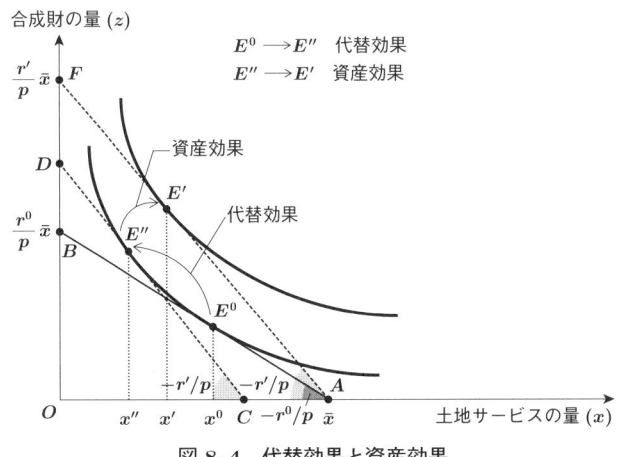

図 8-4 代替効果と資産効果

昇後の水準の r' に等しいにもかかわらず，家計の所得がうまく調整されて，上昇前に得ていた効用水準と同じだけの効用が得られる，そういう仮想的な状況を考えます。この状況は点 E'' で表されています。点 E'' で無差別曲線に接している直線 CD は，直線 AF に平行です。つまり，傾きは $-r'/p$ です。この直線は，地代が r' のときの，調整された所得に対応する予算制約線を表します。点 E'' は点 E^0 と同じ無差別曲線の上にあるので，家計の得ている効用の水準は地代上昇前の水準と同じです。これで準備が整いました。全体の変化を，点 E^0 から点 E'' までの変化と，点 E'' から点 E' までの変化の二つに分解します。

(1) 点 E^0 から点 E'' までの変化（留保需要に関する代替効果）

この変化は，留保需要に関する**代替効果**（substitution effect）とよばれます[1]。これは，地代が上昇したときに，家計が相対的に高くなった土地サービスの需要を減らし，代わりに相対的に安くなった合成財の需要を増やす，という効果です。ここで，家計が以前と同じ水準の効用を得るように所得が調整されていることに注意してください。代替効果によって土地サービスに対する需要が減少するので，代替効果の符号は負です（地代が上昇したのに需要は減少している，つまり，地代と需要が「逆方向に」動くということです）。このことは，図の点 E'' が必ず点 E^0 の左側に来ることを意味します。

> **Point** 土地サービスの留保需要に関する代替効果：地代の上昇が，相対的に高くなった土地サービスに対する留保需要を減らす効果。

(2) 点 E'' から点 E' までの変化（資産効果）

この変化は，留保需要に関する**資産効果**（asset effect）とよばれます。地代が上昇すると，賃貸に出す土地から得られる地代収入が増え，結果として資産所得が増加します。点 E'' で無差別曲線に接する直線（直線 CD）と点 E' で無差別曲線に接する直線（直線 AF）は，どちらも傾きが $-r'/p$ に等しく，平行です。第4章第4節で所得の変化の効果を説明したときに，価格が変化せずに所得が増えると，予算制約線が上に平行シフトすると述べました。ここでは，所得が資産所

---

[1] 第4章の補論で，一般的な財の需要に関して「代替効果」を学びました。言葉は同一ですが，使われる文脈が異なりますので，混同しないようにしてください。

得の増加を通じて増えています。その結果，予算制約線が平行にシフトしているのです。土地サービスが正常財である限り，資産効果によって留保需要は増大します。つまり，図の点 E' は点 E'' の右側に来ます。このとき資産効果は正です（地代が上昇すると留保需要が増大します。変化の向きは同じです）。以下，無用な複雑化を避けるため，土地サービスが正常財である場合に議論を限定します。

> **Point** 土地の留保需要に関する資産効果：地代の上昇が，資産所得の増大をもたらし留保需要を増やす効果。

以上の分析から，地代が上昇すると，留保需要は代替効果によって減少し資産効果によって増加することがわかりました。したがって，相対的に代替効果が大きいときほど留保需要が減少する傾向が強くなり，相対的に代替効果が小さいときほど留保需要が増加する傾向が強くなります。

右上がりの供給曲線および右下がりの供給曲線

さて，供給曲線はどうなるでしょうか。

(1) 代替効果が資産効果を上回るとき

代替効果が資産効果を上回るときは，地代上昇の結果，留保需要が減少します。これは図 8-4 に描かれている状況です。図で点 E' が点 E^0 の左側に来ていることに注意してください。このときは資産効果が小さいため，地代が上がって資産所得が増えても，家計は土地サービスに対する需要をそれほど大きく増やそうとしません。それよりも，相対的に割高になった土地サービスの消費を減らして合成財の消費を増やそうとするインセンティブのほうが大きく，結果として留保需要が減るのです。ここで，代替効果が大きいほど，そして資産効果が小さいほど，留保需要が大きく減ることに注意しましょう。

さて，前述したように，土地を所有している家計の土地サービス供給量は，土地サービス保有量 ($\bar{x}$) から留保需要分を差し引いたものになります。家計は，自分で使用しない分を市場に出して，貸し出すのです。再び図 8-4 を見てください。地代が r^0 のときを考えましょう。このときの家計の留保需要は x^0 でした。したがって，この家計の土地サービス供給量は $\bar{x} - x^0$ になります。地代が上昇し，r' になったときを考えます。家計の留保需要は x' になるので，土地

第 8 章 土地市場

サービス供給量は $\bar{x} - x'$ に変化します。

図に描かれているように，代替効果が資産効果を上回るときには，地代上昇に伴い留保需要が減少します。留保需要が減少するということは，土地サービス供給量が増大するということです。つまり，x' が x^0 よりも小さければ，$\bar{x} - x'$ は $\bar{x} - x^0$ よりも大きくなります。地代が上昇して土地サービス供給量が増大するので，土地サービスの供給曲線は右上がりになります。さらに，代替効果が大きいほど，そして資産効果が小さいほど，留保需要は大きく減少しました。その分，土地サービス供給量は大きく増大することになります。つまり，供給曲線の傾きは緩やかになります。

(2) 代替効果が資産効果を下回るとき

一方，代替効果が資産効果を下回るときは，地代上昇の結果，留保需要が増加します。このときは，資産効果が大きいため，地代の上昇の結果資産所得が増えると，家計は土地サービスに対する需要をかなり大きく増やそうとします。その効果は，割高になった土地サービスの消費を減らしてその分割安な合成財の消費を増やそうとする効果を凌駕します。その結果，留保需要が増大するのです。この場合，代替効果が小さいほど，そして資産効果が大きいほど，留保需要は大きく増えることになります。

さて，留保需要が増大することは，土地サービス供給量が減少することを意味します。したがって，供給曲線は右下がりになります。この場合，代替効果が大きいほど，そして資産効果が小さいほど，留保需要の増大の幅は小さく，結果として土地サービス供給量はあまり減少しないことになります。このことは，供給曲線が急な傾きをもつことを意味します。

要約しましょう。代替効果が資産効果を上回るときには，土地サービスの供給曲線が右上がりになります。代替効果が資産効果を下回るときには，それが右下がりになります。代替効果が大きいほど，そして資産効果が小さいほど，供給曲線の数学的傾きは小さくなります[2]。

---

2) 「数学的傾き」とは，傾きの絶対値でなく，正負の符号も含む傾きの値のことです。したがって，「数学的傾きが小さい」とは，曲線が右上がりのとき傾きが緩やかであることを，曲線が右下がりのとき，つまり傾きが負のとき，傾きが急であることを意味します。

Point
- 代替効果 > 資産効果 ⟹ 土地サービスの供給曲線は右上がり。
- 代替効果 < 資産効果 ⟹ 土地サービスの供給曲線は右下がり。

代替効果↑，資産効果↓ ⟹ 土地サービス供給曲線の数学的傾き↓。

これまで，個々の家計の土地サービス供給の問題を議論してきました。通常の供給曲線と同じように，個々の家計の供給曲線を水平方向に足し合わせることで，市場の供給曲線が求まります。個々の家計の供給曲線は右上がりのこともあれば右下がりのこともあります。したがって，市場の供給曲線が右上がりになるか右下がりになるか，一概には言えません。以下では，もっとも単純な場合として，土地を所有している家計がすべて同一である場合を考えましょう。このときには，個々の家計の供給曲線が右上がりのとき市場供給曲線も右上がりになり，個々の家計の供給曲線が右下がりのとき市場供給曲線も右下がりになります。

1.3 市場均衡

地代と土地サービス取引量は，通常の財の場合と同じように，市場需要曲線と市場供給曲線の交点で決まります。たとえば，図8-5（次ページ）で，市場需要曲線と市場供給曲線がそれぞれ D^0 と S^0 で与えられているとき，均衡地代は r^0，均衡取引量は X^0 になります。通常の財の場合と違うのは，市場供給曲線が右下がりになる可能性があるということです。図8-5の左側のパネルは，市場供給曲線が右上がりの場合を，右側のパネルは，右下がりの場合を表しています。

市場需要曲線のシフト

市場供給曲線の形状は，与件の変化が地代に及ぼす影響を左右します。このことを見るために，市場需要曲線が，D^0 から D' まで右にシフトしたとしましょう。このシフトは，この章の始めに述べた，1960年代初頭の四大工業地帯における工業用地需要の増大や，80年代後半の東京におけるビジネス用途の土地需要の増大などによって引き起こされます。

図8-5の左側のパネルを見てください。代替効果が資産効果を上回る場合，すなわち市場供給曲線が右上がりの場合，市場需要曲線のシフトによって，土地

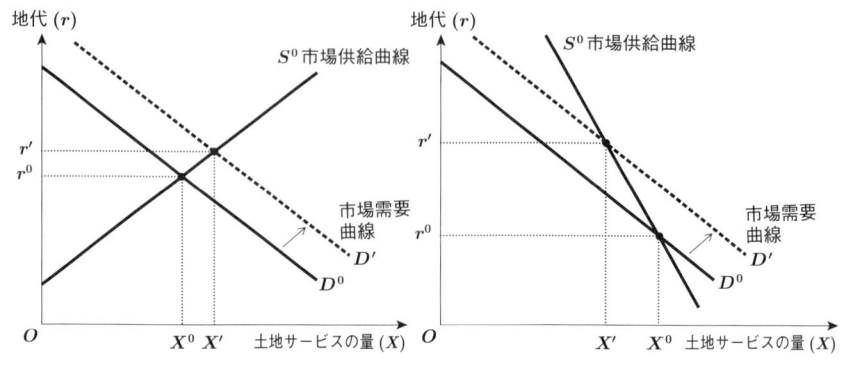

図 8-5 土地サービスの市場供給曲線と市場需要曲線

サービスの取引量が X^0 から X' まで増大します。ここで，資産効果が大きいほど市場供給曲線の傾きが急になることを思い出してください。したがって，資産効果が大きいほど，同じ幅だけ市場需要曲線がシフトしたときに生じる土地サービス取引量の増加分は小さくなり，地代の上昇の程度は大きくなります。このことを直観的に説明すると以下のようになります。地代の上昇で土地を所有する家計の資産が膨らみ，家計はより広い土地を自分で使用しようとします。資産効果が大きいときにはこの傾向が強くなり，地代が上がっても賃貸に出る土地の量がなかなか増えないのです。したがって，増えた需要を満たすためには，地代が大きく上昇しなければなりません。

さらに資産効果が大きくなって代替効果を上回るほどになると，市場供給曲線は右下がりになります。図8-5の右側のパネルの状況です。この場合，市場需要曲線が右にシフトした結果，土地サービス取引量は増大せずにむしろ減少するようになります。図では，土地サービスの取引量が X^0 から X' まで減少しています。

このように，資産効果が大きいと，需要が増大したときに地代が大きく上昇することになります。そのとき，土地取引量はあまり増大せず，場合によっては減少する可能性が出てきます。日本で地代ないし地価が大きく上昇したときも，資産効果が大きかったと推測できます。その結果，地代や地価が高騰したにもかかわらず，土地サービスや土地の取引量はあまり増えなかったのです。

◆ 確認問題 ◆
右下がりの市場供給曲線のケース 市場供給曲線が右下がりのとき，市場需要曲線の右シフトによって土地サービスの取引量が減少することを見ました。これはなぜでしょうか。代替効果と資産効果の観点から，言葉で直観的に説明しましょう。

市場需要と総需要，市場供給と総供給

以上の分析を別の角度から見てみましょう。これまでの議論の筋道は次のようにまとめることができます。

(1) 土地を所有しない家計と企業の需要の合計が，土地サービスの<u>市場需要</u>になる。

(2) 土地を所有する家計がもつ土地サービスからその家計の留保需要分を差し引いたものの合計が，土地サービスの<u>市場供給</u>になる。

ここで「需要」と「供給」が市場需要と市場供給であることに注意してください。市場需要も市場供給も市場に出てこない留保需要分を含んでいません。それに対し，留保需要分を含んだ需要と供給を，それぞれ**総需要**，**総供給**とよぶことにします。

はじめに総需要を考えましょう。(1)の記述からわかるように，市場需要は土地を所有する家計の留保需要分を含みません。総需要は市場需要に留保需要を加えたものです。たとえば，図8-6（次ページ）において，地代がr'のときの総需要は市場需要のD'に留保需要を加えた大きさになります。$\hat{D}$で示されている大きさです。r'以外のあらゆる高さの地代についても同じような議論ができるので，結局，**総需要曲線**は市場需要曲線を留保需要分だけ右に水平に移動させたものになります。

次に総供給を考えましょう。(2)の記述からわかるように，市場供給は土地を所有する家計の留保需要分を含みません。総供給は，市場供給に留保需要を加えたものです。それは，家計のもつ土地サービスを合計したものに等しくなります（今考えている枠組みでは，企業は土地を所有しません）。先に述べたように，その大きさは一定だと仮定されています。それを$\bar{X}$で表すことにしましょう。図8-6で，$\bar{X}$を通る垂直な線が土地サービスの**総供給曲線**になります。留保需要は総供給と市場供給の差に等しいので，たとえば，地代がr'のとき，$\bar{X} - S'$で示されます。

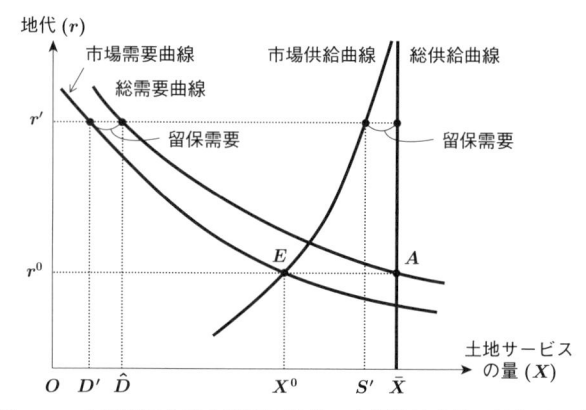

図 8-6 市場需要曲線と総需要曲線，市場供給曲線と総供給曲線

Point
- 総需要＝市場需要＋留保需要。
- 総供給＝市場供給＋留保需要＝経済全体の土地サービスの量。

　先に，市場均衡は市場需要曲線と市場供給曲線の交点で与えられると述べました。図の点 E です。留保需要は総供給の $\bar{X}$ から市場供給の X^0 を引いたものですから，線分 AE の長さで示されます。ところが，総需要曲線は市場需要曲線を留保需要分だけ右に移動させて得られました。したがって，均衡価格のもとで，総需要曲線は点 A を通ることになります。つまり，市場均衡価格のもとで，土地サービスに対する総需要が総供給に等しくなります。

　このように，均衡を求めるには二つの接近法があります。一つは，留保需要を含まない市場需要曲線と市場供給曲線の交点を見る方法です。もう一つは，留保需要を含む総需要曲線と総供給曲線の交点を見る方法です。どちらも見ているものは同じです。見方が違うだけです。

2　地価の決定

　前節で，地代がどのような水準に決まるかを明らかにしました。この節では，そのように決まった地代に基づいて，地価がどう決まるかを考えましょう。ここで重要なのは，土地が資産保有の一つの形態であって，他の資産との間で**裁定**（arbitrage）がはたらくということです。裁定とは，どのような形で資産を保

有しても得られる収益が同一になることを言います。もし土地から得られる収益が他の資産から得られる収益を上回っていれば，人々は他の資産を売却して土地を購入しようとします。その結果，土地に対する需要が増大し，地価が上昇します。反対に，もし土地から得られる収益が他の資産から得られる収益を下回っていれば，人々は土地を売却して他の資産を購入しようとします。土地に対する需要は減少し，地価が下落します。したがって，均衡においては，土地から得られる収益と他の資産から得られる収益が等しくならなければなりません（「均衡」とは，価格の調整がすべてすんだ状況を指すことを思い出しましょう）。これから詳しく見ますが，土地の収益は地代の水準に依存します。これが，地価が地代に依存して決まる理由です。このことを念頭に置いて読み進んでください。

以下，2時点における裁定のはたらきに注目した**短期均衡**（short run equilibrium）と，無限に続く時間にわたる裁定のはたらきに注目した**長期均衡**（long run equlibrium）の二つの概念を説明します。のちほど明らかにしますが，二つの均衡は独立したものではありません。長期均衡はある条件を満たす特別な短期均衡です。

経済学のTips ⊙ 裁 定

経済学では，すべての売り手と買い手が，自分のもっている情報に照らしあわせてもっとも望ましい選択を行うと想定します。その結果，有利な機会が市場に残されたままになることはありません。これが裁定の起こる根本的な理由です。

自由に交換される財の価格が一つに定まるのも，裁定がはたらいているからです。もしある財が市場Aで市場Bよりも低い価格で売買されているならば，だれもが市場Aでその財を安く買って市場Bで高く売り，利鞘を稼ごうとするでしょう。市場Aではだれもが財を買おうとするので価格が上昇し，市場Bではだれもが財を売ろうとするので価格が下落します。結果的にどちらの市場でも財の価格は等しくなります。

情報が不完全であったり取引に費用がかかったりすると，必ずしも裁定がはたらきません。たとえば，有利な投資案件があっても，その存在を知ることができない人はより不利な案件に投資するでしょう。その結果，有利な案件は有利なまま市場に残ることになります。あるいは，財を市場Aから市場Bに運ぶのに輸送費などの費用がかかる場合に，市場Aで市場Bよりも低い価格で財が売買されていたとします。財の価格差は，それが輸送費を下回る限り，解消せずに残るでしょう。

裁定の考え方は非常に重要で，どのような市場を考えるときも無視することが

できません。「うまい話には裏がある」「The bait hides the hook.（餌には釣り針が隠れている）」「On chatouille la truite pour mieux la prendre.（人は，うまくつかまえるためなら，鱒をくすぐって気持ち良くさせる）」など，世界各国で流布している格言も，そのような裁定のはたらきを言っているのかもしれません。

2.1 短期均衡

t 期の期首に p_t の価格の土地を購入し，$t+1$ 期の期首までの 1 期間だけ土地を保有したときの収益を考えましょう。土地保有者は地代収入を得ることができます。t 期の期末に，t 期の地代 r_t が手に入るとしましょう。土地保有者は，地代収入に加えて，$t+1$ 期の期首に土地を売却して値上がり益を得ることができます。t 期の地価を p_{t+1} で表すと，値上がり益は $p_{t+1} - p_t$ になるので，$t+1$ 期の期首に得られる収益は，合計で $r_t + p_{t+1} - p_t$ に等しくなります。

一方，土地を購入する代わりに他の資産を購入するとどれだけの収益が得られるでしょうか。他の資産には，株式や債券，金などの貴金属がありますが，ここでは代表的なものとして債券を考えます。1 期間債券を保有したときの利子率を i で表しましょう。土地を購入するはずだった資金 p_t で t 期の期首に債券を購入すると，1 期後，$t+1$ 期の期首には，ip_t だけの収益を手に入れることができます。

先に述べたように，均衡においては，得られる収益が土地と他の資産（債券）との間で等しくならなければなりません。したがって，短期均衡の条件は次のようになります。

$$r_t + p_{t+1} - p_t = ip_t \tag{4}$$

Point 地価の短期均衡：
地代収入＋地価上昇額＝地価に等しい額面の債券から得られる利子収入。

2.2 長期均衡

次に長期均衡を考えます。再び，一定の金額を土地の購入にあてたときとそれ以外の資産の購入にあてたときの二つの場合を考えます。裁定がはたらいて，どちらの場合でも同じ額の収益が得られる状況が長期均衡です。

はじめに，t 期の期首に p_t の価格の土地を購入し，それをずっと保有する場合の収益を考えましょう。収益の源泉は地代収入ですが，それは毎期毎期発生します。ところが，将来の利得は，たとえ額面が同じであっても現在の利得よりも価値が低くなります。たとえば，1 年後に 1000 円の現金と引き替えることのできる証券を，今，1000 円出して買うでしょうか。もし今，手元に 1000 円あればそれを銀行に預けることで 1 年後には 1000 円以上を手にすることができます。1 年後に 1000 円もらうのでは割が合いません。このような意味で，1 年後の 1000 円は，現時点において 1000 円未満の価値しかもちません。将来の利得は現在の利得よりも価値が低いので，将来の地代収入を単純に足し合わせても将来にわたる収益の合計にはなりません。どうすればよいでしょうか。

割引現在価値

ここでとりいれるのは**割引現在価値** (discounted present value) の考え方です。将来の利得が現在の利得よりも価値が低くなるということを，もう少し詳しく考えてみましょう。今，一般的な資産運用の代表例として再び債券の保有を考えます。債券は毎期毎期 i の利子を生みます。すると，現在 a 円分債券を買って 1 期後に売ると，$a + ia = (1+i)a$ 円得ることができます。したがって，現在の a 円は 1 期後の $(1+i)a$ 円と同じ価値をもちます。このことから，現在の $b/(1+i)$ 円が 1 期後の b 円と同じ価値をもつことがわかります。ここで，b 円は $1+i$ で「割り引かれて」います。それゆえ，$b/(1+i)$ 円を 1 期後の b 円の割引現在価値とよぶのです。

2 期後の b 円はどうでしょうか。今の考え方に基づけば，それは，1 期後の時点で $b/(1+i)$ 円の価値をもちます。なぜなら，1 期後に $b/(1+i)$ 円の債券を買うと，2 期後にちょうど b 円が得られるからです。ところが，1 期後の $b/(1+i)$ 円は，現在の時点では，それをさらに $1+i$ で割り引いた価値しかもちません。つまり，$\{b/(1+i)\}/(1+i) = b/(1+i)^2$ の価値しかもたないのです。このように考えると，一般に，τ 期後の b 円は，現在時点で，$b/(1+i)^\tau$ 円の価値をもつことになります。

> **Point** τ 期後の b 円の割引現在価値 $= b/(1+i)^\tau$ 円 （ただし i は利子率）。

地価のファンダメンタルズ

地代収入にこの考え方を適用しましょう。t 期の期首が「現在」であるとします。t 期の地代 r_t は，t 期の期末に得られます。つまり，r_t 円は現在から 1 期後に得られるのです。したがって，その割引現在価値は $r_t/(1+i)$ になります。次の期はどうでしょうか。$t+1$ 期の地代 r_{t+1} は，$t+1$ 期の期末に得られます。これは現在から 2 期後です。したがって，その割引現在価値は $r_{t+1}/(1+i)^2$ になります。

t 期の期首における長期的な地代収入の合計 R_t は，毎期毎期の地代の割引現在価値の合計になります。すなわち，

$$R_t = \frac{r_t}{1+i} + \frac{r_{t+1}}{(1+i)^2} + \frac{r_{t+2}}{(1+i)^3} + \cdots\cdots$$

が成立します。ここでは土地をずっと保有すると考えているので，土地の売却益は考慮する必要がありません[3]。したがって，R_t が土地を保有したときの総収益になります。

一方，土地を購入しないで p_t の額面の債券を購入するとどうなるでしょうか。この債券は，$t+1$ 期以降，毎期 ip_t の利子を生みます。毎期の利子を割引現在価値で表して合計すると，

$$B_t = \frac{ip_t}{1+i} + \frac{ip_t}{(1+i)^2} + \frac{ip_t}{(1+i)^3} + \cdots\cdots = p_t \tag{5}$$

となります。なお，ここでは等比級数の和の公式，$1 + k + k^2 + \cdots = 1/(1-k)$ が用いられています[4]。

均衡においては，地代収入の割引現在価値の合計 (R_t) が，債券の利子の割引現在価値の合計 (B_t) に等しくならなければなりません。つまり，長期均衡の条件は，

$$\frac{r_t}{1+i} + \frac{r_{t+1}}{(1+i)^2} + \frac{r_{t+2}}{(1+i)^3} + \cdots\cdots = p_t \tag{6}$$

---

3) 無限期間ののちに土地を売却すると考えることもできます。いかなる額であれ，無限期間後の収益の割引現在価値は 0 円になります。したがって，無限期間後に土地を売却しても売却しなくても，収益は同じになります。

4)
$$B_t = \frac{ip_t}{1+i}\left[1 + \frac{1}{1+i} + \frac{1}{(1+i)^2} + \cdots\cdots\right]$$

であることに注意してください。$k = 1/(1+i)$ として公式を使うと (5) 式が得られます。

になります。この条件を導出するにあたって，土地をずっと所有すると仮定しましたが，その仮定は必ずしも必要ではありません。土地が何度も売買され所有者が変わる場合も，長期均衡の条件は(6)式で与えられます（これについては，この章の練習問題 5 を参照してください）。

> **Point** 　地価の長期均衡：将来の地代収入の割引現在価値の合計＝現在の地価。

このような長期均衡条件を満たす価格（この場合は地価）を，**ファンダメンタルズ**（fundamentals）と言います。ファンダメンタルズは資産間の収益が一致するような価格です。資産の収益性を反映した価格であると言うことができます。

より特殊な場合——地代が一定の比率で上昇する場合と地代が一定の場合

さて，長期均衡条件の(6)式はわかりにくいですね。より特殊な場合を考えて，直観的に理解することにしましょう。地代が毎期毎期，一定の比率 g で上昇する場合を考えます。つまり，どのような τ に対しても，$r_{\tau+1} = (1+g)r_\tau$ が成立すると仮定します。このとき，$r_{t+2} = (1+g)r_{t+1}$ となりますが，$r_{t+1} = (1+g)r_t$ なので，結局，$r_{t+2} = (1+g)^2 r_t$ です。したがって，(6)式は次のように書き換えることができます。

$$\frac{r_t}{1+i}\left[1 + \frac{1+g}{1+i} + \frac{(1+g)^2}{(1+i)^2} + \cdots\cdots\right] = p_t \tag{7}$$

ここで再び等比級数の和の公式，$1 + k + k^2 + \cdots = 1/(1-k)$ を用いましょう。この場合の k は $(1+g)/(1+i)$ なので，長期均衡の条件式の(7)式は，

$$\frac{r_t}{i-g} = p_t \tag{8}$$

となります。

$t+1$ 期の期首に土地を購入して保有する場合についても，同じような議論をすることができます。その場合，長期均衡の条件式は $r_{t+1}/(i-g) = p_{t+1}$ で与えられます。この式の両辺をそれぞれ(8)式の両辺で割ってやると，$r_{t+1}/r_t = p_{t+1}/p_t$ が得られます。つまり，地代と地価は同じ比率で上昇するのです。

> **Point** 　地代が一定の比率で上昇するとき，地価も同じ比率で上昇する。

ここでもう一つ注意してほしいことがあります。長期均衡において地価は比率 g で上昇するので，$p_{t+1} = (1+g)p_t$ です。したがって，$(p_{t+1} - p_t)/p_t = g$ が成立します。このことから，短期均衡の条件式の (4) 式（208 ページ）の両辺を p_t で割ると，長期均衡の条件式 (8) 式になることがわかります。<u>地代が一定比率で上昇する場合には，長期均衡が短期均衡と一致するのです。</u>

さらに，もっと単純な場合を考えましょう。地代が一定である場合です。このとき $g = 0$ ですから，長期均衡の条件の (8) 式は，

$$\frac{r_t}{i} = p_t \tag{9}$$

となります。地価は地代を利子率で割ったものになります。

> **Point**　地代が一定のとき，地価は地代を利子率で割ったものになる。

地価と地代の関係

以上のことから，地価と地代の関係について，次の結論を得ることができます。

(1) 地価は地代と正の関係をもつ

(6) 式と (8) 式，(9) 式を見てください。いずれも，地価と地代が正の関係にあることを示しています。地価は将来にわたる地代の割引現在価値を合計したものなので，地価と地代は同じ方向に動くのです。今，何らかの理由で土地サービスに対する需要が増大したとしましょう。第 1.3 節で述べたように，これは地代の上昇を引き起こします。ところが，たった今明らかになったように，地代の上昇は長期均衡条件を通じて地価の上昇をもたらします。結局，土地サービスに対する需要の増大によって地価が上昇することになります。

(2) 地価は利子率と負の関係をもつ

これも (6) 式，(8) 式，(9) 式から明らかです。利子率が低いことは，土地以外の資産の収益が低いことを意味します。このときには資産として土地を保有しようとする動機が強くなり，土地への需要が大きくなります。これが地価を引き上げるのです。

(3) 地価は地代の上昇率と正の関係をもつ

(8)式を見てください。i や r_t が一定のときに g が上昇すると p_t は増加します。地代が高い率で上昇していくときには，その割引現在価値の合計も大きくなるからです。

2.3 短期均衡と長期均衡の関係

最後に，短期均衡と長期均衡の関係を調べましょう。

第一に，長期均衡は短期均衡でもあります。つまり，長期均衡の条件が満たされるときには，常に短期均衡の条件も満たされます。これは次のように確かめることができます。長期均衡の条件の(6)式は，どのような t についても成り立たなくてはなりません。したがって，(6)式の t をすべて $t+1$ に変えても等号が成立している必要があります。つまり，

$$p_{t+1} = \frac{r_{t+1}}{1+i} + \frac{r_{t+2}}{(1+i)^2} + \frac{r_{t+3}}{(1+i)^3} + \cdots$$

が成り立たなくてはなりません。この式の両辺から，(6)式の両辺に $1+i$ をかけたものをそれぞれ引くと，

$$\begin{aligned} p_{t+1} - (1+i)p_t &= \frac{r_{t+1}}{1+i} + \frac{r_{t+2}}{(1+i)^2} + \frac{r_{t+3}}{(1+i)^3} + \cdots \\ &\quad - \left[r_t + \frac{r_{t+1}}{1+i} + \frac{r_{t+2}}{(1+i)^2} + \frac{r_{t+3}}{(1+i)^3} + \cdots \right] \\ &= -r_t \end{aligned}$$

を得ますが，これは短期均衡の条件の(4)式（208 ページ）と同じものです。

第二に，短期均衡は必ずしも長期均衡ではありません。このことから生じる現象の一つに**バブル** (bubble) があります。

バブルは，地価などの資産価格がファンダメンタルズから乖離して異常に高くなる状況のことです。バブルの地価は短期均衡条件を満たしますが，長期均衡条件を満たしません。短期均衡条件を満たしているので，1 年，2 年という短い期間を考えれば，確かに地価は土地保有の収益を反映し，土地の形態で資産を保有しようが他の形態で資産を保有しようが，収益は等しくなります。ところが，人々は，長期的にも土地が高い収益を生み続けると信じています。地価が長期均

Column さまざまな財に起こるバブル

バブルは，通常，土地や住宅に関して生じるものですが，長期にわたって価値があまり減らずに売却益が期待できる財（つまり資産）であれば，どのようなものにも起こる可能性があります。絵画やゴルフ会員権，貴金属など，さまざまなものが思い浮かびます。

1630年代にヨーロッパでチューリップの球根をめぐってバブルが発生したことはよく知られていますが，日本でも，江戸時代に園芸植物をめぐって同じようなバブルが発生しました。代表例は，タチバナ（橘：正式にはカラタチバナ）です。これはミカン科のタチバナとはまったく別の植物で，ヤブコウジ科の常緑樹です。花や実はそれほど魅力的でなく，斑が入っていたり変わった形をしていたりする葉や樹形を観賞するために，おもに盆栽（鉢植え）仕立てで栽培されました。

寛政期（1789～1800年）に大坂で珍しい種類のタチバナが流行し，瞬く間に江戸に人気が広がりました。とくに珍品の鉢植えには，2000両（現在の1億円程度）以上の値が付きました。半年のうちに何十倍に値段が上がったものもあったと言います。幕府は1798年（寛政10年）に珍品鉢植えの高値売買を禁止しましたが，その後もバブルは続いたと見え，再び1852年（嘉永5年）に3両以上の鉢物の売買を禁止しています。タチバナは，金になることから「百両金」という名前でよばれました。また，タチバナとそれ以外の投機植物（オモト（万年青），マツバラン（松葉蘭），フクジュソウ（福寿草），セッコク（石斛），ソテツ（蘇鉄）など）は，まとめて「カネノナルキ（金生樹）」とよばれるようになりました。やがてバブルがはじけると，40両，50両，中には200両や300両の高値のついた鉢植えが，一夜にして道端に捨てられたと言います（以上の説明は青木（1998）に拠ります）。

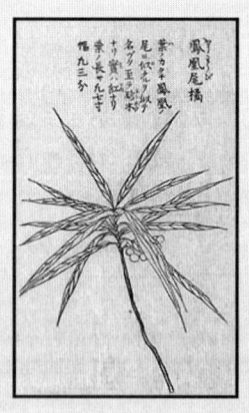

図 8-7　タチバナ（橘）(出所) 水野忠暁『草木錦葉集』(1829 年)。

衡条件を満たしていないということは，この期待が正しくないことを意味します。それにもかかわらず短期的には期待どおりに地価が動くので，期待が修正されることがありません。こうして，実勢を反映していない楽観的な期待が過剰な土地の投機をよび，地価が過度に高くなります。このような状況が長く続くことはなく，いずれバブルがはじけ，地価は暴落します。

　日本では，1980年代の後半から90年代初頭にかけて，地価にバブルが発生しました。当時，山手線の内側の土地だけを売ればアメリカ全土の土地を購入することができると算出されるほど，日本の土地価格は高騰しました。しかしそれは長続きせず，1992年から93年にかけてバブルがはじけ，地価が劇的に下落しました。アメリカでも，1997年以後，サブプライム・ローン（信用度の低い人向けの住宅ローン）の増加などが原因で住宅を中心に資産価格が高騰しましたが，その後サブプライム・ローンの延滞が相次ぐようになり，2007年ごろ，バブルがはじけました。

Point
- 長期均衡は短期均衡。
- 短期均衡は必ずしも長期均衡ではない。このことがバブルを引き起こす原因になる。

◆ キーワード
フローとストック，地代と地価，留保需要，帰属家賃，（留保需要に関する）代替効果，資産効果，総需要曲線，総供給曲線，市場需要曲線，市場供給曲線，地価の短期均衡，地価の長期均衡，割引現在価値，ファンダメンタルズ，バブル

◆ 練習問題
1. 次ページの表8-1の空欄に数字を入れて表を完成させましょう。また，均衡の地代はいくらでしょうか。
2. (8)式を見れば，地代が一定の比率で上昇するとき，利子率が地価上昇率を上回っていなくてはならないことがわかります。これはなぜでしょうか。短期均衡に関して説明した裁定の考えに基づいて説明しましょう。
3. あなたはある土地を所有しています。次の変化は，あなたの土地の価格にどのような影響を与えるでしょうか。また，それはなぜでしょうか。本文の説明に基づいて答えましょう。
   (1) 所有する土地の近くに将来鉄道の駅ができることが決まる。
   (2) 証券や債券に対する課税が強化される。

表 8-1　ある都市の土地サービスの需要量と供給量

地代	市場需要	留保需要	総需要	市場供給	総供給
20	(　)	8	20	(　)	100
18	25	(　)	(　)	85	100
16	(　)	(　)	75	75	100
14	60	40	(　)	(　)	100
12	(　)	(　)	150	50	100

(3) 将来の経済成長率が鈍化するという予測が公表される。

4　投機は，将来価格が上昇すると思われる財を，価格が低いうちに買っておき，それを価格が上がったときに売る行為です。価格が低いときは需要が不調なときで，価格が高いときは需要が逼迫しているときです。したがって，需要の少ないときには投機によって需要が増え，需要の多いときには投機によって需要が減ることになります。この結果，需要はより安定したものになり，価格の上下も小さくなります。このような意味で，投機は市場を安定化するはたらきをもつと言われます。

(1) 大規模な住宅地を開発するデベロッパーの行動を例にとって，土地市場における投機の役割を説明しましょう。

(2) 土地市場において，投機の安定化作用が十全にはたらくかどうか，議論しましょう。

5　土地の所有者が変わる場合でも，依然として長期均衡の条件が(6)式で与えられることを確認しましょう。t 時点から s_1 期後，s_2 期後，……，そして s_n 期後の期首に，土地が売買されるものとします。

(1) 最後に土地を所有する人の収益を，$t+s_n$ 期現在の価値で表しましょう。$t+s_n$ 期の地価は，それに等しくなります。

(2) 最後から2番目に土地を所有する人の収益を，$t+s_{n-1}$ 期現在の価値で表しましょう。それは，その人が所有期間に得る毎期毎期の地代収入を割り引いたものと $t+s_n$ 期に土地を売却した収入の合計です。$t+s_{n-1}$ 期の地価は，このようにして求めた収益の割引価値に等しくなります。

(3) 同様にして最後から3番目に土地を所有する人の収益を，$t+s_{n-2}$ 期現在の価値で表し，その期の地価を求めましょう。

(4) 同様の手続きを繰り返していき，最終的に，t 時点の地価が(6)式の長期均衡条件で表されることを確認しましょう。

第9章

土地政策

　この章では、はじめに日本の土地市場の特徴を概観し、次いで土地政策を議論します。土地政策の中でもっとも重要なものは税や補助金を利用したものです。ここでは、土地保有税と土地取引税が土地の価格と取引量にどのような影響を与えるかを考察します。最後に土地利用規制を検討します。土地利用規制にどのようなものがあるかを見た上で、代表的なものとして用途地域制と容積率規制をとりあげ、その経済効果を調べます。

1　日本の土地市場の特徴

　日本の土地市場の特徴としてもっともよく語られるものの一つは、地代や地価が高いということでしょう。確かに1980年代後半のバブル期など、かなり高い時期がありました。しかし、2000年以降は落ち着きを取り戻しています。次ページの図9-1は、世界の主要都市における2011年と2009年の土地賃料を表したものです（集合住宅用の土地1m²あたりの月額新規賃料を円換算した数字です）。表に記していないものを含めて、OECD加盟国については14都市が調査対象になりました。その中で東京は5番目の高さです。東京の地代は、世界的に見て低くはありませんが、極端に高いとも言えません。
　もう一つ、日本の土地市場の特徴として、しばしば、土地が「高度」に利用されていないことがあげられます。それぞれの土地はある特定の場所に立地しているという特性をもっています。その意味で、それは他の土地で代替することができません。したがって効率的に経済活動を営むためには、それぞれの土地を、そ

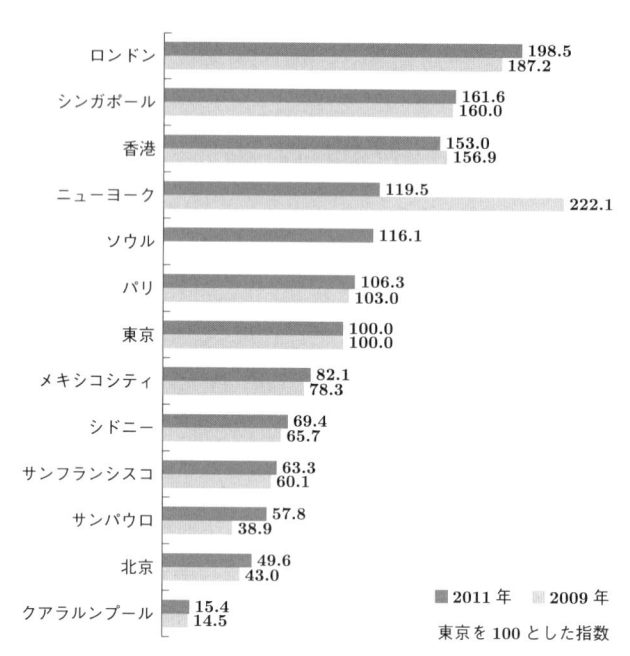

都市	2011年	2009年
ロンドン	198.5	187.2
シンガポール	161.6	160.0
香港	153.0	156.9
ニューヨーク	119.5	222.1
ソウル	116.1	
パリ	106.3	103.0
東京	100.0	100.0
メキシコシティ	82.1	78.3
シドニー	69.4	65.7
サンフランシスコ	63.3	60.1
サンパウロ	57.8	38.9
北京	49.6	43.0
クアラルンプール	15.4	14.5

東京を100とした指数

図 9-1　集合住宅用の土地 1 m² あたり月額新規賃料の国際比較

（注）　各都市のデータはすべて調査地点についてのものであり，都市全体ではない。
（出所）　日本不動産協会『平成 23 年 世界地価等調査結果』。

の潜在的な力が発揮できるように利用すること，つまり「高度に」利用することが肝要になります。ところが，日本では，それがうまくなされていないことがしばしば見られるのです。たとえば，ニューヨークのマンハッタンの中心地区は，0.35 km² の敷地に延べ床面積 5.01 km² の建物が建っています（1992 年時点。森ビル調べ）[1]。使用容積率は 1421% です。一方，東京でもっとも容積率の高い丸の内・大手町地区は，2 割ほど広い 0.43 km² の敷地に延べ床面積 4.67 km² の建物が建っています（東京都『東京の土地』1999 年）[2]。使用容積率は 1088% にすぎません。また，第 6 章第 3.1 節で述べたように（151 ページ），東京には，都心からそれほど離れていないところに高級住宅街があり，千代田区・中央区・港区の都心 3 区にまとまった広さの戸建て住宅地区が残っています。加えて，都心か

---

1) ここで言う中心地区は，東のパーク・アヴェニュー，西の 8 番街，南の 53 丁目，北の 59 丁目の各街路で区切られた地域です。
2) 千代田区丸の内 1 丁目，2 丁目，3 丁目と同大手町 1 丁目，2 丁目の地域です。

ら10km圏に位置する山手線と環状7号線との間やJR中央線沿線に，小規模な木造住宅の密集する地域が広がります。さらに，都市近郊には農地が残っていたり，土地が駐車場として利用されていたりします。これらはすべて，土地が低度にしか利用されていない例です。

　土地の高度利用を阻んでいるのは，さまざまな政策や制度です。たとえば，日本の税制では，他の資産の保有にかかる税金より土地の保有にかかる税金が低くなっています。このため，長期的な運用を考えて土地を高度に利用し収益を上げることにはあまり関心がなく，一時的に資産を土地の形で保有できればそれでよいと考える土地所有者が多くなります。また，保有にかかる税金が相対的に低いので，相続した土地を一括して売らずに，分割して一部を保有し続けることが有利な選択肢になります。その結果敷地は細分化されますが，一度細分化されてしまうと，集約化することは非常に難しくなります。権利関係の調整に多大な費用がかかるからです。別の例として，法律によって借家人の権利が過度に保護されている事実をあげることができます。これは，木造住宅密集地で小規模な敷地の集約化が進まない理由の一つです。

2　土地税制

　土地をめぐって実施される政策のうち，とくに重要なものは税を用いるものです。代表的な税には，土地を保有することにかかる税（**土地保有税**），土地を売買することにかかる税（**土地取引税**），土地を相続することにかかる税（**相続税**）の三つがあります。これらの税制を詳しく見る前に，課税の対象となる土地の評価の問題を考えましょう。

土地の評価額

　土地に課税するためには，それぞれの土地の価格がどのような水準なのかを「評価」する必要があります。ところが，通常の財の価格と違って，土地の価格を評価することは容易でありません。もっとも大きな理由は，土地が一つ一つ異なることです。土地は多くの属性をもち，そのそれぞれの属性について異なっています。もっとも重要な属性は立地でしょう。都心からの距離，最寄り駅からの距離，属する地域などの点で，すべての土地は異なっています。さらに，敷地の

広さや形状，向きなどの物理的属性や周辺環境についても個々の土地は異なった特徴をもっています。このことに関して，おもに三つの問題があります。一つは，さまざまな属性をどのように重みづけて評価するかについて，客観的な規準を作ることが難しいという問題です。最寄り駅からの距離を重要視する考えもあれば，土地の形状を重要視する考えもあるでしょう。もう一つは，それぞれの属性を客観的に評価することが難しいという問題です。最寄り駅からの距離が100 mの土地の価格と500 mの土地の価格がどれだけ異なるかについて，必ずしも理論的な答えがあるわけではありません。最後は，一つ一つの土地が異なっているために，過去の評価の事例が限定的にしか役に立たないという問題です。

　実際，このような問題のために，日常用いられる「地価」の概念にはいくつもの種類があります。代表的なものは次の四つです。

(1)　実勢価格

　実際に市場で取引されたときの価格です。取引されていない土地に対しては，近隣の土地の取引価格から類推したり（取引事例比較法），賃貸に出した場合の賃料から計算したり（収益還元法）します。

(2)　公示地価と基準地価格

　どちらも，不動産鑑定士の鑑定評価に基づいて判定した価格で，毎年改定されます。課税を目的にしたものではなく，標準的な土地についての正常な価格を示し，土地取引を円滑に進めることを目的としています。公示地価は国土交通省が，基準地価格は都道府県が判定します。2011年の調査地点数は，公示地価が全国2万6000地点，基準地価格が全国2万2460地点です。道路建設地などの公共用地を買収する際に使われるのは，この価格です。

(3)　相続税路線価

　個々の道路に面する土地の評価額で，国税庁が毎年算出します。公示地価の8割程度の額が目安になっています。相続税や贈与税の課税価格の基準として使われます。

(4)　固定資産税評価額

　各市町村が3年ごとに算出する価格で，相続税路線価と同じように道路ごと

に算出します。公示地価の7割程度が目安になっており，固定資産税の課税標準額の基準になります。

地価の評価額が変わると課される税金の額が変化するため，相続税路線価や固

Column 銀座の地価

しばしば，日本で一番地価の高い地点が話題に上ります。2011年の公示地価でもっとも高かったのは，銀座4丁目の山野楽器ビルの土地でした。1 m² あたり2760万円です（ちなみに，第2位は丸の内2丁目の丸ビルの土地で，2750万円です）。

ここで，銀座の町の空間構造を説明しておきましょう。町は，中央通り（銀座通り）が晴海通りと交わる4丁目交差点を中心に，北側に向かって順に4丁目，3丁目，2丁目，1丁目，南側に向かって順に5丁目，6丁目，7丁目，8丁目と，等間隔に南北に街区が区切られています。これは，1612年に始まった第2回天下普請に際し徳川幕府が採用した構造です。幅が京間8間の表通り（現在の中央通り）に，幅4間の横丁が60間の間隔で直交するような構造になっています（京間1間は約2mです）。京間4間を基本に整然と設計されていることがわかります。現在の中央通りの道路部分は幅が16 m ありますが，これも江戸時代の道幅に基づいているわけですね（ただし，江戸初期は道路の両側に1間ずつの庇地があり，実際の道の幅は合計で10間でした）（岡本，2006）。

山野楽器ビルは，中央通りに面した4丁目にあります。

2011年の路線価が中央通りに沿って1丁目（北）から8丁目（南）までどう変化するかを表したのが，次ページの図9-2のグラフです[3]。中央通り沿いの三つの標準地における公示地価も点で書き入れられています。グラフから，(4)の固定資産税評価額が(3)の相続税路線価より一律に低くなっていることがわかります。また，どちらの路線価も，三つの公示地価より低くなっています。

興味深いのは，場所によって地価が大きく違うことです。たとえば4丁目から3丁目へと，通り1本隔てただけで，地価は2割程度も低くなります。歩いて5分もかからない1丁目まで行くと，地価は半額程度になります。

相続税路線価も固定資産税評価額も，インターネットで簡単に手に入ります。それらが記載された地図を持って街を歩くと，いろいろな発見があることでしょう。

---

[3] 同じ丁目でも，より細かく複数の路線価が設定されている場合があります。その場合は単純に平均をとりました。また，通りの東側と西側で異なった価格が付けられていることがあります。この場合も単純に平均をとりました。さらに，ここでとりあげている相続税路線価と公示地価は調査基準日が2011年1月1日のもの，固定資産路線価は調査基準日が2008年1月1日のもの（平成21基準年度）に2011（平成23）年度の修正率を乗じたものです。

図9-2 銀座の地価（1 m² あたり）

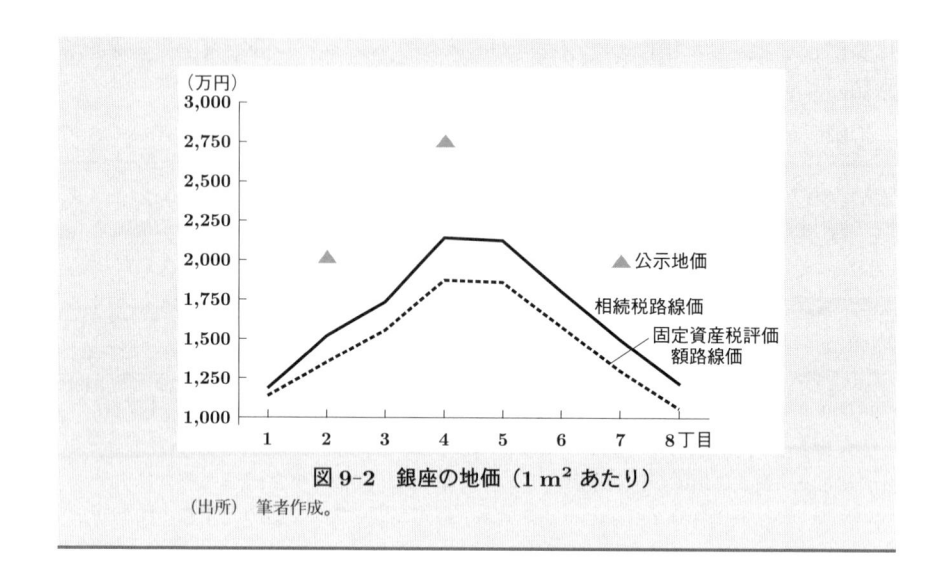

(出所) 筆者作成。

定資産税評価額の算出は，実勢価格を反映するように適正に行われる必要があります。

2.1 土地保有税

土地保有税は土地を保有することにかかる税で，代表的なものに**固定資産税**と**都市計画税**があります。どちらも毎年，市町村が課税します。

固定資産税は土地と家屋のそれぞれについて課されます。土地や家屋の所有者は，道路や上下水道などの公共サービスを受益しており，それを相応に負担すべきだという考えが課税の根拠になっています。それらの公共サービスを公共財とみなせば，固定資産税は市場の失敗を是正するために課されていると考えることが可能です。税額は，前述の固定資産税評価額に基づいて決まります。都市計画税は，都市計画の費用にあてられる目的税です。したがって，都市計画区域であっても，都市計画が定められていない場合は課税されません。都市計画税の算定基準にも固定資産税評価額が用いられます。

土地保有税の地価抑制効果

これらの土地保有税は地価を下げる効果をもちます。前章の第2.1節で，短期

均衡の条件が(4)式（208ページ）で与えられると述べました。地価の上昇率をgで表します（つまり，$p_{t+1} = (1+g)p_t$です）。短期均衡の条件は$r_t/(i-g) = p_t$となります。今，土地1円あたりτ_P円の土地保有税がかけられたとしましょう。課税によって土地を保有することから得られる収益が$\tau_P p_t$だけ減少するので，土地保有の収益は$r_t + p_{t+1} - p_t - \tau_P p_t = r_t + (g - \tau_P)p_t$になります。したがって，短期均衡の条件は，$r_t + (g - \tau_P)p_t = ip_t$，すなわち，

$$\frac{r_t}{i - g + \tau_P} = p_t \tag{1}$$

で与えられます。課税によって，左辺の分母がτ_Pだけ大きくなっています。これは，所与の大きさのr_tに対して，より小さなp_tが対応することを意味します。つまり，地価は下落します。

Point 土地保有税は地価を下落させる。

土地保有税の中立性

さて，土地保有税は**中立的**（neutral）であると言われます。このことを理解するために，土地保有税が総余剰に及ぼす影響を調べましょう。

はじめに，土地所有者が土地保有税を負担する場合を考えましょう。この場合，土地保有税がかけられても土地サービスの市場需要曲線の位置は変わりません。賃借人は土地保有税を支払う必要がないからです。土地サービスの市場供給曲線も前と同じ位置にとどまります。土地の所有者は，土地を自分で使おうが人に貸そうが，どちらの場合も土地保有税を支払わなくてはならないからです。したがって，均衡地代も総余剰も変化しません。

次に，土地の利用者が土地保有税を負担する場合を考えましょう。この場合，土地保有税がかけられると，賃借人の支払う地代は土地保有税分だけ上昇します。土地の所有者が自分で土地を使用するときにも，やはり地代は税金分だけ上昇します。そのため，第7章第2.2節で説明したように，土地サービスに対する総需要曲線が下にシフト（反時計回りに回転）します（図7-6参照（177ページ））。たった今説明したように，土地保有税は留保需要にも市場需要にも同じように効いてくるので，シフトするのは，留保需要分を含まない市場需要曲線でなく，留保需要分を含んだ総需要曲線です。次ページの図9-3を見てください。ここには課税前の総需要曲線が実線で描かれていますが，これは206ページの図8-6

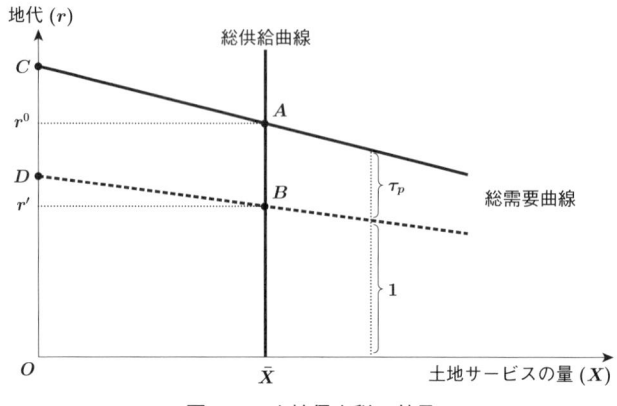

図 9-3 土地保有税の効果

で示した曲線と同じものです。税率 τ_P で土地保有税がかけられると，総需要曲線は，高さが $1/(1+\tau_P)$ 倍に縮まるよう，下にシフト（反時計回りに回転）します。図では課税後の総需要曲線が点線で描かれています。市場均衡は，総需要曲線と総供給曲線（$\bar{X}$ を通る垂線）の交点で決まるので，課税によって，均衡点は点 A から点 B に変化することになります。こうして，均衡地代が r^0 から r' まで下落します。総供給曲線が垂直なため，土地サービスの取引量は変化しません。

このとき，総余剰はどのように変化するでしょうか。課税前，消費者余剰は $\triangle ACr^0$ の面積で，生産者余剰は長方形 $Ar^0O\bar{X}$ の面積で表され，その二つの余剰の合計は台形 $ACO\bar{X}$ の面積になります。課税後は，消費者余剰が $\triangle BDr'$ の面積で，生産者余剰が長方形 $Br'O\bar{X}$ の面積で表されます。ところが，第 7 章第 2.2 節で述べたように，政府の得る税収も総余剰に算入する必要があります（179 ページ）。税収は台形 $ACDB$ の面積になります。したがって，課税後の総余剰の大きさは，台形 $ACO\bar{X}$ の面積に等しくなります。このことから，この場合，課税によって総余剰の大きさは変化しないことがわかります。これが土地保有税が中立的であるということの意味です。

この結論は，第 7 章第 2.2 節の結論と異なります。そこでは，課税によって総余剰が小さくなり，配分の効率性が損なわれることを見ました。この違いはどこから生じるのでしょうか。それは，一般の財の供給曲線が右上がりであるのに対し，土地サービスの総供給曲線が垂直であることから生じます。つまり，<u>土地保有税の中立性は，土地サービスの総量が一定であることに帰因しています</u>。

Point　すべての土地に同じ税率でかけられる土地保有税は，配分の効率性を損なわないという意味で中立的である。

土地保有税が中立的でないとき——差別的な土地保有税

　今度は，土地の用途が複数あり，そのそれぞれに異なった税率で土地保有税が課せられる場合を考えましょう。このとき，土地保有税は依然として配分の効率性を損なうことがなく，中立的でしょうか。

　代表的な土地保有税として固定資産税を考えましょう。現在，住宅地と農地で，課される固定資産税の税率が異なっています。農地は，条件を満たせば固定資産税の優遇措置を受けられるからです。説明しましょう。農地は市街化区域以外の地域にある農地（一般農地）と市街化区域にある農地に分けられます。市街化区域にある農地は，さらに，生産緑地地区の指定を受けた農地と，3大都市圏の特定市以外の農地（一般市街化区域農地），3大都市圏の特定市の農地（特定市街化区域農地）の三つに分けられます。合計，四つの種類に分けられます。それぞれは，土地の価格を農地として低く評価するか，それとも宅地として高く評価するかという点（評価基準）と，農地として低い税率を適用するか，それとも宅地として高い税率を適用するかという点（課税基準）の，二つの点で異なっています。具体的には表9-1を参照してください。

　このように，農地にかかる土地保有税は，住宅地にかかる土地保有税に比べて低く抑えられています。このとき，中立性の命題は成立しなくなります。説明しましょう。

　次ページの図9-4を見てください。横軸は土地の量です。$O_H O_F$ は土地の総供給量を表します。これは，宅地と農地の供給量を合計したものです。宅地の量を左の原点の O_H から右方向に，農地の量を右の原点の O_F から左方向にとります。そうすると，O_H と O_F との間にある任意の点は，土地が宅地と農地の二

表 9-1　農地の固定資産税優遇措置

農地の種類		評価基準	課税基準
一般農地		農地評価	農地課税
市街化区域農地	生産緑地	農地評価	農地課税
	一般市街化区域農地	宅地並評価	農地に準じた課税
	特定市街化区域農地	宅地並評価	宅地並課税

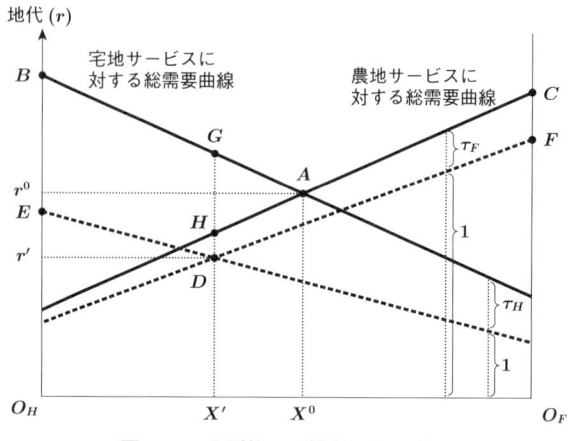

図 9-4 差別的な土地保有税の効果

つの用途にどのように分けられるかを表すことになります。また，土地の単位を適当にとって，宅地と農地のどちらについても，1 単位の土地が 1 単位の土地サービスを生み出すものとします。このとき，図 9-4 の横軸は，土地の量と土地サービスの量を同時に表すことになります。

はじめに土地保有税のかからないときを考えましょう。このときの宅地サービスに対する総需要曲線と農地サービスに対する総需要曲線が実線で表されています。農地サービスに対する総需要曲線は右上がりになっていますが，これは，農地サービスの量を原点の O_F から左方向にとっているからです。需要曲線が，消費者が支払ってもよいと思う価格を表していることを思い出してください。土地の所有者は少しでも高い地代で土地を貸そうとしますから，土地は，総需要曲線がより高い位置に来ているほうの用途に利用されることになります。したがって，$O_H X^0$ の土地が宅地として使われ，$O_F X^0$ の土地が農地として使われます。地代は r^0 になります。このときの余剰は，宅地サービスについては台形 $ABO_H X^0$ の面積に等しくなり，農地サービスについては台形 $ACO_F X^0$ の面積に等しくなります。総余剰はそれらを合計したものです。

次に，宅地に τ_H の率で土地保有税がかかり，農地に τ_F の率で同じ税がかかったとしましょう。ここで，宅地に対する税率のほうが高いと仮定します。つまり，$\tau_H > \tau_F$ です。このとき，それぞれの土地サービスに対する総需要曲線は下にシフト（回転）し，その高さが $1/(1+\tau_H)$ 倍あるいは $1/(1+\tau_F)$ 倍に縮みます。図では，課税後の総需要曲線が点線で描かれています。宅地サービスに対

226　第Ⅲ部　土地・住宅・交通

する総需要曲線のほうが大きくシフトするので，新しい交点の点 D は点 A の左側に来ます。O_HX' の土地が宅地として使われ，O_FX' の土地が農地として使われるようになることから，課税によってこの経済における宅地の面積は縮小し，農地の面積が増大することがわかります。税制によって農地が優遇されているので，これはきわめて自然な結果です。地代は r^0 から r' に下落します。

課税後の総余剰はどうなるでしょうか。宅地サービスについては消費者余剰が台形 DEO_HX' の面積に等しくなりますが，税収が台形 $GBED$ 分だけ入ります。税収も含めると，合計で台形 GBO_HX' の面積に等しいだけの余剰が生じることになります。一方，農地については消費者余剰が台形 DFO_FX' の面積に，税収が台形 $HCFD$ の面積に等しくなります。合計すると，台形 HCO_FX' の面積になります。宅地と農地の余剰を合計すると多角形 BO_HO_FCHG の面積に等しくなるので，土地保有税によって総余剰が $\triangle AGH$ 分だけ減少することになります。したがって，中立性はもはや成立しません。これは，<u>農地が税制面で優遇されているので，農地として土地を保有しようとする人が増えるから</u>です。つまり，土地保有税が土地利用者の行動を歪めてしまうからです。

Point　差別的な土地保有税は中立的でない。

◆ 確 認 問 題 ◆

差別的でない土地保有税　今説明した宅地と農地のモデルで，どちらの土地にも同じ比率で税が課されるとき，土地保有税は中立的になります。図を用いてこのことを確認しましょう。

2.2　土地取引税

土地取引税には，不動産を取得したときにかかる**不動産取得税**や売買したときにかかる**登録免許税**のほか，土地の売買によって得られた値上がり益（**キャピタル・ゲイン**）にかかる**土地譲渡所得税**があります。これらの税は土地の売買を阻害します。地価がファンダメンタルズを超えて上昇しているときには，バブルの発生を防ぐために，投機的な土地売買を抑え込む必要があります。そういったときこれらの税は有効ですが，それ以外の場合には土地の供給を阻み，効率的な土地利用を妨げる原因になりかねません。このことを見るために，例として土地譲渡

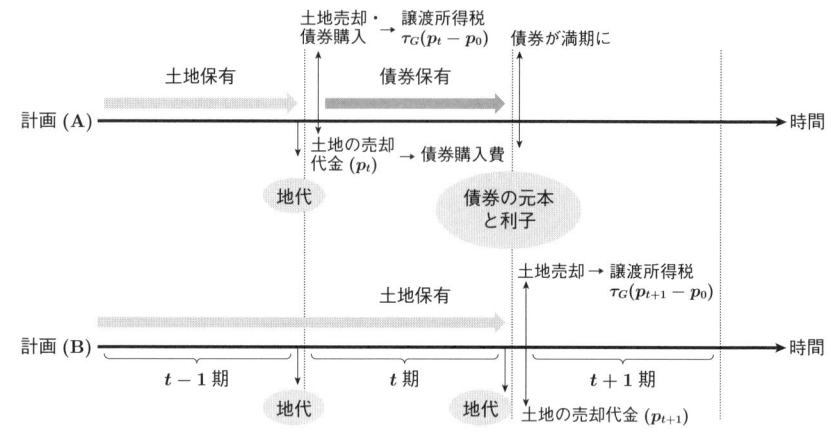

図 9-5 土地の所有者の資産運用計画

所得税の影響を分析してみましょう。

土地譲渡所得税の凍結効果

0 期に p_0 の価格で土地を購入したとしましょう。土地の所有者には，$t+1$ 期の期首までの資産運用計画として，次の二つの選択肢があるものとします。

（A） 土地を t 期の期首に売って，売却で得た資金を債券で 1 期間運用する。
（B） 土地を $t+1$ 期の期首に売る。

土地の売却益に土地譲渡所得税がかかるとき，二つの計画のどちらが有利になるでしょうか。

はじめに計画（A）を考えましょう。土地の所有者は，0 期から $t-1$ 期までの各期末に地代を得ることができます。t 期の期首には土地を売却してしまうので，t 期の地代は手に入りません。その代わり，土地の売却によって t 期の地価 p_t に等しい額の資金を得ることになります。これを 1 期間債券で運用するので，$t+1$ 期の期首には，元本と収益合わせて $(1+i)p_t$ を得ることができます。ただし，i は利子率です。一方，所有者は売却時に生じる値上がり益に対し土地譲渡所得税を支払わなくてはなりません。値上がり益に対し，税が τ_G の比率で課せられるものとしましょう。値上がり益は $p_t - p_0$ なので，税額は $\tau_G(p_t - p_0)$ になります。税金を支払うのが t 期の期首であることに注意してください。地代収入，債券運用の結果手にする金額，税額をそれぞれ利子率で 0 期の価値に割り引いて，前二者の合計から最後の項目を差し引くと，次のようになります。

$$R^A = \left[\frac{r_0}{1+i} + \frac{r_1}{(1+i)^2} + \cdots + \frac{r_{t-1}}{(1+i)^t}\right] + \frac{(1+i)p_t}{(1+i)^{t+1}} - \frac{\tau_G(p_t - p_0)}{(1+i)^t}$$

角括弧の中は地代収入を，その次の項は売却によって $t+1$ 期に手にする収入を，最後の項は税の支払額を表します。これが計画（A）の収益になります。

同じように計画（B）を考えましょう。土地の所有者は，0 期から t 期までの各期末に地代を得ることができます。$t+1$ 期の期首には，土地の売却によって p_{t+1} の資金を手に入れます。また，土地の売却益は $p_{t+1} - p_0$ なので，譲渡所得税の額は $\tau_G(p_{t+1} - p_0)$ になります。この税金は，$t+1$ 期の期首に支払います。したがって，計画（B）の収益は，

$$\begin{aligned}R^B = &\left[\frac{r_0}{1+i} + \frac{r_1}{(1+i)^2} + \cdots + \frac{r_{t-1}}{(1+i)^t} + \frac{r_t}{(1+i)^{t+1}}\right] \\ &+ \frac{p_{t+1}}{(1+i)^{t+1}} - \frac{\tau_G(p_{t+1} - p_0)}{(1+i)^{t+1}}\end{aligned}$$

となります。

さて，どちらの計画の収益が高いかを見るために，計画（B）の収益と計画（A）の収益の差を計算しましょう。

$$\begin{aligned}&R^B - R^A \\ &= \frac{1}{(1+i)^{t+1}}\left[r_t + p_{t+1} - (1+i)p_t + \tau_G(1+i)(p_t - p_0) - \tau_G(p_{t+1} - p_0)\right]\end{aligned} \tag{2}$$

均衡においては，前章で学んだ，土地市場の短期均衡条件の (4) 式（208 ページ）が満たされていなくてはなりません。それは $r_t + p_{t+1} - (1+i)p_t = 0$ と変形できます。したがって，(2) 式は，

$$R^B - R^A = \frac{1}{(1+i)^t}\left[\tau_G(p_t - p_0) - \frac{\tau_G(p_{t+1} - p_0)}{1+i}\right] \tag{3}$$

と書き換えることができます。角括弧の中の最初の項，$\tau_G(p_t - p_0)$ は，t 期に土地を売却したときの譲渡所得税の支払額です。2 番目の項，$\tau_G(p_{t+1} - p_0)/(1+i)$，は，$t+1$ 期に土地を売却したときの譲渡所得税の支払額を，利子率で割り引いて 1 時点前の t 期の価値に直したものです。(3) 式は，土地を t 期に売るか $t+1$ 期に売るかは，どちらの場合に譲渡所得税の支払いが少なくてすむかで決まることを表しています。ここで重要なのは，売る時期が異なると，同じ税額で

もその価値が変わってくることです。つまり、遅い時期に売ったときには税の支払い時期も遅くなりますから、現在価値で考えればより小さな額を負担するだけですみます。$t+1$ 期の譲渡所得税の支払額が $1+i$ で割り引かれているのはそのためです。

角括弧の中の項が正になるか負になるかは、p_t と p_{t+1} の相対的な大きさと、利子率 i の大きさによって決まります。地価があまり上昇していないとき、つまり、p_{t+1} が p_t と比べてそれほど大きくないとき、そして利子率が高いとき、角括弧の中の項は大きくなります。したがって、$R^B - R^A$ が正になる可能性が高まります。とくに、地価が下落しているとき、つまり、p_{t+1} が p_t を下回るときには、角括弧の中の2番目の項の絶対値は最初の項の値よりも必ず小さくなり、$R^B - R^A$ が正になります。結局、地価の上昇率が低いとき、そして利子率が高いとき、t 期に売却せず、売却を1期遅らせて $t+1$ 期にすることが有利になります。地価の上昇率が低いときには、土地を長く保有してもそれほど値上がり益が生じないため、譲渡所得税の支払いもあまり増えません。また、利子率が高いときには割引率が高くなり、少しでも税金の支払いを遅らせたほうが得になります。ここで、譲渡所得税が課せられない場合、つまり τ_G が0の場合には、R^A が R^B と一致し、売却を遅らせようが遅らせまいが、同じ額の収益が得られることに注意してください。したがって、今得た効果は、譲渡所得税の効果です。そのような意味で、これを、譲渡所得税の**凍結効果**または**ロックイン効果**(lock-in effect) とよびます。

> **Point** 譲渡所得税の凍結効果：地価の上昇率が低いとき、そして利子率が高いとき、譲渡所得税は土地の売却を遅らせる。

3 土地利用規制

最後に、土地をめぐる政策として**土地利用規制** (land use control) をとりあげます。これは、土地の利用の仕方を規制するもので、第5章と第6章で論じた都市内の空間構造と密接な関係があります。

土地利用規制は、土地という私的財産の使用方法を制限します。これは個人の財産権の侵害です。それにもかかわらずその政策が正当化されるのは、土地の利

用の仕方によっては，外部性の問題が生じてしまうからです。この節では，この点を詳しく見ることにしましょう。

3.1 日本の土地利用規制

日本の土地利用規制は，**都市計画法**と**建築基準法**によって規定されています。大きく三つに分類できます。

(1) 開 発 規 制

新たに開発を行う際にかけられる規制をまとめて**開発規制**とよびます。ここで言う「開発」とは，新たな建築物の建築などによって土地の区画や形質を変更する行為です。都市計画法の定める**開発許可制度**がこの規制の基礎になっています。都道府県知事（政令指定都市の場合はその長）は，次の二つの基準に基づいて，開発を許可するどうか決定します。第一は，開発の行われる場所に関する基準です。都市計画区域は，市街化区域と市街化調整区域に分けられます。市街化区域は市街化を容認する区域で，市街化調整区域は市街化を抑制する区域です。市街化調整区域では原則として開発行為が認められず，新たに建築物を建てたり増築したりすることができません。第二は，宅地の水準に関する基準です。これは技術基準とよばれます。許可されるには，道路や消防水利，給水・排水設備等，基礎的な設備が整備されていることが必要です。

日本の開発規制の一番の問題は，小規模開発は許可が不要であることです。たとえば，市街化区域では，$500 m^2$ あるいは $1000 m^2$（自治体により異なります）よりも小さな規模の開発は許可を受ける必要がありません。これが，虫喰い状の「ミニ開発」を助長する一因になっています。

(2) 用 途 規 制

用途規制は，土地の用途を限定するものです。都市計画法は 20 種類の**地域地区**を定めています。これは特定の用途に利用すべき地区を定めたもので，伝統的建造物を保存する地区（伝統的建造物群保存地区）や高層住宅の建築を促進する地区（高層住居誘導地区），自然美を維持保存する地区（風致地区）などがあります。その中でもっとも重要なのが，用途地域地区です。これは，住居や商業，工業な

どそれぞれの用途に土地を用いるべき地域（**用途地域**）を定めたものです[4]。用途地域地区による規制は**用途地域制**（zoning）とよばれます。

図 9-6 は，用途地域の例です。

(3) 形 態 規 制

　形態規制は，建築物の形態を規制するものです。建築面積を敷地面積で割った**建蔽率**の制限，建物の延べ床面積を敷地面積で割った**容積率**（floor area ratio）の制限，建物の高さ制限，隣地や道路との距離に応じて高さに制限を設ける**斜線制限**などがあります[5]。それぞれの項目がどれだけ制限されるかは，先に述べた用途地域で異なってきますし，同じ用途地域でも幅があります。

3.2 用途地域制の経済効果

　土地利用規制は，外部性の問題を解決するために行われると述べました。用途地域制を例にこのことを説明しましょう。

用途地域制による地代の変化

　ある都市に商業と住宅が立地しているとします。商業の付け値地代曲線のほうが住宅の付け値地代曲線よりも傾きが急で，結果として商業が都心近くに立地し，住宅が郊外に立地する状況を考えましょう。234 ページの図 9-7 は横軸に都心からの距離をとった図で，二つの経済活動の付け値地代曲線が実線で表されています。第 6 章の議論を思い出してください。都心からの距離が d^0 以下の地点に商業が立地し，それ以上の地点に住宅が立地します。市場地代は，商業の付け値地代曲線の曲線 $AHFB$ と住宅の付け値地代曲線の曲線 BGC を組み合わせたものになります。なお，この節と次の節では，簡単化のために農業地代は 0 であると仮定します。

　商業施設は，騒音を出したり交通渋滞を引き起こしたり，治安を悪化させたり

---

4) 二つの低層住居専用地域と二つの中高層住居専用地域，二つの住居地域，準住居地域，近隣商業地域，商業地域，準工業地域，工業地域，工業専用地域と，全部で 12 の用途地域があります。

5) 「斜線」というのは，道路や隣地との境界から上空に斜めに引いた線のことです。この線に沿って建物の高さが規制されます。

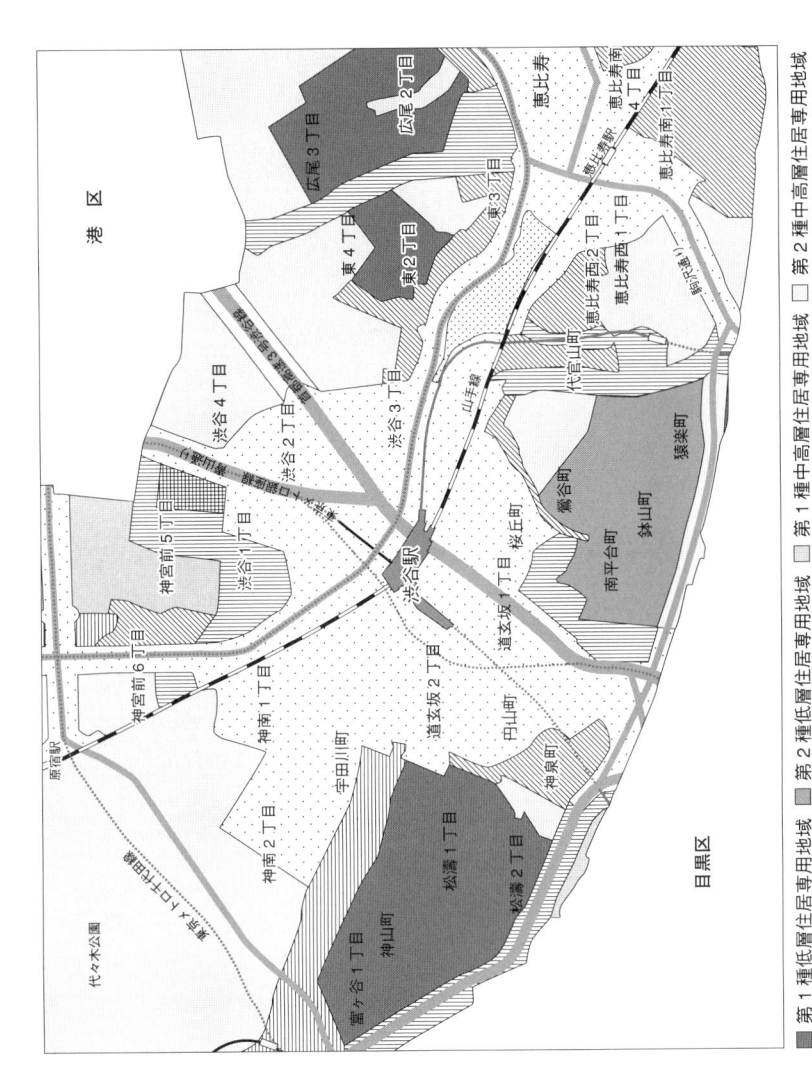

図 9-6 用途地域の例（東京都渋谷区，2012 年 1 月 1 日現在）

図 9-7 用途地域規制の効果

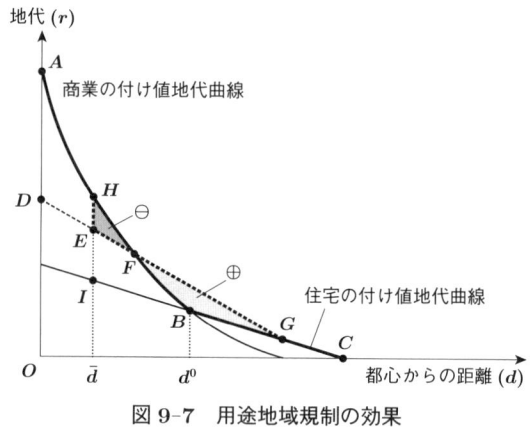

ゴミや看板・ネオンサイン等で街の美観を損なったりします。これは市場を通さずに消費者に影響します。第7章第3.2節で説明した外部不経済ですね。

　このような外部不経済の問題を軽減するために，政府が土地利用を規制して，商業施設が立地できる範囲を $\bar{d}$ よりも都心側に限定したとしましょう。商業の規模が抑えられ，その立地点が住宅地から遠ざかるので，外部不経済は緩和されます。その分，消費者の効用は高くなります。ここで，説明を簡単にするために，都市が小開放都市であると仮定しましょう。そのとき，この都市の消費者の得る効用の水準は，常に他の都市の消費者の得る効用の水準と同一にならなければならないため，規制によって変化しません。したがって，外部不経済の抑制がもたらした効用の上昇は，地代支払いの増大によって相殺される必要があります。つまり，付け値地代が上がらなければなりません。外部不経済が低減したことによって，消費者は，前より高い地代を支払っても以前と同じ水準の効用を得ることができるのです。

　規制導入後の住宅の付け値地代曲線が曲線 $DEFGC$ で表されています。商業の立地点に近い住宅地ほど外部不経済低減の効果が大きいと考えられるので，都心に近づくほど，消費者の付け値地代曲線は大きく上にシフトします。規制導入後の市場地代は，商業の付け値地代曲線の曲線 AH と住宅の付け値地代曲線の曲線 $EFGC$ を組み合わせたものになります。

用途地域制による総余剰の変化

　さて，規制によって総余剰はどのように変化するでしょうか。ここで分析して

いるのは需要曲線や供給曲線ではないので，総余剰を求めるのにおなじみのルールを使うことはできません。余剰の意味に戻って考える必要があります。まず，消費者は規制の導入前と導入後で同じ水準の効用を得ています。したがって，消費者にとっての余剰は変化しません。商業を営む企業はどうでしょうか。完全競争市場では，自由に参入と退出が行われる結果，企業の利潤は常に0になります。したがって，生産者にとっての余剰も変化しません。

唯一変化するのは地代です。地代は土地を所有する人の所得になります。したがって，地代は土地所有者にとっての余剰になるのです。こう考えると，結局，<u>規制によって経済全体で余剰の大きさがどう変化するかを見るには，地代の総額がどう変わるかを調べればよいことになります</u>[6]。そして，地代の総額は，市場地代曲線の下側の面積に等しくなります。規制がないときの地代の総額は曲線 $AHFBGC$ の下側の面積に，規制が導入されたときの地代の総額は曲線 $AHEFGC$ の下側の面積に，それぞれ等しくなります。

規制導入前と導入後を比較すると，規制によって地代の総額は $\triangle HEF$ の面積だけ減少し，$\triangle FGB$ の面積だけ増大します。つまり，「規制による余剰の変化 $= -\triangle HEF + \triangle FGB$」が成立します。ところが，$-\triangle HEF + \triangle FGB = -(\triangle HEF + 四角形 EFBI) + (\triangle FGB + 四角形 EFBI)$ ですから，規制による余剰の変化は，$-\triangle HBI + \triangle EGI$ に等しくなります。この二つの三角形は何を表すでしょうか。はじめの三角形（$\triangle HBI$）は規制による効率性の損失の効果を表します。都心から $\bar{d}$ 以上遠く d^0 より近い地点では，規制がないとき，商業の付け値地代が住宅の付け値地代を上回っています。ところが，規制が行われると，商業はそこに立地することが許されなくなります。つまり，土地は，商業用地として利用したほうがより高い収益が得られるにもかかわらず，住宅用地として利用されることになるのです。これが効率性の損失を招きます。一方，2番目の三角形（$\triangle EGI$）は，規制による外部不経済低減の効果を表します。商業活動が都心近くに封じ込められることで消費者の付け値地代が上昇します。この上昇分が外部不経済低減の効果です。

この二つの効果のどちらが支配的になるか，一概には言えません。効率性の損

---

[6] ここでは，都市住民と都市の土地所有者にとっての余剰を考えています。土地所有者は必ずしも分析している都市に住んでいるとは限りません。たとえば，第5章と第6章で説明した都市内住宅立地理論では，すべての土地所有者が分析している都市の外に住んでいると仮定しました。

失の効果が外部不経済低減の効果を上回ってしまうこともありえます。用途地域制を実施する場合には，二つの効果の大きさを慎重に比較する必要があります。

3.3 容積率規制の経済効果

次に，形態規制の一つである容積率規制を考えましょう。

容積率規制による地代の変化

　第3.2節と同じように，商業と住宅があって，商業の付け値地代曲線のほうが住宅の付け値地代曲線よりも傾きが急なために，商業が都心近くに立地し，住宅が都心から離れたところに立地している状況を考えます。このとき，商業用地の容積率を規制するとどうなるでしょうか。

　第一に，容積率規制によって商業の付け値地代曲線が下にシフトします。理由を説明しましょう。容積率が規制されると，同じ広さの土地に建てることのできる建物の床面積が小さくなります。単位面積あたりの家賃が一定だとすると，このことは，建物を商業施設に賃貸したときに得られる家賃収入が減少することを意味します。したがって，建物の所有者が同じ広さの土地に支払える地代の額は減ってしまうのです。

　都心から $\bar{d}$ 以上離れた地域で容積率に上限を設ける政策を考えましょう。都心からの距離が $\bar{d}$ 以下の地域では容積率が規制されません。図9-8を見てください。容積率規制によって，都心から $\bar{d}$ 以上離れた地域では商業の付け値曲線が点線 JK まで下にシフトします。都心からの距離が $\bar{d}$ 以下の地域では曲線 AH のままです。

　第二に，容積率を規制すると，用途地域制の場合と同じように住宅地の環境が良くなります。商業がもたらす外部不経済が低減するからです。したがって，住宅の付け値地代曲線は上方にシフトします。ここで，容積率規制のもとで商業の立地する範囲が，用途規制の実施された場合と同じになる状況を考えましょう。つまり，商業の立地する範囲が都心から $\bar{d}$ 離れた地点より内側になる状況です。住宅の付け値地代曲線は用途地域制の場合と同じ幅だけシフトします。図9-8の曲線 $DEFGC$ は容積率規制のもとでの住宅の付け値地代曲線ですが，図9-7の曲線と同じものです。

　図に描かれているケースでは，都心から $\bar{d}$ 離れた地点よりも外側で容積率が

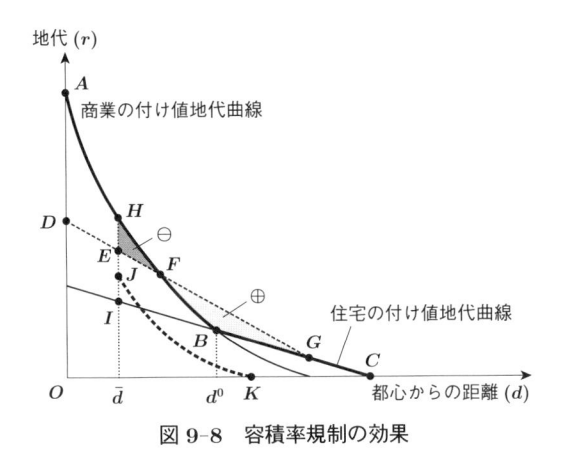

図 9-8 容積率規制の効果

規制されたとき，規制された地域で，商業の付け値曲線（太い点線 JK）が住宅の付け値曲線（細い点線 EFG）よりも下にきます。したがって，そこには住宅が立地します。一方，$\bar{d}$ 離れた地点より内側では，商業の付け値曲線（実線 AH）が住宅の付け値曲線（細い点線 DE）よりも上にくるので，商業が立地することになります。このように，実際に，商業の立地する範囲は都心から $\bar{d}$ 離れた地点より内側になるのです。

容積率規制による総余剰の変化

　容積率規制によって余剰はどう変化するでしょうか。規制導入前の地代の総額は市場地代曲線 ABC の下側の領域の面積になります。規制をかけると，地代の総額は，多角形 $AHEFGC$（台形 $AH\bar{d}O$ と多角形 $EFGC\bar{d}$ を合わせた図形）の面積になります。規制によって，地代の総額は，$\triangle HEF$ の面積分だけ減少し，$\triangle FBG$ の面積分だけ増加します。つまり，「規制による余剰の変化 $= -\triangle HEF + \triangle FBG$」が成立します。ところが，$-\triangle HEF + \triangle FBG = -(\triangle HEF +$ 四角形 $EFBI) + (\triangle FBG +$ 四角形 $EFBI)$ なので，規制による余剰の変化は，$-\triangle HBI + \triangle EGI$ に等しくなります。用途地域制の場合と同じように，最初の三角形（$\triangle HBI$）は，規制による効率性損失の効果を表します。規制によって潜在的な商業活動が阻害され，それが生み出すはずの地代が消えてしまうという損失です。一方，2番目の三角形（$\triangle EGI$）は，規制による外部不経済低減の効果を表します。この二つの効果のどちらが支配的になるかは一概に言えません。

　このように，容積率規制は土地の有効利用を妨げ，その分生産性を低下させま

第 9 章　土地政策　237

Column 空中権取引

　東京駅の丸の内側では，1998 年から丸の内再構築事業（「丸の内マンハッタン」計画）が進んでいます。その一環として，丸ビル，新丸ビルなど多くのオフィス・ビルが建て替えられています。新丸ビルは，2000 年の都市計画法と建築基準法の改正により創設された，**特例容積率適用区域制度**を活用した最初の事例として有名です。この制度は，定められた区域内の建築敷地の容積率の一部を，同区域内の他の敷地に移転することを認めたものです。たとえば，区域内に同じ広さの敷地 A と敷地 B があるとしましょう。どちらも指定容積率は 1000％ だとします。このとき，敷地 A に容積率 400％ の建物を建てた場合，残りの 600％ を敷地 B に上積みして，敷地 B に 1600％ の建物を建てることができるのです。

　2002 年に，大手町・丸の内・有楽町地区が日本で初めて特例容積率適用区域に指定されました。区域には東京駅が含まれています。JR 東日本はこの制度を活用して，1914 年に建設された丸の内の赤レンガ駅舎を復原し保全することにしました。駅舎は復原しても 3 階建てのため，容積率がかなり余ります。そこで，余った容積率を，新丸ビルの開発会社である三菱地所等に売却して，高層ビルの敷地に移転することにしたのです。このような取引を**空中権取引**と言います。空中権取引によって，JR 東日本は巨額の復原工事費用を調達することができたと言われています。ちなみに，新丸ビルの敷地の容積率は，指定された 1300％ から，空中権取引によって 1760％ に増えました。新丸ビルは地上 38 階地下 4 階の合計 42 階建てですから，単純に比例配分すると，そのうちの 11 階分が空中権取引によって獲得された分であると考えることができます。

　空中権取引によって，JR 東日本も開発会社も，そして駅やビルの利用者も大きな便益を得ました。市場メカニズムの導入が効率性の上昇に結びついたのです。

図 9-9　丸ビル・新丸ビルと東京駅
「新丸ビル」（右）。左は「丸ビル」
（写真提供：共同通信社）

す。とくに，第 3 章で述べた集積の経済が強くはたらくときには，多くの経済活動が集中する都心部の土地の価値が非常に高くなります。その容積率を規制すると，効率性が著しく下落する可能性があります。

　実際，いくつかの実証研究によって，容積率規制の緩和がかなり大きな便益を生み出すことが明らかになっています。たとえば八田・唐渡（2001）は，丸の内地区で容積率が緩和されて労働者が 50％ 増えると，東京を小開放都市とみなした場合で 5.0％，閉鎖都市とみなした場合には 9.0％ も，東京全体における生産性が上昇すると推定しています。さらに別の研究で，千代田区全域で容積率の上限（「指定容積率」と言います）を 2 倍に引き上げるという規制緩和を行ったとき，生産性の上昇による便益は年間 6492 億円，道路交通量の増加による費用は 692 億円で，差し引き 5800 億円の純便益があると算定しています（八田・唐渡，2007）。

◆ キーワード
公示地価，基準地価格，相続税路線価，固定資産税評価額，土地保有税，土地保有税の中立性，農地の固定資産税優遇措置，差別的な土地保有税，土地取引税，譲渡所得税，譲渡所得税の凍結効果，都市計画法，建築基準法，開発規制，用途規制，用途地域制，形態規制，容積率規制

◆ 練習問題
1. しばしば，市街化区域農地の固定資産税優遇措置を廃止して，宅地並みに課税すべきだという議論を耳にします。宅地並みに課税すると，住宅地の地価や広さはどのように変化するでしょうか。また，農地の地価や広さはどうでしょうか。
2. 相続税は，相続する財産の額がある一定以上でない限り課税されません。
   (1) 課税最低額が一定であるときに地価が上昇したり下落したりすると，相続税の負担のあり方はどのように変わるでしょうか。
   (2) 地価が急騰したバブルの時期，相続税の課税最低額が引き上げられました。その後，地価は下落を続けましたが，課税最低額は変更されていません。このことがどのような問題を引き起こしているか，調べましょう。
3. 用途地域制による効率性の損失の効果が外部不経済低減効果を上回るのは，どのようなときでしょうか。図 9-7（234 ページ）を見て考えましょう。

第10章

住宅市場

　第8章と第9章では土地市場と土地政策を議論しました。第10章と第11章では住宅に目を転じて，住宅市場と住宅政策を考察しましょう。

　この章では，はじめに住宅の特質を考えます。次いで，標準的な枠組みを用いて住宅の価格が市場でどのように決定されるかを検討します。最後に，住宅の価格を説明するもう一つの枠組みである「ヘドニック・モデル」について学びます。

1　住宅の特質

　住宅にはいくつかの際立った特質があります。ここでは，とくに重要な三つの特質を説明します。

⑴　耐　久　性

　住宅は長年にわたって使われるのが普通です。日本の木造住宅の耐久年数は30年程度ですが，諸外国では100年以上にわたって使われ続ける住宅も珍しくありません。

　この特質のため，住宅についても土地と同じようにフローとストックを区別することができます。フローは，毎期毎期住宅が生み出す「住宅サービス」です。この価格は住宅の「賃貸価格」あるいは「家賃」です。ストックは，ある一時点に存在する「住宅資産」です。この価格は「資産価格」あるいは「売買価格」です。これら二つの価格には，地代と地価の関係と同じような関係があります。こ

れについては後述します。

なお，耐久性があると言っても，住宅の品質は時間の経過とともに劣化していきます。住宅の質を保つには，適切な維持管理を行う必要があります。

(2) 異質性

住宅には一つとして同じものがありません。もっとも大きな理由は，住宅が土地に固定されて消費される財であり，二つの住宅が立地する場所は必ず異なるということです。立地する場所が異なると，都心からの（時間）距離，最寄り駅からの（時間）距離，属する地域（鉄道沿線），近隣商業施設や公共施設からの（時間）距離，周りの環境など，さまざまな属性が異なってきます。したがって，消費者にとって個々の住宅は異なったものになります。また，立地する場所の違いを抜きにしても，住宅は著しく差別化された財であると言えます。広さや階数，間取り，建築方法，設備，デザイン，築後年数など，多くの点で一つ一つの住宅は異なっています。このような異質性をうまく扱えるのが，第3節で述べる「ヘドニック・モデル」です。

(3) 必需性

住宅はどの家計にも必要なものです。だれもが少なくとも必要最低限の規格の住宅に住むことは，「公正な分配」の要件だと考えることができます[1]。これが，第11章第3節で詳述する住宅補助政策の根拠になります。

2　住宅の資産価格

次に，住宅の資産価格がどのような水準に決まるかを説明します。第8章で地価が決まるメカニズムを説明しましたが，住宅の資産価格が決まるメカニズムはそれより少し複雑です。土地の総供給量は一定でしたが，住宅資産の総供給量はその価格に応じて変化します。したがって，住宅サービスの市場だけでなく，住宅資産の市場も明示的に分析する必要が出てきます。以下，次のような筋道で

---

1) 一般に，地方自治体または国が保障すべき最低限の生活基準のことを，それぞれシビル・ミニマム（civil minimum），ナショナル・ミニマム（national minimum）と言います。必要最低限の規格の住宅に住むことは，この基準の一つだと考えられます。

説明します。はじめに，住宅資産の量が与えられているときに，住宅サービスの価格（賃貸価格）がどのように決まるかを見ます。次に，均衡において賃貸価格と資産価格の間にどのような関係が成り立つかを調べます。さらに，その関係から，住宅資産に対する需要曲線を導き出します。最後に，住宅資産に対する需要曲線とその供給曲線に基づいて，住宅資産の価格を説明します。

2.1 賃貸価格の決定

住宅資産は，新規に住宅が建設されたり既存住宅が取り壊されたりして，長期的には増えたり減ったりします。この節ではそのような長期を考えず，住宅資産の量が一定であるような，充分短い期間を考えます。長期については，第2.3節で議論します。この節の説明の枠組みは，基本的に第8章第1節で地代を説明したときに用いたものと同じです。そこで，詳細を省いて簡潔に説明します。

第8章第1節で土地に対する需要を考える際，企業は土地を所有していないと考えました。ここでも同じように，企業は住宅を所有していないと仮定します。また，企業が需要する住宅の量はそれほど大きくないので，無視することにします。この結果，住宅を所有していない家計と住宅を所有している家計の2種類だけを考えればよくなります。

最初に，住宅を所有していない家計を考えましょう。この家計は住宅を賃借します。賃借する住宅が生み出す住宅サービスの量が住宅サービスの市場需要量です。住宅サービスの市場需要曲線は，それが賃貸価格に応じてどう変化するかを表したものです。曲線は，住宅サービスが正常財である限り，右下がりになります。また，市場需要に留保需要を加えると総需要になります。つまり，市場需要曲線を留保需要分だけ右方向にずらすと，総需要曲線が得られます。

次に，住宅を所有している家計を考えます。この家計は，所有している住宅の一部を自ら使用します。この留保需要分は「持ち家」とよばれるものです。ここで，持ち家の帰属家賃は市場で決まる家賃に等しいものと仮定します（土地サービスの場合と同じです）。一方，残りの住宅は市場で賃貸に出します。それが生み出す住宅サービスの量が市場供給量です。住宅サービスの市場供給曲線は，それが賃貸価格に応じてどう変化するかを表したものです。曲線は，代替効果が資産効果を上回る限り，右上がりになります。市場供給に留保需要を加えると総供給になるので，市場供給曲線を右方向に留保需要分だけずらしたものが，総供給曲

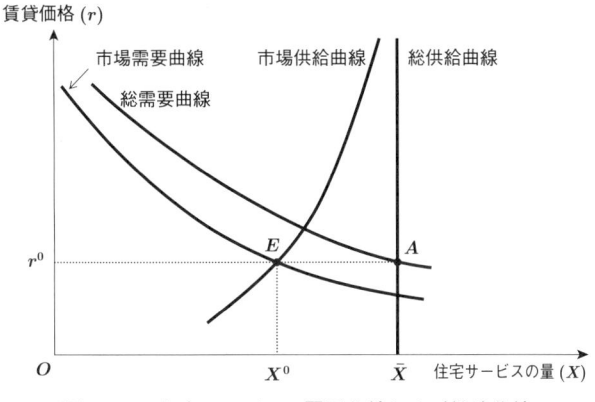

図 10-1 住宅サービスの需要曲線および供給曲線

線になります。総供給曲線は，経済に存在する住宅サービスの総量を表します。先に述べたように，この節では住宅資産の量が与えられている場合を考えているので，総供給曲線は垂直になります。

図 10-1 には，これらの需要曲線と供給曲線が描かれています。この図は，第 8 章の図 8-6（206 ページ）を住宅サービスについて書き換えたものです。$\bar{X}$ は住宅サービスの総供給量です。

さて，賃貸価格と住宅サービス取引量は，住宅サービスに対する市場需要曲線とその市場供給曲線の交点で決まります。図の点 E です。均衡賃貸価格は r^0 になり，均衡取引量は X^0 になります。このときの留保需要の大きさは線分 AE の長さに等しく，住宅サービスに対する総需要量と総供給量はどちらも $\bar{X}$ になります。

2.2 賃貸価格と資産価格の関係

次に，均衡において賃貸価格と資産価格の間にどのような関係が成り立つか，考察します。人々は，住宅を保有することで得られる収益が他の資産を保有することで得られる収益を上回っていれば住宅を保有しようとし，逆に下回っていれば住宅を手放そうとします。したがって，均衡では，資産価格がそれらの収益をちょうど等しくするような水準に決まるはずです。地価の決定の基礎になった裁定の考え方ですね（207〜208 ページ）。

ここで，短期均衡と長期均衡の二つを区別しましょう。

短期均衡

短期均衡は2時点における裁定のはたらきに注目したものです。

t期の期首にp_tの価格の住宅を購入し，$t+1$期の期首まで1期間だけ保有したときの収益を考えましょう。住宅の所有者は，住宅を人に貸した場合，家賃収入と住宅の値上がり益を得ることができます。自分で住む場合も，市場で決まる家賃と同じ額を自分自身に支払っているとみなすことができるので，同じことです。この場合の家賃は**帰属家賃**（imputed rent）とよばれます。家賃はt期の期末に支払われます。その大きさをr_tで表すことにしましょう。値上がり益は$p_{t+1} - p_t$です。ところで，住宅は減耗します。設備が老朽化したり外壁や内装が傷んだりします。場合によっては，設備が故障したり外壁が剥がれ落ちたりして，維持管理費を支払う必要があります。住宅を保有することの収益を求める際には，このような資本減耗費や維持管理費を差し引かなくてはなりません。二つの費用がそれぞれ，住宅の資産価格の一定割合であるとしましょう。すなわち，資本減耗費はδp_t，維持管理費はμp_tであるとします。δとμは正のパラメータです。これらの費用はt期の期末に支払います。すると，住宅の購入によって$t+1$期の期首に得られる収益は，$r_t - (\delta + \mu)p_t + p_{t+1} - p_t$に等しくなります。

一方，住宅を購入するはずだった資金p_tでt期の期首に債券を買うことで，$t+1$期の期首にip_tの収益を手に入れることができます。ただし，iは利子率です。短期均衡においては，住宅の保有から得られる収益と，代替資産である債券の保有から得られる収益が一致しなくてはなりません。したがって，短期均衡の条件は，

$$r_t - (\delta + \mu)p_t + p_{t+1} - p_t = ip_t \tag{1}$$

となります。

(1)式を書き換えると次のようになります。

$$\frac{r_t}{p_t} = i + \delta + \mu - \frac{p_{t+1} - p_t}{p_t} \tag{2}$$

右辺は，住宅の**資本コスト**または**使用者費用**（user cost of capital）とよばれ，住宅に投資するとき，投資金額1円あたりいくら費用がかかるかを表します。重

要な概念なのでもう少し詳しく説明しましょう。まず，住宅に投資するときには，他の資産に投資することで得られたであろう収益が犠牲になっています。第5章第3節で説明した機会費用の考え方ですね（121ページ）。犠牲になっている分は債券を買ったときに得られたであろう利子収入で，その大きさは住宅投資1円あたり i 円です。また，住宅投資1円あたり，δ 円の資本減耗費と μ 円の維持管理費を支払わなくてはなりません。一方で，住宅の値上がり益を費用から差し引いて考える必要があります。値上がり益は $p_{t+1} - p_t$ ですが，住宅投資1円あたりだと，それを p_t で除したものになります。結果として，住宅投資1円あたりの費用が(2)式の右辺に等しくなるのです。

> **Point** 住宅の資本コスト（使用者費用）
> ＝利子率＋住宅投資1円あたり資本減耗費
> ＋住宅投資1円あたり維持管理費－住宅価格の値上がり率。

　短期均衡の条件は，住宅投資1円あたりの賃貸価格が資本コストに等しくなることです。もし(2)式が成立せず，左辺が右辺を上回ったとします。このとき，住宅投資1円あたりの家賃収入は資本コストを上回ります。これは住宅を賃貸することから正の利得が得られることを意味します。この結果，賃貸住宅を経営しようとする人が増加し，賃貸住宅が新たに建設されるようになります。逆に右辺が左辺を上回ったとします。このときには，住宅価格1円あたりの家賃収入が資本コストを下回ってしまいます。住宅を賃貸することから損失が生じるので，賃貸をやめて住宅を取り壊す人が出てきます。いずれの場合も住宅の数量が変化しますから，均衡の状況ではありません。

> **Point** 住宅市場の短期均衡条件：
> 住宅投資1円あたりの賃貸価格＝住宅の資本コスト。

長期均衡

　長期均衡も土地の場合と同じように考えることができます。t 期の期首における将来の賃貸収入の総価値は，毎期の賃貸収入を現在価値に直したものの合計になります。毎期の賃貸収入は，賃貸価格から資本減耗費と維持管理費を差し引い

たもの，すなわち，$r_t - (\delta + \mu)p_t$，です．したがって，将来の賃貸収入の総価値は次のようになります．

$$R_t = \frac{r_t - (\delta + \mu)p_t}{1+i} + \frac{r_{t+1} - (\delta + \mu)p_{t+1}}{(1+i)^2} + \frac{r_{t+2} - (\delta + \mu)p_{t+2}}{(1+i)^3} + \cdots \cdots \quad (3)$$

長期均衡では，これが代替的な資産の収益に等しくならなければなりません．代替的な資産として債券を考えます．第8章第2.2節で見たように，p_t円だけ債券に投資したときに得られる毎期の利子収入を現在価値に割り引いたものの合計は，投下したp_t円に等しくなります．(5)式を思い出してください（210ページ）．したがって，長期均衡の条件は，

$$R_t = p_t \quad (4)$$

が成立することです．

ここで，土地について議論したときと同じように，特別な場合を考えます．賃貸価格が毎期毎期一定の比率gで上昇する場合です．

さて，どのようなτについてもp_τが

$$\frac{r_\tau}{i - g + \delta + \mu} = p_\tau \quad (5)$$

を満たしたとしましょう．この式を$\tau = t$と$\tau = t+1$について書き表したものから，$(r_{t+1} - r_t)/r_t = (p_{t+1} - p_t)/p_t$であることがわかります．したがって，資産価格も一定の比率gで上昇します．なお，$g = (p_{t+1} - p_t)/p_t$より，(5)式の左辺の分母の$i - g + \delta + \mu$が資本コストであることがわかります．また，(5)式を$\tau = t$，$\tau = t+1$，$\tau = t+2$などについて書き，そのそれぞれを(3)式のp_t，p_{t+1}，p_{t+2}などに代入して整理すると，

$$R_t = \frac{i-g}{i-g+\delta+\mu}\left[\frac{r_t}{1+i} + \frac{r_{t+1}}{(1+i)^2} + \frac{r_{t+2}}{(1+i)^3} + \cdots \cdots\right] \quad (6)$$

となります．さらに，賃貸価格が毎期毎期gの比率で上昇するので，$r_{t+1} = (1+g)r_t$，$r_{t+2} = (1+g)^2 r_t$，$r_{t+3} = (1+g)^3 r_t$などが成立します．したがって，(6)式は，

$$R_t = \frac{i-g}{i-g+\delta+\mu} \cdot \frac{r_t}{1+i}\left[1 + \frac{1+g}{1+i} + \left(\frac{1+g}{1+i}\right)^2 + \left(\frac{1+g}{1+i}\right)^3 + \cdots \cdots\right]$$

と書き換えることができます．等比級数の和の公式を使ってこの式の右辺を変形

すると $r_t/(i-g+\delta+\mu)$ になりますが,これは,(5)式より p_t に等しくなります。つまり,(5)式が満たされる限り(4)式は満たされるのです。言い方を換えれば,(5)式は,賃貸価格の上昇率が一定のときの,長期均衡の十分条件です。このことから,賃貸価格が一定の比率で上昇するとき,資産価格も同じ比率で上昇するような長期均衡解が存在することがわかります。

> **Point** 賃貸価格が一定の比率で上昇するとき,資産価格も同じ比率で上昇するような長期均衡解が存在する。

(5)式が満たされるような長期均衡については,資産価格と賃貸価格との間に次のような関係があります。

(1) 資産価格は賃貸価格と正の関係をもつ。
(2) 資産価格は資本コストと負の関係をもつ。つまり,利子率や資本減耗費・維持管理費と負の関係をもち,資産価格上昇率(賃貸価格上昇率)と正の関係をもつ。

◆ 確認問題 ◆
資本コストと資産価格 今得られた(2)の結論について,なぜ利子率が上がると資産価格は下がるのか,直観的に言葉で説明してみましょう。

2.3 住宅の資産価格の決定

次に,住宅の資産価格がどのような水準に決まるかを見るために,住宅資産に対する需要曲線を導出します。説明を簡単にするため,ここでは賃貸価格が一定の比率で上昇していく場合に議論を絞ります。

次ページの図 10-2 の上のパネルは住宅サービスの市場を,下のパネルは住宅資産の市場を描いたものです。ここで,住宅資産1戸が単位時間に1単位の住宅サービスを生み出すように,住宅サービスの単位のとり方を工夫します。すると,住宅サービスの量も住宅資産の量も住宅の戸数で表されます。

さて,経済に存在する住宅資産の量が X^0 に等しいとします。このとき,短期的には,住宅サービスの総供給量が X^0 に固定されるので,その総供給曲線は垂直な線になります。賃貸価格は,住宅サービスの総需要曲線と総供給曲線が交わ

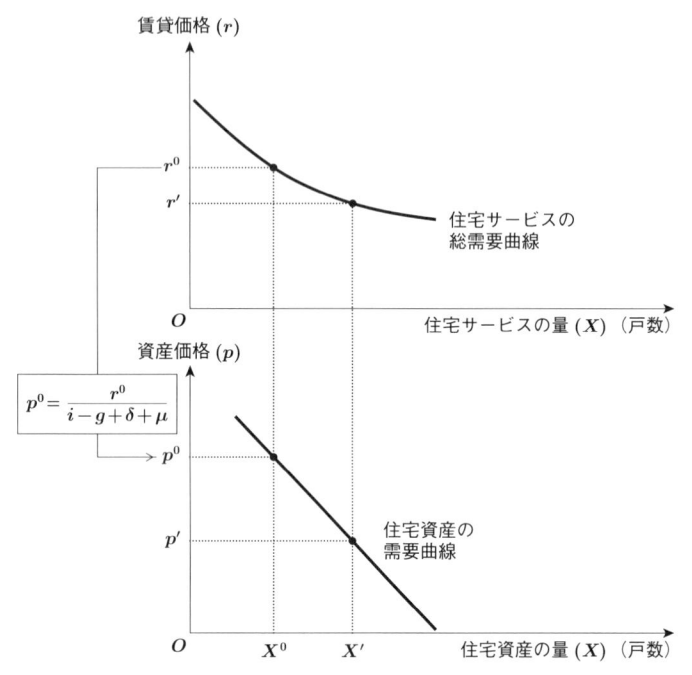

図 10-2　住宅サービスと住宅資産の需要曲線

るところで決まり，r^0 になります。これについてはすでに第 2.1 節で図 10-1 を使って説明しました（243 ページ）。

　住宅の資産価格はどうなるでしょうか。賃貸価格が一定比率で上昇する場合，(5)式を満たす資産価格は長期均衡価格になります。つまり，賃貸価格の水準を一つ与えると，(5)式から長期均衡の資産価格が一つ求まるのです。この関係が図 10-2 の下のパネルに描かれています。住宅資産の量が X^0 のとき，上のパネルから賃貸価格の水準が r^0 に決まり，それを(5)式に入れることによって，下のパネルの p^0 が求まります。住宅資産が増えると，資産価格はどうなるでしょうか。たとえば，住宅資産の量が X' になると，資産価格がどの水準になるかを求めることができます。上のパネルが表しているように，住宅資産の量が増えると，賃貸価格は r' まで下がります。図 10-1 の総供給曲線と市場供給曲線が左にシフトするからです。この賃貸価格を(5)式に代入すると，対応する資産価格 p' を求めることができます。資産価格は賃貸価格に比例しますから，p' は p^0 よりも低くなります。このように，住宅資産の量が変化したときに資産価格がどう変

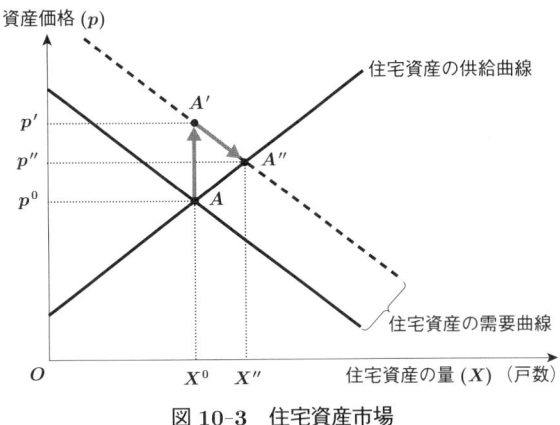

図 10-3　住宅資産市場

わるかを求め，1本の線で表したものが，住宅資産の需要曲線です。住宅資産の量が大きいときほど資産価格は低くなるので，曲線は右下がりです。

さらに，図 10-3 には，今導き出した需要曲線に加えて，住宅資産の供給曲線が描かれています。供給曲線は住宅建設にかかる限界費用を示しており，右上がりです。均衡の価格と数量は点 A で与えられます。すなわち，p^0 の価格で X^0 だけの住宅資産が取引されることになります。

さて，利子率が下がったり，資本減耗費や維持管理費が下落したり，あるいは資産価格の上昇率が上がったりして，資本コストが下落したとしましょう。このとき，賃貸価格が同じ水準であっても，資産価格は高くなります。このことは，第 2.2 節の終わりで説明しました（247 ページの(2)の結論を思い出してください）。その結果，図 10-2 の下のパネルに描かれている住宅資産に対する需要曲線は，上方にシフトすることになります。シフトした需要曲線は，図 10-3 に点線で描かれています。結果として，資産価格が p'' まで上昇し，住宅資産の量は X'' まで増大することがわかります。

> **Point**　住宅の資本コストが下落すると，資産価格は上昇し，住宅資産の量は増える。

注意しなければならないのは，住宅の建設に時間がかかることです。均衡は点 A から点 A'' に移りますが，瞬時に移行するわけではありません。短期的には住

第 10 章　住宅市場

宅資産の量は変化せず，X^0 のままです．資本コストが下落すると，まず資産価格が p' まで上昇します．時間の経過とともに少しずつ住宅が建設され，住宅資産が増えていきます．それに伴い，点線の需要曲線に沿って，徐々に資産価格が下落していきます．最終的に価格は p'' まで下落し，経済は点 A'' に到達するのです．

3 ヘドニック・モデル

前節で資産価格がどのような水準に決まるかを説明しましたが，その際，住宅の異質性には注意を払いませんでした．暗黙のうちに，住宅がひとまとめに集計できると仮定していたのです．この節では住宅の異質性に注目し，住宅の属性が価格にどう影響するかを説明します．その際に用いるモデルは**ヘドニック・モデル**（hedonic model）とよばれています．

住宅が n 種類の属性をもつとします．属性には，住宅の広さ，部屋の数，都心からの（時間）距離，近隣環境などが含まれます．それぞれの属性の「量」を $x_1, x_2, \cdots, x_n$ で表し，それをまとめた $(x_1, x_2, \cdots, x_n)$ を**属性ベクトル**または**特性ベクトル**（characteristics vector）とよびます．説明を簡単にするため，それぞれの属性に関して，数値が大きいほど好ましい状態を表すと仮定します．住宅の価格は属性ベクトルの値によって異なってきます．市場価格が属性ベクトルの関数として $p(x_1, x_2, \cdots, x_n)$ で表されるものとしましょう．

以下，はじめに住宅を需要する消費者の行動を分析し，次にそれを供給する企業の行動を分析します．最後に，それらの結果から，属性を変化させるとどれだけ便益が生じるか，検討します．

3.1 消費者の行動

効用最大化問題

消費者は，住宅と住宅以外の財（合成財）を消費します．ここでは，合成財の単位のとり方を工夫して，1 円で買える分を「1 単位」とみなすことにします．言い方を変えると，合成財の価格は 1 円です[2]．消費者は，もっとも高い効用が得られるような属性をもつ住宅を選択します．言い換えれば，それぞれの属性の

値と合成財の消費量を選んで効用を最大化します。

効用最大化問題

$x_1, \cdots, x_n$ と z を選んで次の関数を最大化：$u(x_1, \cdots, x_n; z)$
制約条件：$p(x_1, \cdots, x_n) + z \leq y$

ただし，y は消費者の所得，z は合成財の消費量，$u(\cdot)$ は効用関数です。説明の都合上，この節の残りの部分では，第一の属性を除くすべての属性が与えられている場合に議論を限定します。つまり，x_1 は変数ですが，$x_2, \cdots, x_n$ は定数だとします。

付け値と付け値曲線

この問題を別の角度から見てみましょう。ある所与の属性をもつ住宅を考えます。消費者は，少なくとも $\bar{u}$ の水準の効用を得たいとき，この住宅にいくらまで支払うでしょうか。この答えを，**付け値** (bid) とよびます[3]。

さて，x_1 の値が与えられたとしましょう。消費者は，$\bar{u}$ 以上の効用を得るために，少なくとも，$u(x_1, z) = \bar{u}$ を満たすような量だけ合成財を消費する必要があります[4]。そのような z は x_1 と $\bar{u}$ に依存して決まります。そこで，それを $\hat{z}(x_1, \bar{u})$ と表記することにしましょう。つまり，$\hat{z}(x_1, \bar{u})$ は，消費者が x_1 の属性の住宅を消費するとき，一定の効用水準 $\bar{u}$ を達成するのに必要となる合成財の量を表します。消費者が住宅に支払うことのできる額は所得から合成財への支払額を引いたものなので，付け値は，$y - \hat{z}(x_1, \bar{u})$ になります（合成財の価格が 1 であることを思い出してください）。

図 10-4 の上のパネルを見てください。横軸には第一の属性の値 x_1 が，縦軸には合成財の消費量がとられています。消費者の効用は x_1 が大きいほど高くな

---

2) たとえば，10 kg 4000 円の米は，2.5 g で 1 円です。このとき，2.5 g を「1 単位」とみなせば，米の価格は 1 円になります。

3) 付け値は，第 5 章と第 6 章で都市内住宅地の空間構造を説明する際に重要な役割を果たしました。ヘドニック・モデルにおける付け値は，その根底にある考え方は同じですが，意味が異なりますので，注意してください。

4) 第一の属性以外の属性は定数と考えられていますから，効用は x_1 と z だけの関数として表されます。

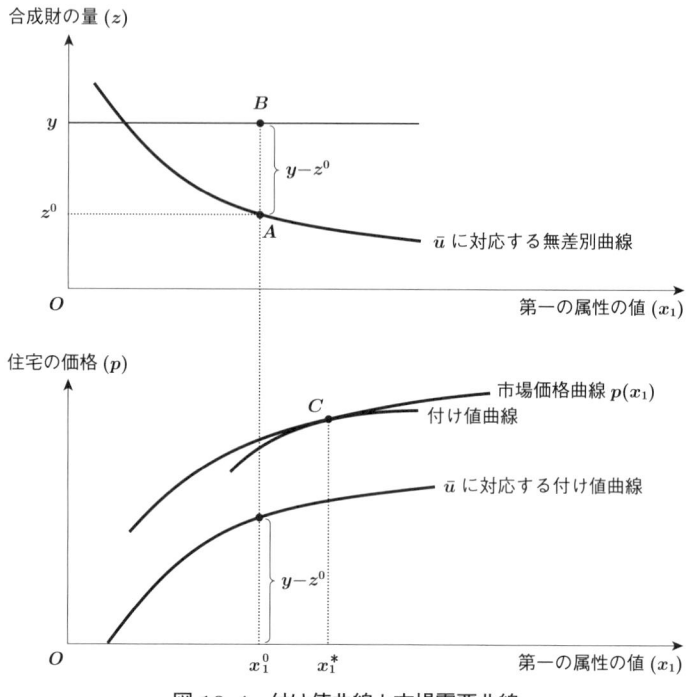

図 10-4　付け値曲線と市場需要曲線

りますから、無差別曲線は通常どおり右下がりになります。図には、決められた効用水準 $\bar{u}$ に対応する無差別曲線が描かれています。x_1 が x_1^0 に等しいような住宅を考えましょう。x_1 が x_1^0 のとき、$\bar{u}$ に対応する無差別曲線は点 A を通ります。つまり、$\bar{u}$ だけ効用を得るには、少なくとも z^0 だけの合成財の消費が必要です。この z^0 が $\hat{z}(x_1^0, \bar{u})$ の値を示します。この住宅に対する付け値は、所得 y と z^0 の差、すなわち線分 AB の長さになります。x_1 が x_1^0 でない場合も、同じように分析できます。x_1 がどのような水準に与えられようが、y の位置の水平線と無差別曲線との間の垂直距離が付け値になります。

一方、図 10-4 の下のパネルは、横軸に第一の属性の値 x_1 をとり、縦軸に価格をとった図です。$\bar{u}$ が一つ与えられると、x_1 の変化に応じてどのように付け値が変わるかを表す曲線が 1 本求まります。これを**付け値曲線**（bid curve）とよぶことにしましょう。これまでの説明から、それは、上のパネルの無差別曲線を、y の位置の水平線を軸にして上下反転させてずらしたものになることがわかると思います。無差別曲線が右下がりで原点に向かって凸なので、それを反転さ

せた付け値曲線は右上がりで上に向かって凸になります。もう一つ重要なことがあります。付け値曲線の位置は，与えられた効用の水準 $\bar{u}$ に依存します。効用水準が高くなると無差別曲線は原点から離れた方向（右上方向）にシフトするので，付け値曲線は右下の方向にシフトします。

> **Point** 　**付け値曲線**：効用が所与の水準を下回らない範囲で最大限住宅に支払える価格（付け値）と，住宅の属性の関係を表す曲線。
> ・右上がりで上に向かって凸。
> ・右下に位置する曲線ほど高い水準の効用に対応。

付け値に基づく効用最大化問題

次に市場価格に目を転じましょう。市場価格は住宅の属性に依存します。第一の属性以外の属性が与えられていると考えているので，市場価格を x_1 の関数として図10-4に描き入れることができます。これを**市場価格曲線**とよびます。属性は，値が大きいほどより好ましい住宅であるように定義されています。したがって，x_1 が大きいほど市場価格は高くなります。つまり，市場価格曲線は右上がりです。ここで，通常のミクロ経済学の理論と違って，市場価格曲線が必ずしも直線にならないことに注意してください。これは，たとえば x_1 が住宅の広さを表すとき，住宅が $1\,m^2$ 広くなることで価格がどれだけ上昇するかが，住宅の広さによって変わりうることを意味しています。図に描かれたケースでは，x_1 の増加に伴い市場価格は上昇しますが，その上昇幅は徐々に下がっていきます。

ある消費者が，住宅を購入して u の水準の効用を得ているとしましょう。この消費者が購入できる住宅は，その価格が支払える範囲に収まっているものに限ります。「支払える価格」は u に対応する付け値ですから，この消費者が購入できる住宅は，市場価格が u に対応する付け値を超えないものに限る，ということになります。つまり，ある住宅を購入して u の水準の効用を得るには，その住宅について $y - \hat{z}(x_1, u) \geq p(x_1)$ という条件が満たされていなければならないのです。したがって，消費者の問題は，この条件の制約のもとで u を最大化することになります。

付け値に基づく効用最大化問題

x_1 と u を選んで次の関数を最大化:u

制約条件:$y - \hat{z}(x_1, u) \geq p(x_1)$

　付け値曲線の位置が効用の水準に依存し,しかも,右下にある付け値曲線ほど高い効用水準に対応することを思い出してください。消費者の問題は,市場価格曲線上かその上側の領域で,もっとも右下に位置する付け値曲線に乗っている点を見つけることになります。図から明らかなように,それは,付け値曲線が市場価格曲線に下から接する点(点 C)です。消費者は x_1^* の値の属性の住宅を選択します。

> **Point** 消費者は,付け値曲線が下から市場価格曲線に接する点の属性をもつ住宅を需要する。

　さて,現実には,さまざまな選好をもった消費者がいます。選好が異なると無差別曲線の形状が異なってきますから,結果として付け値曲線の形状が異なることになります。消費者は,それぞれの付け値曲線が市場価格曲線に下から接する点の属性をもつ住宅を選択します。図 10-5 には,3 人の消費者の付け値曲線が描かれています。どれも下から市場価格曲線に接しています。それぞれの消費者の選択する属性は,x_1', x_1'', x_1''' です。消費者の数を多くしていくと,市場価格曲線が消費者の付け値曲線を連ね合わせたものに近づくことがわかります。したがって,消費者の数が多いとき,市場価格曲線は付け値曲線の上側の包絡線で近似できます。

3.2　企業の行動

利潤最大化問題

　次に,住宅を供給する企業の行動を考えましょう。住宅の属性が変わると,それを生産するのにかかる費用が変化します。そこで,ある属性ベクトルをもつ住宅の生産費用を,$c(x_1, \cdots, x_n)$ で表すことにしましょう。属性は,その値が大きいほど好ましい住宅であるように定義されています。一般に,より好ましい住

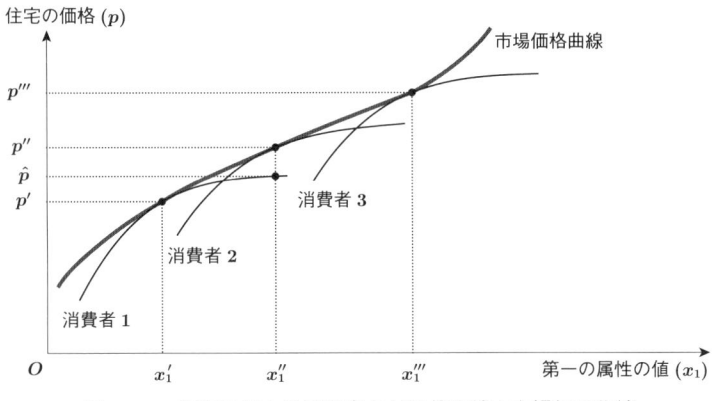

図 10-5 選好の異なる消費者の付け値曲線と市場価格曲線

宅を供給するのにかかる費用は高くなりますから、費用は、それぞれの属性の値が大きくなるにしたがって高くなると考えられます。つまり、$c(x_1, \cdots, x_n)$ は、それぞれの変数の増加関数です。さて、企業の利潤 π は市場価格と費用の差なので、企業の直面する問題は、

利潤最大化問題

$x_1, \cdots, x_n$ を選んで次の関数を最大化：$\pi = p(x_1, \cdots, x_n) - c(x_1, \cdots, x_n)$

となります。説明の都合上、以下では再び、第一の属性を除いたすべての属性が与えられている場合に議論を限定します。

オファー価格とオファー価格曲線

消費者の場合と同じように、この問題を別の角度から見てみましょう。ある所与の属性をもつ住宅があったとき、企業は、それを最低限いくらの価格で売れば、π 以上の利潤を得ることができるでしょうか。この答えを、**オファー価格**（offer）とよびます。利潤は価格から費用を引いたものなので、オファー価格は、住宅を生産するのにかかる費用に π を加えたもの、つまり、$c(x_1) + \pi$ になります[5]。

---

5) 第一の属性以外の属性は定数と考えられていますから、費用は x_1 だけの関数として表れます。

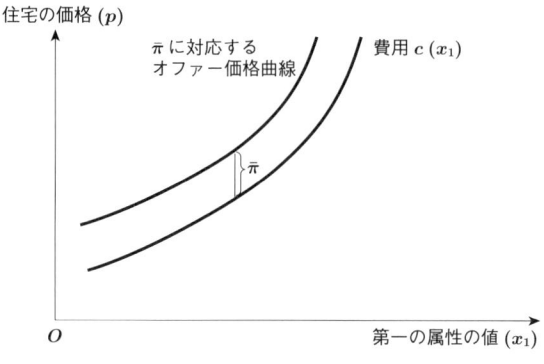

図10-6は、横軸に第一の属性の値を、縦軸に価格をとったものです。$\bar{\pi}$が一つ与えられると、x_1の変化に応じてどのようにオファー価格が変わるかを表す曲線が1本求まります。これを**オファー価格曲線** (offer curve) とよびます。オファー価格は費用に$\bar{\pi}$を加えたものなのです。したがって、オファー価格曲線は$c(x_1)$を表す曲線を$\bar{\pi}$分だけ上に平行にシフトさせたものになります。$c(x_1)$はx_1の増加関数ですから、それを表す曲線は右上がりです。したがって、オファー価格曲線も右上がりになります。また、オファー価格曲線の位置は、$\bar{\pi}$の値に依存します。上方にあるオファー価格曲線ほど、高い$\bar{\pi}$に対応しています。

> **Point** **オファー価格曲線**：利潤が所与の水準を下回らないような最低限の住宅販売価格（オファー価格）と、住宅の属性の関係を表す曲線。
> ・右上がり。
> ・上方に位置する曲線ほど大きな利潤に対応。

オファー価格に基づく利潤最大化問題

ある企業がπの利潤を得ているとしましょう。πの利潤を得るには、住宅の市場価格が充分に高くなければなりません。これまでの議論から、市場価格が少なくともπに対応するオファー価格以上でなければ、πの利潤が得られないことがわかると思います。つまり、πの利潤を得るには、$c(x_1) + \pi \leq p(x_1)$という条件が満たされなければならないのです。したがって、企業の問題は、この制約条件のもとでπを最大化することになります。

図 10-7　企業の属性の選択

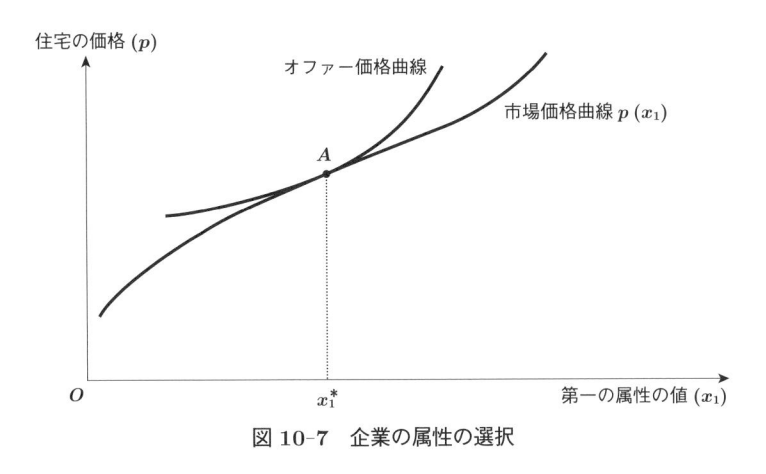

<u>オファー価格に基づく利潤最大化問題</u>

x_1 と π を選んで次の関数を最大化：π
制約条件：$c(x_1) + \pi \leq p(x_1)$

オファー価格曲線の位置が利潤の大きさに依存し，しかも，上方にあるオファー価格曲線ほど大きな利潤に対応することを思い出してください。企業の問題は，市場価格曲線上かその下側の領域で，もっとも上方のオファー価格曲線に乗っている点を見つけることになります。図 10-7 から明らかなように，それは，オファー価格曲線が市場価格曲線に上から接する点（点 A）です。企業は x_1^* の値の属性の住宅を供給します。

Point　企業は，オファー価格曲線が上から市場価格曲線に接する点の属性をもつ住宅を供給する。

さて，企業の技術は異なっています。技術が異なると，費用関数の形状が変わってきます。したがって，オファー価格曲線の形状も変わってきます。どの企業も，オファー価格曲線が上から市場価格曲線に接する点の属性をもつ住宅を選ぶので，企業の数が多いとき，市場価格曲線はオファー価格曲線の下側の包絡線で近似できます。

3.3 属性の変化の効果

ヘドニック・モデルは,住宅の属性が変化したときに,消費者が住宅に支出する額がどれだけ変化するかを教えてくれます。この支出の変化分は,住宅の属性変化の便益ないし損失の金銭的価値を表すと考えることができます。たとえば,ある都市で公園や緑地が整備され,住環境が改善したとしましょう。その結果消費者は,その都市の住宅に,以前より高い価格を支払ってもよいと考えるようになるでしょう。この価格の上昇分は,住環境改善の金銭的価値を表します。このことは,ヘドニック・モデルが,政策の効果を計測したり予測したりするのに有用であることを示唆しています。今の例だと,公園や緑地を整備するという政策によっていくらの便益が生じるかを,住宅価格の上昇幅を見ることで間接的に知ることができるのです。

もう一度,255ページの図10-5を見てください。第一の属性の値がx_1'からx_1''に変化したとしましょう。消費者1は,以前と同じ水準の効用を得る場合でも,住宅に前より高い価格$\hat{p}$を支払ってよいと考えます。したがって,この消費者にとって,属性改善は付け値の変化分の$\hat{p}-p'$に相当する額の効果があります。

ここで注意しなくてはならないのは,属性が変化すると,住宅を購入する消費者が変わることです。たとえば,消費者1はx_1''の属性の住宅を購入しません。x_1''の属性の住宅を購入するのは消費者2です。消費者2は,市場価格のp''を支払ってその住宅を購入します。したがって,市場価格の変化$p''-p'$で属性変化の効果をとらえると,変化前の属性(x_1')の住宅を消費していた消費者(消費者1)にとっての効果を過大評価することになります。ところが,現実に個々の消費者の付け値を観察することは難しく,市場価格しか観察できないことが少なくありません。その場合には,付け値の変化分の代わりに市場価格の変化分で属性変化の効果をとらえることになりますが,その際,このような過大評価の問題があることに留意する必要があります。

ヘドニック・モデルを用いて属性変化の効果を計測した研究は数多くあります。交通騒音・大気汚染といった公害や公園・緑地といった住環境が地価または住宅価格にどのような影響を及ぼすかが推定されています。たとえば,交通騒音が1デシベル増大すると,$1\,m^2$あたりの地価は2700円ほど下落することが明らかにされています(矢澤・金本,2000)。また,地震危険度(山鹿ほか,2002)や

Column　地震危険度と家賃

　町丁目のような狭い地域ごとに地震の発生確率を予測することはできませんが，地震が起こったときに，それぞれの地域でどの程度の被害が発生するかを予測することは可能です。たとえば東京都は，1975年以降おおむね5年おきに「地域危険度」を公表しています。これは，町丁目ごとに，建物倒壊の危険性と火災の発生・延焼の危険性を5つの度合いにランクづけしたものです。本文で述べた山鹿ほか（2002）の研究は，そのうちの「建物倒壊危険度」を用いて，地震の被害の可能性が家賃にどのような影響を与えているか，ヘドニック・モデルで推定したものです。

　興味深い結果は，耐震基準の変更が推定結果に大きく影響していることです。建物が備えるべき耐震性については，建築基準法で規定されています。1981年に同法が改正され，耐震基準がそれまでよりも非常に厳しくなりました。1981年以前に建てられた旧基準に準拠する建物については，それが鉄骨構造であれ鉄筋鉄骨構造であれ木造であれ，建物倒壊危険度の高い町丁目にあるものほど家賃が低いという結果が出ています。しかし，それ以降に建てられた新基準に準拠する建物については，事情が少し異なります。鉄骨構造または鉄筋鉄骨構造の建物は，依然として建物倒壊危険度の高い町丁目にあるものほど家賃が低くなるのですが，木造の建物は，危険度の高い町丁目にあるものほど，逆に家賃が高くなるのです。これは，耐震化基準の強化をきっかけに，危険度の高い地域では耐震性の低い木造住宅が淘汰され，充分に安全な建物に建て替えられた結果だと解釈できます。

　また，建物の築年数が地震危険度と家賃の関係に及ぼす影響も，旧基準の建物と新基準の建物で大きく異なっています。旧基準の建物については，建物が古くなるほど地震危険度が家賃に大きく負の影響を与えるのに対し，新基準の建物については，築年数が地震危険度と家賃の関係にあまり影響しません。

　著者らは，耐震基準の強化の影響を定量的に把握するため，最寄り駅まで徒歩で9分，都心から最寄り駅までの所要時間30分，倒壊危険度レベル5の地域に立地し，木造アパートである，といった条件を満たす仮想的な住宅を考えます。その住宅についてヘドニック・モデルに基づいて家賃を推定し，築30年の住宅で36.4%も，築40年の住宅で47.4%も，新基準に基づく住宅のほうが旧基準に基づく住宅よりも家賃が高くなるという結果を得ています[6]。

6）　当然のことながら，実際には，旧基準に基づく築30年の住宅と新基準に基づく築30年の住宅が両方同じ時期に存在することはありません。ここでは異なる時期の築30年の住宅を比較しています。同じことが築40年の住宅についても言えます

浸水危険性（齋藤，2005）が地価にどのような影響を及ぼすか，あるいは景観の経済的価値はどれだけか（国土交通省都市・地域整備局，2007），といった問題がヘドニック・モデルに基づいて研究されています。

◆ キーワード
帰属家賃，住宅の資本コスト（使用者費用），ヘドニック・モデル，属性ベクトル（特性ベクトル），付け値曲線，オファー価格曲線

◆ 練習問題
1　ある賃貸住宅が年間200万円の家賃で賃貸されています。この住宅には，1年間で30万円の資本減耗費と50万円の維持管理費がかかります。利子率は3%です。短期均衡の条件を用いて，この住宅の資産価格を求めましょう。その際，1年後の資産価格がまったく変化しない場合と1%上昇する場合の二つを考えてください。また，資産価格が5000万円のとき，市場では1年後の資産価格がどれだけ上昇すると期待されているでしょうか。

2　第9章第2節で，土地に課される固定資産税と譲渡所得税をとりあげました。住宅についてもそれらの税金が課されます。その効果を分析しましょう。住宅1円あたり τ_P 円の固定資産税がかかり，キャピタル・ゲイン1円あたり τ_G 円の譲渡所得税がかかるとします。このとき，短期均衡の条件である(1)式（244ページ）はどのように書き換えられるでしょうか。また，そのことから，課税はどのような効果をもつと言えるでしょうか。さらに，課税によって資本コストがどのように変わるかを調べ，その意味を考えましょう。

3　本文では，持ち家の帰属家賃と賃貸住宅の家賃が等しいと仮定しました。現実には，多くの場合その仮定が成立しません。それは，持ち家は所有者と使用者が同一であるのに対し，賃貸住宅は所有者と使用者が異なり，その結果，賃貸住宅のほうが持ち家よりも住宅の資本コストが高くなる傾向があるからです。なぜ，賃貸住宅のほうが資本コストが高くなるのでしょうか。また，住宅の資産価格が持ち家と賃貸住宅で等しい場合，持ち家の帰属家賃と賃貸住宅の家賃の大小関係はどうなるでしょうか。

4　ある民間企業が，運動場として使っていた土地を売却しようとしています。土地は都市内の住宅地にあります。自治体はその土地を購入して緑地を整備することを考えています。
　(1)　緑地を整備することの便益と費用にどのようなものが考えられるでしょうか。
　(2)　ヘドニック・モデルを用いて便益を測るためには，どのようなデータが必要になるでしょうか。

(3) ヘドニック・モデル以外の方法で便益を測るにはどのような方法があるでしょうか。また，それらの方法の長所，短所はどのような点でしょうか。

第11章

住宅政策

　この章では，住宅政策をとりあげます。何度も述べているように，経済政策は，市場の失敗を是正し配分の効率性を高めるためになされるものと，分配をより公正なものにするためになされるものの二つに大別することができます。はじめに日本の住宅問題を概観してから，それぞれの種類の政策がどのような効果をもち，どのような弊害をもたらすか，順に検討することにしましょう。

1　日本の住宅問題

　日本の住宅はどのような問題を抱えているでしょうか。まず，住宅の量を見てみましょう。図 11-1 は，1世帯あたりの住宅戸数をグラフにしたものです。南関東（東京都・神奈川県・千葉県・埼玉県）と全国の数字を示しています。これを見ると，1世帯あたりの住宅戸数は着実に増加しています。全国では 1968 年に1を超え，南関東でも 1978 年には 1 を超えています。それ以降は，住宅戸数が世帯数を上回る状況が続いています。住宅はもはや不足していません。

　近年は，むしろ空き家の増加のほうが問題になっています。2008 年には，住宅の 13.1％ が空き家でした（図 11-2）。空き家は，資源が効率的に利用されていないことを意味します。また，犯罪の温床になったり住環境の悪化につながったりします。今後は，人口が減少していくなか，過剰な住宅を削減していく「減築」の考え方がますます重要になると思われます。

　量以外の面はどうでしょうか。日本の住宅は，よく，「狭い，高い，遠い」と言われます。これが正しいかどうか，見てみましょう。

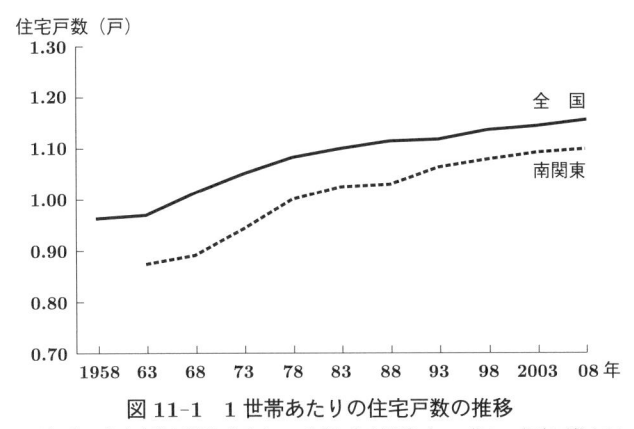

図 11-1　1世帯あたりの住宅戸数の推移

（出所）　住宅産業新聞社『平成23年版 住宅経済データ集』の住宅戸数と国勢調査の世帯数より筆者作成（調査年を合わせるため，国勢調査データは線形補間して使用）。

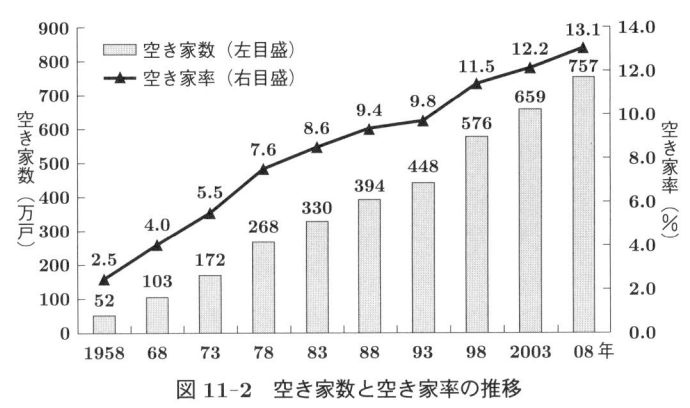

図 11-2　空き家数と空き家率の推移

（出所）　総務省『平成20年 住宅・土地統計調査』。

　まず，住宅の広さです。次ページの図11-3は世界のおもな国の住宅床面積を比較したものです。上のパネルは1戸あたりの床面積を，下のパネルは1人あたりの床面積を表します。これらの図から，日本では住宅がアメリカよりかなり狭く，ヨーロッパの国々より多少狭いかほぼ同じ広さをもつことがわかります。

　日本の住宅の特筆すべき特徴は，持ち家と賃貸住宅で広さが著しく異なることです。図11-3の上のパネルを見ると，日本では，賃貸住宅が持ち家の4割弱の広さしかないことがわかります。欧米の主要国では，6割から7割です。これにはいろいろな理由があります。

　たとえば，持ち家は賃貸住宅よりも取引に大きな費用がかかったり，住宅ロー

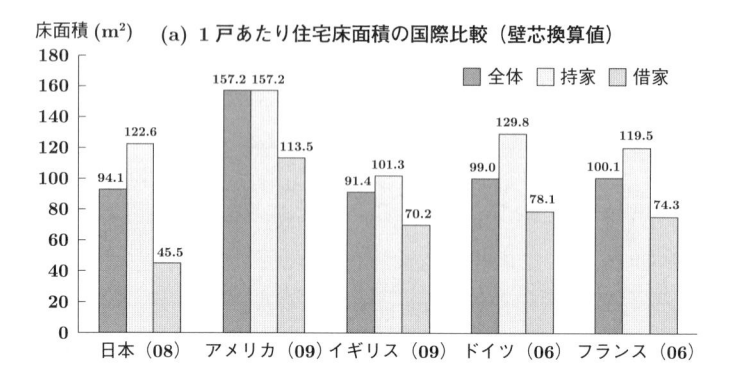

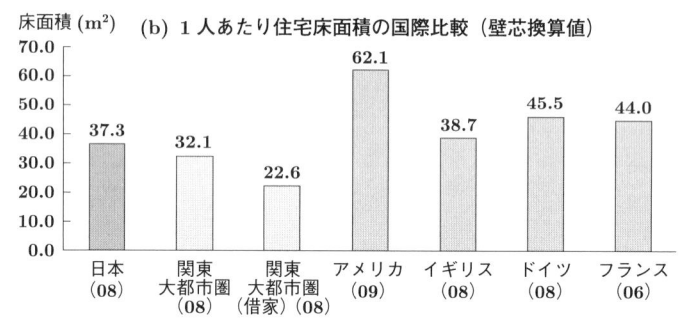

図 11-3 住宅床面積の国際比較

(a) 1戸あたり住宅床面積の国際比較（壁芯換算値）

	全体	持家	借家
日本（08）	94.1	122.6	45.5
アメリカ（09）	157.2	157.2	113.5
イギリス（09）	91.4	101.3	70.2
ドイツ（06）	99.0	129.8	78.1
フランス（06）	100.1	119.5	74.3

(b) 1人あたり住宅床面積の国際比較（壁芯換算値）

地域	床面積(m²)
日本（08）	37.3
関東大都市圏（08）	32.1
関東大都市圏（借家）（08）	22.6
アメリカ（09）	62.1
イギリス（08）	38.7
ドイツ（08）	45.5
フランス（06）	44.0

(注) 床面積は，補正可能なものは壁芯換算で補正を行った（アメリカ×0.94，ドイツ・フランス×1.10）。アメリカは，中位値（mediam）であり，戸建ておよびモービルホームを対象とする。
(出所) 住宅産業新聞社『平成23年版 住宅経済データ集』。

ンを借りるには所得が一定の額を満たしている必要があったりします。そのため，低所得者層が持ち家を購入することは比較的困難です。住宅は正常財だと考えられますから，相対的に低所得者層が多く住む賃貸住宅は小さく，相対的に高所得者層が多く住む持ち家は大きくなる傾向があります。この傾向は，取引費用が大きかったり低所得者の直面する制約が厳しかったりするとき，需要される住宅の広さが所得によって大きく変化するとき，そして所得の差が大きいとき，強くなります。これらの条件のいずれかが成立する場合，持ち家と賃貸住宅の広さの差が拡大することになります。

また，日本固有の制度や政策もこの特徴の一因になっています。地域によって多少事情が異なりますが，賃貸住宅の借り手は，新規契約時に礼金・敷金・保証金等を，更新契約時に更新料等を支払います。これらの一時金は，その一部また

表 11-1　世界の主要都市における住宅価格

	戸建て					集合住宅			住宅価格の年収倍率
	住宅価格(千円)	床面積(m²)	敷地面積(m²)	床面積あたりの価格(千円/m²)	敷地面積あたりの価格(千円/m²)	住宅価格(千円)	床面積(m²)	床面積あたりの価格(千円/m²)	
シンガポール	862,558	600	750	1,438	1,150	191,179	120	1,593	60.5
香港	112,900	125	750	903	151	129,835	100	1,298	82.7
ニューヨーク	42,797	148	270	289	159	133,740	111	1,205	22.8
ロンドン	158,523	140	400	1,132	396	89,482	90	994	18.2
パリ	N/A	N/A	N/A	N/A	N/A	83,076	95	874	19.6
サンフランシスコ	54,611	111	400	492	137	95,847	139	690	16.3
北京	324,786	450	700	722	464	65,835	100	658	N/A
ソウル	59,400	150	150	396	396	44,550	84	530	12.0
東京	101,000	150	200	673	505	30,000	70	429	7.9
シドニー	59,679	110	550	543	109	27,460	65	422	5.8
ベルリン	32,597	140	400	233	81	20,862	70	298	4.9
メキシコシティ	43,118	248	175	174	246	35,756	125	286	64.4
サンパウロ	27,155	250	180	109	151	17,497	90	194	37.5
バンコク	8,280	140	180	59	46	8,280	70	118	24.7

(出所)　1. 住宅の価格は日本不動産鑑定協会『平成 23 年世界地価等調査結果』による。ニューヨーク，ロンドン，パリ，サンフランシスコ，ソウル，東京，シドニー，ベルリン，メキシコシティについては，購買力平価により円貨換算されており，それ以外の都市については為替レートにより円貨換算されている。パリについては，調査対象となった戸建住宅が存在しない。
　　　　　2. 年収倍率を計算するときの年間報酬は，以下のように算出した。ニューヨーク，ロンドン，パリ，サンフランシスコ，ソウル，東京，シドニー，ベルリンについては，2010 年の雇用者 1 人あたりの年間平均賃金（OECD, Factbook 2010）を購買力平価で日本円に換算。それ以外の都市については，給与所得者 1 人あたり月間賃金（ILO データベース，メキシコシティは 2008 年，サンパウロは 2002 年，それ以外の都市については 2010 年）の 12 倍を為替レート（IMF, International Financial Statistics）で日本円に換算。北京についてはデータが存在しない。

は全部が貸し手の収入になります[1]。ところが，通常は，新規契約時の一時金が更新時の一時金よりも高く設定されています。さらに，後述する借地借家法のために，借り手が継続して居住する場合，貸し手は自由に家賃を上げることができません。このようなことから，住宅の貸し手にとっては，なるべく短期間で借り手が変わったほうが得になります。そのため，長期間居住する傾向が比較的小さい学生や独身者向けの賃貸住宅が多くなり，大家族向けの賃貸住宅はあまり供給されなくなるのです。

さて，次に住宅の価格を見てみましょう。表 11-1 は，戸建て住宅と集合住宅について，いくつかの都市の住宅価格をまとめたものです。この表から，日本の

---

[1]　近年，これらの一時金をなくしたりその額を減らしたりした賃貸物件が増えてきています。裁判でもその合法性が争点になっています。

表 11-2 アメリカと日本の主要都市における通勤時間

都市名	片道通勤時間（分）
ニューヨーク	34.0
アトランタ	31.2
シカゴ	31.0
サンフランシスコ	29.3
ロサンゼルス	29.1
関東大都市圏	47.9
京阪神大都市圏	40.5
中京大都市圏	32.0
札幌大都市圏	29.9
新潟都市圏	24.2

(出所) アメリカの都市はCensus 2000より。範囲はMSA。
日本の都市は『平成15年 住宅土地統計』より。範囲は総務省の定める都市圏の範囲（都市雇用圏とは異なる）。たとえば関東大都市圏は一都六県と山梨県。

　大都市の住宅価格は世界的に見て決して高くはないことがわかります。一戸の価格で見ても床面積あたりの価格で見ても，ロンドン，香港，シンガポールの住宅は，東京の住宅よりも高価です。また，この表には，日本と諸外国の住宅価格が平均して年収の何倍に相当するかを表す数字も載せてあります。日本で戸建てを手に入れるのはかなり大変ですが，集合住宅については，むしろ諸外国より容易に手に入ることがわかります。また，香港やシンガポールでは住宅の入手が極度に難しいことが読みとれます。

　最後に，世界的に見て，日本の住宅は都市の中心から遠いところに立地していると言えるかどうか，検討しましょう。これを見る一つの方法は，平均通勤時間を比較することです。表11-2を見ると，関東大都市圏や京阪神大都市圏では，アメリカの都市圏と比べて，確かに通勤時間が非常に長くなっていることがわかります。

2　市場の失敗を解決する住宅政策

　繰り返しになりますが，住宅市場における政策的介入は二つの場合に正当化されます。第一は，市場の失敗があって，配分が効率的になされない場合です。第二は，所得分配が不公正である場合です。2番目については節を改めて議論する

ことにし，この節では，市場の失敗を解決する住宅政策を考えましょう。

住宅市場をめぐって以下のような理由で市場の失敗が起こり，配分が非効率になります。

(1) 住宅の外部性

第一に，住宅は外部性をもちます。たとえば，住宅の質は周辺の住環境に影響を与えます。美しく整備された住宅地の中に，老朽化した住宅が放置されていたり，周囲の住宅から浮き出るような奇抜な意匠の住宅があったりすると，近隣の住民は不愉快な思いをするでしょう。これは典型的な外部不経済の問題です。

この問題を解決するために政府が介入します。このような外部不経済に関しては，その額を判定することが難しいため，第7章第3.2節（186ページ）で説明したピグー税・ピグー補助金が用いられることはあまりありません。おもに用いられる手段は規制になります。第9章第3節で土地利用規制について説明しました。形態規制のうちのいくつかは，今考えているような，住宅と住宅との間で生じる外部不経済の問題を解決するのに有効です。たとえば，隣地斜線や北側斜線といった斜線制限は，住宅の日照が過度に悪化することを防ぎます。また，地方自治体よりも小さいコミュニティーのレベルで規制を設けることもあります。たとえばアメリカでは，住宅管理組合によって芝生の状態をきちんと保つことが義務づけられているコミュニティーが少なくありません。洗濯物を外に干すことを禁止しているコミュニティーもあります。

(2) 公共財としての住宅

第二に，住宅は公共財の性質を備えています。よく手入れされた住宅が秩序だって並んでいる住宅地は，「良質な住環境」（アメニティ）というサービスを提供していると考えることができます。住民は同時に「良質な住環境」を消費できますし，住民のだれかに「良質な住環境」を消費させないようにすることは困難です。したがって，「良質な住環境」は一種の公共財だと考えられます。すでに述べたように，公共財は市場メカニズムに任せておくと最適な量，供給されません。したがって，何らかの政策介入が必要になります。

(3) 住宅に関する不完全情報

第三に，住宅は不完全情報の問題を抱えています。これは，とくに中古住宅に

> ### *Column* 田園調布の住宅規制
>
> 　高級住宅地として知られている田園調布ですが，この町の住環境が，住民の自発的な規制により守られてきた歴史はそれほど知られていません。もともとは，渋沢栄一が興した田園都市株式会社が1923年（大正12年）に分譲した町です。分譲に際しては，契約より1年半以内に住宅を建築することや敷地を分割しないことなどが義務づけられました。その後，会社が合併で消えてから街の環境を守ってきたのは，1926年に創立された田園調布会です。のちに社団法人になっていますが，いわば，町内会です。田園調布会は，地域内に住宅を建てる場合の規則を事細かく定めました。たとえば，1区画の最低敷地面積は200坪，建蔽率は5割以内，建物は3階建て以下，住宅の建設費は1坪あたり120円以上（1923年当時）といった具合です。これは法的拘束力のない紳士協定でしたが，長い間守られてきました（越沢, 1991）。
>
> 　1991年には，地元の大田区が**地区計画**を制定することになりました。地区計画というのは，住民の合意に基づいて作られる，それぞれの地域にふさわしい街づくりを達成するための計画です。自治体が条例を制定して運用することになっています。地区計画の制定によって，これまでの紳士協定が法的拘束力のある規制に変わりました。ただ，いくつかの点で後退しています。たとえば，1区画の最低敷地面積は，200坪から50坪に変更されています。それでも，いまだに下記のような規制があります。
>
> - 建物の高さは9 m以下。
> - 垣または柵の構造は，生け垣や網状のものなど，もしくは1.2 m以下の高さのコンクリートブロックや鉄筋コンクリート造。
> - 接道長さ1 mにつき1 m^{2}以上の植栽。
>
> 　田園調布会は，今も住環境に目を光らせています。地域内で新築・改築の計画がある場合は，会が設計図を確認し，必要な場合は面談することになっています[2]。

ついて大きな問題になります。実際に住宅に住んでいた売り手は住宅の品質をよくわかっていますが，潜在的な買い手はあまりわかりません。つまり，売り手は品質の情報をもっていますが，買い手は費用をかけなければ品質の情報を手に入れることができません。非対称情報の問題ですね。このとき，住宅の買い手は疑心暗鬼になって中古住宅を買うのを手控えるようになります。その結果，第7章第3.4節で説明したように，市場に出るのは質の悪い住宅だけになります

---

2) 似たような事例は，兵庫県芦屋市の六麓荘町にもあります。六麓荘町町内会が中心になって，紳士協定として規則を定め住環境を維持してきました。2007年以降は地区計画が定められ，紳士協定は条例に基づく規制になっています。

(189ページ)。逆選択の問題です。

　この問題があるときには，市場に任せておくと効率的な配分が実現されません。二つの解決策があります。一つは，質の悪い住宅の建設を阻止することです。建設時にある程度の品質が確保されていれば，将来中古住宅として市場に流通するときも，それなりの品質を保っているはずです。日本では，住宅が安全で快適であるための最低基準を定めた**建築基準法**がこのような役割を担っています。もう一つは，中古住宅の品質を買い手が正しく判断できるような制度を作ることです。一例として，2000年に施行された「住宅の品質確保の促進等に関する法律」に基づいて創設された**住宅性能表示制度**をあげることができます。この制度は，消費者が住宅の性能を比較できるように，性能の表示方法や評価方法のルールを定めたものです。

3　住宅補助政策

　次に議論する住宅政策は，分配の不公正を是正する政策です。第10章第1節で説明したように，住宅は必需性を伴う財です。「だれもが最低限の水準の住宅を消費できることこそ公正である」という考え方には，広い社会的合意が得られています。そのため，政府はさまざまな形で住宅補助政策を行っています。以下，政府による住宅の供給（**公共住宅供給**），家賃補助，建設補助（持ち家助成）をとりあげ，順に説明します。

3.1　政府による住宅の供給

　この章の始めに述べたように，1960年代の後半までは，住宅戸数が世帯数を下回っていました。住宅が不足していたのです。とくに，戦後，海外から引き揚げてきた人々が都市部に流入して都市部の人口が急増し，深刻な住宅不足が起こりました。

　この問題を解決するために，政府は公的資金を投入して日本住宅公団を設立し，1950年代半ばの金岡団地（堺市）や稲毛団地（千葉市）を皮切りに，大都市圏に数多くの住宅団地を建設しました。59年竣工のひばりが丘団地（西東京市・東久留米市）はニュータウンの先駆けになるもので，180棟，2714戸もの住宅を

抱えています。こういった**公団住宅**の建設は 70 年代にピークを迎えます。なお，50 年代から 70 年代にかけて大量に建設された住宅団地は，住戸の狭さや建物・設備の老朽化のために新規住民が入らず高齢化が進み，コミュニティーの維持が困難になるなどの問題を抱えています。日本住宅公団は，その後，81 年に住宅・都市整備公団（住都公団）に組織替えされ，さらに 99 年に**都市再生機構**となって現在に至っています。都市再生機構は，分譲住宅の供給から撤退し，都市整備と賃貸住宅の供給のみを行います。機構の賃貸住宅は UR 賃貸住宅とよばれます。

以上，国が供給する公共住宅について説明してきましたが，地方自治体も公共住宅を供給しています。分譲住宅は**地方住宅供給公社**が供給します。2008 年には 47 すべての都道府県が住宅供給公社を通じて住宅を分譲していました。その後，解散したり自己破産したりしたものがあり，2011 年現在，40 の都道府県が分譲住宅供給を続けています。また，それ以外に 10 の政令指定都市が住宅供給公社を有しています。地方自治体が分譲する住宅は**公社住宅**とよばれます。一方，地方自治体が運営する賃貸住宅は**公営住宅**とよばれます。

このように国と地方政府が大量に住宅を供給してきた結果，住宅戸数は飛躍的に増大し，公共住宅供給の目的は，住宅不足の解消から低所得者層に対する補助へと変化してきました。いずれにしても，公共住宅政策は，住宅の必需性の観点から分配の公正を実現することを目的にしてきたと言えます。

さて，経済学の見地から見ると，公共住宅の供給には，配分を歪めて効率性を損なうという問題があります。配分の歪みにはいくつかの種類がありますが，ここでは，代表的なものとして以下の三つを説明します。

(1) 住宅が過剰に供給されるという歪み

政府が公共住宅を供給すると，民間の住宅供給は減少しますが公共住宅と民間住宅を合わせた量は増加し，住宅供給量が過剰になります。図 11-4 は住宅資産の市場を描いたもので，横軸が住宅の戸数を，縦軸が住宅の価格を表します。曲線 D は住宅に対する需要曲線，曲線 S は民間の住宅供給曲線です。公共住宅が供給されないときには，これらの線の交点 E で住宅の価格と取引量が決まります。価格は p^0，取引量は X^0 です。このとき，消費者余剰は $\triangle Ap^0E$ の面積で，生産者余剰は $\triangle Bp^0E$ の面積で与えられます。したがって，総余剰は $\triangle ABE$ の面積に等しくなります。

政府が $\bar{X}$ 戸，公共住宅を分譲したとしましょう。どのような価格水準のもと

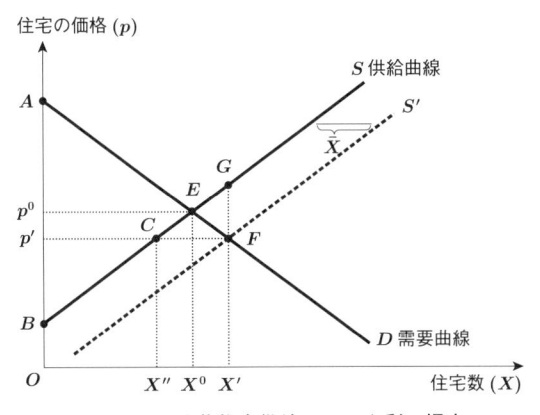

図11-4 公共住宅供給による余剰の損失

でも住宅の供給量は $\bar{X}$ だけ増えますから，市場全体の供給曲線はその分右に平行にシフトし，曲線 S' になります。価格と取引量は，需要曲線とシフト後の供給曲線が交わる点 F で，p' と X' に決まります。公共住宅供給の結果，市場全体の供給量は X^0 から X' まで増加します。一方，民間が供給する住宅の量は，公共住宅の量を差し引いた $X' - \bar{X}$ になります。これは X'' に等しくなるので，政府が公共住宅を供給することによって，民間が供給する住宅の量は X^0 から X'' まで減少してしまいます。これは，**クラウディング・アウト**（crowding out）効果とよばれます。政府による「民業圧迫」の効果です。

政府が公共住宅を供給したとき，余剰はどうなるでしょうか。消費者余剰は $\triangle Ap'F$ の面積に等しくなります。民間業者の供給曲線はシフト前の線（曲線 S）ですから，生産者余剰は $\triangle Bp'C$ の面積になります。残るのは政府です。簡単化のために，政府が公共住宅を供給する場合も，民間業者が供給する場合と同じだけ費用がかかると仮定しましょう。民間業者の供給曲線は住宅建設の限界費用を表すので，政府の限界費用はシフト前の供給曲線（曲線 S）で表されることになります。政府は $\bar{X}$ だけの住宅を供給しますが，民間業者が X'' だけ住宅を供給するので，政府は X'' 戸目から X' 戸目までの住宅を建設することになります。線分 CF の部分です。ところが，それぞれの住宅を建設するのに，曲線 S の高さの分だけ費用がかかります。したがって，X'' 戸目から X' 戸目までの住宅を建設するには，台形 $CGX'X''$ の面積だけ費用がかかることになります。それらの住宅を p' の価格で販売することによって，政府は長方形 $CFX'X''$ の面積に等しい額の収入を得ます。結果として，政府は，台形 $CGX'X''$ の面積から長方

第 11 章 住宅政策　271

形 $CFX'X''$ の面積を引いた分だけ，つまり $\triangle CGF$ の面積だけ，損失を被ります。総余剰は，消費者余剰の $\triangle Ap'F$ と生産者余剰の $\triangle Bp'C$ の面積を足し合わせたものから政府の損失を表す $\triangle CGF$ の面積を差し引いたものです。これは，$\triangle EAB$ の面積から $\triangle EFG$ の面積を引いたものになります。したがって，政府が公共住宅を供給することで，総余剰は $\triangle EFG$ の面積分だけ減少します。

このように，政府が公共住宅を供給すると，配分が歪み総余剰は小さくなります。市場における住宅の量が X^0 から X' まで増大し，過剰になってしまうからです。ただし，住宅を増やすことが分配の公正につながる限り，公共住宅供給によって，分配はより公正になります。したがって，公共住宅供給は，配分の効率性と分配の公正性との間にトレード・オフを生じさせます。これは，分配の公正を目的としてなされる政策に共通して言えることです。

(2) 消費者の選択の歪み

以上の余剰分析では，公共住宅が供給されても住宅に対する需要曲線は変化しないと仮定していました。ところが，実際には変化します。公共住宅の価格が市場価格よりも低く設定されるため，消費者が，自分の望む住宅でないにもかかわらず，割安な公共住宅を選んでしまうということが起こるのです。この選択の歪みがもう一つの非効率性を生み出します。このことを見るために，政府が供給する賃貸住宅を考えましょう。

消費者は，住宅サービスの消費量 (x) と合成財の消費量 (z) を選んで効用を最大化します。ここでは，住宅サービスの消費量を単に住宅の広さと考えましょう。また，第 10 章第 3.1 節 (250 ページ) で議論したように，合成財の単位のとり方を工夫して，合成財の価格が 1 になるようにしておきましょう。民間から住宅を借りるときの効用最大化問題は，次のようになります。

民間から住宅を借りるときの効用最大化問題

$$x と z を選んで次の関数を最大化：u(x,z)$$
$$制約条件：rx + z = y \tag{1}$$

ここで，r は民間住宅の賃貸価格，y は所得の大きさです。図 11-5 は，横軸に住宅の広さを，縦軸に合成財の量をとったものです。通常どおり，予算制約線

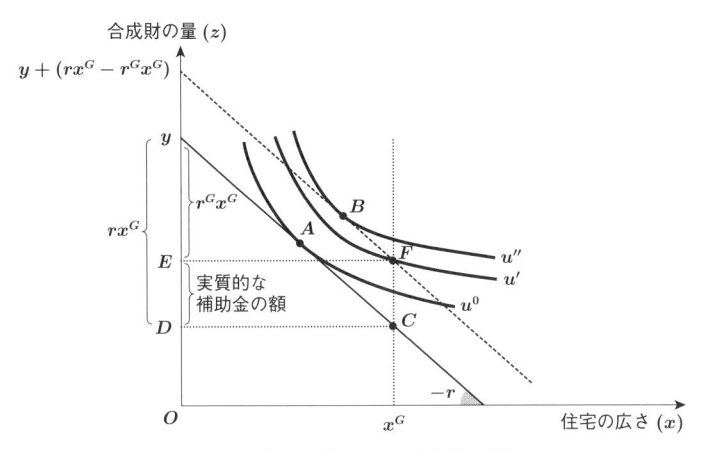

図 11-5　公共住宅供給による消費者の選択の歪み

が y を通る $-r$ の傾きの直線で表されています（合成財の価格が 1 に規準化されていることに注意してください）。消費者は，無差別曲線が予算制約線に接するような点を選択します。図の点 A です。

次に，政府が x^G の広さの公共住宅を単位面積あたり r^G の賃貸価格で貸し出したとしましょう。公共住宅の賃貸価格は $r^G x^G$ になります。消費者はこの公共住宅に入居しようとするでしょうか。もし入居すると，消費者は $y - r^G x^G$ だけの額を合成財の購入にあてることができます。合成財の価格は 1 ですから，$y - r^G x^G$ 単位の合成財を消費できます。つまり，公共住宅を賃借することで，消費者は，x^G の量の住宅サービスと $y - r^G x^G$ 単位の合成財を消費することができます。この組み合わせは，図の点 F で表されています。線分 yE の長さが $r^G x^G$ に等しくなるよう点 E の位置が定められていることに注意してください。点 F を通る無差別曲線 u' は，点 A を通る無差別曲線 u^0 よりも右上に位置します。したがって，公共住宅を賃借したほうが，民間住宅を借りるよりも大きな効用が得られることになります。

公共住宅の賃貸価格は低く抑えられています。これは，公共住宅を借りる消費者が実質的に補助金を受け取っていることを意味します。実質的な補助金の額は，公共住宅と同じ広さの住宅を民間から借りたときに支払わなければならない賃料 rx^G と，公共住宅を借りたときに支払わなければならない賃料 $r^G x^G$ との差になります。ここで，図の点 C に注目してください。この点は予算制約線上の点です。予算制約線上の点については $z = y - rx$ が成立するので（(1)式参

第 11 章　住宅政策　273

照),線分 $x^G C$ の長さは $y - rx^G$ になります。このことから,rx^G は,線分 yD の長さに等しくなることがわかります。したがって,実質的な補助金の大きさの $rx^G - r^G x^G$ は,線分 yD の長さと線分 yE の長さの差,つまり,線分 DE の長さに等しくなります。

公共住宅が供給されることで,消費者が望まない量の住宅を消費してしまうという問題を浮き彫りにするために,公共住宅を借りるときに得ている実質的な補助金と同じ額を,所得への補助金として消費者に与えるとどうなるか,検討しましょう。つまり,所得が $rx^G - r^G x^G$ だけ上昇したときの消費者の選択を調べるのです。このときの消費者の問題は,以下のようになります。

> **公共住宅を通じた補助に相当する所得補助のもとでの効用最大化問題**
>
> x と z を選んで次の関数を最大化:$u(x, z)$
> 制約条件:$rx + z = y + (rx^G - r^G x^G)$

実質的な補助金の大きさは線分 DE の長さに等しかったので,所得補助によって予算制約線はその長さだけ上方にシフトします。点 F を通る点線が所得補助の場合の予算制約線を表しています。消費者はこの予算制約線に無差別曲線が接するような点,点 B を選びます。点 B を通る無差別曲線 u'' は点 F を通る無差別曲線 u' の右上に来ます。このことは,消費者の得る効用の水準が,公共住宅を借りたときよりも,そのときに実質的に受け取っている補助金を所得補助の形で受け取ったときのほうが高くなることを意味します。

なお,図は,点 B が点 F の左側に来る状況を描いています。所得補助の場合,消費者はより狭い住宅を選び,その分,より多くの合成財を消費しようとするのです。つまり,公共住宅は消費者にとって広すぎます。場合によっては,点 B が点 F の右側に来ます。このとき,公共住宅は消費者にとって狭すぎます。いずれの場合も,価格が割安なため,消費者は公共住宅に入居することを選択してしまいます。これが,公共住宅が供給されたときの消費者の選択の歪みです。

> **Point** 公共住宅が供給されると,消費者の選択が歪み,住宅サービス消費量が過多になったり過少になったりする。

◆ 確認問題 ◆
公共住宅供給による消費者の選択の歪み　公共住宅が消費者にとって狭すぎる場合について，図11-5と同じような図を描いてみましょう。
---

(3) 住宅の生産における歪み

　一般に，政府は民間企業と比べて，効率的に住宅を生産しようとするインセンティブに欠けます。そのため，同じような住宅を建設する場合でも，公共住宅の建設には民間住宅の建設よりも高い費用がかかってしまう傾向があります。また，政府は，民間企業ほど，どのような属性の住宅が市場で望まれているかについて情報を収集し，それを住宅供給に活用するノウハウをもっていません。このため，しばしば，できたばかりの公共住宅が売れなかったり借り手が見つからなかったりして空き家のまま放置されるという事態が起こります。これらは，社会にとって損失になります。

3.2 補助金政策

　次にとりあげる政策は，補助金政策です。代表的なものとして，2種類の政策を考えることができます。

　第一は，**家賃補助**政策です。アメリカ，ドイツ，フランスなどでは，低所得者層に対して直接家賃を補助する政策がとられています。代表的なものに，アメリカの**住宅選択バウチャー制度**（housing choice voucher program）があります。これは，所得の低い家計にクーポンが支給され，受給者はそれを家賃の支払いの一部に充当することができるという制度です。1980年代までアメリカでは公共住宅の供給が低所得者向け住宅政策の柱でしたが，それ以降，バウチャー政策が中心になっています。日本では賃貸住宅一般に対して家賃を補助する政策はありませんが，**特定優良賃貸住宅**に対しては，家賃が補助されます。民間の土地所有者が一定の条件を満たす中堅所得者向けの賃貸住宅を建設し，特定優良賃貸住宅の認定を受けます。認定された住宅に対しては，国や地方自治体が，本来賃借人が支払うべき家賃の一部を負担します。

　第二は，**建設補助（持ち家助成）**政策です。これは持ち家の建設を促す目的でな

される政策です。所得税額控除制度(住宅ローン金利の税額控除)や固定資産税の減免といった減税措置,住宅金融支援機構による低利融資のような利子補給制度があります[3]。これらの政策は直接補助金を支給するものではありませんが,補助金を与えているのと同じ効果をもつため,間接的な補助金政策とみなすことができます。

さて,一般に,補助金政策は総余剰を減少させます(第7章第2.2節の「確認問題 補助金による資源配分の歪み」(179ページ)を思い出してください)。これは,補助金政策が消費者の選択を歪めることに起因します[4]。第3.1節で公共住宅政策がどのように消費者の選択を歪めるかを考察しましたが,補助金政策もそれと同じ種類の歪みを引き起こします。家賃補助政策をとりあげて,詳しく説明しましょう。

家賃補助による消費者の選択の歪み

家賃補助がないときの効用最大化問題は,第3.1節で説明した,民間住宅を借りるときの効用最大化問題と同じです。つまり,それは(1)式の問題になります(272ページ)。図11-6は,横軸に住宅サービスの量(賃借する住宅の広さ)x,縦軸に合成財の量 z をとった図です。予算制約式は,傾きが $-r$ で縦軸の切片が y になる直線で表されます。図の実線の直線がこれです。おなじみの議論で,消費者の選択する点が無差別曲線と予算制約線の接する点,つまり点 A であることがわかります。消費者は x^0 だけ住宅サービスを消費します。

次に,政府が家賃に対し s の比率で補助金を出す場合を考えましょう。このとき,単位面積あたり r の家賃のうち,sr を補助金として政府が負担し,$(1-s)r$ を家計が支払います。したがって,消費者の問題は次のようになります。

---

[3] 日本では,1950年から**住宅金融公庫**が住宅の建設や購入のための融資を行ってきました。資金力の弱い個人の住宅取得を支援することが目的で,長期にわたる固定金利の低利融資というのが特徴です。住宅金融公庫は2007年に廃止され,住宅金融支援機構が業務を引き継ぎました。住宅金融支援機構は直接融資を縮小し,住宅ローンの買い取りなどの証券化支援事業に軸足を移しています。

[4] 政府(住宅金融公庫または住宅金融支援機構)による低利融資政策は必ずしも消費者の選択を歪めません。これは,低利融資に上限があり,通常消費者はその上限以上の額の融資を受けるからです。消費者が1円多く住宅に支出するかどうかを決める際には,低利でない市場利子率を考慮することになります。

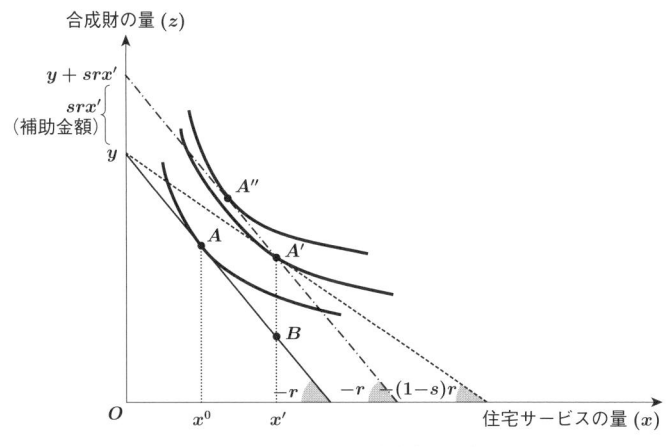

図 11-6　家賃補助による消費者の選択の歪み

家賃補助があるときの効用最大化問題

$$x \text{ と } z \text{ を選んで次の関数を最大化}：u(x, z)$$
$$\text{制約条件}：(1-s)rx + z = y$$

予算制約式に注目しましょう。式を z について解くと，$z = -(1-s)rx + y$ になります。したがって，家賃補助があるときの予算制約線は，傾きが $-(1-s)r$，縦軸の切片が y の直線になります。家賃補助がないときは傾きが $-r$ の直線だったので，家賃補助によって傾きの絶対値が小さくなり，y 点を中心に反時計回りに回転することになります。家賃補助があるときの予算制約線が点線で描かれています。ここで第 4 章第 5 節の議論を思い出してください。この変化は，単純に家賃が下落したときの変化と同じです。つまり，家賃補助は家賃が下落するのと同じ効果をもちます。家賃補助があるときに，消費者は点 A' を選択します。このとき，住宅サービスの消費量は x' になります。

ところで，消費者に支払われる補助金はいくらになるでしょうか。今，x だけ住宅サービスを消費する家計を考えましょう。単位面積あたり sr の補助金が支払われるので，この家計に支払われる補助金は srx になります。ここで，家賃補助のある場合とない場合の予算制約線の高さを比較します。すでに見たように，補助のある場合の高さは $-(1-s)rx + y$，補助のない場合の高さは $-rx + y$ です。したがって，補助のある場合の予算制約線は，補助のない場合の予算制約

線より $[-(1-s)rx+y]-(-rx+y)=srx$ だけ上に位置することになります。上述したように，srx は補助金の支払額です。つまり，消費者に支払われる補助金額は，補助のある場合の予算制約線と補助のない場合の予算制約線との間の垂直距離に等しいのです。

消費者は，補助があるときに住宅サービスを x' だけ消費します。この消費者が受け取る補助金の額は srx' ですが，すでに説明したように，これは，二つの予算制約線の垂直距離，つまり線分 $A'B$ の長さに等しくなります。

さて，この補助金を家賃に対する補助ではなく，所得補助の形で消費者に支給するとどうなるでしょうか。srx' の額だけ所得補助を受けるとき，消費者の効用最大化問題は，次のようになります。

> **家賃補助に相当する所得補助のもとでの効用最大化問題**
>
> x と z を選んで次の関数を最大化：$u(x, z)$
> 制約条件：$rx + z = y + srx'$

新しい問題の予算制約線は，家賃補助がない場合の予算制約線を補助金分だけ平行に上方シフトさせたものになります。第3.1節と同じ議論ですね。図の一点鎖線がこれを表します。消費者は点 A'' を選択しますが，この点を通る無差別曲線は点 A' を通る無差別曲線よりも右上の位置にあり，結果的に消費者はより大きな効用を得ることになります。家賃補助を受けるときよりも所得補助を受けるときのほうが大きな効用が得られるのです。これは第3.1節の結論と同じです。

第3.1節と違うのは，点 A'' が<u>必ず</u>点 A' の左側に来ることです。つまり消費者は，家賃補助のもとで，所得補助の場合よりも多くの住宅サービスを消費します。所得に対する補助金はどのような財の消費にも使うことができますが，家賃に対する補助金は住宅サービスの消費にしか使うことができません。したがって，家賃補助があると，消費者は住宅サービスを過剰に消費するようになるのです。これが，家賃補助による消費者の選択の歪みです。

> **Point** 家賃補助によって，消費者は住宅サービスを過剰に消費するようになる。

◆ 確認問題 ◆

家賃補助　消費者の効用関数がコブ・ダグラス型だとします。つまり，$u(x,z) = \beta x^\alpha z^{1-\alpha}$ です。

(1) 家賃補助があるときの効用最大化問題を定式化してそれを解き，次のものを求めましょう。
  (a) 消費者の選択する住宅サービスの量と合成財の量
  (b) 得られる効用（間接効用）の大きさ
  (c) 支払われることになる補助金の額

(2) (1) の (c) で求めた額の補助金を所得補助の形で消費者に与えたとします。このときの効用最大化問題を定式化してそれを解き，次のものを求めましょう。
  (d) 消費者の選択する住宅サービスの量と合成財の量
  (e) 得られる効用（間接効用）の大きさ

(3) (1) と (2) で求めた住宅サービスの量，合成財の量，得られる効用の大きさが，それぞれどのような大小関係になっているか，調べましょう。そして，その結果が，図 11-6 のような図で表されることを確認しましょう。

3.3　家賃規制

最後にとりあげる政策は**家賃規制**（rent control）です。これは価格規制の一種で，低所得者層を保護するために家賃に上限を設ける政策です。

日本では現在，家賃に直接上限を設ける政策はありませんが，**借地借家法**が家賃規制の性格をもっています[5]。借地借家法は，借家人の権利を守るために定められた法律で，二つの柱から成っています。一つは，借家人が契約の更新を望む限り，原則としてそれを拒否できないという規定です。もう一つは，家賃改定の際には市場家賃よりも高く家賃を設定できないという規定です。これら二つの規定が相俟って，家賃が低い水準に規制されることになります。

諸外国では，直接的な家賃規制が行われることが珍しくありません。たとえばアメリカでは，1943 年にニューヨーク州で導入されたのを嚆矢として，70 年代までに多くの都市で家賃規制が導入されました。1991 年には 120 万戸の住宅が

---

[5] 歴史的には，戦後すぐの 1946 年に発令された地代家賃統制令があります。それによって，土地や住宅の貸し手が統制額を超えた額の地代・家賃を受け取ることは禁止されました。その後 1950 年に法律が改正され，1950 年以前に建築された住宅に限って統制が適用されるようになりました。統制令が廃止されたのは 1986 年です。

規制の対象になっています。近年はその数が大幅に減少していますが，それでもたとえばニューヨーク市では，2011 年現在，全賃貸住宅の 1.8% に相当する 3 万 8000 戸ほどが家賃規制の対象になっています。

家賃規制による配分の歪み

家賃規制の問題は，配分を歪め効率性を下げることです。これには二つの側面があります。

一つは，市場で取引される賃貸住宅が減少してしまうことによる効率性の低下です。図 11-7 は，賃貸住宅市場の需要曲線と供給曲線を描いたものです。横軸は賃貸住宅の数量（住宅サービスの量）X を，縦軸は家賃 r を表します。

今，家賃規制が行われ，家賃に $\bar{r}$ の上限が設けられたとしましょう。家賃はその水準を上回ることができないので，その家賃で住宅が賃貸されることになります。ところが，家賃が $\bar{r}$ のとき，賃貸住宅に対する需要量は X'' でその供給量は X' です。需要が供給を上回っています。契約が成立する賃貸住宅の数量は，需要量と供給量の少ないほうに等しくなりますから，結局 X' の分量の賃貸住宅が賃貸されることになります。家賃規制がないときには点 C で家賃と賃貸住宅の数量が決まります。したがって，家賃規制によって，賃貸される住宅の数量が X^0 から X' まで減少することがわかります。

家賃規制があるとき，消費者余剰は台形 $A\bar{r}EF$ の面積に，生産者余剰は $\triangle B\bar{r}E$ の面積に等しくなります。したがって，総余剰は台形 $ABEF$ の面積になります。家賃規制がないときの総余剰は $\triangle ABC$ の面積に等しいので，家賃規

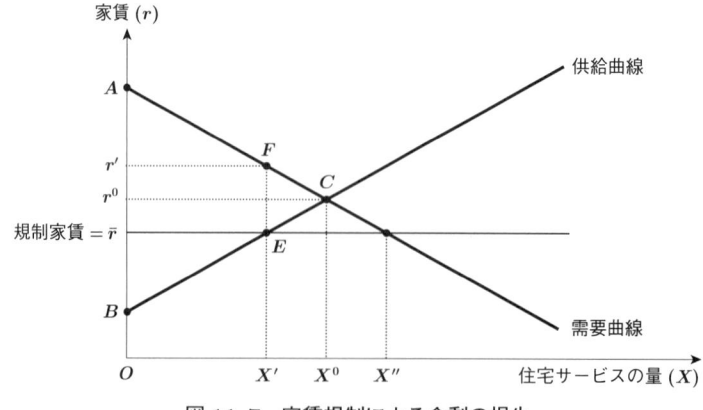

図 11-7　家賃規制による余剰の損失

> ### *Column* 借地借家法の問題点
>
> 　借地借家法は，一種の家賃規制として配分に歪みを生じさせますが，それ以外にもさまざまな弊害をもたらします。代表的なものを四つほどあげておきましょう。
> 　第一に，それは持ち家の比率を過大にします。借地借家法のもとでは，家賃を自由に決めることができませんし，裁判所が正当だと認める理由がない限り賃貸を中止することもできません。このため，賃貸住宅の経営から得られる収益は低くなり，賃貸住宅の供給が減少します。
> 　第二に，借地借家法は空き家を増加させます。持ち家比率が過大になる理由と同じです。賃貸するより空き家のままにしておくほうが収益が高くなる，というケースが増えるのです。
> 　第三に，借地借家法は都市の効率的な再開発を妨げます。この法律のもとでは，借家人が賃借の更新を望んだとき，正当事由がない限り拒否することができません。したがって，賃貸住宅を取り壊して建て替えることが容易にはできません。
> 　第四に，借地借家法は，高齢者が不必要に広い住宅に住み続ける傾向を強めます。この法律のもとでは，現在賃借している住宅に住み続けたとき，家賃が大きく上がることがありません。ところが，新しく住宅を借りるときには，高い家賃を支払わなければならなくなります。家族構成が変化しても，別の住宅に借り換えるよりは同じ住宅に住み続けたほうが，家賃の面で有利なのです。

制によって，総余剰が $\triangle FEC$ の面積分だけ減少することがわかります。これが，市場で取引される賃貸住宅が減少してしまうことによる効率性の低下を表します。

　もう一つの効率性の低下は，賃貸住宅に入居することを切望している消費者が入居できず，それほど強くは望んでいない消費者が入居できてしまう，という問題によって生じます。先に述べたように，家賃規制のもとでは超過需要が生じます。つまり，家を借りたいけれど借りられない人が出てくるのです。このとき，だれが家を借りるようになるかが問題になります。通常は，抽選や先着順などの手段で借り手が選ばれます。そうすると，どれほど強く賃貸住宅に入居したいと思っているかとは無関係に借り手が決まってしまいます。

　これが効率性を阻害することを理解するには，需要曲線の意味を考える必要があります。第7章第1.1節で述べたように，需要曲線の高さは消費者が財をいくらに評価するかを表します（170ページ）。つまり，右下がりの需要曲線は，賃貸住宅に住むことをもっとも高く評価する消費者からそれほど高く評価しない消費者までを左から順に並べて，彼らの評価額を表したものなのです。$\bar{r}$ の水準に家

賃が規制されているとき，評価額が$\bar{r}$以上の消費者はみな賃貸住宅に入居しようとします。評価額がr'より高い人だけが入居しようとするわけではないのです。したがって，評価額がr'より高い人が抽選に漏れて入居できず，評価額がr'より低い人が抽選に当たり入居できる，といった事態が起こります。先ほど，消費者余剰の大きさは台形$A\bar{r}EF$の面積に等しいと言いました。ところが，本当はこれは正しくありません。消費者余剰の大きさが台形$A\bar{r}EF$の面積になるのは，評価額がr'を上回る消費者だけが入居する場合に限ります。実際の消費者余剰の大きさは，台形$A\bar{r}EF$の面積よりも小さくなります。

家賃規制がないとき，この問題は起こりません。なぜなら，価格がr^0に決まるとき，賃貸住宅に入居しようとする消費者は，評価額がr^0以上の消費者だけだからです。評価額がそれを下回る消費者は入居しようとしません。したがって，評価の低い人が財を消費し，評価の高い人が財を消費できないという問題は起こらないのです。

これらの結論は家賃規制に限ったことではありません。一般に，価格の上限に規制があると，財の取引量が過小になるだけでなく，だれが財を消費するかに関して非効率的な結果が生じます。

> **Point** 家賃規制があると住宅サービスの取引量は過小になる。また，住宅サービスを高く評価する消費者が消費できなくなり，それに低い評価しか与えない消費者が消費できてしまうという問題が生じる。

◆ キーワード
アメニティ，公共住宅，クラウンディング・アウト，家賃補助，住宅選択バウチャー制度，建設補助，特定優良賃貸住宅，家賃規制，借地借家法

◆ 練 習 問 題
1 アメリカでは，家賃規制があるときに賃貸住宅の老朽化が進むことが問題になっています。なぜ老朽化が進むのでしょうか。賃貸住宅の所有者の行動を考えて説明しましょう。
2 財の品質に関して売り手が情報をもっていて，買い手が情報をもっていないときを考えましょう。品質の悪い財の売り手が品質の良い財だと偽って財を売り，逃げてしまうことを**ヒット・アンド・アウェイ戦略**と言います。中古住宅についてこ

の問題を軽減する一つの方法は，取引に仲介業者を入れることです。なぜ不動産業者を介して取引させると，この問題が緩和できるのでしょうか。

3 （発展問題） 本文でとりあげた家賃補助政策を考えます。家賃に対して s の割合で補助金が支払われます。ただし，補助金の金額に S の上限があるものとしましょう。つまり，住宅サービスの量が $srx \leq S$ を満たすほど小さいときには，srx の補助金が出ますが，$srx > S$ であるときには，S の一定額しか補助金が出ません。このとき，消費者の予算制約線はどのような形になるでしょうか。また，家賃補助が行われないとき，上限つきの家賃補助が行われるとき，家賃補助のもとでの補助金額と同額の所得補助が行われるときの 3 通りのケースを考え，図 11-6 と同じような図を描いて消費者の選択を比較しましょう。ただし，消費者は，家賃補助が行われるときに，補助金の上限の S を超える額の住宅サービスを消費するものとします。

第12章

都市交通

　この章では，都市交通の抱える問題をとりあげ，その解決策を考えます。とくに重要な問題として，次の三つを考察します。最初は交通混雑の問題です。2番目は，交通需要が時間的に偏ってしまうという問題です。最後は，都市交通事業を営むにあたっては大きな固定費用を負担しなくてはならないため，価格を限界費用に等しいように設定すると損失が生じてしまうという問題です。

1　交通混雑

　都市交通の抱える問題のうち，もっとも深刻なものの一つに混雑があります。はじめに，日本の都市における交通混雑をデータで見てみましょう。図12-1は，2008年に混雑がもっとも激しかった首都圏の鉄道路線4線について，ピーク1時間の混雑率がどのように推移してきたかを示したものです。
　これを見ると，多くの路線で混雑率が低下してきたことがわかります。それは，輸送量（輸送需要）の伸びを上回って鉄道の輸送力が増加したことによります。それでも，これらの路線の混雑率は2008年現在で190%を超えており，依然として高い水準にあります。
　また，道路の混雑も激しく，大都市のみならず地方都市でも渋滞が問題になっています。東京都では，平日の7時から19時までの間，平均して，首都高速道路の391 kmの測定区間のうち，15.6%にあたる61 kmで渋滞が起きています。その時間帯の主要一般道路の平均速度は21.9 km，首都高速道路の平均速度は

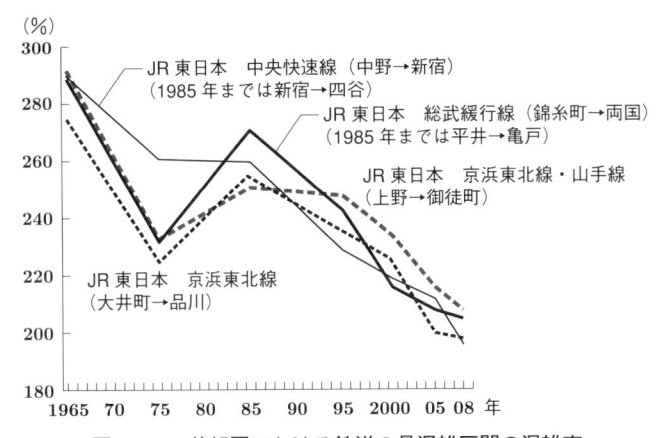

図 12-1 首都圏における鉄道の最混雑区間の混雑率

(注) 上野→御徒町については，京浜東北線と山手線を合算して混雑率を計算している。
(出所) 運輸政策研究機構『平成 22 年版 都市交通年報』より筆者作成。

41.3 km と，非常に低い数字になっています[1]。

このような交通混雑は外部不経済の問題です。自分が自動車を運転することで通行量が増え，結果として他人に悪影響が及びます。しかし，自動車を利用する権利は市場で取引されることがなく，自動車の利用者は他の利用者への悪影響を考慮せずに自動車を運転するかどうかを決めます。

さて，外部不経済があるときには，政府の政策介入が正当化されると述べました。この節では，どのような政策介入が望まれるのかを検討しましょう。

1.1 交通費用

交通混雑の問題を分析するにあたって，まず，交通費用を考察します。ここでは代表的な混雑として道路交通における混雑をとりあげます。

自動車を利用して移動することの費用には，燃料費・減価償却費・維持管理費（税金等）・保険料・道路料金・駐車場料金等の金銭的費用と，時間費用，精神的・肉体的費用などが含まれます[2]。これらの費用のほとんどが，通行時間が長

---

1) この場合の「渋滞」は，時速 40 km 以下の速度でしか運転できない場合を指します。数字は警視庁の 2010 年のデータに基づきます。
2) 金銭的費用以外の費用を貨幣価値に換算して費用に含んだものを，**一般化費用**（generalized cost）とよびます。

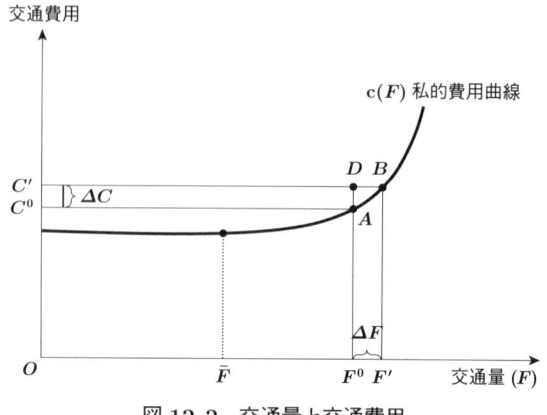

図 12-2　交通量と交通費用

くなるほど大きくなります。通行時間は交通量 F に依存して決まるので，交通量 F が与えられたときに単位距離移動するのにかかる費用 C を F の関数とみなすことができます。これを $c(F)$ と書き表すことにしましょう。図 12-2 の曲線はこの関数を表しています。交通量が $\bar{F}$ よりも少ないときには混雑が生じず，通行にかかる時間は一定だと考えられています。したがって，そのとき，費用の大きさも一定になり，費用を表す曲線は水平になります。ところが，交通量が $\bar{F}$ を上回ると混雑が生じます。そのため，交通量が増えるほど通行に長い時間がかかるようになり，費用が上がっていきます。曲線は右上がりになります。

交通費用に関する私的費用と社会的費用

　費用の C は，交通量が与えられたときに，自動車を利用する人がいくら負担しなくてはならないかを表します。自動車を利用すると混雑が起こり，他の利用者に余分な費用を負担させることになりますが，その分は入っていません。つまり，C は，混雑という外部不経済の費用を含まない，**私的費用**（private cost）です。図 12-2 の曲線はこのような費用を表すので，**私的費用曲線**とよぶことにしましょう。なお，利用者全体の観点から見ると，私的費用は，社会で 1 台多く自動車が利用されるようになったとき，その追加の 1 台の利用者が負担する私的な費用であると言えます。その意味で，それは，第 7 章第 3.2 節で説明した**私的限界費用**です（184 ページ）。

　一方，自分が自動車を利用したときに，自分が負担する費用と他の利用者が追加的に負担することになる費用を合わせたものは，**社会的費用**（social cost）と

よばれます。ここで，交通量が F，私的費用が C のとき，社会全体が負担する費用の大きさは $F \cdot C$ になることに注意しましょう。これを「総費用」とよぶことにします。社会的費用は，自分が自動車を利用したときの，総費用の増加分です。なお，<u>利用者全体の観点から見ると</u>，社会的費用は，社会で自動車が1台多く利用されるようになったとき，総費用がどれだけ増えるかを表します。したがって，それは，第7章第3.2節で説明した**社会的限界費用**です（184ページ）[3]。

社会的費用をさらに深く理解するために，交通量が F^0 から ΔF 増えて F' になったときを考えましょう。この結果，自動車の利用者1人1人が負担する費用は C^0 から ΔC だけ増えて C' になり，総費用は $F^0 \cdot C^0$（長方形 OF^0AC^0 の面積）から $F' \cdot C'$（長方形 $OF'BC'$ の面積）に増加します。総費用の増加分は二つの部分に分解することができます。まず，長方形 $F^0F'BD$ は，<u>新たに増えた自動車の利用者が負担する費用</u>を表します。ΔF の利用者がそれぞれ C' の費用を負担し，全部で $\Delta F \cdot C'$ だけの費用を負担することになります。一方，長方形 C^0ADC' は，混雑がひどくなったことに起因する外部不経済の費用を表します。ΔF だけ自動車が増えることで，その前から通行していた自動車の速度が一様に低下します。それによってそれぞれの利用者は $\Delta C = C' - C^0$ だけ余分に費用を負担しなくてはなりません。そのような自動車は F^0 台あるので，それらの積の $F^0 \cdot \Delta C$ が混雑によって新たに生じる費用です。

さて，社会的費用は，自動車が1台増えたことで増大する総費用の大きさですから，総費用の増加分を ΔF で割ったものになります。たった今説明したことから，これは，長方形 $F^0F'BD$ の面積を ΔF で割ったものと長方形 C^0ADC' の面積を ΔF で割ったものとの合計になります。前者は C' に等しくなります。これは私的費用，すなわち追加的利用者の負担する費用です。ΔF が非常に小さいときは，C' を C^0 で近似できます。一方，後者は $F^0 \cdot \Delta C / \Delta F$ に等しくなります。これは，混雑の激化による外部不経済の費用の上昇分を ΔF で割ったものですから，自動車の利用が1台増えると外部不経済の費用がどれだけ上がるかを表します。ΔF が非常に小さいときは，$\Delta C / \Delta F$ を点 A における私的費用曲線の傾きで近似できます。

以上のことから，社会的費用が，交通量と私的費用曲線の傾きの積を私的費用

---

[3] 利用者全体の観点から見るよりも，追加的に自動車を利用する個人の観点から見たほうがわかりやすいので，この本では，「私的限界費用」「社会的限界費用」という言葉は使わず，「私的費用」「社会的費用」という言葉を使っています。

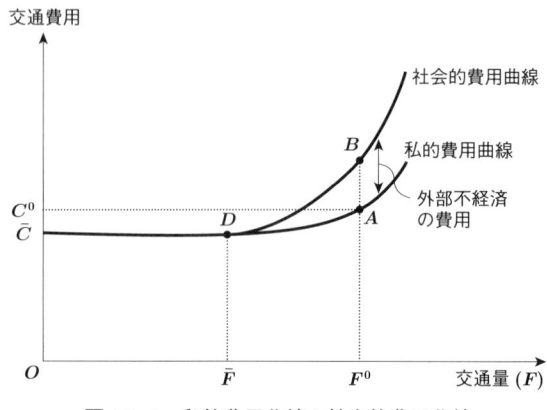

図 12-3　私的費用曲線と社会的費用曲線

に足し合わせたものになることがわかります。

Point　社会的費用 = 私的費用 + 交通量 × 私的費用曲線の傾き
　　　　　　　　　　　　　　　　　　‖
　　　　　　　　　　　　　　1台あたりの外部不経済の費用の上昇分

　社会的費用は，図12-3の曲線のようになります。社会的費用を表す曲線（**社会的費用曲線**）と私的費用曲線との間の垂直距離は，自動車の利用を1台増やすことから生じる，追加的な外部不経済の費用を表します。ここで，交通量が $\bar{F}$ より小さいときには二つの曲線が一致することに注意してください。この領域では混雑が起こらないため，自動車の利用を増やしても外部不経済が発生しません。

　なお，総費用は社会的費用曲線の下側の領域の面積に等しくなります。たとえば，図12-3で，交通量が F^0 のときを考えましょう。このとき私的費用は C^0 になるので，総費用は $F^0 \cdot C^0$，すなわち長方形 OF^0AC^0 の面積で表されます。これが，社会的費用曲線の下側の領域の面積，すなわち図形 $OF^0BD\bar{C}$ の面積に等しくなるのです。このことは，次のように説明することができます。すでに述べたように，社会的費用曲線は，自動車を1台追加的に利用したときの総費用の増加分を表しています。したがって，自動車の利用量を0台から1台ずつ増やしていくと，増やした1台1台について，社会的費用曲線の高さの分だけ総費用が増加していきます。利用量が F^0 のときの総費用を求めるには，それら

の増加分を 0 台から F^0 台まで全部足し合わせればよいのです．これは，0 から F^0 までの，社会的費用曲線の下側の領域の面積になります．

以上の結果は，数学を用いて簡単に導出することができます．私的費用が $C = c(F)$ であることに注意して総費用の $F \cdot C$ を F で微分すると，

$$\frac{\mathrm{d}\ Fc(F)}{\mathrm{d}F} = c(F) + F\frac{\mathrm{d}c(F)}{\mathrm{d}F}$$

が得られます．これが社会的費用です[4]．右辺の $c(F)$ は私的費用を，$F \cdot (\mathrm{d}c(F)/\mathrm{d}F)$ は混雑の外部不経済に起因する追加的な費用を表します．また，微分の定義より，社会的費用曲線の下側の領域の面積が自動車利用の総費用の $F \cdot C$ に等しくなることがわかります[5]．

◆ 確認問題 ◆

私的費用と社会的費用 私的費用が，交通量 $\bar{F}$ までは $\bar{C}$ で一定で，それ以上の交通量になると傾き 45 度の直線になるとします．つまり，

$$c(F) = \begin{cases} \bar{C} & F < \bar{F} \text{ のとき} \\ \bar{C} - \bar{F} + F & F \geq \bar{F} \text{ のとき} \end{cases} \quad (1)$$

であるとします．
(1) $F \geq \bar{F}$ のとき，社会的費用が $\bar{C} - \bar{F} + 2F$ になることを確認しましょう．また，私的費用曲線と社会的費用曲線を図に描きましょう．
(2) F^0 だけ自動車が利用されているとき，自動車の利用が 1 台増えると，混雑の外部不経済の費用はどれだけ増えるでしょうか．
(3) F^0 だけ自動車が利用されたときの，自動車の利用の総費用を求めましょう．また，それが，社会的費用曲線の下側の領域の面積に等しくなることを確認しましょう．

---

4) 私的費用は総費用の $F \cdot C$ を F で割ったものなので，総費用の「平均費用」を表すと考えることができます．一方，社会的費用は総費用を F で微分したものなので，総費用の「限界費用」を表すと考えることができます．文献によってはそれらの言葉が使用されることがあります．混同しないよう注意してください

5) 数学的には，

$$\int_0^{F^0} \frac{\mathrm{d}Fc(F)}{\mathrm{d}F}\ \mathrm{d}F = F^0 \cdot c(F^0)$$

であることに対応します．

図 12-4　費用曲線と需要曲線

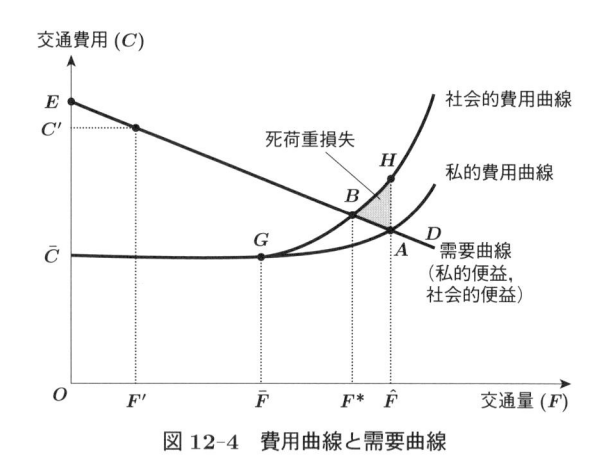

1.2　市場均衡と社会的最適

　交通に対する需要曲線を考えます。これは，交通費用が与えられたとき，社会全体で消費者が何台の自動車を利用しようとするかを与える曲線です。交通費用が低いときほど自動車を利用しようとする消費者が増えるので，需要曲線は右下がりです。図 12-4 において需要曲線は曲線 ED で表されています。

　この需要曲線も，通常の財についての需要曲線と同じように，最後の 1 単位を需要する消費者の私的な便益を表すと解釈することができます（第 7 章第 1.1 節参照 (170 ページ)）。たとえば，図 12-4 の C' は，F' 台目の自動車の利用者が自動車を利用することから得られる便益を表します。個々の利用者は，私的便益と私的費用を比較して自動車を利用するかどうかを決めます。私的便益が私的費用を上回っていれば自動車を利用し，下回っていれば自動車を利用しません。したがって，市場に任せておくと，私的便益が私的費用に等しくなるところで，つまり図 12-4 の点 A で利用量が決まります。$\hat{F}$ です。

> **Point**　市場で実現する利用量：私的便益＝私的費用。

　一方，社会的にもっとも望ましい利用量はどのような水準でしょうか。その問いに答えるために，もう一度需要曲線を考えましょう。通常，便益に関しては外部性が発生しません。つまり，だれかが新たに自動車を利用したからといって，

それが他の利用者の便益に影響することはありません。したがって，私的便益と社会的便益は一致します。需要曲線は，追加的に1台自動車が多く利用されることの私的便益と社会的便益の両方を表すのです。

さて，社会的便益が社会的費用を上回っているとしましょう。このとき，自動車の利用量を1台増やすと社会全体の便益（総便益）と社会全体の費用（総費用）の両方が増えますが，便益の増大分が費用の増大分を上回ります。したがって，利用量を増やすことで便益の総額から総費用を差し引いたものは増大し，より厚生が高まることになります。同じような議論は，社会的便益が社会的費用を下回っているときにも成立します。この場合は，自動車を1台減らすと便益よりも費用が大きく減少し，結果として厚生が高まります。これらのことから，社会的に最適な利用量のもとでは，社会的便益と社会的費用が等しくなっていなくてはならないということがわかります。つまり，社会的に最適な利用量は図12-4の点 B で与えられます。F^* です。

> **Point** 社会的に最適な利用量：社会的便益＝社会的費用。

以上の結果は，市場に任せておくと利用量が過大になってしまうことを示しています。これは，個々の利用者が，他人に及ぼす混雑の悪影響を考えずに自動車を利用するかどうかを決めてしまうためです。このように，一般に，ある財の消費（この場合は自動車の利用）が外部不経済を伴うとき，その財の消費量は過大になります。

> **Point** 混雑のような外部不経済が存在するとき，財の消費量（自動車の利用量）は過大になる。

市場メカニズムのもとで達成される厚生の水準が，社会的に最適な配分のもとで達成される水準と比較してどの程度低くなるのか，余剰分析によって確かめましょう。総余剰の大きさは，私的便益をすべての利用者について合計したもの（総便益）から，自動車の利用の総費用を差し引いたものになります[6]。なお，総便益は，需要曲線の下側の領域の面積に等しくなります。

---

[6] 総費用には混雑の外部不経済に起因する費用も含まれていることに注意してください。

はじめに，市場に任せておいた場合に厚生の水準がどうなるかを考えましょう。消費者は $\widehat{F}$ だけの自動車を利用するので，総便益の大きさは，台形 $O\widehat{F}AE$ の面積に等しくなります。一方，総費用は社会的費用曲線の下側の領域の面積で与えられます。つまり，図形 $O\widehat{F}HBG\bar{C}$ の面積です。総余剰は総便益から総費用を引いたものなので，図形 $\bar{C}GBE$ の面積から $\triangle ABH$ の面積を差し引いたものに等しくなります。

社会的最適の場合はどうなるでしょうか。交通量は F^* ですから，総余剰は，台形 OF^*BE の面積（総便益）から図形 $OF^*BG\bar{C}$ の面積（総費用）を引いたもの，すなわち図形 $\bar{C}GBE$ の面積に等しくなります。

以上のことから，市場メカニズムに任せておくと，社会的最適の場合よりも $\triangle ABH$ 分だけ総余剰が小さくなってしまうことがわかります。つまり，図 12-4 の灰色の三角形の面積だけ厚生が悪化するのです。この部分は，混雑の外部不経済に起因する死荷重損失を表しています。

> ◆ **確認問題** ◆
>
> **市場均衡と社会的最適**　　再び，自動車の利用の私的費用が (1) 式（289 ページ）のようになるときを考えます。交通の需要曲線が
>
> $$p^D = a - F \tag{2}$$
>
> で与えられたとしましょう。ただし，p^D は需要価格，a は正の定数です。以下の問いに答え，結果を図に表しましょう。
>
> (1) 市場で実現する結果と社会的に最適な結果を考え，そのそれぞれについて，交通量，私的費用，混雑の外部不経済の費用の総額の三つを求めましょう。
>
> (2) 市場で実現する結果と社会的に最適な結果を考え，そのそれぞれについて，総余剰の額を求めましょう。
>
> (3) (2) の結果から，外部不経済に起因する効率性の損失（死加重損失）の額を求めましょう。

1.3　社会的最適を実現するための政策

混 雑 料 金

社会的に最適な配分を実現するにはどうすればよいでしょうか。一つの方法は，私的費用を上昇させて自動車の利用を F^* に抑えることです。具体的には，

図 12-5 混雑料金

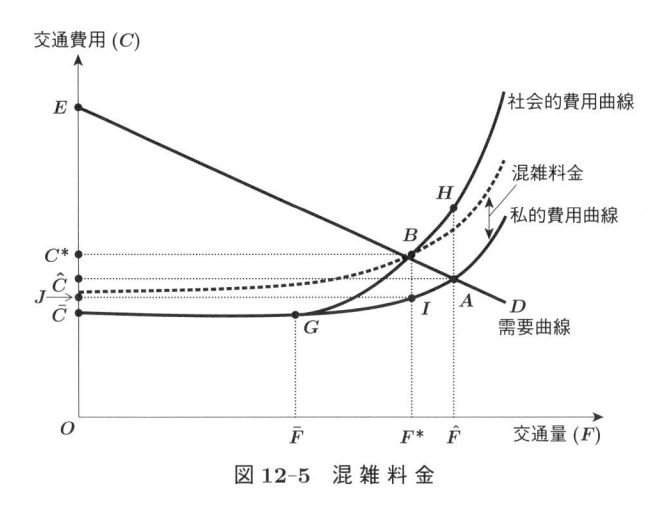

自動車の利用に対して，政府が1台あたり一定額の料金を課すことが考えられます。これは，**混雑料金**（congestion charge）または**混雑税**（congestion tax）とよばれます。混雑料金の額を図 12-5 の線分 BI の長さに等しいように設定すると，私的費用曲線はその分だけ上方に平行シフトします。点線がシフトした私的費用曲線です。シフト後の私的費用曲線は点 B で需要曲線と交わりますから，消費者は F^* だけの自動車を利用しようとします。これは社会的に最適な利用量です。

Point 私的費用に混雑料金を上乗せすることで，社会的最適が実現できる。

混雑料金を課すと，総余剰の大きさはどうなるでしょうか。消費者の余剰は総便益から総費用と混雑料金の総支払額を差し引いたものです。一方で，混雑料金は政府の収入になります。政府の収入はいずれ何らかの形で消費者に還元されるので，総余剰に計上しなくてはなりません。混雑料金収入はその総支払額に等しいので，結局，総余剰は消費者の受け取る総便益から総費用を引いたものになります。すでに述べたように，これは図形 $\bar{C}GBE$ の面積に等しくなります。このように，混雑料金を課したときの総余剰は，社会的最適のもとで得られる総余剰（第 1.2 節（292 ページ）参照）と同じ大きさになります。

多くの研究者が，混雑料金が実際にどのくらいの大きさになるかを推定しています。たとえば Mohring（1999）は，ミネアポリス・セントポール都市圏で，1

マイルあたり平均して9セント，最大で21セントの混雑料金を課す必要があると結論しています。また，Small (1992) は，ロサンゼルス都市圏で1マイルあたり平均15セントの混雑料金が望まれると主張しています。

> ◆ 確認問題 ◆
>
> **混雑料金** 再び，自動車利用の私的費用が(1)式で，交通の需要曲線が(2)式で与えられるときを考えます（289ページ，292ページ）。社会的最適を実現するには，いくらの混雑料金をかければよいでしょうか。また，そのとき，政府の得る混雑料金収入はいくらになるでしょうか。

混雑料金が導入されない理由

混雑料金は，理論的には非常に単純で明快です。それにもかかわらず，実施されている都市はそれほど多くありません。これにはいろいろな理由があります。主要なものを三つ説明します。

(1) 自動車利用者の反対

現実に実施の障害となるもっとも大きな理由は，自動車の利用者による反対です。この理由を理解するために，混雑料金の導入によって，利用者が直接受け取る余剰がどう変化するかを検討しましょう。前ページの図12-5を見てください。混雑料金が課されないとき，利用者の余剰は台形 $O\widehat{F}ABE$ の面積（総便益）から図形 $O\widehat{F}HBG\bar{C}$ の面積（総費用）を差し引いたものに等しくなると述べました。ところが，総費用は長方形 $OF A\widehat{C}$ の面積にも等しいので，総余剰は，$\triangle \widehat{C}AE$ の面積に等しくなります。同じように考えれば，混雑料金が課されたとき，利用者の余剰は，台形 OF^*BE の面積（総便益）から長方形 OF^*IJ の面積（総費用）と長方形 $JIBC^*$ の面積（混雑料金の総支払額）を差し引いたものに等しくなります。これは $\triangle C^*BE$ の面積になります。明らかに $\triangle \widehat{C}AE$ は $\triangle C^*BE$ よりも大きく，混雑料金の導入に伴って，利用者が直接受け取る余剰はその差の分だけ，つまり台形 $\widehat{C}ABC^*$ の面積分だけ減少します。

先に，混雑料金を課すことによって総余剰が増大すると述べました。もし，混雑料金収入が混雑料金を負担する自動車利用者に全額還元されるのであれば混雑料金の導入によって自動車利用者が受け取る余剰は増大します。ところが，実際には，全額，還元されるとは限りません。たとえば，混雑料金収入が，道路

など交通路の容量を拡大する投資に使用されたとしましょう．図 12-5 の長方形 $JIBC^*$ の面積よりも小さい額の投資ならば，混雑料金収入で賄うことができます．投資によって交通路の容量が大きくなると，混雑が緩和され社会的費用曲線が下にシフトします．その結果，外部不経済の費用が減少し，利用者の得る余剰が増加します．しかし，それが混雑料金の導入による利用者の余剰減少分の台形 $\widehat{C}ABC^*$ の面積を上回るかどうかはわかりません．道路投資の効率が悪い場合には，混雑緩和による余剰の増加が台形 $\widehat{C}ABC^*$ の面積を下回ってしまい，混雑料金収入はその一部分しか利用者に還元されないことになります（この問題については，章末の練習問題 1 を参照してください）．

また，たとえ混雑料金収入が料金を負担した利用者に完全に還元されるとしても，それには時間がかかったり不確実性が伴ったりするために，利用者がそのことを十全に考慮しない可能性があります．

以上のような理由で，利用者はしばしば混雑料金の導入に反対します．

(2) 異なる所得階層間の分配の公正の問題

混雑料金導入が進まない 2 番目の理由は，低所得者層の自動車利用が阻害され，分配が不公正になる可能性があることです．混雑料金を課すと自動車利用の費用が高くなり自動車の利用が抑制されますが，この効果は，高所得者層よりも低所得者層にとって，より大きく効いてきます．低所得者層のほうが，所得に占める混雑料金の割合が高くなるからです．混雑料金の導入によって低所得者層の自動車利用が相対的に大きく阻害される結果，低所得者層への分配の比率が低下します．分配は，より不公正なものになります．

(3) 混雑料金の徴収にかかる費用

3 番目の理由は，混雑料金の徴収に費用がかかることです．ただ，近年は，技術の進歩により，それほど費用をかけずに徴収のシステムを構築できるようになりました．その結果，以前ほどこの問題は重要でなくなっています．

混雑料金の徴収方法は，大きく二つに分けることができます．第一は，**コードン・プライシング**（cordon pricing）とよばれるものです．これは，混雑地域に入るときに料金を課す方式です．料金の徴収を自動的に行う制度（ERP: electronic road pricing）の発達によって，この方式は容易に実施できるようになりました．日本では，すでに稼働している ETC（electronic toll collection）システ

ムを用いて，有料道路の利用料金を混雑に応じて上げたり下げたりすることが可能です[7]。第二は，**入域許可証制度**（ALS: area licensing system）です。決められた混雑地域に進入するには，あらかじめ進入許可証を購入しておかなければならないというものです。シンガポールは，1975年に世界で初めてこの方式を導入しました[8]。同じような制度はロンドンでも実施されています。

混雑料金以外の解決策

なお，混雑による外部不経済の問題を解決するには，混雑料金以外にもさまざまな方法があります。たとえば，自動車の利用に課す税の額を混雑地域で高くするという方法があります。これは，古くから差別的燃料税（ガソリン税）の政策として知られています。問題は，混雑の発生する時間と場所でピンポイントに税額を高くするのが難しいことです。また，似たような方法に，混雑地域で駐車料金を高くするというものがあります。アメリカでは企業が従業員の駐車料金を補助することが多いのですが，補助率を下げることで混雑を抑制する効果が得られます。さらに，道路混雑に関しては，鉄道などの代替的な大量輸送機関を整備する方策が有効です。近年，アメリカのような自動車依存社会においても都市内で大量輸送機関が整備されるようになってきました。環境に対する意識の高まりと相俟って，混雑抑制のため，世界中の都市で地下鉄やLRT（ライトレール）が建設されています。

鉄道における混雑料金

以上，道路混雑を念頭に置いて混雑の問題とその解決策を論じてきました。この章の始めにふれたように，日本の大都市では，道路混雑だけでなく鉄道の混雑が大きな問題になっています。鉄道の混雑に関してもこれまでの議論を適用することができます。たとえば，混雑料金の導入は鉄道混雑の問題を解決するのに有効です。しかし，かなり高額な料金を課す必要があります。山崎・浅田（1999）によれば，首都圏における鉄道路線では，通常運賃の3倍から6倍にものぼる

---

7) 休日割引制度や夜間割引制度は，裏を返せば平日昼間の割り増し制度ですから，混雑する平日昼間に混雑料金を課す制度だとみなすことができます。

8) 朝のラッシュ時間帯に街の中心部に入るには，5シンガポールドルの許可証を購入し，監視員に見えるようにフロントガラスに貼り付けることが義務づけられました。これによって交通量が44％低下しました。1998年以降はERPを利用したコードン・プライシングに移行し，30分ごとにきめ細かく設定された料金が課されています。

Column 輸送力増強に向けた鉄道会社の努力

　鉄道の混雑を緩和するには，都市の構造を変えたり時差通勤を促進したりすることで輸送量（輸送需要）を減らすか，輸送力を増強するか，少なくともそのどちらかが必要です。東京のような大都市で輸送力を増強するもっとも効果的な方法は，新線建設や線増（複々線化）です。ところが，これには巨額の費用と長い時間がかかります。また，このような投資を行っても，それに見合うだけ輸送量が大きく伸びるわけではないので，鉄道会社がこういった投資を行うインセンティブはあまりありません。鉄道会社は，より費用のかからない方法で輸送力の増強を行っています。それには，1編成の車両数の増大，車両の大型化，運転間隔の短縮（列車運行数の増加）といったものがあります。最後の「運転間隔の短縮」は，いくつか興味深い方法で実施されています。

(1) 優等列車の運転とりやめ

　路線によっては急行などの優等列車に多くの乗客が集中し，乗降に多大な時間を要するようになります。その結果，駅での停車時間が延びて運転間隔が長くなってしまいます。これを防ぐため，ピーク時のみ優等列車を運転しないという方策がとられることがあります。たとえば，東急田園都市線は，2007年4月から，朝のラッシュ時に，それまで急行列車だった上り電車をすべて準急列車に格下げして運転しています。

(2) 千鳥式運転

　都市圏の鉄道ダイヤでは，優等列車の停車する駅に，それより下位の列車がすべて停車するのが普通です。たとえば，「急行」停車駅には「準急」列車も止まり，「特急」停車駅には「急行」も「準急」も止まります。ところが，このような運行形態だと，上位の優等列車に乗客が集中し，それらの列車の乗降時間が長くなってしまいます。これを避けるため，停車駅を階層的にせず，列車種別によって分散させることがあります。これが千鳥式運転です。有名な例は西武鉄道池袋線です。次ページの図12-6は，朝間時における石神井公園から所沢までの停車駅を表したものです（2012年5月現在）。石神井公園には通勤急行が停車し通勤準急は停車しません。一方，ひばりヶ丘に通勤急行は停車しませんが通勤準急は停車します。似たような例が随所に見られます。

(3) 交互発着

　前の列車が駅に停車している間，次の列車はその駅のかなり手前から先に進入できません。乗降客が多い駅では，これによって運転間隔が長くなってしまいます。

駅の部分に1線余分に線路を敷き，前の列車が駅に止まっていても次の列車が同時に駅に進入できるようにして無駄な待ち時間を減らす方法が，交互発着です。東京地下鉄東西線の南砂町駅では，交互発着が可能になるように，現在の複線を3線にする大規模改良工事が進められています。

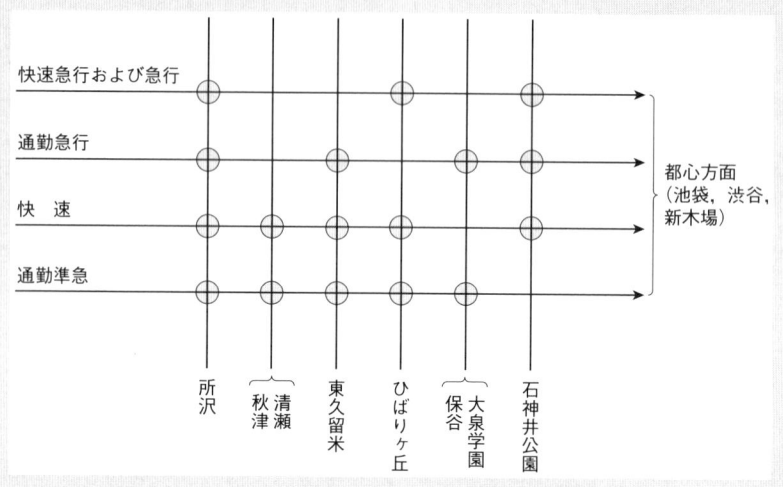

図 12-6　西武池袋線の優等列車の停車駅
(注) 準急は図に掲載しているすべての駅に停車する。
(出所) 筆者作成。

混雑料金を課す必要があります。また，山鹿 (2006) は2003年のデータを用いて中央線について混雑料金を推計し，吉祥寺以遠の区間については，それが定期料金の2倍以上になることを示しています。このような高額の混雑料金を課すことにはなかなか政治的な合意が得られず，導入することは容易ではありません。

2　ピーク・ロード・プライシング

　都市交通の特徴の一つは，交通に対する需要が時間によって大きく変化することです。道路，鉄道を問わず，通勤時に多くの需要が集中し，日中や夜間は需要が小さくなります。表 12-1 は，東京の鉄道路線のうち最大駅間断面交通量が片道ピーク1時間あたり8万人を超える路線について，最大交通量駅間のピーク

表 12-1　通勤・通学交通のピーク 1 時間集中率（2010 年）

鉄道路線名	最大断面交通量区間	片道ピーク 1 時間 最大断面交通量（人）	ピーク集中率 （％）
JR 東日本　山手線	上野→御徒町	119,827	38.0
JR 東日本　中央快速線	中野→東中野	111,283	26.1
小田急電鉄　小田原線	世田谷代田→下北沢	98,934	23.0
JR 東日本　東海道本線	川崎→品川	95,969	34.5
JR 東日本　総武緩行線	錦糸町→両国	91,936	26.5
相模鉄道　本線	平沼橋→横浜	89,975	32.3
京王電鉄　京王線	下高井戸→明大前	88,470	22.3
東急電鉄　田園都市線	池尻大橋→渋谷	88,411	24.1
西武鉄道　池袋線	中村橋→練馬	87,896	29.7
JR 東日本　常磐快速線	三河島→日暮里	87,124	32.7
東武鉄道　伊勢崎線	小菅→北千住	86,682	32.9

（出所）　国土交通省（2012）『平成 22 年大都市交通センサス——首都圏報告書』より筆者作成。

集中率（片道ピーク 1 時間の交通量を全日の交通量で割ったもの）を表したものです。

これらの区間のほとんどで，1 日の交通量の 4 分の 1 以上がピーク 1 時間に集中しています。

このように需要が変動する場合には，価格を固定するよりも需要の変動に合わせて価格を変えるほうが，総余剰は大きくなります。このような価格の付け方を**ピーク・ロード・プライシング**（peak load pricing）とよびます。

> **Point**　ピーク・ロード・プライシング：需要の変化に応じて価格を変動させる価格付け方法。

次ページの図 12-7 を見てください。オフピーク時の需要曲線が D^0 で，ピーク時の需要曲線が D' で表されています。さしあたり混雑の問題は考えず，私的費用と社会的費用が一致しているものとしましょう。右上がりの曲線が，それらを表します。さて，第 1.2 節で述べたように（291 ページ），総余剰は，需要曲線と社会的費用曲線が交わる価格のもとでもっとも大きくなります。したがって，オフピーク時に p^0 の価格を付け，ピーク時に p' の価格を付けるのがもっとも望ましい価格の付け方です。そのときの交通量は，それぞれ F^0 と F' になります。

もし，価格がオフピーク時もピーク時も同じ水準 $\bar{p}$ に固定されているとどうなるでしょうか。オフピーク時にはその価格のもとで，$\bar{F}^0$ だけの自動車が利用されます。最適価格 p^0 よりも価格が高いため，交通量は最適な量を下回ってし

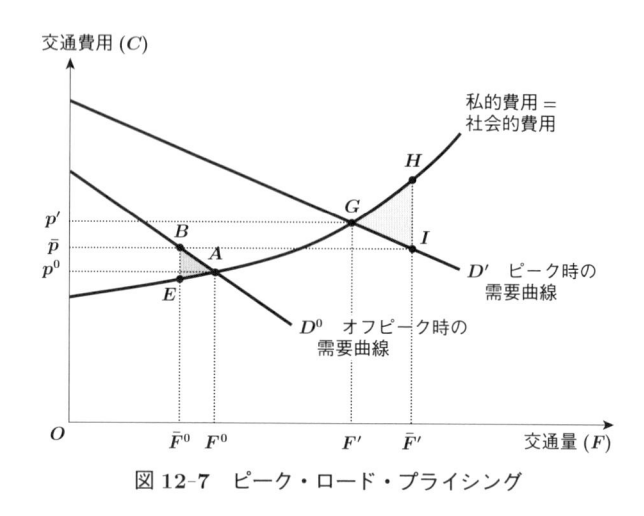

図 12-7 ピーク・ロード・プライシング

まいます。総余剰の大きさが，消費者の受け取る総便益（需要曲線の下側の領域の面積）から自動車の利用の総費用（社会的費用曲線の下側の領域の面積）を引いたものになることを思い出してください。価格が $\bar{p}$ のとき，オフピーク時の厚生の水準は，社会的最適の場合より $\triangle ABE$ の面積分だけ小さくなります。ピーク時についても同じような議論をすることができます。ピーク時には，$\bar{p}$ の価格のもとで $\bar{F}'$ だけの需要が発生し，結果として総余剰は最適の場合より $\triangle GHI$ の面積分だけ小さくなります。したがって，価格を固定すると，二つの三角形の面積をそれぞれの時間帯の長さに応じて合計した分だけ総余剰が小さくなってしまいます。

これまでの説明では，混雑の問題を考慮しませんでした。したがって，仮に混雑がなくても，需要が変動するときにはピーク・ロード・プライシングを採用することで総余剰が大きくなります。現実には，ピーク時に激しい混雑が生じているのが普通です。それを考えに入れると，ピーク時の価格は，私的費用曲線を混雑料金分だけ上方にシフトさせた曲線――社会的費用曲線です――がピーク時の需要曲線と交わる水準に設定しなければならないことになります。

混雑料金と同様に，ピーク・ロード・プライシングもそれほどコストをかけずに実施できるようになってきています。鉄道では，Suica などの IC カードで料金の決済を行うシステムが普及してきました。これを利用すれば，時間に応じて料金を変動させることが可能です。実際，海外の都市鉄道では単純な図式のピーク・ロード・プライシングを見ることができます。たとえばワシントンの地下鉄

は，料金体系が時間帯によって三つに変化します[9]。ところが，日本でピーク・ロード・プライシングが実施されている例はほとんどありません[10]。一つの理由は，公正の問題です。鉄道利用者は，ピーク時もオフピーク時も同じサービスを消費しています。車内が混雑していたり所要時間が長くかかったりするので，ピーク時のほうがむしろ劣悪なサービスを消費していると言えます。それにもかかわらずピーク時のほうが運賃が高くなるのは分配上公正を欠く，という批判が起こります。これに対しては，効率と公正を分けて考えるべきだという主張が有効です。交通量はピーク・ロード・プライシングで最適な大きさに調整し，その結果もし公正の問題が生じるのであれば，ピーク・ロード・プライシングとは別の方法で所得の再分配を行うべきだという主張です。

3 費用逓減産業としての都市交通事業

　鉄道の整備には莫大な費用がかかります。地価が高かったり利用できる空間が限られていたりする都市においてはなおさらです。整備にかかる費用は固定費用です。固定費用が大きいと，財の生産量の増大に伴って平均費用が下落する傾向が強くなります。そのような産業は**費用逓減産業**（decreasing cost industry）とよばれます。代表的な費用逓減産業には，鉄道のほか，電力や水道などがあります。

費用逓減産業の問題点
　さて，第7章第2.1節で述べたように（175ページ），総余剰は，価格が需要曲

---

[9] 2012年5月現在，平日の運賃体系は以下のようになっています。
　　　7時半以前：通常運賃
　　　7時半〜9時：通常運賃＋ピーク時料金（20セント）
　　　9時〜9時半：通常運賃
　　　9時半〜15時：割引運賃
　　　15時〜16時半：通常運賃
　　　16時半〜18時：通常運賃＋ピーク時料金（20セント）
　　　18時〜19時：通常運賃
　　　19時以降：割引運賃
[10] いくつかの事業体は，オフピーク時や休日に使える割安な回数券を発行しています。この施策は，ピーク・ロード・プライシングの一つの例だと考えることができます。

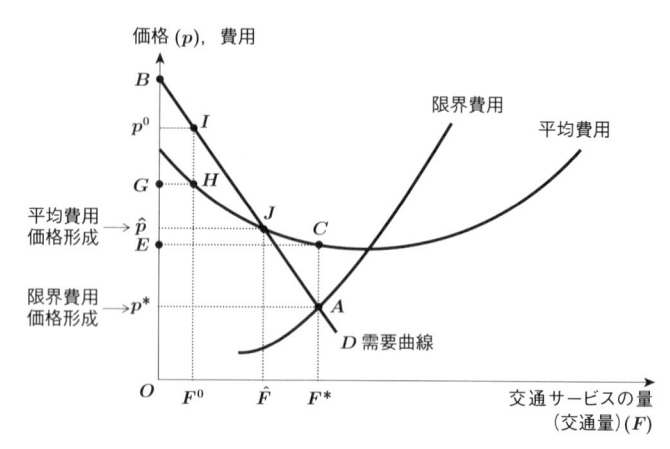

図 12-8 費用逓減産業における価格の設定

線と供給曲線の交点で決まるときに最大になります。利潤最大化を行う企業の供給曲線は限界費用曲線なので，これは，価格が限界費用に等しいときであると言えます。ところが，費用逓減産業においては，価格を限界費用に等しいように設定する（このことを**限界費用価格形成**（marginal cost pricing）とよびます）と，損失が生じてしまいます。

このことを図で見てみましょう。図 12-8 は，鉄道会社を念頭に，費用逓減産業の費用曲線を描いたものです。横軸は交通サービスの量すなわち交通量 (F) を，縦軸は価格や費用を表します。

均衡は点 A で与えられます。鉄道会社は F^* の交通サービスを生産し p^* の価格で売ります。この点で価格と限界費用は等しくなっています。したがって，点 A は限界費用価格形成を示しています。さらに，これまでどおり費用関数を $c(F)$ で表すと，鉄道会社の利潤は $pF - c(F)$ と書くことができます。これは，$F[p - c(F)/F] = F(p - AC)$ に等しくなるので，

$$\text{利潤} = \text{交通量}（\text{価格} - \text{平均費用}） \tag{3}$$

が成立します。限界費用価格形成のときの平均費用は点 C で与えられるので，価格は平均費用を下回ります。それゆえ，利潤は負になります。

> **Point** 費用逓減産業において，価格を限界費用に等しいように設定すると，企業は損失を被る。

どれだけ利潤が負になるか，つまりどれだけ損失が出るかは，長方形 p^*ACE の面積で与えられます。企業が鉄道事業に携わった場合に得られる便益は，この利潤の大きさで表されます[11]。一方，消費者の得る便益は通常どおり消費者余剰で計ることができます。その大きさは，$\triangle p^*AB$ の面積に等しくなります。以上のことから，生産者と消費者の得る便益の合計（総便益）は，$\triangle p^*AB$ の面積から長方形 p^*ACE の面積を引いたものに等しくなります。図の状況では，前者が後者を上回るので総便益は正です。したがって，鉄道会社が操業することで社会は利益を得ることになります。

要約しましょう。限界費用価格形成のもとでは，鉄道会社が損失を被るため，鉄道は運営されなくなります。それにもかかわらず，今考えているケースでは，社会にとって鉄道が運営されることが望ましいのです。

解 決 策

このとき，鉄道が運営されるようにするには，二つの方法があります。

(1) **価格を限界費用に等しくなるよう設定することをあきらめて，企業が損失を被らないようにする**

第一の方法は，限界費用価格形成をあきらめて，鉄道会社の利潤が負にならないようにする方法です。これは，配分の効率性よりも鉄道会社の収支の均衡を第一に考えた運賃設定であると言えます。

(3)式より，鉄道会社が非負の利潤を得るという条件は，価格が平均費用を下回らないという条件になることがわかります。さらに，交通サービスがある量生産されたとき，ちょうどその量だけ需要されるためには，価格がその量のもとでの需要曲線の高さに等しくなければなりません。つまり，価格と交通量は需要曲線上になければならないのです。したがって，前の条件を，需要曲線が平均費用曲線よりも下にこないこと，と言い換えることができます。これは，交通量が

---

[11] ここでは，企業の便益の指標として，生産者余剰でなく利潤を用いるのが適切です。それは次のような理由によります。生産者余剰は，収入から可変費用を引いたものです（第7章第1.2節（174ページ））。固定費用を引かないのは，生産者余剰がすでに産業に参入している企業の便益を表す概念であり，そのような企業にとって固定費用はすでに支払い済みだからです。ところが，今は，企業が鉄道産業に参入するかどうか，つまり鉄道事業を始めるかどうかも含めて考えています。したがって，企業の便益を，収入から可変費用と固定費用の両方を差し引いたもの——すなわち利潤——で測るのが適切になります。

$\widehat{F}$ よりも大きくない限り（価格が $\widehat{p}$ よりも低くない限り），満たされます。

この条件のもとでもっとも総便益が大きくなるのはどのようなときでしょうか。上述したように，総便益は消費者余剰と鉄道会社の利潤の和に等しくなります。たとえば交通量と価格が点 I で与えられるとき，総便益は，消費者余剰を表す $\triangle p^0 IB$ の面積と利潤を表す長方形 $GHIp^0$ の面積を足し合わせたもの，すなわち台形 $BGHI$ の面積に等しくなります。交通量が $\widehat{F}$ を上回らないという制約のもとでもっとも総便益が大きくなるのは，交通量が $\widehat{F}$ のとき，すなわち価格が $\widehat{p}$ のときです（図の点 J です）。$\widehat{p}$ は $\widehat{F}$ の交通量のもとでの平均費用に等しくなっています。すなわち，利潤が負にならないという条件のもとで総便益がもっとも大きくなるのは，価格を平均費用に等しいように設定（これを**平均費用価格形成**（average cost pricing）とよびます）したときです。このとき，鉄道会社の利潤はちょうど 0 になります。

> **Point** 企業の利潤が負にならないという条件のもとで社会的厚生を最大化するには，価格を平均費用に等しくなるよう設定すればよい。

日本の公営交通や民営バス，タクシーなどの運賃は，**総括原価運賃形成**（full cost pricing）に基づいて設定されています。これは，営業にかかる費用に適正な利潤を上乗せしたものが運賃収入に等しくなるよう，運賃を設定するものです。「適正な利潤」を費用に含めて考えれば，平均費用価格形成の一種とみなせます。

平均費用価格形成の問題は，規制当局などの第三者が交通事業者の平均費用を見極めるのが難しいということです。ここで，平均費用が費用最小化の結果に基づく概念であることを思い出してください。つまり，これは，事業者が本当に費用を最小化するような生産方法をとっているかどうか，チェックできないという問題です。最適な生産方法をとらなくても，結果的にかかった費用をもとに価格を設定できてしまうのであれば，事業者には費用を最小化するインセンティブがはたらきません。

(2) 限界費用に等しいように価格を設定し，企業の損失を社会が負担する

第二の方法は，限界費用価格形成をあきらめずに，企業の損失を社会で負担する方法です。損失の負担方法に関して，政府が税収等を用いて補助する場合と，鉄道会社が料金として消費者から徴収する場合の二つを考えることができます。

政府が損失分を補助する場合には，鉄道会社が費用を最小化する努力を怠る可能性があります。政府は，鉄道会社の平均費用を正しく算出し，費用最小化のインセンティブを与えなければなりません。しばしば政府が鉄道を営むことがありますが，その理由の一つはここにあります。

　一方，損失分を料金として消費者から徴収する場合，消費者は損失の補塡分の料金と自分の利用量に応じた料金の2種類の料金を支払うことになります。損失の補塡分の料金はサービスの利用量にかかわらず額が一定です。そのため，固定料金あるいは基本料金とよばれます。一方，利用量に応じた料金は可変料金あるいは従量料金とよばれます。このような2種類の料金からなる体系を，**二部料金制**（two-part tariff）と言います。鉄道では，相対的にかなり大きな額の「初乗り運賃」がとられます。これは，二部料金制における固定料金の性格をもっています。

次善の問題

　この節の始めに，総余剰は価格が限界費用に等しくなるときに最大になると述べました。しかし，考えている交通と代替的な交通の市場に配分の歪みがある場合には，必ずしもこれが成り立ちません。たとえば，道路が混雑しているにもかかわらず，混雑料金を導入することが難しいとしましょう。そのとき，必ずしも自動車交通と代替的な公共交通の価格を限界費用に一致させることがよいとは限りません。限界費用よりも低い価格にして，より多くの人が公共交通機関を利用するように仕向けたほうが総余剰が大きくなる可能性があります。このように，他の市場に歪みがあることを勘案して最適な価格設定を求める問題を，**次善**（second best）の問題と言います。

◆ キーワード
交通量，私的費用，社会的費用，混雑料金（混雑税），コードン・プライシング，入域許可証制度，ピーク・ロード・プライシング，費用逓減産業，限界費用価格形成，平均費用価格形成，総括原価運賃形成，二部料金制，次善

◆ 練習問題
1　混雑料金収入を道路の容量を拡大する投資に使う場合を考えましょう（本文の第1.3節参照（295ページ））。二つの時期があるモデルで，次の二つのシナリオを考

えます。
　　（A）どちらの時期にも混雑料金を徴収せず，道路の利用を市場に任せる。投資は行わない。
　　（B）最初の時期に最適な額の混雑料金を徴収する。その期の期末に混雑料金収入を使って投資を行う。その結果道路が拡張されて，私的費用曲線と社会的費用曲線がともに右にシフトする。簡単化のため，二つの曲線が充分右にシフトして，私的費用曲線が需要曲線と交わるところまで水平になるものとする。（つまり投資によって混雑が解消されるとする。）このとき，社会的費用曲線は私的費用曲線に一致する。2番目の時期には混雑料金を徴収せず，道路の利用を市場に任せる。

　　それぞれのシナリオのもとで，自動車の利用者が受け取る余剰の大きさはどうなるでしょうか。図を描いて考えましょう。各時期の余剰を求め，それを合計したものを求めましょう。また，合計の余剰が，どちらのシナリオでより大きくなるか，議論しましょう。（なお，簡単化のため，利子率は 0 である，つまり，将来の利得と現在の利得が同じ価値をもつ，と仮定します。）

2　下にあげたものは，日本で一般的に見られる制度や現象です。経済学の視点から見ると，どのような問題を孕んでいると言えるでしょうか。
　(1) 大幅に割引された鉄道定期券をどの時間帯でも使用することができる。
　(2) 多くの企業が通勤手当の形で通勤費用を負担する。
　(3) 深夜時間帯を除いて，多くの駐車場の料金は時間によって変わることがない。
　(4) 総括原価運賃形成のために，利用人員の多い鉄道会社ほど運賃が安くなる傾向がある。

3　鉄道が費用逓減産業であるとしましょう。平均費用価格形成を行った場合の総便益と，損失を社会で負担して限界費用価格形成を行った場合の総便益を比較し，前者の場合のほうが望ましいのはどのようなときか，考えましょう。

4　（発展問題）ピーク・ロード・プライシングを考えます。本文の図 12-7（300 ページ）のモデルを考えましょう。私的（社会的）費用曲線が $p = F$，オフピーク時の需要曲線が $p = -F + a$，ピーク時の需要曲線が $p = -bF + c$ で表されるものとします。p は価格，F は交通量，a, b, c はいずれも正の定数です。
　(1) ピーク・ロード・プライシングが実施されるとき，オフピーク時とピーク時の価格（p^0 と p'）と交通量（F^0 と F'）はどうなるでしょうか。
　(2) ピーク・ロード・プライシングを実施することができず，オフピーク時もピーク時も同じ価格 $\bar{p}$ を付けなければならないとします。本文で説明したように，このときには，ピーク・ロード・プライシングを実施した場合よりも総余剰が小さくなります。この下落幅をできるだけ小さくするように $\bar{p}$ を設定するとき，$\bar{p}$ はどのような水準に決まるでしょうか。また，その価格とオフピーク時の価格の乖離の大きさ $\bar{p} - p^0$ と，その価格とピーク時の価格の乖離

の大きさ $p' - \bar{p}$ を求め，それらの比率，$(\bar{p} - p^0)/(p' - \bar{p})$，を計算しましょう。その比率はどのような要因で変化するでしょうか。また，そのことから何が言えるでしょうか。

数学補論

この補論では，本論中で用いられた数学の要点を説明します。ここで紹介する定理の証明については，参考文献を参照してください。本書の内容を理解する上では，それらの定理の内容さえしっかりと把握できていれば充分です。

説明を簡単にするため，以下のほとんどの部分で2変数の関数を考えます。変数の数が三つ以上ある関数について結果を拡張することは難しくありません。また，すべての関数は，連続で，少なくとも2回は微分できるものとします。

なお，以下，偏微分を，

$$g_i \equiv g_i(x_1, x_2) \equiv \frac{\partial g(x_1, x_2)}{\partial x_i}, \quad g_{ij} \equiv g_{ij}(x_1, x_2) \equiv \frac{\partial^2 g(x_1, x_2)}{\partial x_i \partial x_j}$$

と表します（i は1または2，j は1または2）。また，《　》記号は，それぞれが呼応するように使用します。たとえば，「凹関数《凸関数》は準凹関数《準凸関数》である」という表現は，「凹関数は準凹関数である」という内容と「凸関数は準凸関数である」という内容の両方を表します。

1 凹関数と凸関数

凹関数（concave function）と**凸関数**（convex function）の定義は以下のとおりです。

定義：凹関数《凸関数》

関数 $g(x_1, x_2)$ は，任意の $\alpha \in (0, 1)$ と異なる2点 (x_1^0, x_2^0)，(x_1', x_2') に対して次を満たすとき，凹関数《凸関数》である。

$$\begin{aligned} & g\bigl(\alpha x_1^0 + (1-\alpha)x_1', \alpha x_2^0 + (1-\alpha)x_2'\bigr) \\ & \geq \alpha g(x_1^0, x_2^0) + (1-\alpha)g(x_1', x_2') \\ & 《 \leq 》 \end{aligned} \quad (1)$$

図 A-1 凹 関 数

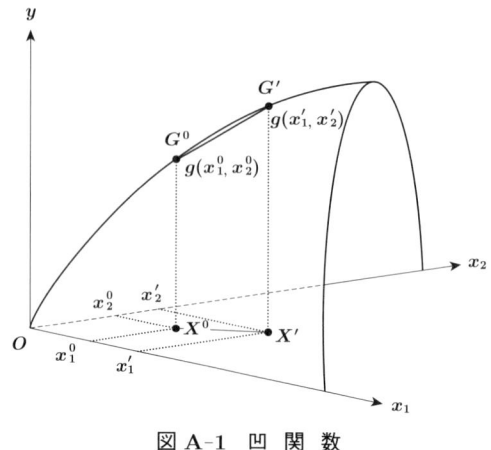

　「強い」凹関数は，(1)式が，「弱い」不等号の「$\geq$」ではなく，「強い」不等号の「$>$」で成立するような関数です。「強い」凸関数も同様に，(1)式が「強い」不等号の「$<$」で成立するような関数であると定義できます。

　(1)式の条件は，図 A-1 によって理解することができます。図は，(x_1, x_2) 平面を底にして，関数 $g(x_1, x_2)$ の値を鉛直方向にとったものです。図には，点 X^0 および点 X' として (x_1^0, x_2^0) と (x_1', x_2') の 2 点が記されています。それらの点における関数の値は，点 G^0 と点 G' の高さで与えられます。さて，(1)式の左辺に現れる $\left(\alpha x_1^0 + (1-\alpha)x_1',\ \alpha x_2^0 + (1-\alpha)x_2'\right)$ は，α が 0 のとき点 X' になり，α が 1 のとき点 X^0 になります。したがって，それは，0 と 1 の間にある α に対して，線分 $X^0 X'$ 上の 1 点を与えます。一方，(1)式の右辺は，α が 0 のとき $g(x_1', x_2')$ になり，α が 1 のとき $g(x_1^0, x_2^0)$ になります。したがって，それは，0 と 1 の間にある α に対して，線分 $G^0 G'$ 上の一点の高さを表します。このことから，(1)式は，(x_1, x_2) が線分 $X^0 X'$ 上にあるときの $g(x_1, x_2)$ が，線分 $G^0 G'$ より上かそれと同じ位置にくる，という条件であることがわかります。そのような条件を満たす関数が凹関数です。凸関数についても同様に考えることができます。

　わかりやすく言えば，凹関数とは上に向かって（$g(x_1, x_2)$ の高い方向に向かって）「出っ張っている」関数です。同様に，凸関数は下に向かって（$g(x_1, x_2)$ の低い方向に向かって）「出っ張っている」関数です。凹関数や凸関数には途中に平たい部分があるかもしれませんが，強い凹関数や強い凸関数には平たい部分がありません。

　さらに，関数 $g(x_1, x_2)$ が凹関数《凸関数》であるための必要十分条件は，その偏微分係数からなる以下の行列式が，次の条件を満たすことです。

> **定理：凹関数《凸関数》であるための必要十分条件**

$$g_{11} \leq 0 \text{ および } \begin{vmatrix} g_{11} & g_{12} \\ g_{21} & g_{22} \end{vmatrix} \geq 0 \text{ がどのような } (x_1, x_2) \text{ についても成立。}$$
《≥》　　　　　　　　　《≥》

$\iff g(x_1, x_2)$ は凹関数。
《凸関数》

このような行列式のもとになる行列は，**ヘッセ行列**（Hessian）とよばれます。

　最後に，$g(x_1, x_2)$ が<u>強い</u>凹関数《<u>強い</u>凸関数》であるための十分条件は，以下のように与えられます。

> **定理：強い凹関数《強い凸関数》であるための十分条件**

$$g_{11} < 0 \text{ および } \begin{vmatrix} g_{11} & g_{12} \\ g_{21} & g_{22} \end{vmatrix} > 0 \text{ がどのような } (x_1, x_2) \text{ についても成立。}$$
《＞》　　　　　　　　　《＞》

$\implies g(x_1, x_2)$ は強い凹関数。
《強い凸関数》

2　全　微　分

　関数 $g(x_1, x_2)$ を考えます。この関数の全微分とは $g_1 dx_1 + g_2 dx_2$ のことです。最初の項は，x_1 の変化量 dx_1 に偏微係数をかけたものです。これは，x_1 の変化によって関数 $g(x_1, x_2)$ の値がどれだけ動くかを表します。同様に，2番目の項は，x_2 の変化によって関数の値がどれだけ動くかを表します。全微分は，二つの変数の微少な動きによって関数の値がどのように変わるかを教えてくれます。

　さて，方程式 $g(x_1, x_2) = 0$ を考えましょう。今，<u>常にこの方程式を満たすように変数が動く状況</u>を考えます。これは方程式が**恒等式**（identity）である場合です。この場合，左辺の全微分は0に等しくならなくてはなりません。

$$g_1 dx_1 + g_2 dx_2 = 0$$

つまり，方程式 $g(x_1, x_2) = 0$ が成立し続けるように，一つの変数の動きがもう一つの変数の動きをちょうど相殺しなくてはならないのです。

3 制約条件なしの最大化問題・最小化問題

ここでは，制約条件のない最大化問題・最小化問題を説明します。次の問題を考えましょう。

制約条件なしの最大化問題・最小化問題

$$x_1 と x_2 を選んで次の関数を最大化または最小化：g(x_1, x_2) \tag{2}$$

最大化または最小化する関数（この場合 $g(x_1, x_2)$）を，**目的関数**（objective function）と言います。

次の結果が重要です。

定理：制約条件なしの最大化問題・最小化問題の1階の必要条件

$$(x_1^*, x_2^*) が (2) 式の問題の解$$
$$\Downarrow$$
$$g_1(x_1^*, x_2^*) = 0 \text{ および } g_2(x_1^*, x_2^*) = 0 \text{ が成立。} \tag{3}$$

つまり，ある変数の組み合わせが最大化問題あるいは最小化問題の解であるならば，目的関数をそれぞれの変数で偏微分したものが，その組み合わせのもとですべて0になっていなくてはなりません。

さて，(3)式の条件は，最大化問題と最小化問題で共通です。したがって，条件を満たす (x_1^*, x_2^*) が最大化問題の解であるのか，最小化問題の解であるのか，あるいはそのどちらでもないのかをさらにチェックする必要があります。そのような条件が**2階の条件**です。

定理：制約条件なしの最大化問題・最小化問題の2階の必要条件

$$(x_1^*, x_2^*) が (2) 式の最大化 《最小化》問題の解。$$
$$\Downarrow$$
$$g_{11} \leq 0 \text{ および } \begin{vmatrix} g_{11} & g_{12} \\ g_{21} & g_{22} \end{vmatrix} \geq 0 \text{ が,} (x_1, x_2) = (x_1^*, x_2^*) \text{ で成立。}$$
$$《 \geq 》 \qquad\qquad 《 \geq 》$$

第2章第2節で利潤最大化問題を説明したときに,限界生産物価値が要素価格に等しいからと言って,利潤が最大化されているとは限らないと述べました(54ページ)。今説明した2階の必要条件が満たされていないかもしれないからです。ところが,限界生産物が逓減するか一定である限り,つまり生産関数が凹関数である限り,利潤が最大化されていない可能性は排除されます。これは,次の定理の結果です。

> **定理:制約条件なしの最大化問題・最小化問題の十分条件**

$$g(x_1, x_2) \text{ が凹関数《凸関数》。}$$
$$\Downarrow$$
(3)式を満たす (x_1^*, x_2^*) は,(2)式の問題の最大値《最小値》を与える。

4 準凹関数と準凸関数

準凹関数(quasi-concave function)と**準凸関数**(quasi-convex function)の定義は以下のとおりです。

> **定義:準凹関数《準凸関数》**

関数 $g(x_1, x_2)$ は,任意の $\alpha \in (0,1)$ と異なる2点 (x_1^0, x_2^0),(x_1', x_2') に対して次を満たすとき,準凹関数《準凸関数》である。

$$\begin{aligned} & g(x_1', x_2') \geq g(x_1^0, x_2^0) \\ \iff & g\left(\alpha x_1^0 + (1-\alpha)x_1', \alpha x_2^0 + (1-\alpha)x_2'\right) \geq g(x_1^0, x_2^0) \\ & \qquad\qquad\qquad\qquad\qquad\qquad\qquad\quad 《\leq》 \end{aligned} \tag{4}$$

「強い」準凹関数は,(4)式における矢印の右側の不等式が,「弱い」不等号の「$\geq$」ではなく,「強い」不等号の「$>$」で成立するような関数です。「強い」準凸関数も同様に,(4)式における矢印の右側の不等式が「強い」不等号の「$<$」で成立するような関数であると定義できます。

(4)式の条件は,図 A-2 によって理解することができます。上のパネルは,(x_1, x_2) 平面を底にして,関数 $g(x_1, x_2)$ の値を鉛直方向にとったものです。図には,点 X^0 および点 X' として (x_1^0, x_2^0) と (x_1', x_2') の2点が記されています。それらの点における関数の値は,点 G^0 と点 G' で与えられます。また,点 G^0 を通る曲線と点 G'

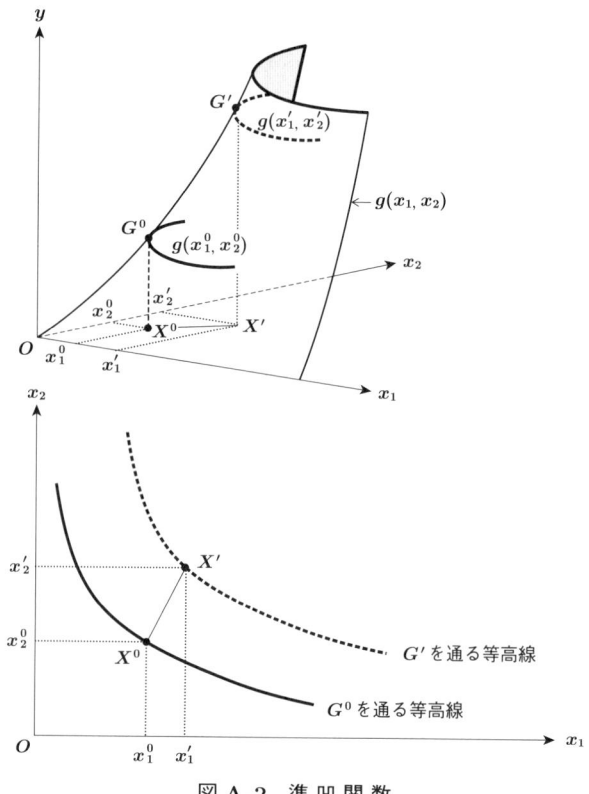

図 A-2　準凹関数

を通る曲線は，それぞれ，$g(x_1^0, x_2^0)$ と $g(x_1', x_2')$ の水準の等高線です。下のパネルは，上のパネルを上から（y 軸方向から）見たものです。さて，(4)式に現れる $\left(\alpha x_1^0 + (1-\alpha)x_1', \alpha x_2^0 + (1-\alpha)x_2'\right)$ は，第 1 節で説明したように，線分 $X^0 X'$ 上の 1 点を与えます（310 ページ）。(4)式における矢印の右側の不等式は，(x_1, x_2) がこの線分上にあるときの関数の値と，点 X^0 における関数の値を比較しています。そして，前者が後者より大きな値をとるか二つが等しいとき，関数は準凹関数であると言われるのです。

そう考えると，図 A-3 に等高線が描かれている関数は準凹関数でないことがわかります。線分 $X^0 X'$ が，点 X^0 に近い部分でその点を通る等高線の下側に来ています。したがって，この部分で関数の値が $g(x_1^0, x_2^0)$ を下回ってしまいます。(4)式の矢印の右側の不等式が成立しません。

直観的に言えば，準凹関数は，$x_1 - x_2$ 平面における等高線が，原点の右上から原

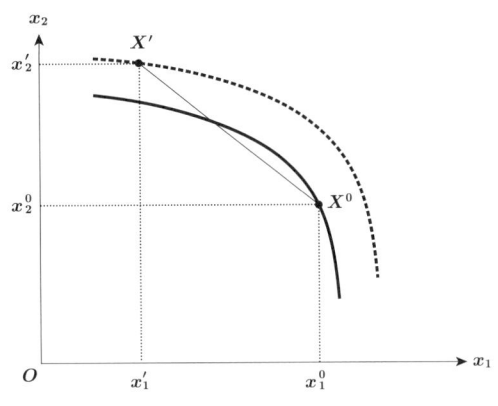

図 A-3　準凹でない関数

点を見たときに凸になる関数です．同様に，準凸関数は，等高線が，原点から右上を見たときに凸になる関数です．準凹関数や準凸関数には，等高線が部分的に直線になったり厚みをもったりする可能性がありますが，**強い**準凹関数や**強い**準凸関数には，そのような可能性がありません．

さらに，関数 $g(x_1, x_2)$ が準凹関数《準凸関数》であるための必要条件は，その偏微分係数からなる行列式が，次の条件を満たすことです．

定理：準凹関数《準凸関数》であるための必要条件

$x_1 \geq 0, x_2 \geq 0$ に対して定義される $g(x_1, x_2)$ が準凹関数《準凸関数》．$\Longrightarrow$

$$\begin{vmatrix} g_{11} & g_1 \\ g_1 & 0 \end{vmatrix} \leq 0 \text{ および } \begin{vmatrix} g_{11} & g_{12} & g_1 \\ g_{21} & g_{22} & g_2 \\ g_1 & g_2 & 0 \end{vmatrix} \geq 0 \text{ が}$$

《 $\leq$ 》　　　　　　　　　《 $\leq$ 》

どのような $x_1 \geq 0, x_2 \geq 0$ についても成立．

このような行列式のもとになる行列は，**縁付きヘッセ行列**（bordered Hessian）とよばれます．

また，関数 $g(x_1, x_2)$ が**強い**準凹関数《**強い**準凸関数》であるための十分条件は，以下のように与えられます．

定理：強い準凹関数《強い準凸関数》であるための十分条件

$$\begin{vmatrix} g_{11} & g_1 \\ g_1 & 0 \end{vmatrix} < 0 \text{ および } \begin{vmatrix} g_{11} & g_{12} & g_1 \\ g_{21} & g_{22} & g_2 \\ g_1 & g_2 & 0 \end{vmatrix} > 0 \text{ が}$$

《<》　　　　　　　　　　　《<》

どのような $x_1 \geq 0, x_2 \geq 0$ についても成立。
$\Longrightarrow$ $x_1 \geq 0, x_2 \geq 0$ に対して定義される $g(x_1, x_2)$ が強い準凹関数。
《強い準凸関数》

なお，凹関数は準凹関数の特殊なものです。つまり，凹関数は準凹関数ですが，準凹関数は必ずしも凹関数ではありません。凹関数は準凹関数なので，凹関数の等高線は，原点の右上から原点を見たときに凸になります。凸関数と準凸関数の関係についても，同様のことが言えます。

5　制約条件付きの最大化問題・最小化問題

最後に，制約条件付きの最大化問題・最小化問題を説明します。次の問題を考えましょう。

制約条件付きの最大化問題・最小化問題

$$x_1 \text{ と } x_2 \text{ を選んで次の関数を最大化または最小化：} g(x_1, x_2)$$
$$\text{制約条件：} h(x_1, x_2) = a \tag{5}$$

この問題は，**ラグランジュの未定乗数法**を用いて解くことができます。次のような**ラグランジュ関数**（Lagrange function）を作ります。

$$L(x_1, x_2, \lambda) = g(x_1, x_2) + \lambda [a - h(x_1, x_2)]$$

λ は**ラグランジュの未定乗数**（Lagrange multiplier）とよばれます。

次の結果が重要です。

> **定理:制約条件付き最大化問題・最小化問題の1階の必要条件**
>
> (x_1^*, x_2^*) が (5) 式の問題の解で,$h_1(x_1^*, x_2^*) = 0$ と $h_2(x_1^*, x_2^*) = 0$ が同時に成り立つことがない。
>
> $$\Downarrow$$
>
> ある λ^* が存在して,$\dfrac{\partial L(x_1^*, x_2^*, \lambda^*)}{\partial x_1} = 0$,$\dfrac{\partial L(x_1^*, x_2^*, \lambda^*)}{\partial x_2} = 0$,
> $\dfrac{\partial L(x_1^*, x_2^*, \lambda^*)}{\partial \lambda} = 0$ がすべて成立する。 (6)

つまり,ある変数の組み合わせが最大化問題あるいは最小化問題の解であるならば,その組み合わせのもとで,ラグランジュ関数をそれぞれの変数で偏微分したものと,ラグランジュの未定乗数で偏微分したものが,どれも 0 になっていなくてはなりません。ここで,「$h_1(x_1^*, x_2^*) = 0$ と $h_2(x_1^*, x_2^*) = 0$ が同時に成り立つことがない」という条件は,**制約想定**(constraint qualification)とよばれます。

さて,2 階の必要条件は以下のようになります。

> **定理:制約条件付き最大化問題・最小化問題の2階の必要条件**
>
> (x_1^*, x_2^*) が (5) 式の最大化《最小化》問題の解。
>
> $$\Downarrow$$
>
> $\begin{vmatrix} g_{11} & g_{12} & g_1 \\ g_{21} & g_{22} & g_2 \\ g_1 & g_{22} & 0 \end{vmatrix} \geq 0$ が,$(x_1, x_2) = (x_1^*, x_2^*)$ で成立。
> 《$\leq$》

第 2 章第 3.1 節で,費用最小化問題において,等量曲線が原点に向かって凸である限り,つまり,生産関数が強い準凹関数である限り,2 階の条件をチェックする必要がないと言いました(58 ページ)。さらに,無差別曲線が原点に向かって凸である限り,つまり,効用関数が強い準凹関数である限り,効用最大化問題について同じことが言えると述べました(第 4 章第 3 節(104 ページ))。これは,次の定理の結果です。

> **定理：制約条件付き最大化問題・最小化問題の十分条件**
> i) $g(x_1, x_2)$ が強い準凹関数《強い準凸関数》で $h(x_1, x_2)$ が線形，または
> ii) $g(x_1, x_2)$ が線形で $h(x_1, x_2)$ が強い準凸関数《強い準凹関数》．
> $$\Downarrow$$
> (6)式を満たす (x_1^*, x_2^*) は，(5)式の問題の最大値《最小値》を与える．
> しかも，それは最大値《最小値》を与える唯一の (x_1, x_2) である．

5.1 応用例1　費用最小化問題

ラグランジュ乗数法を使って，費用最小化問題を解いてみましょう．

> **費用最小化問題**
>
> x_1 と x_2 を選んで次の関数を最小化： $w_1 x_1 + w_2 x_2$
> 制約条件： $f(x_1, x_2) = y^0$

まず，(5)式の制約式の $h(x_1, x_2)$ は，生産関数の $f(x_1, x_2)$ になります．したがって，$h_1 = f_1$, $h_2 = f_2$ となります．これらは各要素の限界生産物です．それゆえ，両方の要素の限界生産物が0であるという特殊な場合を除いて，制約想定は満たされます．また，(5)式の制約式の右辺の a は y^0 になります．最小化する関数 $g(x_1, x_2)$ は，費用を表す $w_1 x_1 + w_2 x_2$ です．

これらのことから，ラグランジュ関数は，

$$L(x_1, x_2, \lambda) = w_1 x_1 + w_2 x_2 + \lambda [y^0 - f(x_1, x_2)]$$

と書き表されます．最小化の1階の必要条件は，

$$\begin{cases} \dfrac{\partial L(x_1, x_2, \lambda)}{\partial x_1} = w_1 - f_1 \lambda = 0 \\ \dfrac{\partial L(x_1, x_2, \lambda)}{\partial x_2} = w_2 - f_2 \lambda = 0 \\ \dfrac{\partial L(x_1, x_2, \lambda)}{\partial \lambda} = y^0 - f(x_1, x_2) = 0 \end{cases} \tag{7}$$

となります．ここで，最後の式は制約条件そのものであることに注意しましょう．

(7)式の最初の二つの式を一つにまとめて整理すると，

$$\frac{f_1}{f_2} = \frac{w_1}{w_2} \tag{8}$$

になります.本文で説明しましたが,f_1/f_2 は等量曲線の傾きの絶対値です.そして,等量曲線の傾きの絶対値は技術的限界代替率です.したがって,(8)式は,技術的限界代替率が生産要素の価格比に等しくなることを言っています.(8)式と制約条件を連立させて x_1 と x_2 について解くと,費用を最小化する生産要素投入量の組み合わせを得ることができます.

また,費用最小化問題において,目的関数の $g(x_1,x_2)$ は線形です.したがって,「定理:制約条件付き最大化問題・最小化問題の十分条件」の ii) により,生産関数が強い準凹関数である限り,(7)式の解は最小化問題の一意的な解になります.

5.2 応用例2 効用最大化問題

次に,ラグランジュ乗数法を使って,効用最大化問題を解いてみましょう.

<u>効用最大化問題</u>

$$x_1 と x_2 を選んで次の関数を最大化:u(x_1,x_2)$$
$$制約条件:p_1x_1+p_2x_2=y$$

まず,(5)式における制約式の $h(x_1,x_2)$ は,$p_1x_1+p_2x_2$ になります.したがって,$h_1=p_1$,$h_2=p_2$ となります.財の価格は正ですから,どちらの偏微分も正になります.それゆえ,制約想定は満たされます.また,(5)式の制約式の右辺の a は y になります.最大化する関数 $g(x_1,x_2)$ は,効用関数 $u(x_1,x_2)$ です.

これらのことから,ラグランジュ関数は,

$$L(x_1,x_2,\lambda)=u(x_1,x_2)+\lambda(y-p_1x_1-p_2x_2)$$

と書き表されます.最大化の1階の必要条件は,

$$\begin{cases} \dfrac{\partial L(x_1,x_2,\lambda)}{\partial x_1}=u_1-p_1\lambda=0 \\ \dfrac{\partial L(x_1,x_2,\lambda)}{\partial x_2}=u_2-p_2\lambda=0 \\ \dfrac{\partial L(x_1,x_2,\lambda)}{\partial \lambda}=y-p_1x_1-p_2x_2=0 \end{cases} \quad (9)$$

となります.ここで,最後の式は予算制約式そのものであることに注意しましょう.(9)式の最初の二つの式を一つにまとめて整理すると,

$$\frac{u_1}{u_2} = \frac{p_1}{p_2} \tag{10}$$

となります。本文で説明しましたが，u_1/u_2 は無差別曲線の傾きの絶対値です。そして，無差別曲線の傾きの絶対値は限界代替率です。したがって，(10)式は，限界代替率が財の価格比に等しくなるということを言っています。(10)式と制約式を連立させて x_1 と x_2 について解くと，効用を最大化する消費量の組み合わせを得ることができます。

また，効用最大化問題において，制約式の $h(x_1, x_2)$ は線形です。したがって，「定理：制約条件付き最大化問題・最小化問題の十分条件」のⅰ）により，効用関数が強い準凹関数である限り，(9)式の解は最大化問題の一意的な解になります。

文　献

　都市経済学の標準的な教科書には，以下の (1)～(5) があります。(1) は幅広いトピックスを扱っていて便利ですが，経済学の基本知識なしに読み進むのは難しいかもしれません。(2) および (3) は，(1) よりやや易しいレベルです。(2) は，地域経済学の内容も含んでいます。(4) は，この中でもっとも平易です。データが多く掲載されています。(5) は，とくに不動産について詳しく説明されています。

(1) 金本良嗣『都市経済学』東洋経済新報社，1997 年。
(2) 黒田達朗・中村良平・田渕隆俊『都市と地域の経済学（新版）』有斐閣，2008 年。
(3) 佐々木公明・文世一『都市経済学の基礎』有斐閣，2000 年。
(4) 山崎福寿・浅田義久『都市経済学』日本評論社，2008 年。
(5) デニス・ディパスクェル，ウィリアムス・ウィートン（瀬古美喜・黒田達朗訳）『都市と不動産の経済学』創文社，2001 年。

　都市経済学をさらに掘り下げて学ぶ際には，以下の本が有益です。(6) は，都市経済学の基本的なトピックスである都市内空間構造の理論を厳密に展開したものです。経済学部の大学院生レベルの教科書です。近年の都市問題とそれに対する経済政策については，(7) と (8) を見てください。

(6) 藤田昌久（小出博之訳）『都市空間の経済学』東洋経済新報社，1991 年。
(7) 山崎福寿・浅田義久編著『都市再生の経済分析』東洋経済新報社，2003 年。
(8) 八田達夫編『都心回帰の経済学――集積の利益の実証分析』日本経済新聞社，2006 年。

　また，(9) から (11) は，1990 年代以降盛んに研究されるようになった新経済地理学を扱ったものです。(9) は一般向きに書かれた平易な入門書，(10) は中級から上級レベルの教科書，(11) はより上級のテキストです。

(9) ポール・クルーグマン（北村行伸・妹尾美紀・高橋亘訳）『脱「国境」の経済学――産業立地と貿易の新理論』東洋経済新報社，1994 年。

(10) 佐藤泰裕・田渕隆俊・山本和博『空間経済学』有斐閣，2011年。
(11) 藤田昌久，ポール・クルーグマン，アンソニー・ベナブルズ（小出博之訳）『空間経済学』東洋経済新報社，2000年。

さらに，隣接領域である地域経済論の入門書には，以下のようなものがあります。

(12) 山田浩之・徳岡一幸編『地域経済学入門（新版）』有斐閣，2007年。
(13) フィリップ・マッカン（黒田達朗・徳永澄憲・中村良平訳）『都市・地域の経済学』日本評論社，2008年。
(14) ハーベイ・アームストロング，ジム・テーラー（佐々木公明監訳）『地域経済学と地域政策』流通経済大学出版会，2005年。

一方，ミクロ経済学は，社会科学の中でもっとも制度化された分野の一つです。したがって，教科書もいろいろなものが出ています。あえていくつか選んでみたのが，下のリストです。(15)と(16)は同じ著者によるものですが，(15)が初学者向き，(16)が中級者向きです。どちらも説明は明解で，ミクロ経済学のほとんどの側面を扱っています。(16)と同程度の難しさの教科書として(17)があります。理論がただ提示され説明されるだけでなく，その経済学的意味について洞察にあふれた議論がなされています。さらに，経済学部の大学院で広く用いられている上級の教科書には(18)があります。双対性アプローチの積極的な採用と簡潔な説明でその後の教科書の標準となりました。(19)には例題と練習問題が豊富に収められています。ミクロ経済学に必要な数学については，(20)が参考になります。

(15) 西村和雄『ミクロ経済学入門』岩波書店，1995年。
(16) 西村和雄『ミクロ経済学』東洋経済新報社，1990年。
(17) 奥野正寛・鈴村興太郎『ミクロ経済学 Ⅰ・Ⅱ』岩波書店，1985年。
(18) ハル・ヴァリアン（佐藤隆三・三野和雄訳）『ミクロ経済分析』勁草書房，1986年。
(19) 武隈慎一『演習ミクロ経済学』新世社，1994年。
(20) アルファ・チャン，ケビン・ウエインライト（小田正雄・高森寛・森崎初男・森平爽一郎訳）『現代経済学の数学基礎（上）（下）』シーエーピー出版，1996年。

最後に，都市経済学で用いられる統計データをいくつか紹介しておきましょう。

もっとも重要なのは5年ごとに調査される「国勢調査」のデータです。市区町村別に人口や世帯構成，住居の状況，就業状態，従業地・通学地等が調査されます。基本的な項目については，町丁字単位や一辺約500mのメッシュ単位で集計されます。それ以外によく使われるデータに，総務省の「住宅・土地統計調査」があります。住宅とそこに居住する世帯の居住状況，世帯の保有する土地の実態を示すデータをまとめたものです。5年ごとに調査されます。どちらも総務省のホームページ（http://www.stat.go.jp/data/guide/1.htm）からダウンロードすることができます。また，都市交通については，国土交通省が5年ごとに行っている「大都市交通センサス」のデータが有益です。首都圏，中京圏，近畿圏の三大都市圏について，鉄道，バス等の大量公共輸送機関の利用実態を調査したものです。結果は，ホームページ（http://www.mlit.go.jp/statistics/details/index.html）に公開されています。

さらに，(21)は，新設住宅着工や住宅投資についての基礎データのほか，住宅に関するマクロ経済や家計経済の状況を，国土交通省が協力してまとめたものです。(22)は，都市交通に関するデータを整理したものです。どちらも毎年刊行されます。

(21)『住宅経済データ集』住宅産業新聞社
(22)『都市交通年報』運輸政策研究機構

本文で参照した文献は以下のとおりです。

第1章

金本良嗣・徳岡一幸（2002）「日本の都市圏設定基準」『応用地域学研究』，7号，1-15。

斎藤誠治（1984）「江戸時代の都市人口」『地域開発』，9月号，48-63。

Christaller, W. (1933) *Die Zentralen Orte in Süddeutschland.* Jena: Gustav Fischer.（江沢譲爾訳『都市の立地と発展』大明堂，1969年）

de Vries, J. (1984) *European Urbanization 1500-1800.* Cambridge: Harvard University Press.

Fujita, M., P. Krugman, and T. Mori (1999) "On the evolution of hierarchical urban systems," *European Economic Review,* 43, 209-251.

Lösch, A. (1940) *Die Räumliche Ordnung der Wirtschaft.* Jena: Gustav Fischer.（篠原泰三訳『レッシュ経済立地論』，大明堂，1968年）

第 3 章

角山榮（2000）『堺——海の都市文明』（PHP 新書）PHP 研究所。

Bairoch, P. (1988) *Cities and Economic Development.* Chicago: University of Chicago Press.

Cronon, W. (1991) *Nature's Metropolis: Chicago and the Great West.* New York: Norton.

Duranton, G., and D. Puga (2004) "Micro-foundations of urban agglomeration economies," in J. V. Henderson and J. -F. Thisse, eds., *Handbook of Regional and Urban Economics*, Vol. 4. Amsterdam: North Holland, 2063-2117.

Helsley, R., and W. Strange (1990) "Matching and agglomeration economies in a system of cities," *Regional Science and Urban Economics*, 20, 189-212.

Hoyt, H. (1933) *One Hundred Years of Land Values in Chicago.* Chicago: University of Chicago Press.

Jacobs, J. (1969) *The Economy of Cities.* New York: Random House.

Keating, A. D. (1988) *Building Chicago: Suburban Developers and the Creation of a Divided Metropolis.* Columbus: Ohio University Press.

Krugman, P. (1991) "Increasing returns and economic geography," *Journal of Political Economy*, 99, 483-499.

Marshall, A. (1920) *Principles of Economics.* London: Macmillan.（馬場啓之助訳『経済学原理』東洋経済新報社，1965-67 年）

Mayer, H. M., and R. C. Wade (1969) *Chicago: Growth of a Metropolis.* Chicago: University of Chicago Press.

Pred, A. (1980) *Urban Growth and City-Systems in the United States, 1840-1860.* Cambridge: Harvard University Press.

Rosenthal, S., and W. Strange (2001) "The determinants of agglomeration," *Journal of Urban Economics*, 50, 191-229.

Weber, A. (1909) *Über den Standord der Industrien.*（篠原泰三訳『工業立地論』大明堂，1986 年）

第 5 章

Glaeser, E. L. (2008) *Cities, Agglomeration and Spatial Equilibrium.* Oxford: Oxford University Press.

第6章

栗田卓也・中川雅之（2006）「中心市街地の活性化政策の評価分析」『住宅土地経済』，62号，21-29。

国土交通省（2005）『鉄道プロジェクトの事業評価手法マニュアル2005』。

総務省（2004）『中心市街地の活性化に関する行政評価・監視結果に基づく勧告』。

Anas, A., R. Arnott, and K. A.Small（1998）"Urban spatial structure," *Journal of Economic Literature*, 36, 1426-1464.

Glaeser, E. L., and M. E. Kahn（2004）"Sprawl and urban growth," in J. V. Henderson and J. -F. Thisse, eds., *Handbook of Regional and Urban Economics*, Vol. 4. Amsterdam: North Holland, 2481-2527.

Henderson, J. V., and A. Mitra（1996）"The new urban landscape developers and edge cities," *Regional Science and Urban Economics*, 26, 613-643.

第8章

青木宏一郎（1998）『江戸の園芸——自然と行楽文化』（ちくま新書）筑摩書房。

第9章

岡本哲志（2006）『銀座四百年——都市空間の歴史』（講談社選書メチエ）講談社。

八田達夫・唐渡広志（2001）「都心における容積率緩和の労働生産性上昇効果」『住宅土地経済』，41号，20-27。

八田達夫・唐渡広志（2007）「都心ビル容積率緩和の便益と交通量増大効果の測定」『運輸政策研究』，9巻4号，2-16。

第10章

国土交通省都市・地域整備局（2007）『景観形成の経済的価値分析に関する検討報告書』。

齋藤良太（2005）「首都圏における浸水危険性の地価等への影響」『住宅土地経済』，58号，19-27。

矢澤則彦・金本良嗣（2000）「ヘドニック・アプローチによる住環境評価」『住宅土地経済』，36号，10-19。

山鹿久木・中川雅之・齊藤誠（2002）「地震危険度と地価形成——東京都の事例」『応用地域学研究』，7号，51-62。

第 11 章

越沢明（1991）『東京の都市計画』（岩波新書）岩波書店。

第 12 章

山鹿久木（2006）「通勤の時間と疲労費用の測定と混雑料金の導出」，八田達夫編『都心回帰の経済学——集積の利益の実証分析』日本経済新聞社，147-184。

山崎福寿・浅田義久（1999）「鉄道の混雑から発生する社会的費用の計測と最適運賃」『住宅土地経済』，34 号，4-11。

Mohring, H. (1999) "Congestion," in J. A. Gomez-Ibanez, W. B. Tye, and C. Winston eds., *Essays in Transportation Economics and Policy*. Washington DC: Brookings.

Small, K. A. (1992) *Urban Transport Economics*. Philadelphia: Harwood Academic Publishers.

索　引

（太字数字は，重要語として表示されている語句の掲載ページを示す）

● あ　行

秋葉原　90
空き家　262, 275, 281
芦　屋　268
アメニティ　**267**
安定（性）　**27**, 71, 81
維持管理費　244, 249
異質性　241, 250
移　住　26, 70, 81, 142, 157
移　出　73
一般化費用　**285**
一般均衡分析　**169**
一般市街化区域農地　225
一般農地　225
移　動　8, 70, 142, 160, 285
移　入　73
インセンティブ　12
インターネット　160
インナーシティ問題　151
インフラストラクチャー　161
ウェーバー（Alfred Weber）　75
裏庭経済　**68**, 71, 76
演　繹　10
凹関数　43, 45, **309**
大手町　218, 238
オファー価格　**255**
　──に基づく利潤最大化　256
オファー価格曲線　**256**, 257
オフィス　153
オフピーク　299
温暖化ガス　161

● か　行

回数券　301
階層構造　34, 36
開発規制　**231**
開発業者　159
開発許可制度　**231**
外部経済　**183**, 184

外部効果　**183**
外部性　169, **183**-188, 231,
　技術的──　183
外部不経済　80, **183**, 184, 234, 236, 267,
　285, 286, 291
価格規制　279
価格・消費曲線　**108**
科学的方法　**9**
価格メカニズム　**6**
下級財　**106**
家　計　4
課税基準　225
寡　占　**182**
ガソリン税　296
カタストロフィックな影響　**84**
価　値　170
価値判断　**180**
合併特例法　19
可変費用　**60**, 174, 303
可変要素　**60**
可変料金　305
環境問題　161
観　察　**10**
間接効用　**104**, 123, 127
間接効用関数　**105**, 123
完全競争　122, **181**, 190
機会費用　**121**, 152, 186, 187, 198, 245
企　業　4
企業城下町　79
技術基準　231
技術的限界代替率　**50**, 57, 319
基準地価格　220
希少な資源　3
規　制　185, 230, 267, 279
帰属地代　**121**, **198**
帰属家賃　242, **244**
期　待　84, 215
北側斜線　267
ギッフェン財　**108**, 110, 114
機能地域　19
規模基準　17
規模に関する収穫逓増　**67**

327

規模の経済　**66**, 68, 69, 71, 87
　　生産における――　76, 78
　　取引（生産）における――　76
基本料金　305
逆選択　**189**, 269
キャピタル・ゲイン（値上がり益）　208,
　　227, 228, 244
休日割引制度　296
供　給　5, 34, 36, 194
供給関数　**64**
供給曲線　5, 41, **64**, 109, 172, 186, 191,
　　201-203, 249, 270, 280, 302
　　市場――　5, **172**, 203, 223, 242
　　総――　**205**, 224, 242, 247
均　衡　**6**, 27, 28, 70, 81, 82, 134, 142,
　　144, 159, 207, 208, 223, 229, 242-244
　　――の非決定性　**84**
　　安定な――　27, 71, 81, 83
　　市場――　175, 182, 184, 191, 203, 205,
　　224, 290
　　不安定な――　27, 82
均衡価格　6
均衡取引量　6
銀　座　221
金融業　88
近隣商業地域　232
空　間　**8**
　　均質な――　66, 68, 69, 71, 119, 140
　　不均質な――　71, 73, 76
空間経済学　**8**
空間計量経済学　**11**
空間統計データ　11
空間不可能性定理　**68**
空中権取引　**238**
クーポン　275
クラウディング・アウト　**271**
クリスタラー（Walter Christaller）　37
クルーグマン（Paul Krugman）　86
景　観　260
経済学の定義　3
経済主体　**3**, 4
経済地理学　8
形態規制　**232**, 267
計量経済学　11
経路依存性　**84**
結節地域　19
ゲーム理論　**12**, 183
限界生産物　**44**, 48, 52, 69, 70, 318
限界生産物価値　**52**, 69, 195, 313

限界生産物逓減　195
　　――の法則　45
限界生産力　**44**
限界代替率　**99**, 103, 105, 137, 320
限界通勤費用　**130**, 135, 145, 146, 152,
　　157, 162
限界費用　**60**, 172, 187, 289, 302, 305
限界評価額　**170**
限界費用価格形成　**302**
限界費用曲線　61, 64, 172, 174, 191, 302
限界便益　**170**
現在価値　230
検　証　**10**
建設補助（持ち家助成）　**275**
減　築　262
建築基準法　**231**, 259, **269**
原点に向かって凸　49, 50, 55, 58, 99, 104,
　　125, 127, 252, 317
建蔽率　**232**
コアベース統計地域（CBSA）　**19**
公営住宅　**270**
交　易　73, 76
交易都市　32, **77**
公　害　80, 183, 258
郊外化　**155**, 192
高級住宅街　151, 218
公共財　**187**, 222, 267
公共住宅　181, **269**-275
工業専用地域　232
工業地域　232
交互発着　298
公示地価　220, 221
公社住宅　**270**
高所得者層　149, 295
更新料　264
厚生経済学の第一基本定理　**176**
合成財　**121**, 126, 196, 250, 272
　　――で測った金額　126
公団住宅　**270**
交通混雑　→混雑
交通費用　285, 286, 290
交通量　286, 302
恒等式　**48**, 97, **311**
高度経済成長　192
効　用　5, 26, 28, 79, 80, **95**, 234
効用関数　**95**, 96, 99-100, 105, 122, 125,
　　138, 196, 251, 317, 319
効用曲線　81-84
効用最大化　101, 122, 126, 135, 137, 196,

198, 251, 272, 274, 276, 317, 319
効率性の損失　179, 235, 237
高齢者　160, 281
国富論　176
コースの定理　**187**
固定資産税　221, **222**, 225
　　――の減免　276
　　――の優遇措置　225
固定資産税評価額　220-222
固定費用　33, 36, **59**, 60, 87, 88, 161, 174, 301
固定要素　**60**, 87, 88
固定料金　305
コードン・プライシング　**295**
コブ・ダグラス型関数　**105**, 132, 279
個別需要曲線　169
混　雑　161, 188, 284, 291, 296, 297, 300, 305
混雑税　**293**
混雑率　284
混雑料金　**293**, 294, 300, 305

● さ　行

財　4
　　――の次元　31, 33, 34, 36
　　差別化された――　241
再開発　281
債　券　208-210, 228, 244, 246
最終財　88
最大駅間断面交通量　298
裁　定　**206**, 208, 243
堺　77
サービス　4
サブセンター　159, 161, 163
　　――の開発費用　159, 164
サブプライム・ローン　215
差別化　**87**, 241
差別的燃料税　296
産業革命　33
産出量　42, 51, 58, 67
参　入　154, 159, 181, 235
市　17
　　――となるための条件　17
　　――の人口　22
シェアリング　**86**
市街化区域　225, 231
市街化調整区域　231
シカゴ　74, 135

死加重損失　292
時間費用　152, 157, 285
敷　金　264
資源配分　→配分
自己実現的予言　84
資産価格　240-250
資産効果　**200**, 203, 242
支　出　100
支出最小化　104
市場価格曲線　**253**, 257
市場供給曲線　5, **172**, 203, 223, 242
市場均衡　175, 182, 184, 191, 203, 206
市場需要曲線　5, **169**, 196, 203, 205, 223, 242
市場地代　134, 139, 145, 146, 148, 159, 162, 164, 199, 232
市場地代曲線　135, 142, 143, 146, 148, 154, 162, 235
市場の失敗　168, 175, 180, **181**, 222, 266
市場メカニズム　5, 168, 175, 181, 188, 238, 267, 291
地震危険度　258
システム　29
次　善　**305**
実　質　69
実質賃金　**69**, 70
実勢価格　220, 222
ジップの法則　**30**, 31
指定容積率　238, 239
私的限界費用　184, 186, **286**, 287
私的限界費用曲線　**184**, 186, 187
私的財　187
私的費用　184, **286**, 287, 290, 292, 299
私的費用曲線　**286**, 293, 300
私的便益　290
自動車　157, 159, 160, 285
市部人口比率　25
資　本　3, 42, 51, 67, 73
　　――の賃貸価格　51
資本減耗費　244, 249
資本コスト　**244**, 246, 249
社会的限界費用　184, **287**
社会的限界費用曲線　**184**, 186
社会的限界便益　291
社会的厚生　169
社会的最適　291, 292, 300
社会的費用　184, **286**, 287, 291, 299
社会的費用曲線　**288**, 295, 300
社会的便益　291

索　引　329

借地借家法　265, **279**, 281
斜線制限　**232**, 267
シャッター通り　158
収　益　207, 208, 210, 213, 244
収益還元法　220
住環境　258, 262
　　良質な――　267
住居地域　232
集計量　12, 142
集　積　88, 119
　　――の経済　28, 31, **66**, 68, 69, 71, 79, 80, 82, 86, 87, 89-91, 160, 163, 165, 239
　　――の不経済　28, **80**, 82
集積均衡　82, 83
渋　滞　284
住　宅
　　――の賃貸価格　240, 242, 272
　　――の品質　189, 268
　　――の品質確保の促進等に関する法律　269
住宅金融公庫　**276**
住宅金融支援機構　276
住宅サービス　240, 241, 247, 272
住宅資産　240, 241, 247, 270
住宅性能表示制度　**269**
住宅団地　269
住宅不足　269
住宅ローン金利の税額控除　276
集　中　76, 81, 82, 193
住都公団 (住宅・都市整備公団)　270
収　入　**51**, 53, 62, 174, 303
集約化　219
従量料金　305
主観的価値　110, 170
需　要　5, 33, 36, 54, 192, 194, 212, 299
需要関数　**104**, 105, 108
需要曲線　**5**, 41, **108**, 169, 177, 184, 191, 196, 247, 270, 280, 290, 293, 299, 301, 303
　　市場――　5, **169**, 196, 203, 205, 223, 242
　　総――　**205**, 223, 226, 242, 247
順　位　29
準凹関数　43, **313**
　　強い――　50, 58, 96, 100, 105, 122, 125, 313, 317-320
準工業地域　232
準住居地域　232
順序づけ　95, 98

純所得　**122**, 129, 145, 162, 163
純粋公共財　**188**
準凸関数　**313**
　　強い――　313
上越市　20
小開放都市　**142**, 145, 157, 234, 239
上級財　**106**
商　業　153, 158, 232, 236
商業地域　232
使用者費用　**244**
小都市雇用圏　22
小都市統計圏　**20**
譲渡所得税の凍結効果　**230**
消費計画　95
消費者余剰　**169**, 175, 178, 224, 270, 271, 280, 282, 293, 303
消費ベクトル　**95**
情報の非対称性　**189**
情報の不完全性　189
所　得　100, 122, 127, 138, 144, 149, 157, 163, 196, 197, 251
所得効果　**112**, 113
所得再分配　180
所得分配　→分配
所得補助　274, 278
シンガポール　296
新経済地理学　38, 86, 87, 119
人口移動　192
人口集中地区 (DID)　**16**, 20, 22, 25
人口の地理的拡散　156
人口密度　117, 146, 155, 157
　　――の減衰率　**118**, 155
浸水危険性　260
水上輸送　76
ストック　**193**, 240
スピルオーバー　**90**
スプロール　155
スミス (Adam Smith)　176
税　177, 181, 186, 219-230, 267, 296
生産関数　42, 44, 47, 49-51, 55, 67, 78, 317
生産者余剰　**169**, 172, 175, 179, 191, 224, 270, 271, 280, 303
生産性　72
生産要素　**3**, 41, 51, 72, 121, 192, 195
生産緑地地区　225
税　収　179, 224, 304
正常財　106, 110, 112, 146, 149, 196, 201, 242, 264

330

西武鉄道池袋線　297
制約想定　**317**-319
絶対優位　**72**
選　好　95, 254
選択の歪み　272, 274, 278
セントルイス　74
全微分　**48**, 97, 137, 311
専門サービス　88
戦略的行動　12, 182
騒　音　259
総括原価運賃形成　**304**
総供給曲線　**205**, 224, 242, 247
総需要曲線　**205**, 223, 226, 242, 247
相続税　**219**, 220
相続税路線価　220, 221
総費用　287, 293, 294, 300
総便益　291, 293, 294, 300, 303
総余剰　**169**, 175, 178, 182, 184, 191, 223, 226, 234, 237, 270, 276, 280, 291, 293, 294, 299, 301, 305
贈与税　220
属　性　241, 250, 251, 254, 258, 275
属性ベクトル　**250**, 254

● た　行

大気汚染　161
耐久性　240
耐久年数　240
耐震基準　259
代替効果　**112**, 113, 203, 242
　　留保需要に関する——　**200**
大店法（大規模小売店舗法）　158
大店立地法（大規模小売店舗立地法）　158
大都市雇用圏　22
大都市統計圏（MSA）　**20**, 30
太平洋ベルト地帯　192
対明貿易　77
大量輸送機関　157, 159, 160, 296
多核都市　**120**
多核都市化　156
建物倒壊危険度　259
多様性の選好　**87**
単一中心都市　**119**
短　期　194, 247, 249
短期均衡　**207**, 208, 213, 222, 229, 244
単調増加関数　43, 49, 96, 98-100, 105, 122, 138
弾力性　**148**

地域危険度　259
地域経済学　8
地域地区　**231**
地域特化の経済　**67**
地　価　9, 117, 121, 183, 192, 193, 206-215, 217, 220, 222, 227, 230
地区計画　**268**
知識のスピルオーバー　**90**
地　代　117, 120, 140, 193-196, 207, 211, 217, 223, 226, 228, 235
千鳥式運転　297
地方住宅供給公社　**270**
中央線　298
中間生産物　**88**
中高層住居専用地域　232
中古住宅　189, 267
駐車料金　296
中心業務地区（CBD）　93, **119**, 163
中心郡　20
中心市街地　17, 20, 155, 158
中心市街地活性化法　158
中心市町村　22
中心地　**34**, 36
超過供給　5
超過需要　6, 281
長　期　154, 242
長期均衡　**207**, 208, 213, 244, 246, 248
調査単位区画　16
貯　蓄　101
地理情報システム（GIS）　**11**
賃　金　51, 69, 80, 152
賃貸価格　242, 243, 246, 248
賃貸住宅　245, 263, 272, 281
賃貸料収入　197, 198
通勤時間　156, 266
通勤費用　122, 129-131, 135, 146, 148, 150-154, 160, 163, 196
通勤費用関数　122, 130, 131, 145
通常財　**108**, 110, 114
付け値　258
　　——に基づく効用最大化　254
付け値地代　**115**, 124-132, 134, 137, 149, 153, 160
付け値地代曲線　**129**, 135, 149, 151-153, 232, 236
低所得者層　149, 295
低層住居専用地域　232
田園調布　268
田園調布会　268

索　引　331

田園都市株式会社　268
投機植物　214
東急田園都市線　297
東　京　239
東京駅　238
統計学　11
統計データ　10
統　合　186
同質地域　19
同質な消費者　133, 157, 164
等比級数　210, 246
等費用線　**56**
等量曲線　**47**, 55, 56, 97, 98, 104, 317, 319
登録免許税　227
道路投資　295
特性ベクトル　**250**
独　占　**182**
独占的競争　86
独占力　**182**, 190
特定市街化区域農地　225
特定優良賃貸住宅　275
特例容積率適用区域制度　**238**
都　市
　——の数　27
　——の順位　33
　——の人口　139, 141
　——の多核化　159, 163
　——の定義　16
　——の広さ　139, 142, 144
都市化　**25**
　——の経済　**67**
都市規模　25, 26, 28, 29, 31, 33
都市計画区域　231
都市計画税　**222**
都市計画法　**231**
　改正——　158
都市経済学　3
　——の意義　7
都市雇用圏（UEA）　**19**, 21, 22, 30, 31
都市再生機構　**270**
都市システム　25, **29**
都市人口　142
都市内住宅立地理論　118, 157
都　心　93, 239
　——への近接性　115, 151
土　地　3, 192
　——の高度利用　217, 219
　——の属性　219

——の評価　219
土地サービス　193, 194-206, 212, 223-227
土地資産　193
土地譲渡所得税　227
土地取引税　**219**, 227
土地保有税　**219**, 222, 225
　——の中立性　223
　差別的な——　225
土地利用規制　**230**, 267
凸関数　**309**
取引事例比較法　220
取引費用　207, 264
トレード・オフ　**115**, 154, 272

● な 行

内部化　186
2階の条件　63, **312**, 313, 317
二部料金制　**305**
日本住宅公団　269
入域許可制度　**296**
ニューヨーク　280
値上がり益（キャピタル・ゲイン）　208, 227, 228, 244
農業地代　**120**, 139, 143, 232
農　地　119, 140, 225

● は 行

排出権取引　187
配分（資源配分）　3, 4, 7, 168, 169, 187
　——の（非）効率性／（非）効率的な——　161, **168**, 169, 176, 180, 181, 183, 224, 238, 266, 270, 272, 280, 303
バウチャー制度　**275**
初乗り運賃　305
発　明　91
バブル　**213**, 227
バラエティ　80, 87, 88
反　証　11
比較静学　7
比較静学分析　**143**
比較優位　**72**
非競合性　188
ピーク　299
ピーク集中率　298
ピグー税　**186**, 267
ピグー補助金　**186**, 267
ピーク・ロード・プライシング　**299**

非対称情報　268
必需性　241, 269
非排除性　188
非飽和　**96**, 98, 99
費　用　**51**, 53-65, 67, 159, 174, 254, 255, 302
　　金銭的――　152, 285
評価額　170, 281
費用関数　**59**, 62
評価基準　225
費用曲線　**59**, 62
兵　庫　77
費用最小化　55-58, 62, 104, 304, 305, 317, 318
費用逓減産業　**301**
ファクトリータウン　**79**
ファンダメンタルズ　**211**, 213, 227
フィードバック効果　**83**
フェイス・トゥー・フェイス・コミュニケーション　91
不完全競争　86, **181**, 190
不完全情報　189, 207, 267
複数均衡　**84**
複数中心都市　**120**
副都心　120
不在地主　120
賦存量　72
縁付きヘッセ行列　**315**
不動産鑑定士　220
不動産取得税　227
部分均衡分析　**169**
プライス・テーカー　**181**
フリー・ライダー　**188**
プーリング　89
フロー　**193**, 240
分散均衡　**82**
分配（所得分配）　3, 4, 168, 192
　　――の（不）公正／（不）公正な――　160, **168**, 180, 241, 266, 269, 272, 295, 301
平均生産物　**46**, 69, 78
平均生産力　**46**
平均費用　**60**, 64, 67, 87, 289, 301-305
平均費用価格形成　**304**
平均費用曲線　61, 303
閉鎖都市　**142**, 146, 148, 157, 162, 239
平成の大合併　19
ヘッセ行列　**311**
ヘドニック・モデル　**250**

――における付け値　**251**
――における付け値曲線　**252**
方法論的個人主義　**11**
包絡線　**151**, 154, 254, 257
保証金　264
補助金　179, 186, 273
補助金政策　275
ボストン　135

●ま　行

舞鶴市　20
マーシャル（Alfred Marshall）　86
まちづくり3法　158
マッチング　**86**, 89, 90
丸の内　218, 238
丸の内再構築事業　238
マンハッタン　218
見えざる手　**176**
密度基準　16
南砂町　298
ミニ開発　231
ミネアポリス・セントポール都市圏　293
無差別　**95**
無差別曲線　**97**, 101, 104-107, 110, 112, 123, 124, 126, 128, 129, 145, 196, 199, 252, 273, 276, 317, 320
名　目　**69**
名目賃金　**69**, 80
木造住宅　240
木造住宅密集地　219
目的関数　**312**
持ち家　242, 263, 281
持ち家助成（建設補助）　**275**
モデル化　9

●や　行

夜間割引制度　296
家賃規制　**279**, 281
家賃補助　**275**
優等列車　297
輸送技術　157
輸送費　34, 68, 73, 87, 88, 207
輸送量　284, 297
輸送力　284, 297
容積率　218, **232**, 236, 238
容積率規制　236
要素需要関数　54

索　引　333

用途規制　**231**
用途地域制　**232**
用途地域地区　231
予算制約　100, 101, 122, 196
予算制約式　**101**, 122, 124, 196, 197, 276, 319
予算制約線　**101**, 104, 105, 107, 110, 112, 125, 126, 128, 129, 132, 145, 196, 198, 273, 278
予算線　**101**
予　測　7, 144
四大工業地帯　192, 203

● ら 行

ラグランジュ関数　**316**, 318, 319
ラグランジュ（の未定）乗数法　138, 316, 318, 319
ラグランジュの未定乗数　**316**
ラーニング　**86**
ランク・サイズルール　29, 32
利　子　209, 210, 245, 246
利子補給制度　276
利　潤　5, 51, 79, 154, 159, 165, 174, 235, 255, 302, 303
利潤最大化　41, 55, 62, 64, 255, 313
利子率　208, 212, 228, 230, 244, 249
立地均衡　**134**, 146, 162, 164
立地論　**75**
琉球貿易　77
留保需要　**194**, 197, 199-201, 205, 223, 242
理論モデル　**9**

隣地斜線　267
礼　金　264
レッシュ（August Lösch）　38
劣等財　**106**, 113
労　働　3, 42, 51, 67, 69, 73,
　　──のプーリング　89
労働市場　89
六麓荘　268
ロサンゼルス　294
ロックイン効果　**83**, **230**
ロンドン　296

● わ 行

ワシントン　300
割引現在価値　**209**, 210

● アルファベット

CBD（中心業務地区）　93, **119**, 163
CBSA（コアベース統計地域）　19
DID（人口集中地区）　16, 20, 22, 25
ERP（electronic road pricing）　295
ETC　295
GIS（地理情報システム）　**11**
IC カード　300
LUZ（larger urban zones）　22, 30
MSA（大都市統計圏）　**20**, 30
qwerty キーボード　83
Suica　300
UEA（都市雇用圏）　**19**, 21, 22, 30, 31
UR 賃貸住宅　270

❖ 著者紹介

高橋　孝明（たかはし　たかあき）
1962年東京都生まれ．
慶應義塾大学経済学研究科修士課程修了，修士（経済学）
ノースウェスタン大学大学院修了，Ph. D (economics)
現在，東京大学空間情報科学研究センター教授
専攻：都市経済学，地域経済学，経済地理学
主要著作：

"Self-Defeating Regional Concentration," *Review of Economic Studies*, 65 (1998); 211-234.（共著）

"On the Optimal Policy of Infrastructure Provision across Regions," *Regional Science and Urban Economics*, 28 (1998); 213-235.

"Spatial Competition of Governments in the Investment on Public Facilities," *Regional Science and Urban Economics*, 34 (2004); 455-488.

"Economic Geography and Endogenous Determination of Transportation Technology," *Journal of Urban Economics*, 60 (2006); 498-518.

"Directional Imbalance in Transport Prices and Economic Geography," *Journal of Urban Economics*, 69 (2011), 92-102.

都市経済学
Urban Economics　　　〈有斐閣ブックス〉

2012年10月10日　初版第1刷発行
2021年12月25日　初版第6刷発行

著　者　高橋　孝明
発行者　江草　貞治
発行所　株式会社　有斐閣

〒101-0051
東京都千代田区神田神保町2-17
http://www.yuhikaku.co.jp/

印刷・大日本法令印刷株式会社／製本・牧製本印刷株式会社
©2012, Takaaki Takahashi. Printed in Japan
落丁・乱丁本はお取替えいたします．
★定価はカバーに表示してあります．
ISBN 978-4-641-18406-0

JCOPY　本書の無断複写（コピー）は，著作権法上での例外を除き，禁じられています．複写される場合は，そのつど事前に(一社)出版者著作権管理機構（電話03-5244-5088, FAX03-5244-5089, e-mail:info@jcopy.or.jp）の許諾を得てください．